동양고전에서
교육을 묻다

동양고전에서 교육을 묻다

손승남 · 강요한 · 김연숙 · 남기호 · 장덕자 · 장선미 · 정현미 지음

KSi 한국학술정보(주)

| 서 문

　시카고 총장을 지낸 바 있는 허친스(R. M. Hutchins, 1899~1977)는 일찍이 현대사회를 지혜롭게 살아가기 위해서는 '위대한 저서(Great Books)'를 읽어야 한다고 하였다. 위대한 저서들은 고전을 말하는 것으로, 단순히 오래된 책이 아니라 시대와 장소를 초월하여 보편타당한 가치를 지니는 교양의 원천이다. 그가 고전을 강조했던 이유는 인간의 즉시적 요구를 넘어선 보편적 삶의 원리와 인류의 정신과 문화를 고스란히 간직하고 있는 보고(寶庫)라는 점에서이다. 고전은 단지 죽은 과거의 기록이 아니라 살아 있는 현재로서 진정한 가치가 있다. 고전은 현대사회의 다양한 문제들을 해결할 수 있는 단서를 제공해 줄 수 있는 것이다. 위대한 저서를 배우는 사람은 적어도 인류가 쌓아 온 위대한 가치와 원리를 통하여 현실 사회를 슬기롭게 살아갈 수 있는 지혜를 제공받을 수 있을 것이다. 하지만 아쉽게도 그는 지혜의 보고를 서구문명과 역사에 한정시킴으로써 공간적 제약을 벗어날 수 없었다. 동양에도 삶의 등불이 되어 준 고전이 엄연히 존재해 왔음에도 불구하고 말이다.

　이 책은 2010년 봄 학기 <동양교육사상>이란 강좌를 통해서 동양고전을 교육학적 관점에서 탐구한 결과 나온 소중한 기록이다. 일천한 학문의 역사로 인해 우리는 대개 서양의 학설과 사상적 흐름을 받아들일 기회는 많지만, 동양이나 궁극적으로 우리 고유의 전통사상을 제대로 접할 기회는 드물다. 동서고금을 연결하는 통합적 사유가 21세기의 시대적 담론이지만 동(東)과 서(西)의 경계를 넘는 '가로지르기'가 실제로 그리 쉬운 일은 아니다.

동양고전에 접근하면서 최우선적으로 고려했던 사항은 고전의 선정과 탐구방법의 문제였다. 유학의 기본서인 ≪논어≫·≪맹자≫·≪중용≫·≪대학≫을 기본으로 삼고, ≪대학≫을 다루기 전에 과거 중국이나 한국에서 널리 학동들의 교재로 사용되었던 ≪소학≫을 고려대상으로 삼았다. 신유학의 거두 주자의 ≪근사록≫이나 ≪심학≫ 계열의 문헌들도 고려의 대상이 되었다. 자기수양이나 마음공부에서 주자의 영향을 무시할 수 없기 때문이다. 불교는 차치하고라도 노장사상 또한 유학사상과의 비교적 관점에서 빠뜨릴 수 없다고 판단하여 노자의 ≪도덕경≫과 장자의 문헌을 함께 고려하였다. 논의결과 기본적이면서도 교육적 관점을 충실히 담고 있는 사서(四書)와 노자의 ≪도덕경≫, ≪학기≫ 등을 최종내용으로 선정하여 탐구하게 되었다. 선진유학을 제대로 공부한 후 주자학은 추후의 과제로 삼을 수 있으며, 노자를 이해하게 되면 좀 더 난해한 장자도 언젠가는 섭렵할 기회가 있을 것으로 생각하였다.

이 책에서 동양고전의 탐구는 다음과 같은 방법과 원리를 따르고 있다. 먼저 각 고전에 대한 전반적인 개요를 간략하게 제시한 후 원전의 해석과 이해의 과정을 거쳐, 마지막으로 원전에 바탕을 둔 창조적 자기글쓰기를 시도하였다.

첫째 단계에서는 다루고자 하는 사상가와 원전의 성립배경에 대한 기초지식을 제공하고 있다. ≪논어≫와 ≪맹자≫의 경우 저자와 원전의 성립배경이 상식적으로 널리 알려져 있으나, ≪중용≫과 ≪학기≫의 경우 저자와 원전 모두에서 논란의 소지가 있어서 이 부분을 명백히 하고자 하였다. 해석학에서 말하는 선이해(先理解: Vorverständnis)는 고전연구에서도 필수적인 절차에 속하며, 더 나은 이해를 위해서 반드시 거쳐야 할 관문이다.

두 번째 단계에서 가장 정성을 기울였던 사항은 원전해석과 이해의 과정이다. 원전을 파악하는 좋은 방법은 한학자나 유학자들이 연구한 동양고전을 찾아 그 원전을 충실하게 번역하였는지를 확인하고, 한 걸음 더 나아가 현대를 살아가는 우리가 쉽게 이해할 수 있는 언어로 전달하는 것이다. 동양고전을 현대적으로 구성하는 일은 일종의 재구성 작업이지만, 그 과정에는 약간의 창조적 구성(creative construction)의 요소도 스며들어 있다. 그것은 바로 교육학적 관점에서 동양고전을 읽고, 해석하고, 이해하려는 연구자의 노력이다. 동양고전의 중요한 원전을 교육학의 관점에서 재구성한 체계적인 시도는 거의 찾아보기 힘들다. 이 점에서도 동양교육사상에 관심 있는 독자라면 이 책에 제시된 동양고전의 교육학적 원전에서 적지 않은 도움을 받을 수 있을 것이다.

대학의 이상인 진리와 창조의 과업은 실제로 두 번째 단계를 넘어 연구자 스스로가 그 원전에 대해서 문제를 제기하고, 자기의 관점에서 동양의 고전이 현재의 우리 삶과 교육에 줄 수 있는 의미와 시사점을 적극적으로 탐색하고, 새로운 대안을 제시함으로써 비로소 완성될 수 있는 성질의 것이다. 물론 자기글쓰기 과정은 산고의 고통을 감내하지 않으면 안 되는 지난(至難)한 과정이다. 거대한 강물의 흐름과도 같이 하나의 고전이 인류의 역사에서 인간에게 주었던 다양한 영향사(影響史: Wirkungsgeschichte)를 고려하여 자신의 글쓰기를 전개해 나가는 일이란 그 분야의 대가들조차도 감내하기 힘든 두려운 일이다. 이 책의 제2부에 실린 글들은 이러한 지난한 자기글쓰기의 성과물이다. 자기만의 고유한 시각과 관점에서 옛 것을 되새겨 보고, 풋풋하지만 동양고전에 대한 자기의 생각을 표현해 보는 일은 어쩌면 공자께서 말씀하신 대로 '온고이지신(溫故而知新)'을 우리의 삶 속에서 직접 구현하는 일과 상통한다. 이 책을 읽는 독자들도 동양고전을 접하면서 선현들이 일러준 고귀한 내면적 정신세계의 무한한 '자유'에 흠뻑 젖어 보고, 동시에 창조적 글쓰기라는 과정을 통하여 진정한 '고독'을 추체험하는 계기가 되었으면 한다.

이 책의 제목을 '동양고전에서 교육을 묻다'로 정한 이유는 동양사상이라는 말보다는 동양고전이라는 용어가 보다 구체적이며, 교육을 찾거나 만나는 일보다는 '묻고 배우는' 일이 보다 중요하다고 판단되었기 때문이다. 넓게 탐구하고(博學), 깊게 묻는(深問) 공부의 방법은 동양의 선현들이 우리에게 가르쳐 준 고귀한 선물이다. 이 책은 크게 2부로 구성된다. 제1부 '동양고전의 교육사상'에서는 각 고전에 대한 전반적인 개요와 더불어 교육에 관련된 원전해석을 다루었고, 제2부 '동양고전의 교육학적 탐구'에서는 원전해석을 바탕으로 동양고전을 교육학적으로 탐구하여 글모음을 만들었다. 동양고전에서 교육에 관련된 원전을 찾는 작업은 분명 재구성 작업이다. 그러한 재구성 작업을 토대로 자기만의 고전과의 대화가 가능하며, 그 결과가 마침내 창조적 글쓰기로 결실을 맺을 수 있다. 이 책에는 그와 같은 공부(工夫)의 과정이 고스란히 녹아 있다.

<학기>편에서 강조하고 있듯이 '배운 후에 부족함을 알고, 가르친

뒤에야 어려움을 안다'는 말이 실감난다. 우리 모두가 부족하므로 더욱 배움의 길을 소중하게 여기고, 그 어려움을 극복하고자 스스로를 더 강하게 만들어 나간다면 각 개인은 스스로의 인격적 완성은 물론 나아가 사회와 국가에서도 건전하고 유능한 사회인으로서 당당히 설 수 있을 것이다. ≪논어≫나 ≪대학≫에서 말하는 '수신제가치국평천하'의 군자의 도는 그리 먼 곳에 있지 않다. 늘 자기 주변을 돌아보고 (近思), 매일 스스로를 새롭게 하는(日新又日新) 평범한 일상에서 시작된다. 비록 짧은 시간이었지만 <동양교육사상>이라는 세미나를 통하여 가르치는 사람이나 배우는 사람 모두 말 그대로 '교학상장(教學相長)'의 멋진 시간을 향유할 수 있었다. 다양한 생각과 지적 토론을 그저 말로 흘러 보내지 않고, 소중한 글로 모아 한 권의 책으로 엮어 펴내게 되니 감회가 더욱 새롭다. 올 초의 다짐이었던 인교(仁敎: 어진 가르침)를 다시금 새기며, 여기 모은 동양의 교육적 지혜가 어두운 교육현실을 밝혀 주는 한 줄기 빛과 같은 역할을 할 수 있기를 기대해 본다.

2010년 10월
향림골에서 손승남

목차

제1부

동양고전의 교육사상

≪논어≫

1. 개요 / 17
  1) 공자의 생애 ■ 17
  2) 공자사상의 기본성격 ■ 19
  3) 논어의 체재 ■ 20
  4) 논어의 주요 내용 ■ 22
2. 원전해석 / 27

≪맹자≫

1. 개요 / 70
  1) 맹자의 생애 ■ 70
  2) 배경 ■ 71
  3) 맹자의 사상 ■ 72
  4) 맹자의 저서 탐독 ■ 74
  5) 맹자의 원본과 내용 ■ 75
2. 원전해석 / 77

≪중용≫

1. 개요 / 129
    1) 『중용』의 저자와 저작 연대에 대한 논란 ■ 129
    2) 자사의 『중용』 저작 의도 ■ 130
    3) 선유(先儒)들이 논(論)하는 『중용』의 특징 ■ 132
    4) 『중용장구서』에서 보이는 도통계보 ■ 133
    5) 『중용』의 체계 ■ 134
    6) 『중용』의 중요 내용 ■ 136
2. 원전해석 / 138

≪대학≫

1. 개요 / 180
    1) 『소학』 '몸 만들기 프로젝트' ■ 180
    2) 『대학』 '힘 만들기 프로젝트' ■ 181
2. 원전해석 / 185

≪학기≫

1. 개요 / 233
2. 원전해석 / 237

≪도덕경≫

1. 개요 / 255
    1) 노자(老子) 이야기 ■ 255
    2) 『도덕경(道德經)』의 유래 ■ 256
    3) 도(道)의 의미 ■ 257
    4) 도(道)의 작용 ■ 258
2. 원전해석 / 260

제2부

동양사상의 교육적 탐구

『논어』의 교육학적 이해

1. 서론 / 297
2. 공자의 교육방법 / 299
3. 결론 / 313
참고문헌 / 315

『맹자』의 교육사상

1. 서론 / 316
2. 배경 / 317
3. 교육사상 / 319
4. 결론 / 329
참고문헌 / 332

『중용』의 교육사상 탐구

1. 서론 / 333
2. 중용의 의미와 특징 / 335
3. 공자사상과 유학사상의 중용적 구조와 특성 / 342
4. 중용의 교육관 / 346
5. 결론 / 354
참고문헌 / 357

『대학』:진정한 지식으로 안내하는 주자의 격물치지(格物致知)

1. 서론 / 358
2. 격물치지를 보완한 주자의 의도 / 360
3. 격물치지의 내용 / 362
4. '격물치지'가 '우리나라 교육'에게 묻다 / 365
참고문헌 / 367

『학기』를 통해 교육을 묻다

1. 서론 / 368
2. 교학상장(敎學相長)의 의미 / 371
3. 교육이론으로서의 학기 / 376
4. 결론 / 378
참고문헌 / 380

『도덕경』에 나타난 생명교육

1. 서론 / 381
2. 『도덕경』과 생명교육 / 382
3. 결론 / 393
참고문헌 / 394

제1부

동양고전의 교육사상

논 어

1. 개요

1) 공자의 생애

공자는 노양공(魯襄公) 22년 곧 주영왕(周靈王) 21년(B.C. 552년)에 태어나 노애공(魯哀公) 16년 곧 주경왕(周敬王) 41년(B.C. 479년) 그의 나이 74세에 서거하였다. 공자의 자(字)는 중니(仲尼)이고 이름은 구(丘)이다. 춘추시대 말기 노나라 추읍(鄹邑), 지금의 산동성 곡부(曲阜)에서 태어났다. <표 1>의 공자의 가계에서와 같이 그의 선조는 은대(殷代)에까지 올라간다. 공자 자신이 예기(禮記)의 단궁편(檀弓篇)에 '구(丘: 공자의 본명)는 은인(殷人)이다'라고 했다. 은나라는 '자(子)' 성(姓)의 나라이므로 공자의 성은 '자'가 되어야 하겠으나 송(宋)나라 민공(湣公)의 6세손 가(嘉)에 이르러 다른 족성(族姓)을 가질수 있게 되어 이때부터 공씨로 부르게 되었다고 한다. 증조부 방숙(防叔)은 난리를 피해 송나라에서 노나라로 왔다. 방숙은 백하(伯夏)를 낳고 백하는 흘(紇)을 낳았는데 흘이 바로 공자의 아버지이다.

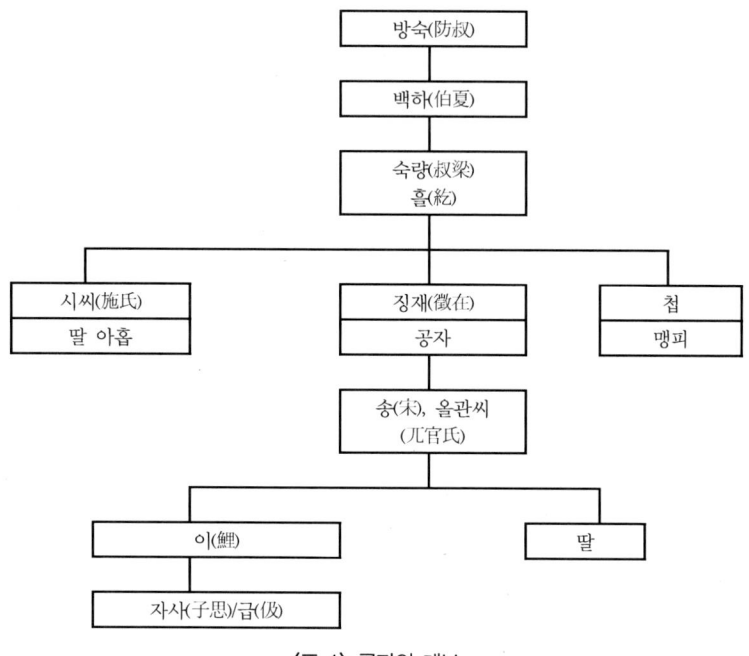

〈표 1〉 공자의 계보

흘(紇)은 자가 숙량(叔梁)으로 노나라 창평향 추읍의 한 관리로서 키가 크고 힘이 센 장사였다. 그는 처음 노나라 시씨(施氏)의 딸에게 장가들어 딸 아홉을 낳았고 첩에게서 낳은 아들 맹피(孟皮)가 있었으나 발이 병신이었다. 그리하여 다시 안씨(顔氏)의 셋째 딸 징재(徵在)와 결혼하여 낳은 아들이 바로 공자이다. 공자 나이 3세 때에 아버지가 세상을 떠났다. 공자는 19세 때에 송(宋)의 올관씨(兀官氏)에게 장가들어 아들 이(鯉)를 낳았으며 이(鯉)는 50세에 공자보다 먼저 죽었다. 이(鯉)가 낳은 아들이 급(伋)인데 자는 자사(子思)이다. 자사는 공자의 사상을 이어받아 중용(中庸)을 지었으며 맹자(孟子)에게 유학을 전승하였다고 한다.

공자는 역사적으로 주공(周公)을 흠모하였고 주대의 전통문화와 예법을 습득하여 차츰 명성을 쌓았다. 50세가 넘어 노나라 정공(定公)에게 대사구(大司寇)로 중용되어 경(卿)의 반열에 올랐다. 3손씨(맹손·숙손·계손)의 세력을 누르고 하(夏)·은(殷)·주(周) 삼대의 종법질서가 살아 있는 문화국가를 건설하려는 포부를 지녔으나 이상은 끝내 좌절되고 56세 때 실각하고 만다. 그 후 13년간 문하생들을 데리고 열국을 주유하면서 또다시 이상의 실현을 꾀하였으나 69세 때 불가능함을 깨닫고 마침내 노나라로 돌아가 제자들의 교육에 전념하며 《시경》과 《서경》 등 고전을 정리하고 《춘추》를 저술하였다. 이 무렵 공자는 아들 이(鯉)를 비롯하여 애제자 안연(顔淵)과 자로(子路)가 잇달아 죽는 불행을 겪다가 74세를 일기로 세상을 떠났다.

2) 공자사상의 기본성격

은상(殷商)에서 서주(西周)까지 중국 고대 사회의 사상적 주류는 "예(禮)"를 중시하였다. "예"란 하늘의 원칙이며 땅의 도리이며 인간의 실천덕목이었다.

그러나 동주(東周)를 거치면서 춘추시대에 이르자 전통적 중례(重禮) 사상이 사라지고 천하가 난세에 빠졌다. 공자는 이러한 종법질서의 붕괴를 목도하고 공허한 예론(禮論)만 가지고 혼란한 사회를 되돌리기에는 역부족이라고 생각하여 새로운 이념인 '인(仁)'을 제시하였다. '인'이란 '예'에서 진일보한 사상이라고 할수 있다.

이러한 '인'의 원칙은 모든 인간에게 보편적으로 적용되는 것으로 보았으며 '인'을 '애인(愛人)' 곧 남을 사랑하는 것으로 정의하였다. 남이란 모든 인간을 포괄하는 개념으로 애인(愛人)은 인류애적 의미를 지니며, 이를 실제 생활에서는 자기 부모와 형제에 대한 골육의 정을 점차적으로 타인에게 확장시켜 나가야 함을 강조하고 있다. 이러한 '인'이 대내적 가족 집단에서 대외적 사회 집단으로 확산될 때, 종적으로는 세대 사이에 사랑을 바탕으로 갈등을 해소하고, 횡적으로는 이웃과의 신뢰를 바탕으로 평화가 보장된다는 것이다.

그런데 '인'을 실천하는 과정에서 '예'라는 형식과 절차가 필요한 경우가 많다. 공자가 볼 때 '예'는 전통적 형식이면서 관습적인 사회 규범이며, '예'를 따름으로써 오히려 '인'의 사회성과 객관성이 확실히 보장받게 된다는 것이다.

이처럼 '인'과 '예' 사상은 인간을 위한 도덕이 중심을 이루는 인간 중심주의이며 '인'과 '예' 사이의 조화를 강조하였다. 그 이유는 공자의 또 다른 핵심사상이 중용(中庸)이기 때문이다.

3) 논어의 체재

논어는 유가의 핵심사상인 인(仁)을 바탕으로 치세와 인생의 교훈을 담고 있으며 첫 편 <학이>편에서 마지막 <요왈>편까지 모두 스무 편으로 구성되어 있다. 이들 편명을 소개하면 다음과 같다.

제1편	<학이 學而>	제11편	<선진 先秦>
제2편	<위정 爲政>	제12편	<안연 顔淵>
제3편	<팔일 八佾>	제13편	<자로 子路>
제4편	<이인 里仁>	제14편	<헌문 憲問>
제5편	<공야장 公冶長>	제15편	<위령공 衛靈公>
제6편	<옹야 雍也>	제16편	<계씨 季氏>
제7편	<술이 述而>	제17편	<양화 陽貨>
제8편	<태백 泰伯>	제18편	<미자 微子>
제9편	<자한 子罕>	제19편	<자장 子張>
제10편	<향당 鄕黨>	제20편	<요왈 堯曰>

이러한 ≪논어≫의 편명은 모두 각 편의 제1장에 나오는 첫 행 중 맨 처음 두세 글자를 취하여 편명으로 삼았다. 각 편마다 대략적인 주제를 추출할 수는 있지만 완전히 일치하지 않으며, 각 장마다 내용이 독립되어 있다고 보는 것이 옳다.

일반적으로 앞의 10편과 뒤의 10편을 구분하여 각각 상론(上論)과 하론(下論)이라고 부른다. ≪논어≫는 원래 제자백가서의 하나로 자서 (子書)에 속한다. 그러나 동한 때 반고의 ≪한서 · 예문지≫가 ≪논어≫ 를 9경의 하나로 경서의 반열에 올린 이후로 경서의 지위를 확실히 다지게 되었다. 사람은 반드시 배워야 함을 밝힌 <학이>편에서 시작하여 <팔일>편에서는 예, <이인>편에서는 인, <공야장>편 · <옹야>편에서는 제자의 인물, <향당>편에서는 공자의 용의 · 행동 · 음식 · 의례, <자로>편에서는 정치, 마지막 <요왈>편에서는 역대 성인의 정치적 이상을 주로 설명하고 있다.

한대 이래로 아동들은 글자를 익힌 다음 반드시 ≪論語≫와 ≪孝經≫ 을 읽어야 했고, ≪논어≫는 선비가 되기 위한 필독서였다.

송대 이후 주희가 ≪논어≫ · ≪대학≫ · ≪중용≫ · ≪맹자≫를 묶어 ≪사서집주≫를 지으면서 점차적으로 4서 3경이 5경의 자리를 대신하게 되었다. 특히 주희는 논어의 독서법에 대해서 다음과 같이 설명하고 있다.

- 읽고 뜻을 알 수 없거든 생각을 해 보아라. 생각해도 뜻이 밝혀 지지 않으면 다시 읽어 보아라.
- 한꺼번에 너무 많이 읽지 않도록 조심하라. 조금씩 읽어라. 그렇게 해서 전체에 다다르게 된다.
- 원문의 말을 이해하는 것은 하나의 일이다. 그 의미의 아름다움을 감상하는 것은 또 하나의 일이다. 그런데 책에 들어 있는 좋

은 내용을 파악하지 못하고 그 껍질만 알고 지나가는 것은 독자가 흔히 빠지기 쉬운 폐단이다.

4) 논어의 주요 내용

(1) 인(仁)

공자사상의 핵심은 '인'이고, ≪맹자≫의 '의'가 덧붙여진 '인의(仁義)'가 바로 유가의 핵심사상이다. 인은 ≪논어≫의 출발점으로 58장에 걸쳐 107차례나 나타나며 그 주요 내용을 소개하면 다음과 같다.

<안연>편에서 안연이 '인'에 대해서 묻자, 공자는 예가 아닌 것은 보지도 듣지도 말하지도 움직이지도 말고 오로지 자신의 이기적 욕심을 극복하고 "예"로 돌아가는 것이 '인'이라고 하였고, 또 다른 제자 <중궁>에게는 "자기가 싫어하는 것을 남에게 행하지 않는 것"이라고 답하였다. <옹야>편에는 자공에게 "자신이 나서고 싶으면 남을 먼저 내세우라"라고 가르쳤고, <번지>에게는 "남을 사랑하는 것"이라고 개괄하였다.

<술이>편에서 '인'을 행하려는 마음가짐이 중요하다며 '인'의 경지에 도달하는 방법을 제시하였고, <학이>편에서는 교묘한 말솜씨와 멋진 외모에 치중하는 것은 불인(不仁)한 경우가 많다고 경계하였다. <이인>편에서 "군자는 인을 떠나서는 이름을 내세울 곳이 없다"라고 강조하고 '인'을 행하는 사람에게는 적도 없으며 '인'을 행하는 임금에겐 대적할 자가 없다고 '인'의 효용을 강조하였다. 그리고 <위령공>편에서는 자기 자신을 희생하고 공동체의 선을 완성하는 살신성인의 정신을 '인'을 실천하는 극치 곧 '인'의 최고 경지로 제시하였다.

이러한 '인'은 인간관계 여하에 따라서 여러 가지 다른 형태로 그 모습이 나타나며 부자간에 있어서는 '자효(慈孝)', 부부간에 있어서는 '화목(和睦)', 군신(君臣) 간에 있어서는 '충의(忠義)', 친구 간에 있어서는 '신의(信義)', 형제간에 있어서는 '우공(友恭)'의 형태로 나타난다.

(2) 도(道)

<이인>편에 "아침에 도를 들으면 저녁에 죽어도 좋다"고 표현하였다. 공자가 자기의 '도'는 오로지 한 가지라고 말하자 증자가 '충서(忠恕)'일 뿐이라고 보충 설명하였다. "충서"의 도리는 역지사지(易地思之)의 정신을 가리키며 이는 '인'의 본질이기도 하다. 한편 <위령공>편에서는 인간이 '도'의 영역을 넓히는 주체이지 '도'가 인간을 넓히지는 않는다고, 인간 중심주의를 선언하였다.

(3) 덕(德)

'인'의 주요한 내용으로 수양과 실천을 통하여 축적되어 외부로 표현된다. <옹야>편에서는 중용의 덕을 중시하였고, <이인>편에서 '덕'을 지닌 사람은 반드시 뜻을 같이하는 이웃이 있어 결코 외롭지 않다고 '덕'의 보편성을 지적하였다. 그러나 '덕'의 방해물로는, <위령공>편에서 교묘한 말이 '덕'을 혼란에 빠트린다고 하였고, <양화>편에서는 남의 비위를 맞추며 아첨하거나 여론에 부화뇌동하는 것을 '덕'의 적이자 '덕'을 포기하는 행위라고 규정하였다.

(4) 예(禮)

'예'는 도덕행위를 규정하는 하나의 형식이요, 규범이며, '인'을 실현하기 위한 수단이다. '인'을 행하는 궁극적인 목표도 '극기복례(克己復禮)' 즉 '인'을 획득하는 방법으로, 사욕을 극복하여 정당한 모습인 "예"를 회복한다는 것이다.

공자가 말하기를 '군자는 의로 본질을 삼아 이것을 예로 실행한다'고 하였으며 '예'의 기능에서 가장 귀중한 것은 그것이 우리에게 조화감을 주는 점이며, '예'는 인간을 인간답게 대우하는 방식일 뿐만 아니라 진실한 인간성을 지니기 위한 사회적 규범에 맞는 체제이다.

부모를 봉양하고 장례를 치르고, 제사를 지내는 일 모두 "예"를 따르고 '예'로 절제한다고 판단해야 한다. 하지만 '예'는 단순히 형식적 제약이 아니며 본질은 오히려 형식적 번거로움을 피하고 예의를 실천하는 성의에 있다고 하였다. 예의는 형식적 사치보다 검소함이 낫고 상례 또한 예법에 따라 순조롭게 진행되는 것보다 슬퍼하는 마음이 더 중요하다고 강조한 것은 공자가 결코 고답적 형식주의자가 아님을 잘 보여 준다. 그러므로 <학이>편에서 유자(有子)는 '예'의 실천은 상황에 따른 조화의 정신이 중요하다고 강조한다.

(5) 인정(仁政)

공자가 추구하는 이상적 정치는 '인정(仁政)'을 바탕으로 한 덕치주의(德治主義)이다. 덕치의 전제조건은 집정자가 먼저 자신을 바로잡는 것이고 그런 연후에 남을 바로잡을 수 있다고 강조하고 "백성을 법제로 이끌고 형벌로 다스리면 국민들은 형벌은 모면하나 치심이 없게 되고 덕으로 이끌고 예로 다스리면 수치심을 갖게 되고 또 올바르게 된다"고 하였으며 "부모에 대해서 효성이 지극하고 형제간에 우애가 있는 사람 치고 법에 어긋나는 일을 하는 예는 좀처럼 없다"고 하면서 인간으로서 해야 할 도리를 다하는 것, 그것을 그대로 정치에 적용하면 이것이 바로 정치요, 또한 정치가의 의무라고 하였다.

"덕으로 정치하는 것은 마치 북극성이 제자리에 있고 여러 별이 그것을 향해 도는 것과 같다"고 하고 "위정자 자신이 그 품행을 바르게 하면 명령을 따로 안 해도 저절로 그 감화가 백성에게 미칠 것이며 위정자 자신이 그 품행을 바르게 하지 않으면 따로 명령을 한다 해도 충실하게 지켜지지 않을 것이다"라고 하면서 도덕적 규범에 의한 정치를 할 때 "위정자는 바람이요, 백성은 풀과 같아 풀은 바람이 부는 쪽으로 쏠린다"라고 강조하였다. 또한 정치의 3가지 요체로는 넉넉한 양식, 넉넉한 군대, 백성의 신뢰라고 하였다.

'인정'을 실천하는 정책으로는 부민(富民)·교민(敎民)·이민(利民) 등의 방략을 제시하였으며 부민은 우선 백성을 배부르게 먹이고 민생을 부유하게 하며, 교민은 백성을 가르치지 않고 전쟁터로만 내몰지 말며, 이민은 법제를 백성의 편익에 따라 개폐하여 백성의 이익에 따라야 한다는 것이다. 이러한 인정의 최고 목표는 집권자의 개입이 없이 사회가 자율로 잘 굴러가는 무위(無爲)의 정치인 것이다.

(6) 군자(君子)

≪논어≫에서 공자는 '군자'를 이상적 인격자로 보았으며, '군자'에 대하여 다음과 같이 다양하게 정의를 내리며 설명하였다.

<옹야>편에서 인의라는 본질과 예악(禮樂)이라는 형식이 조화를 이루어야 '군자'가 된다고 하였고, <위정>편에서는 '군자'는 일정한

형태와 용도를 지닌 그릇과 다르며 박학다식하여 광범위하게 쓰일 수 있어야 한다고 하였다. <헌문>편에서는 자로가 '군자'에 대해서 묻자 '군자'는 자신을 수양하고 자기 일을 성실히 하면서 남을 기쁘게 하고 백성을 편안하게 하는 사람이라고 대답하였다. <안연>편에서는 "군자는 걱정하지 않고 두려워하지 않는다"라고 하였고, <이인>편에는 "군자는 밥 한 끼 먹을 시간이라도 인을 떠나지 않으며, 아무리 바빠도 반드시 인과 함께하며, 넘어지고 엎어지는 위기의 순간에도 반드시 인에 따른다"라고 하면서 "군자는 말은 더디게 하나 실천에 옮기는 데는 민첩하다"라며 군자의 형상을 설명하였다.

《논어》에서 '군자'는 여러 곳에서 소인과 대비시켜 언급된다. <안연>편에는 "군자는 남의 장점을 이루어 주고 남의 단점을 이루어 주지 않는다. 소인은 이와 반대이다"라고 하였으며, <자로>편에는 "군자는 남의 의견과 조화를 이루나 부화뇌동하지 않으며, 소인은 남의 의견에 부화뇌동하나 조화를 이루지는 못한다"라고 하였다.

2. 원전해석1)

📖 제1편 **學而(학이)**, 총 16장

◀ 제1장 ▶

> 子曰, 學而時習之, 不亦說乎? 有朋自遠方來, 不亦樂乎?
> 학이시습지　　 불역열호　　 유붕자원방래　 불역락호
>
> 人不知, 而不慍, 不亦君子乎?
> 인부지　 이불온　 불역군자호

〖 주석 〗

시(時): 때에 맞추어. 주희(朱熹)의 ≪논어집주≫에는 '時時'라 하여 '때때로' 또는 '항상'으로 해석되었으나, 왕숙(王肅)의 주는 ≪맹자≫의 '부근이시입산림(斧斤以時入山林)'을 예로 들면서 '일정한 시기' 또는 '적당한 때'로 해석하였다.

습(習): 실습하다. 하안의 ≪논어집해≫는 '외우며 익히다'로 해석하고, ≪집주≫는 '복습하다'로 해석하였다. 공자의 가르침이 당시의 실제적인 사회생활 내지 정치생활과 밀착한 내용임을 감안할 때 오히려 예(禮)·악(樂)·사(射)·어(御) 등을 실습한 것으로 보아야 한다.

열(說): 기쁘다. 마음으로부터 즐겁다. '즐겁다'는 뜻일 때는 '悅(열)'과 같다.

---

1) 논어에 관한 원전해석은 대부분의 참고문헌들이 유사하게 해석하고 있으나 이기석, 한백우(2007)의 『논어』와 김석원(2008)의 『논어』가 가장 이해하기 쉽게 되어 있었으며, 번역부분은 리쩌허우(2006)의 『논어금독』과 이재호(2008)의 『논어정의』가 원전의 단어와 문장에 충실하였으며, 주석은 청수더의 『논어집석』, 하안의 『논어집해』, 주희의 『사서장구집주』, 유보남의 『논어정의』, 캉유웨이의 『논어주』에서 선별하였으며 주석의 중점은 주로 해석부분을 보충해 주는 내용을 포함하고 있지만 때로는 역사적인 사실과 타 고전에서 의미를 동등하게 하는 내용 위주로 선별하였다.

공자가 말했다. "배우고 때로 익히면 또한 기쁘지 아니한가? 친구가 멀리서 찾아와 만나니 즐겁지 않은가? 다른 사람이 알아주지 않아도 번민하거나 노여워하지 않으니 또한 군자가 아니겠는가?"

〖 해석 〗

성현의 도를 배우고 끊임없이 이것을 복습하여 숙달하게 되면 지(智)가 열리고 도(道)가 밝아져서 깨달음의 경지에 들어가니, 이 어찌 기쁜 일이 아니겠는가? 이렇게 하여 나의 학문이 성취되면 학문의 뜻을 같이하는 벗들이 멀리서 가까이서 찾아와 나를 따르고, 함께 공부하기를 바랄 것이고, 이렇게 되면 나의 배운 바가 널리 사람들에게 전해져 많은 사람들과 더불어 선을 행하게 될 것이다. 이 어찌 즐거운 일이 아니겠는가? 학문은 원래 수기(修己), 즉 나의 인격 완성에 있으니, 나의 학문이 성취하였음을 사람들이 몰라주더라도 태연자약하여 원망하지 않고 오로지 도를 즐기고 주위 환경에 동요되지 않는다면 진실로 이상적인 인격자가 아니겠는가?

◀ 제6장 ▶

子曰, 弟子, 入則孝, 出則弟, 謹而信, 汎愛衆, 而親仁, 行有餘力, 則以學文
제자 입즉효 출즉제 근이신 범애중 이친인 행유여력 즉이학문

〖 주석 〗

'제자(弟子)'에는 일반적으로 두 가지 뜻이 있다. 하나는 나이가 젊은 사람이라는 뜻이고, 다른 하나는 학생이라는 뜻이다. 여기에서 사용한 것은 첫 번째의 뜻이다.

〖 번역 〗

공자가 말했다. "젊은 사람은 집에서는 부모에게 효도하고 밖에서는 어

른을 공경하며, 근신하고 신실하며, 군중을 널리 사랑하고 어진 사람을 가장 가까이 해야한다. 이러한 일을 하고도 힘이 남는다면 문헌을 통해 지식을 배워야 한다."

『 해석 』

자제(子弟) 된 자는 집 안에 들어와서는 부모에게 효도를 다하고, 가정을 떠나 사회에 나가서는 윗사람을 섬겨 공손하고, 언행을 삼가해서 법도에 어긋남이 없어야 하고, 신의를 지켜 거짓이 없어야 하며, 널리 대중을 사랑하여 사람을 미워하지 말 것이며, 인덕이 있는 이와 친하여 항시 나의 수양에 힘쓸 것이다. 이렇게 하고 나서 남은 힘과 시간이 있으면 그때에 비로소 시서(詩書), 예악(禮樂) 등의 학문을 배울 것이다.

◀ 제7장 ▶

子夏曰, 賢賢易色: 事父母, 能竭其力, 事君, 能致其身,
자하왈 현현역색 사부모 능갈기력 사군 능치기신

輿朋友交, 言而有信, 雖曰未學 吾必謂之學矣.
여붕우교 언이유신 수왈미학 오필위지학의

『 번역 』

자하가 말하기를, "어진 사람을 어질게 여겨 섬기되 미색(美色)을 좋아하듯 하며, 부모를 섬기되 힘을 다할 것이며, 임금을 섬기되 몸을 바쳐 충성할 것이며, 벗과 사귀되 말에 믿음이 있으면 상대방이 비록 배우지 못한 사람이라도 나는 반드시 학문이 있는 자라고 말하리라."

『 해석 』

자하는 이런 말을 했다. "어진 이를 경모하기를 어여쁜 여색 사모하듯이 하며, 부모에게 효도하기를 있는 힘을 다하여 섬기며, 임금에게 충성하기

를 한 몸을 바쳐서 하며, 벗과 더불어 사귈 때 언어에 거짓이 없고 신의가
있으면 이것은 인륜을 밝혀 성심성의를 가지고 행하는 것이므로 더 바랄
것이 없다. 학문하는 자가 구하는 것도 결국 인륜을 행하고자 함이니, 이와
같이 행하는 사람은 비록 학문을 하지 않았다 하더라도 나는 반드시 학문
을 했다고 말하고 싶다. 그것은 실천이 중요하기 때문이다."

◀ 제8장 ▶

子曰, 君子不重, 則不威; 學則不固. 主忠信. 無友不如己者. 過, 則勿憚改.
군자부중 즉불위 학즉불고 주충신 무우불여기자 과 즉물탄개

〚 번역 〛

공자가 말했다. "군자가 바르고 전중(典重)하지 않으면 위엄이 서지 않으
니, 글을 배우면 지식이 견고(堅固)하지 못하게 된다. 충성(忠)과 신의를 행
실의 근본으로 삼고, 지기(意志와 氣槪)가 자기와 같지 않은 사람은 친구로
사귀지 말아야 할 것이며, 자신에게 허물이 있거든 고치는 것을 기피하지
말아야 한다."

〚 해석 〛

높은 지위에 있어 백성을 다스리는 사람이 언어 동작을 무겁게 하지 않
으면 위엄이 없을 뿐만 아니라, 아무리 학문을 쌓아도 독선에 빠져 그 학문
이 견고하지 못하다. 항상 충성과 신의를 잃지 않도록 힘쓰며, 지기가 자기
와 같지 않은 사람은 친구로 사귀지 말아야 할 것이며, 또 자기에게 잘못이
있다고 깨달았을 때는 언제든지 지체 말고 그 잘못을 고쳐야 한다.
　※ '중(重)'은 바르고 전중함을 일컬은 것이니 이것은 마음의 자세에 대
한 설명이고, 위엄은 외모에 나타난 얼굴의 자태이다. '충신(忠信)'은 충성
과 신의를 일컬은 것이다. '탄(憚)'은 어렵게 여겨 기피한다는 뜻이다.

◀ 제14장 ▶

子曰, 君子食無求飽, 居無求安, 敏於事而愼於言. 就有道而正焉, 可謂好學也已.
군자식무구포 거무구안 민어사이신어언 취유도이정언 가위호학야이

【 번역 】

공자가 말했다. "군자가 음식을 꼭 배부르게 먹기를 바라지 않고, 거처를 꼭 편안하게 있기를 바라지 않으며, 일을 할 적엔 민첩하게 하고 말을 할 적엔 신중하게 하며, (의심이 있으면) 도덕이 높은 스승에게 나아가서 그 시비를 물어서 바로잡는다면, 그 사람은 학문(배우고 묻는 일)을 좋아한다고 일컬을 수가 있겠다."

【 해석 】

학문에 뜻을 둔 사람은 음식을 배부르게 먹어야겠다는 여념도 없고 안락한 거주를 구할 겨를도 없다. 한결같이 학문에만 전력하며 언어에 주의한다. 그렇게 해도 오히려 부족함을 알고, 훌륭한 분에게 나아가 배우고 나를 바로잡기에 힘쓴다면 학문을 좋아하는 사람이라고 할 수 있다.

📖 제2편 爲政(위정), 총 24장

◀ 제4장 ▶

子曰, 吾十有五而志于學, 三十而立, 四十而不惑, 五十而知天命,
오십유오이지우학 삼십이립 사십이불혹 오십이지천명

六十而耳順, 七十而從心所欲不踰矩.
육십이이순 칠십이종심소욕불유구

십유오(十有五): 열하고 다섯 살, 곧 15세. 숫자 사이의 '有'는 '또 又(우)' 자와 같은 작용을 한다. 고대에는 나이 열다섯에 대학에 입학하였다.

학(學): 본격적인 학문. 여기의 '학'은 소학(小學)과 반대되는 대학(大學)으로 군자가 되는 도리를 배우는 학문을 가리킨다.

입(立): 사회적으로 자립하다. <태백>의 '立於禮'와 <계씨>의 '不學禮, 無以立' 등의 용례에서 보듯이 '立'은 모두 "예"와 함께 쓰였다. 곧 독립된 성인으로서의 언행이 모두 예에 부합되어 독자적으로 업무를 처리할 능력을 갖추었음을 말한다.

『번역』

공자가 말했다. "나는 15세에 학문에 뜻을 두었고, 30세에 모든 기초를 세웠으며, 40세에 사물의 이치에 대하여 의문 나는 점이 없었고, 50세에는 천명을 알았고, 60세에 남의 말을 순순히 받아들일 수 있었고, 70세에는 뜻대로 행하여도 도(道)에 어긋나지 않았느니라."

『해석』

나는 열다섯 살에 인격완성의 학문에 뜻을 두고 끊임없이 힘썼으므로 서른 살에는 안으로는 사욕에 흔들리지 않고 밖으로는 유혹에 빠지지 않아 스스로 확고한 주관을 가지게 되었다. 다시 10년을 수업하여 마흔 살이 되어 도리를 밝게 알게 되고 여하한 일에도 미혹하지 않았다. 그리하여 더욱 수업한 끝에 쉰 살이 되자 하늘이 만물에 부여한 최선의 원리를 알게 되었고, 예순 살에는 남의 말을 듣기만 하면 곧 그 이치를 깨닫고 이해하게 되었으며, 만년인 일흔 살이 되어서는 내 마음대로 행동을 하여도 예의나 법도에 어긋남이 없게 되었다.

◀ 제11장 ▶

子曰, 溫故而知新, 可以爲師矣.
　온고이지신　가이위사의

〖 번역 〗

공자가 말했다. "옛날에 듣고 배운 것을 연구하고, 새로운 이치를 깨달아 안다면, 남의 스승이 될 수가 있다."

〖 해석 〗

선인들이 닦아 놓은 학문, 즉 과거의 사실과 학설 등을 되풀이하여 익혀 잊지 않고, 한편 현실을 처리할 수 있는 새로운 학설과 방법을 발견하여 알아 나간다면, 참으로 남의 스승이 될 자격이 있다고 할 수 있다.

◀ 제15장 ▶

子曰, 學而不思則罔, 思而不學則殆.
　학이불사즉망　사이불학즉태

〖 번역 〗

공자께서 말씀하셨다. "배우기만 하고 생각하지 아니하면 어둡고, 생각만 하고 배우지 아니하면 위태로우니라."

〖 해석 〗

넓게 배우기만 하고 자신을 돌아보아 연구하고 사색하지 않으면 배운 것이 흐려져 그 이치를 파악할 수가 없고, 이에 반해서 빈곤한 지식의 범위 안에서 생각만 되풀이하고 널리 남의 말이나 옛사람의 가르침을 배우지 않으면 소견이 좁아 위태로운 사상에 빠지기가 쉽다.

◀ 제17장 ▶

子曰, 由! 誨女知之乎! 知之爲知之, 不知爲不知 是知也.
유 회여지지호 지지위지지 부지위부지 시지야

〖 번역 〗

공자가 말했다. "자로야, 내가 너에게 앎을 구한다는 것이 무엇인지 가르쳐 주겠다. 아는 것은 안다고 하고 알지 못하는 것은 알지 못한다고 하는 것이 바로 진정으로 '아는 것'이다."

〖 해석 〗

공자가 자로(子路)에게 말씀하셨다. "자로야, 네게 안다는 것에 대해 가르쳐 주겠다. 자기가 아는 것은 안다고 하고 모르는 것은 모른다고 하는 것이, 스스로 기만하는 폐단이 없을뿐더러 알기를 힘써서 새로운 지식을 얻게 되는 것이다."

📖 제3편 八佾(팔일), 총 26장

◀ 제15장 ▶

子入太廟, 每事問. 或曰: 孰謂鄹人之子知禮乎? 入太廟, 每事問.
자입태묘 매사문 혹왈 숙위추인지자지례호 입태묘, 매사문

子聞之, 曰, "是禮也."
자문지 왈 시례야

'추'는 노나라의 읍 이름인데, 공자의 아버지인 숙량흘(叔粱紇)이 일찍이 그 읍의 대부였다. 공자가 어렸을 때부터 "예(禮)"를 잘 안다고 소문이 났기 때문에 어떤 사람이 비웃은 것이다.

〖 번역 〗

공자가 태묘에 들어가서 하나하나 물었다. 그러자 어떤 사람이 말했다. "누가 추인(鄹人) 그 사람의 자식이 예를 안다고 말했던가? 태묘에 들어가서 하나하나 묻는구나." 공자가 들은 후에 이렇게 말했다. "이렇게 하는 것이 바로 예(禮)이다."

〖 해석 〗

공자께서 주공의 태묘에 들어가 제사를 지낼 때 의식에 대해서 일일이 선배에게 물어서 거행하셨다. 어떤 사람이 이것을 보고 "대체 누가 저 추나라 사람의 아들을 예에 통달한 사람이라고 했는가? 태묘에 들어가서 매사를 물어서 행하는 품이 예를 몰라서 그러는 것이 아니겠는가?" 하고 악평을 하여, 공자께서 들으시고 "일일이 물어서 신중히 하는 것이 예인 것이다"라고 말씀하셨다.

📖 제4편 里仁(이인), 총 26장

◀ 제8장 ▶

> 子曰, 朝聞道, 夕死可矣
> 조문도, 석사가의

〖 번역 〗

공자가 말했다. "아침에 진리를 체득하면 저녁에 죽어도 좋다."

〖 해석 〗

만약 아침에 우리가 당연히 행하지 않으면 안 될 도리를 들어 깨친다고 하면, 그 이상 바랄 것이 없는 것으로서 저녁에 죽는 한이 있더라도 만족할 만한 것이다.

◀ 제9장 ▶

子曰, 士志於道, 而恥惡衣惡食者, 未足與議也.
사지어도 이치악의악식자 미족여의야

〖 번역 〗

공자가 말했다. "지식인이 도에 뜻을 두고서도 거친 옷을 입고 맛없는 음식을 먹는 것을 부끄럽게 여기는 사람은 더불어 도리를 의논할 수가 없다."

〖 해석 〗

인의 도덕에 뜻을 두고 학문 수양을 하고 있는 소위 지식인이라는 사람이, 의복이며 먹는 것에 마음을 써서 허술한 옷과 변변찮은 음식에 부끄러움을 느낀다면 같이 도를 이야기할 자격이 없는 것이다.

◀ 제14장 ▶

子曰, 不患無位, 患所以立. 不患莫己知, 求爲可知也.
불환무위 환소이립 불환막기지 구위가지야

순자: 비십이자(非十二子)

군자는 귀하게 여길 만하게 될 수 있지만 다른 사람으로 하여금 반드시 자기를 귀하게 여기도록 할 수 없으며, 믿을 만하게 될 수 있지만 다른 사람으로 하여금 반드시 자기를 믿도록 할 수는 없으며, 등용할 만하게 될 수 있지만 다른 사람으로 하여금 반드시 자신을 등용하게 할 수는 없다. 그러므로 군자는 수양하지 못한 것을 부끄러워하지 욕을 당하는 것을 부끄러워하지 않으며, 믿음직스럽지 못한 것을 부끄러워하지 믿어 주지 않는 것을 부끄러워하지 않으며, 할 수 없는 것을 부끄러워하지 등용되지 못한 것을 부끄러워하지 않는다. 그러므로 명예에 유혹되지 않으며, 비방을 두려워하지 않고 도를 따라서 행하여 단정하게 자기를 바르게 해서 외부의 사물에 경도되지 않으니, 이것을 참된 군자라고 하는 것이다.

『 번역 』

공자가 말했다. "직위가 없는 것을 근심하지 말고 어떻게 그 위치에서 직책을 다할까를 근심하라. 남들이 자기를 알아주지 못하는 것을 근심하지 말고 다른 사람들이 알아줄 수 있도록 노력하라."

『 해석 』

자기의 지위가 없는 것을 근심하지 말고, 어떻게 하면 그 지위에 설 수 있을까 하고 실력이 없는 것을 근심할 일이다. 또 세상 사람들이 나를 몰라 준다고 걱정하지 말고, 남에게 알려질 만한 일을 하려고 애써야 할 것이다.

◀ 제17장 ▶

子曰, 見賢思齊焉 見不賢而內自省也.
　　　견현사제언　견불현이내자성야

공자가 말했다. "어진 사람의 행동을 보고는 자기도 그 사람과 같게 되기를 생각하고, 어질지 못한 사람의 행동을 보고는 자기 마음속으로 반성해야 한다."

〖 해석 〗

어진 사람을 보면 나 자신도 그 사람과 같이 어질게 되려고 노력해야 하고, 어질지 않은 사람을 보더라도 상대방을 탓할 것이 아니라 자신에게도 혹시 그와 같은 허물이 있나 살펴보라는 말이다. 어질고 좋은 사람을 만나면 상대방의 모든 행동을 본받아 배우도록 하고, 어질지 않은 사람을 보면 상대방의 허물을 거울삼아 자신의 허물을 고쳐 나가라는 뜻이다. 이렇게 한다면 어질고 훌륭한 사람을 만나거나 그렇지 못한 사람을 만나거나 다 배울 점이 있을 것이다.

📖 제5편 公冶長(공야장), 총 28장

◀ 제15장 ▶

子貢問曰, 孔文子何以謂之 '文'也.
자공문왈 공문자하이위지 '문'야

子曰, 敏而好學, 不恥下問, 是以謂之 '文'也.
민이호학 불치하문 시이위지 '문'야

〖 번역 〗

자공이 "공문자는 무엇에 근거해서 '문'이라고 시호를 내린 것입니까?"라고 묻자, 공자는 "그는 일을 민첩하게 처리하고 공부하기를 좋아했으며, 누구에게나 묻고 가르침을 청하기 때문에 '문'이라고 시호를 내린 것이다"라고 대답했다.

자공이 물었다. "공문자는 어떻게 해서 '문'이란 가장 좋은 시호를 얻게 되었습니까?" 공자께서 대답하셨다. "그 사람은 본성이 민첩한데다가 학문에 열의가 있으며 아랫사람에게 묻기를 부끄러워하지 않았으므로 문이라는 시호를 받게 된 것이다."

◀ 제28장 ▶

子曰, 十室之邑, 必有忠信, 如丘者焉, 不如丘之好學也.
십실지읍 필유충신 여구자언 불여구지호학야

〖 번역 〗

공자가 말했다. "열 가구로 이루어진 작은 마을에도 반드시 나처럼 충실하고 믿을 만한 사람이 있겠지만, 나처럼 이렇게 배우기를 좋아하지는 않을 것이다."

〖 해석 〗

10호 정도의 작은 마을에도 나 정도의 충신과 신의가 두터운 사람은 틀림없이 있을 것이다. 그러나 나만큼 학문을 즐기는 사람은 없을 것이다. 그대들도 더욱더 학문을 즐기기 바란다.

◀ 제10장 ▶

冉求曰, 非不說子之道, 力不足也.
염구왈 비불열자지도 역부족야

子曰, 力不足者, 中道而廢. 今女畫.
역부족자 중도이폐 금여화

〖 주석 〗

사람이 도에 뜻을 두었다면 반드시 힘써 배워야 한다. 사람은 하루라도 배우지 않을 수 없기 때문에 지속적으로 공부하여야 한다. 성인 문하의 제자 가운데 안자 같은 큰 현인조차도, 그만두려 해도 그만둘 수가 없어 자신의 재능을 충분히 발휘해 계속 따라서 전진하려고 하지만 어떻게 달려갈지 모르겠다고 했다. 그러나 순서를 따라 점차로 나아가 스스로 덕에 들어갈 수 있는 것인데, 어찌 역량이 충분하지 못하다고 스스로 핑계를 댈 수 있겠는가? <이인>편에서 공자가 말했다. "하루라도 인을 공부하고 노력할 수 있는 사람이 있는가? 나는 역량이 부족한 사람은 본 적이 없다(4.6)."

〖 번역 〗

염유가 말했다. "선생님의 사상·학설을 좋아하지 않는것이 아니라, 저의 역량이 충분하지 못합니다."
공자가 말했다. "역량이 충분하지 못하다면 반쯤 간 다음 멈출수도 있다. 너는 지금 아예 갈수 없다고 한계를 긋는구나."

〖 해석 〗

염구가 "선생님께서 말씀하시는 도를 마음속으로 기뻐하지 않는 것은 아니오나, 제게는 힘이 부족하여 따라갈 수가 없습니다" 하고 변명하자, 공자께서 격려하여 말씀하셨다. "참으로 힘이 부족한 사람이라면 할 수 있는 데까지 하다가, 도중에 힘이 다하여 그만두는 법이다. 그런데 너는 네 스스로 처음부터 한계를 그어놓고 더 나아가지 않으려고 하는구나. 그러기보다는 더욱 분발하여 힘을 내도록 하여라."

◀ 제18장 ▶

子曰, 知之者不如好之者, 好之者不如樂之者.
지지자불여호지자   호지자불여락지자

[번역]

공자께서 말씀하셨다. 아는 것은 좋아하는 것만 못하고, 좋아하는 것은 즐거워하는 것만 못하니라.

[해석]

도를 알고만 있어서는 안 되고, 알고 있는 것을 실천하는 데 그 뜻이 있음을 의미한다. 도를 실천하는 데 그 뜻이 있다 함은, 바로 그가 할 수 있는 한계 내에서의 일이란 것을 뜻한다. 이를 본다면 도를 행하는 것이 그렇게 어려운 것이 아니라, 능력의 한계 내에서 이룰 수 있는 것임을 알아야 한다. 그러나 그렇게 하는 데 있어서는 마음가짐이 필요한데 공자는 바로 이 마음가짐에 관하여 인이나 덕 그리고 예와 이 등 그 목적에 따라 여러 가지로 말했던 것이다. 그래서 누구나 도를 실천하기 위해서는 이런 마음가짐을 갖추어야 하고 그러면 누구나 도를 실천할 수 있다고 하였던 것이다. 그러나 그렇지 않은 사람은 설사 도의 오묘한 진리를 깨닫고 있다 하더라도 아는 것으로만 그치고, 설사 도를 실천한다 하더라도 일순간에 끝나고 마는 것이다. 그렇기 때문에 도를 알고 있다 하더라도 마음속에서 우러나와 즐기는 사람만은 못하다는 것이다.

제25장

子曰, 君子博學於文, 約之以禮, 亦可以弗畔矣夫!
군자박학어문 약지이례 역가이불반의부

〖 번역 〗

공자께서 말씀하셨다. "군자가 널리 배우고, 예(禮)로써 단속하면 또한 도(道)에서 어그러지지 않게 될 것이니라."

〖 해석 〗

군자가 널리 학문을 배워서 "예(禮)"로써 단속한다 함은, 배운 글을 실천함에 있어 "예"에 알맞도록 가다듬어서 행해야 한다는 것이다. 그러기 위해서는 우선 사물의 도리를 알아야 한다. 그래서 공자는 먼저 육예(六藝) 중의 문(文)을 널리 익히라고 하지 않았던가. 그렇게 하여 그 배운 것을 생활에 적용함이 "예"를 떠나지 않는다면 어찌 도에서 어긋날 수 있겠는가. 알기 위해서는 우선 배워야 하고, 그 배운 것을 "예"로써 실천에 옮겨야 한다고 말한 것이다.

📖 제7편 述而(술이), 총 38장

◀ 제2장 ▶

子曰, 黙而識之, 學而不厭, 誨人不倦, 何有於我哉?
묵이지지 학이불염 회인불권 하유어아재

〖 주석 〗

'지(識)'는 기억하는 것이다. 묵묵히 기억한다는 것은 말하지 않고 마음에 보존하는 것이다. 일설에는 '식(識)'은 아는 것인데 말하지 않고 마음으로 이해하는 것이라고 한다.

[번역]

공자가 말했다. "묵묵히 마음에 기억하고, 배우는 데 싫증을 내지 않으며, 다른 사람을 가르치는 데 게으르지 않은 것, 그 밖에 나에게 무엇이 있는가?"

[해석]

공자께서 말씀하셨다. "배워 얻은 것을 마음에 새겨두고 잊어버리지 않으려 하고, 또 널리 배워 구하고 싫증을 내지 않으며, 그렇게 해서 얻은 것을 남에게 가르치되 게으름을 피울 줄 모르는 이 세 가지 일을 가장 중요하게 생각한다."

◀ 제8장 ▶

子曰, 不憤不啓, 不悱不發. 擧一隅不以三隅反, 則不復也.
불분불계 불비불발 거일우불이삼우반 즉불부야

[번역]

공자께서 말씀하셨다. "분발하지 않으면 계발해 주지 않고, 표현하지 못해 더듬거리지 않으면 밝혀 주지 않으며, 한 모퉁이를 가르쳤는데도 나머지 세 모퉁이를 증명하지 못하는 사람이면 되풀이해서 가르쳐 주지 않을 것이니라."

[해석]

이 말은 바로 배우고자 하는 사람의 마음 자세와 열의, 그리고 탐구심의 정도를 나타낸 말이다. 그리고 한 귀퉁이를 일러 주어도 나머지 세 귀퉁이를 증명하지 못하는 사람이라 함은 그 배우는 사람의 자질을 말한 것이다. 공자는 제자가 되겠다고 하는 사람이면 누구나 가리지 않고 다 받아들이겠다고 했다. 그러나 누구에게나 같은 정도의 도를 말하여 준다고는 하지 않았다. 그러므로 충분히 가르침을 받을 만한 소지가 없는 사람이라면 아무리 가르쳐 보아야 효과가 없으며, 연구하여 자기 스스로 깨우치려고 노력하는 자가 아니라면 애써 가르친다 할지라도 아무런 효과가 없음을 뜻한다. 그래서 공자는 도를 배울 수 있는 정도에 따라 중인 이상이니, 중인 이하이니 하고 차이를 두었다고 볼 수 있다.

◀ 제19장 ▶

子曰, 我非生而知之者, 好古, 敏以求之者也.
아비생이지지자　호고　민이구지자야

〖 번역 〗

공자가 말했다. "나는 태어나면서부터 모든 사리를 알고 있는 사람이 아니다. 옛날의 제도, 문물을 좋아하여 민첩하게 움직여 그에 대한 지식을 추구한 사람일 뿐이다."

〖 해석 〗

나는 태어날 때부터 모든 것을 잘 아는 천재도 성인도 아니다. 다만 옛날 선왕의 도(道)를 좋아하며, 힘을 다하여 부지런히 그것을 배워 알게 된 사람에 지나지 않는다.

◀ 제21장 ▶

子曰, 三人行 必有我師焉, 擇其善者而從之, 其不善者而改之.
삼인행 필유아사언　택기선자이종지　기불선자이개지

세 사람이 함께 길을 가면 그 가운데 하나는 나(我)이다. 저 두 사람 가운데 한 사람은 선하고 한 사람은 악하다면 나는 선을 따르고 악을 고쳐야 할 것이니, 이것이 두 사람이 모두 나의 스승이라는 것이다.

윤씨가 말했다. "현명한 사람을 보고 그와 같아지기를 생각하고 현명하지 못한 사람을 보고 안으로 스스로 반성한다면, 선한 사람과 악한 사람이 모두 나의 스승일 것이니 선을 진취시키는 데 다함이 있겠는가?"

〖 번역 〗

공자께서 말씀하셨다. 세 사람이 같이 길을 가면 그중에 반드시 내 스승이 될 만한 사람이 있다. 그 좋은 점을 골라서 따르고 좋지 못한 점은 거울삼아 고칠 것이니라.

〖 해석 〗

공자께서 말씀하셨다. "세 사람이 함께 길을 가면 그 가운데에는 반드시 나의 스승이 있게 마련이다. 나 외의 두 사람 중에서 좋은 점이 있으면 그것을 본받아 내가 따를 것이요, 좋지 못한 점이 있으면 그것을 거울삼아 스스로 자신의 잘못을 고칠 것이니라."

◀ 제24장 ▶

子以四教: '文' '行' '忠' '信'
자이사교: '문' '행' '충' '신'

〖 번역 〗

공자는 다음 네 가지 덕목으로 제자들을 가르치셨으니, 첫째는 선왕의 유문이요, 둘째는 덕행이요, 셋째는 사람들을 대하는 충실성이요, 넷째는 사람들과 사귀는 신의였다.

〖 해석 〗

공자가 ≪시경≫, ≪서경≫ 육예의 문·행위·충심 그리고 믿음에 중점을 두어 제자들을 가르쳤다는 말이다. 다시 말해서 학문·실천·충실성·신의를 가르쳤다는 것이다.

◀ 제27장 ▶

> 子曰, 蓋有不知而作之者, 我無是也, 多聞, 擇其善者而從之;
> 개유부지이작지자 아무시야 다문 택기선자이종지
>
> 多見而識之; 知之次也.
> 다견이지지 지지차야

〖 번역 〗

공자가 말했다. "알지 못하면서도 멋대로 조작하는 사람이 있지만 나는 그런 것이 없다. 많이 듣고 그 가운데 좋은 것을 골라 따르고, 많이 보고 기억하는 것이 앎의 차례이자 과정이다."

〖 해석 〗

완전히 알지 못하고는 무슨 일을 만들어 내지 못한다. 무엇을 창작하는 데 있어서 직관만으로는 되지 않는다. 반드시 옛날의 학문이나 그 원리의 바탕이 있어야 한다. 엄격히 따진다면 창작이란 있을 수 없는 것이다. 흔히 말하는 창작도 옛것, 즉 존재하고 있는 무엇을 필요에 따라 한층 좋고 편리하게 발전시키는 것에 지나지 않는다. 그래서 모방의 연장이라거나 모방의 승화라고밖에 말할 수 없는 것이다. 그렇기 때문에 창작을 하기 위해서는 우선 알아야 한다. 그리고 알기 위해서는 나보다 나은 것을 택하여 따라야 하고, 또 많이 보고 들어야 하며, 그것들을 기억해 두어야 한다. 이것이 바로 안다는 것으로 현재 알고 있는 것의 다음가는 것이 된다.

◀ 제28장 ▶

互鄉難與言, 童子見, 門人惑. 子曰: 與其進也, 不與其退也, 唯何甚?
호향난여언 동자현 문인혹 자왈: 여기진야 불여기퇴야 유하심

人潔己以進, 與其潔也, 不保其往也.
인결기이진 여기결야 불보기왕야

[번역]

　　호향의 사람들과는 사귀기가 매우 어려웠는데, 공자가 그 지방의 어떤 소년을 접견하자 학생들이 의혹을 품었다. 그러자 공자가 말했다. "오는 사람은 맞아들일 것이요, 가는 사람은 막지 말것이니 어찌 심하게 굴겠느냐? 누구든 제 몸을 깨끗이 하고 오면 그 깨끗함을 받아 들일것이요, 과거의 잘못은 묻지 말것이니라."

[해석]

　　호향은 옛날에 풍기가 문란하기로 이름이 나 있었다고 한다. 그리고 그 지방의 사람들은 예와 도덕에 관해서는 아예 듣는 것조차 꺼렸으며, 또 그들에게 선을 말해 보았자 아무 소용이 없었다. 그런데 어느 날 그 호향 지방의 어린아이가 공자를 찾아와 만나 뵙기를 청했다. 공자의 제자들은 그를 몹시 의심하여 공자가 만나는 것을 꺼렸다. 그러나 공자가 "호향의 풍속이 비록 나쁘기는 하지만 동자가 마음을 깨끗이 하여 면회를 청해 온 것이 아니냐? 오는 자는 함께하여 주고 가는 자는 함께하여 주지 않는 것이 인간의 도리이거늘, 너희들은 너무 심하게 굴지 마라. 사람이 그 몸과 마음을 깨끗이 씻었다면, 이미 지나간 잘못은 존재하지 않느니라. 그러니 깨끗한 자와 함께 만나는 것이 아니고 무엇이냐?" 하고 말했던 것이다.

◀ 제5장 ▶

曾子曰, 以能問於不能, 以多問於寡; 有若無, 實若虛,
증자왈 이능문어불능 이다문어과 유약무 실약허

犯而不校, 昔者吾友, 嘗從事於斯矣.
범이불교 석자오우 상종사어사의

〖 번역 〗

증자가 말했다. "능력이 있는 사람으로서 능력이 없는 사람에게 가르침을 청하고 지식이 풍부한 사람으로서 지식이 많지 않은 사람에게 가르침을 청하며, 있어도 없는 듯이 하고 충실하면서도 공허한 것같이 하며, 침범을 당하여도 따지지 않기를 예전에 나의 친구가 그렇게 하였다."

〖 해석 〗

증자는 이런 말을 했다. "나에게 능력이나 재능이 있으면서도 나보다 못한 사람에게도 물어보며, 내가 박학다식한데도 나보다 못한 학문이 얕고 과문한 사람에게도 물어보며, 도를 지니고 있으면서도 없는 듯, 또 덕이 있으면서도 텅 빈 듯, 남이 욕을 보여도 다투고 싸우지 않는다. 이런 일은 여간한 수양이 된 사람이 아니면 쉽지 않지만, 이러한 태도를 옛날 나의 친구는 잘 지키고 있었는데, 지금은 죽고 없다."

◀ 제17장 ▶

子曰, 學如不及, 猶恐失之.
학여불급 유공실지

공자께서 말씀하셨다. 학문을 함에 있어서는 배워서 미치지 못하는 것같
이 하고 배워 안 것은 잃어버릴까 두려워하는 것같이 해야 하느니라.

〖 해석 〗

공자께서 말씀하셨다. "학문은 뒤쫓아도 못 잡는 듯 부지런히 배워야 하
는 것이다. 또한 그렇게 해서 얻은 진리는 혹시 잊어버리지나 않을까 두려
워하는 태도로 부지런히 익혀야 하는 것이니라."

📖 제9편 子罕(자한), 총 31장

◀ 제2장 ▶

> 達巷黨人曰, 大哉孔子! 博學而無所成名.
> 달항당인왈 대재공자 박학이무소성명.
>
> 子聞之, 謂門弟子曰, 吾何執? 執御乎? 執射乎? 吾執御矣.
> 자문지 위문제자왈 오하집 집어호 집사호 오집어의

〖 번역 〗

달항(達巷) 지방에서 사는 사람이 말했다. "위대하도다, 공자여! 공자는
박학다식하기 때문에 무어라고 이름 지을수 없도다!" 하자,
공자께서 들으시고 제자들에게 말씀하셨다.
"내가 무엇을 해야 한단 말이냐? 수레몰이 꾼이 되어볼까? 사수(射手)가
되어볼까? 나는 차라리 수레 몰이꾼이 되리라."

〖 해석 〗

달항이란 고을에 사는 한 사람이 공자의 덕을 칭찬하여 "공자님은 참으

로 위대하시다. 넓게 배워 모든 일에 통달하시기 때문에 무엇을 전문적으로 잘하신다고 일러 말할 수가 없다"고 하였다. 이 말을 들은 공자께서 제자들에게 다음과 같이 말씀하셨다. "그렇다면 내가 어느 한 가지라도 특출하게 잘하여 이름을 내 볼까? 육예 중에 예와 악은 어려운 모양이고, 서(書)와 수(數)는 까다로우니, 말을 모는 어(御)를 해서 이름을 내 볼까? 활을 쏘는 사(射)를 해서 이름을 내 볼까? 차라리 나는 말 모는 일이나 전문으로 해 볼거나."

◀ 제7장 ▶

子曰, 吾有知乎哉? 無知也. 有鄙夫問於我, 空空如也. 我叩其兩端而竭焉.
오유지호재 무지야 유비부문어아 공공여야 아고기양단이갈언

〖 주석 〗

'고(叩)'는 발동하는 것이다. '양단(兩端)'은 두 머리라고 말하는 것과 같으니, 처음과 끝, 뿌리와 말단, 위와 아래, 정교함과 조잡함을 말한다.

〖 번역 〗

공자가 말했다. "내가 지식이 있는가? 없다. 어떤 시골사람이 나에게 물으면, 나는 조금도 알지 못하고 이 문제의 정반, 본말을 고찰하여 결론을 얻을 뿐이다."

〖 해석 〗

"내가 무얼 아는 게 있겠는가? 별로 아는 것이 없다. 그러나 아무것도 모르는 천한 사람이라도 진심으로 나에게 묻는다면, 나는 그 사람의 물음의 잘못된 점이나 모순점을 지적하고, 좋고 나쁨을 가려, 내 속에 있는 것을 모두 털어 모조리 그에게 가르쳐 준다. 그래서 나를 아는 사람이라고 하는지도 모르겠다" 하고 겸손하셨다.

子曰, 譬如爲山, 未成一簣, 止, 吾止也. 譬如平地, 雖覆一簣, 進, 吾往也.
비여위산 미성일궤 지 오지야 비여평지 수복일궤 진 오왕야

〖 주석 〗

흙을 쌓아 산을 이루면 바람과 비가 깃들고, 물을 모아 못을 이루면 교룡
이 산다. …… 그러므로 반걸음, 한 걸음을 모으지 않으면 천 리에 이를 수
없고, 작은 시내를 모으지 않으면 강이나 하천을 이루지 못한다. 천리마라
도 한 번 뛰어 열 걸음을 갈 수 없고, 노둔한 말이라도 열흘을 가면 그 공은
버려지지 않는다.

새기다가 버리면 썩은 나무에도 조각할 수 없고, 새기어 그만두지 않으
면 쇠와 돌에도 조각할 수 있다. ≪대대례≫ 〈권학 (權學)〉

〖 번역 〗

공자가 말했다. "산을 쌓는 데 비유하면, 단지 한 삼태기의 흙만 남겼더
라도 중단한다면 내가 중단한 것이다. 평평한 땅에 비유하면, 비록 단지 한
삼태기의 흙만 부었더라도 나아간다면 내가 나아간 것이다."

〖 해석 〗

공자께서 말씀하셨다. "사람이 학문을 넓히고 덕을 쌓는 것을, 산을 쌓아
올리는 일에 비유해 보자. 흙 한 삼태기만 있으면 산이 완성될 것을 그 한
삼태기가 모자라 완성되지 못한 채로 그만둔다면, 이는 내가 싫어 그만둔
것이지 그 누구의 책임도 아니다. 또 반대로 비유해서 땅을 고르는 일에 있
어, 별것 아닌 단 한 삼태기의 흙을 쏟아부었다 해도 그만큼 일을 진척시킨
것이라 할 수 있다. 그리고 이는 내가 좋아서 덕을 이룬 셈이라 할 것이니라."

제20장

子謂顏淵曰, 惜乎! 吾見其進也, 未見其止也.
자위안연왈 석호 오견기진야 미견기지야

〖 번역 〗

공자가 안연을 평하여 말하였다. "참으로 참 안타깝도다! 나는 그가 전진하는 것만 보았고, 멈추는 것을 못 보았다."

〖 해석 〗

공자께서 안회가 꾸준히 노력하여 잠시도 방심하지 않았던 것을 평하여 말씀하셨다. "아깝게도 그는 일찍 갔구나! 내가 보기로는 그는 언제나 앞으로 나갔을 뿐, 한 번도 멈추어 서는 일이 없던 사람이었노라."

📖 제11편 先進(선진), 총 25장

◀ 제2장 ▶

子曰, 從我於陳蔡者, 皆不及門也. 德行, 顏淵, 閔子騫, 冉伯牛, 仲弓, 言語, 宰我.
종아어진채자 개불급문야 덕행 안연 민자건 염백우 중궁 언어 재아

子貢, 政事 冉有, 季路, 文學, 子游, 子夏.
자공 정사 염유 계로 문학 자유 자하

〖 번역 〗

공자가 말했다. "진나라와 채나라에서 나를 따르던 학생들이 지금은 모두 여기에 없구나. 덕행이 훌륭했던 제자는 안연 · 민자건 · 염백우 · 중궁이고, 외교를 잘했던 제자는 재아 · 자공이고, 정치를 잘했던 제자는 염유 · 계로이

고, 예의와 문헌에 숙달한 제자는 자유와 자하였다."

[해석]

　그 옛날 나를 따라 진나라와 채나라에 갔을 때, 같이 환란을 당했던 제자들이 지금은 한 사람도 내 앞에 없구나. 혹은 벼슬에 나아갔고, 혹은 제나라로 돌아갔고, 혹은 죽었다. 아아! 참 슬픈 일이다. 그들 중에서 덕행으로 뛰어난 사람으로는 안연·민자건·염백우·중궁이 있었고, 언어에 뛰어난 사람으로는 재아와 자공이, 정치에 통달한 사람으로는 염유와 계로가, 학문에 빼어난 사람으로는 자유와 자하가 있었느니라.

◀ 제19장 ▶

> 子張 問善人之道. 子曰, 不踐迹 亦不入於室.
> 자장 문선인지도 자왈 불천적 역불입어실

[번역]

　자장이 사람을 선하게 하는 방법에 대해 물었다. 공자가 말했다. "발자취를 뒤따라 밟지 않으면 실내에도 들어갈 수 없다."

[해석]

　선인은, 자질은 아름다우나 학문을 하지 못한 사람이다. 성인의 발자취를 밟아 따르지 않는다면(스스로 나쁜 짓은 하지 않더라도) 성인의 방에는 들어갈 수 없다는 것이다. 선인은 "인(仁)"을 실행하려 하여도 학문에는 뜻을 두지 않은 사람이다. 나쁜 일은 비록 하지 않더라도 학문을 하지 않았으므로 깊은 성인의 경지에는 들어갈 길이 없는 것이다.

◀ 제20장 ▶

子張問, 士何如斯可謂之達矣?
　　사하여사가위지달의

子曰, 何哉, 爾所謂達者?
　　하재　이소위달자

子張對曰, 在邦必聞 在家必聞.
　　재방필문 재가필문

子曰, 是聞也 非達也. 夫達也者 質直而好義, 察言而觀色, 慮以下人
　　시문야 비달야 부달야자 질직이호의　찰언이관색　여이하인

在邦必達, 在家必達, 夫聞也者, 色取仁而行違, 居之不疑. 在邦必聞 在家必聞.
　　재방필달 재가필달 부문야자 색취인이행위 거지불의　재방필문 재가필문

〖 주석 〗

정자가 말했다. "배우는 사람은 반드시 실질에 힘써야 할 뿐 명성을 가까이해서는 안된다. 명성을 가까이하는데 뜻이 있다면 큰 근본이 이미 잘못된 것이다. 무슨일을 더 배우겠는가? 명성을 위해 배운다면 그것은 거짓이다. 지금 배우는 사람들은 대부분 명성을 위해 배운다." ≪사서집주≫

〖 번역 〗

자장이 "선비가 어떻게 되어야 통달했다고 말할 수 있습니까?" 하고 묻자, 공자께서는 "그대가 말하는 통달이라는 것은 무엇을 말함인가?" 하고 반문하셨다. 자장이 "국가에 벼슬해도 이름이 나고, 집에 들어앉아 있어도 이름이 나는 것을 말합니다"라고 대답하자, 공자께서 말씀하셨다. "그것은 명성이지 통달은 아니다. 통달이라는 것은 질박 정직하고, 의를 좋아하며, 남의 말이나 표정을 살펴 이해하며, 깊이 생각하여 남에게 겸손하게 대하는 것이니, 이렇게 하면 벼슬자리에 있거나 집에 있거나 다 통달할 수 있는

것이니라. 대체로 명성을 바라는 사람은 겉으로는 인을 행하는 척하고 실제 행동은 어긋나면서도 조금도 의심하지 않느니라. 이렇게 하는 사람은 벼슬자리에 있으나 집에 있으나 겉으로만 명성이 드러나는 것일 뿐이니라."

〖 해석 〗

자장이 공자께 물었다. "학문에 뜻을 가지고 또 도에 뜻을 가진 지식인은 어떻게 하면 도에 통달했다고 말할 수 있겠습니까?" 자장은 평소에 겉치레로써 명성을 얻으려고 하는 사람이었으므로 공자께서 자장에게 통달의 뜻을 오해하고 있지나 않나 싶어서 "그대가 말하는 통달이란 어떠한 것인가?" 하고 물으셨다. 이에 자장이 "제가 말씀드리는 통달이란, 벼슬자리에 있거나 집에 있거나 명성이 널리 드러나는 것입니다" 하고 대답하여, 공자께서 다음과 같이 말씀하셨다. "그것은 명성이라고 할 수는 있어도 통달이라고 할 수는 없다. 통달이라는 것은 내가 남에게 알리려고 하는 것이 아니다. 질박하고 정직하며, 행동은 정의에 맞는 일을 좋아하며 사람을 대할 때는 상대방의 말과 표정을 관찰하여 시비곡직과 득실을 알아내어 남의 마음을 이해하고 또 깊이 생각하여 사물을 신중히 처리하고 겸손한 태도로 대하며 거만함이 없어야 한다. 이와 같이 하여 덕을 닦으면 남에게 굳이 나를 알리려고 하지 않더라도 자연히 남이 나를 알게 되는 것이니, 벼슬자리에 있어선 국가 정치에 통달하고, 집에 있어선 집안일에 통달하고, 행동엔 스스로 막힘이 없는 것이다. 명성이라는 것은 외면에는 인을 가장하지만 실제 행동은 인에 위배되는 짓을 하면서도 스스로 선이라고 생각하여 의심하지 않으며, 나를 속이고 남을 속여서 헛된 명성을 얻으려고 하므로, 벼슬자리에 있거나 집에 있거나 명성이 드러나고 있는 것이다. 그대는 명성과 통달을 혼동하고 있다."

◀제4장▶

樊遲請學稼. 子曰, 吾不如老農.
번지청학가 자왈 오불여로농

請學爲圃. 曰, 吾不如老圃.
청학위포 왈 오불여로포.

樊遲出. 子曰, 小人哉, 樊須也! 上好禮, 則民莫敢不敬; 上好義, 則民莫敢不服;
번지출 자왈 소인재 번수야! 상호례 즉민막감불경 상호의 즉민막감불복

上好信, 則民莫敢不用情. 夫如是, 則四方之民襁負其子而至矣, 焉用稼?
상호신 즉민막감불용정 부여시 즉사방지민강부기자이지의 언용가

〚 주석 〛

《서경》 <무일 (無逸)>에 말하였다. "농사의 어려움을 안다면 소인(小人)이 의지하는 것을 알 것이다." 또 말하였다. "예전에 소인이 되어 소인과 함께하였다." 이 소인은 곧 늙은 곡식 농사꾼, 늙은 채소 농사꾼을 말한다.

《맹자》 <등문공>에 "대인의 일이 있고 소인의 일이 있다"고 하였는데, 이 장의 뜻과 같다. 옛날에 사·농·공·상이 각각 일정한 생업이 있었다.

〚 번역 〛

번지가 곡식을 심는 학문에 대해 묻자 공자는 "나는 늙은 농부만 못하다"고 말했다. 다시 채소를 심는 학문에 대해 묻자 공자는 "나는 늙은 채소 농사꾼만 못하다"고 말했다. 번지가 나가자 공자는 말했다. "번지는 참으로 소인이구나. 영도자가 예를 좋아하면 백성이 존경하지 않음이 없고, 영도자가 의를 좋아하면 백성이 복종하지 않음이 없고, 영도자가 믿음을 좋아하면 백성이 실정을 말하지 않음이 없을 것이다. 이와 같다면 사방의 백성이 어린이를 업고 달려올 것이다. 무엇 때문에 농사를 배우려는 것인가?"

    번지가 공자께 오곡을 재배하는 방법을 배우고 싶다고 하였다. 군자의 학문은 천하 국가를 다스리는 것이 목적인데, 번지가 세민, 즉 농민들이 하는 일을 배우고 싶다고 하므로 공자께서는 이것을 거절하여 "오곡 재배는 경험이 많은 늙은 농부만 못하다"고 하시었다. 번지가 다시 채소 재배하는 방법을 배우고 싶다고 하였다. 공자께서는 또 "나는 경험이 많은 늙은 채소 가꾸는 사람만 못하다"고 대답하셨다. 번지는 공자의 말씀을 이해하지 못하고 나가 버렸다. 번지가 나간 뒤에 공자께서 다른 사람에게 말씀하셨다. "번지는 참으로 작은 사람이다. 군자의 학문은 사람의 위에 서서 아랫사람을 다스리는 학문이다. 위에 있는 사람이 진실로 예의를 좋아하여 장중한 몸가짐을 하면, 백성들은 자연 존경하지 않을 수 없게 되고, 위에 있는 사람이 진실로 의를 좋아하여 행하는 것이 다 옳으면, 백성들은 다 나에게 복종하게 되고, 위에 있는 사람이 진실로 신의를 지녀 남을 속이지 않으면, 백성들은 성실하게 된다. 내가 위에서 예·의·신을 다하면 백성들은 존경하고 복종하고 성실하게 된다. 이렇게 되면 사방의 백성들이 다 찾아와서 나의 백성이 되고 나를 위하여 농사를 짓는다. 그렇게 되면 자연 오곡도 많이 생기고 채소도 많이 생긴다. 번지는 농사를 배우지 말고 군자의 학문을 배워야 하는 것이다."

◀ 제9장 ▶

子適衛, 冉有僕.
자적위 염유복

子曰, 庶矣哉!
자왈 서의재

冉有曰, 旣庶矣, 又何加焉?
염유왈 기서의 우하가언

曰, 富之.
왈 부지

曰, 旣富矣, 又何加焉?
왈 기부의 우하가언

曰, 敎之.
왈 교지

〖 주석 〗

공자는 비록 교화를 중시했지만, 백성을 부유하게 하는 것을 우선으로 삼았다. 관자의 이른바 나라를 다스리는 도는 반드시 먼저 백성을 부유하게 해야 한다는 것이다. 이것은 송나라의 유학자가 높은 의리만을 말하여 굶어 죽는 것은 작은 일이고 절개를 잃는 것은 큰일이라고 말한 것과는 다르다. 송나라 이후의 다스리는 법은 봉록을 박하게 하고 관리의 청렴을 요구했으며, 백성을 길러 풍속이 선해지기를 기대하지 않았다. …… 부유하게 하지 않고 가르침을 말하는 것은 공정한 이치에 어긋나며 실천의 차례를 어지럽히는 것이다.

〖 번역 〗

공자가 위나라에 가실 때 염유가 수레를 몰았는데, 스승께서 "백성들이 많기도 하구나" 하고 말씀하셨다. 염유가 "이미 백성들이 많아졌다면 거기에 또 무엇을 보태야 합니까?" 하니 공자께서는 "이미 백성들이 많아졌다면 이들을 부유하게 해 주어야 한다"고 하셨다. 염유가 다시 "이미 백성들이 부유해졌다면 거기에 또 무엇을 보태야 합니까?" 하고 물으니 공자께서는 "이미 백성들이 부유해졌다면 이들을 가르쳐야만 한다"라고 하셨다.

〖 해석 〗

백성들이 수가 많아졌는데도 넉넉하지 않다면 생활이 제대로 되지 않을 것이니, 농지와 거처를 마련해 주고, 또 세금을 줄여 주어 그들이 부유해지도록 한다. 백성들이 부유해졌는데도 가르치지 않는다면 무식하여 짐승에

가까워질 테니, 그러므로 반드시 학교를 세워 예절과 의리를 밝히고 백성
들을 가르쳐야 한다.

📖 제14편 憲問(헌문), 총 44장

◀ 제25장 ▶

子曰, 古之學者爲己, 今之學者爲人.2)
고지학자위기 금지학자위인

〔 번역 〕

공자가 말했다. "옛날의 학자들은 스스로 진보하기 위해 공부했는데, 오
늘날의 학자들은 다른 사람을 가르치기 위해 공부한다."

〔 해석 〕

정자는 이렇게 설명하였다. "옛날 배우는 사람들은 자기 수양을 위해 공
부를 하고 마지막에는 다른 사람들을 다스리게 되었는데, 지금 사람들은
남에게 보이기 위해 공부를 하고 있으니, 결국에는 자기 본심을 잃게 되는
것이다." 주자는 이렇게 설명하였다. "성인과 현인 들이 배우는 사람들의
마음 쓰는 일이 득실을 논한 말씀이 매우 많지만, 이 말씀처럼 절실하고도
긴요한 것은 없다. 배우는 사람들이 이 말씀을 분명하게 이해하고 날마다
살핀다면, 따라 시행하는 데 어둡지 않게 될 것이다."

---

2) 원문내용은 학문은 우선 자신의 수양을 위해서 해야 하고 마지막에는 다른 사람에게 가르침을 줄 수 있어
야 하는데 그렇지 못하고 표면적으로 남에게 보이기 위해서 학문을 한다면 그건 타락한 학자라는 말이다.

제15편 衛靈公(위령공), 총 42장

◀ 제15장 ▶

子曰, 不曰, '如之何, 如之何' 者, 吾末如之何也已矣.
불왈 '여지하 여지하' 자 오말여지하야이의

〖 번역 〗

　공자께서 말씀하셨다. "이를 어떻게 할까? 이를 어떻게 할까? 하고 말하지 않은 사람은 나도 정말 어떻게 할 수가 없는 존재이다."

〖 해석 〗

　무슨 일을 하는 데 있어 "어떻게 하면 좋을까? 어떻게 해야 될까?" 하고 깊이 생각하는 사람이 아니면 공자도 어떻게 해 줄 수 없다고 하였다. 자신에게 당면한 문제는 자신이 스스로 해결하도록 노력해 보고, 그러고도 되지 않으면 남에게 묻고 배워야 한다. 그렇지 않고 남에게 의지하려고만 든다면 아무도 그에게 보탬을 줄 수 없다. 설마 한두 번쯤은 그냥 넘어갈 수 있다 하더라도 길게는 가지 못하는 것이다. 특히 학문을 함에 있어서 의심나는 점을 자기 자신이 스스로 해결하도록 노력하지 않는다면 다른 사람의 가르침을 듣는다 하더라도 결코 그 문제의 뜻을 이해하지 못하게 된다. 그래서 공자와 같은 훌륭한 학자요 스승도, 자신이 먼저 노력하지 않는 사람에게는 아무 보탬을 줄 수 없다고 한 것이다.

◀ 제30장 ▶

子曰, 吾嘗終日不食, 終夜不寢, 以思, 無益, 不如學也.
오상종일불식 종야불침 이사 무익 불여학야

〖 주석 〗

생각만 하고 배우지 않는 사람을 위해 말한 것이다.

〖 번역 〗

공자께서 말씀하셨다. 내 일찍이 온종일 먹지 않고, 밤새도록 자지 않고 사색하였으나 아무 유익함이 없었고 배우는 것만 못하였느니라.

〖 해석 〗

내 일찍이 온종일 먹지도 아니하고 사색하였으며, 또 밤새도록 자지 않고 사색하여 보았으나, 아무것도 얻은 것이 없었다. 사람은 사색에 의하여 사물의 이치를 깨닫는 것도 좋지만, 역시 옛 성현의 유훈(遺訓)을 거울삼아 이것을 배우는 것이 완전하고 효과가 있는 것이다.

◀ 제31장 ▶

子曰. 君子謀道不謀食. 耕也, 餒在其中矣; 學也, 祿在其中矣. 君子 憂道不憂貧.
군자모도불모식 경야 뇌재기중의 학야 녹재기중의 군자 우도불우빈

〖 주석 〗

춘추시대에 배우는 사람은 대부분 봉록을 얻지 못하였기 때문에 다른 직업에 종사하였다. 농사를 익히는 사람이 많았는데, 번지가 곡식을 심는 학문에 대해 묻고 채소를 심는 학문에 대해 물은 것에서 볼 수 있다.

장저(長沮)와 걸익(桀溺), 대바구니를 멘 노인 같은 부류는 비록 논밭을 갈며 은둔했지만 모두 먹을 것을 도모하는 뜻을 면하지 못하였다. 당시에 공부하던 사람들이 먹는 것을 도모하기를 급하게 여기고 도를 도모하는 마음이 한결같지 못했음을 알 수 있다.

공자가 사람들에게 군자가 마땅히 해야 할 도와, 논밭을 갈아도 굶주림을

면하지 못하지만 배우면 봉록을 얻을 수 있다는 점을 보여 주어 사람이 배우도록 북돋워 준 것이다.

『 번역 』

공자가 말했다. "군자는 도를 시행할 일을 계획하고, 먹고사는 일을 계획하지는 않으니, 밭을 갈더라도 굶주림이 그 속에 있을 수 있고, 학문을 해도 봉록(俸祿)이 그 속에 있을 수 있으니, 군자는 도를 시행하는 일을 근심하고, 가난한 것은 근심하지 않는다."

『 해석 』

도는 마음을 기르는 것이요, 먹을 것은 몸을 기르는 것이니, 함께 없어서는 안 된다. 그러나 군자는 도를 얻으려고 애쓸 뿐 먹을 것을 얻으려고 애쓰지는 않는다. 먹을 것을 얻는다는 것은 애씀과는 관계가 없다. 농부가 농사를 짓는 것은 먹을 것을 얻기 위함이지만 천재지변에 의하여 굶게 되는 경우도 있다. 군자가 배우는 것은 도를 얻기 위함이지만, 배움이 이루어지면 나라에 등용되어 자연 먹을 것을 얻게 된다. 그러므로 군자는 도를 얻지 못함을 근심할지언정 가난을 근심하지는 않는다.

◀ 제38장 ▶

子曰, 有教無類.
유교무류

『 번역 』

공자께서 말씀하셨다. 가르침에는 부류(部類)가 없느니라.

사람은 교육에 의하여 선하게도 악하게도 된다. 처음부터 선함과 악함, 현명함과 어리석음의 구별이 있는 것이 아니다. 교육에 따라 악한 사람도 선하게 되고, 어리석은 사람도 현명해지는 것이다.

📖 제16편 季氏(계씨), 총 14장

◀ 제9장 ▶

孔子曰, 生而知之者, 上也; 學而知之者, 次也;
공자왈 생이지지자 상야 학이지지자 차야

困而學之, 又其次也; 困而不學, 民斯爲下矣.
곤이학지 우기차야 곤이불학 민사위하의

[번역]

공자가 말했다. "태어나면서 도리를 아는 사람은 상등이요, 배워서 도리를 아는 사람은 그 다음이요, 답답해서 도리를 배우는 사람은 또한 그 다음이니, 답답해도 배우지 않으면 백성으로서 하등이 된다."

[해석]

사람은 네 가지 차등을 가지고 태어난다. 나면서부터 저절로 만물의 이치를 알며 덕을 갖춘 사람은 최상의 인물로서 성인이라 할 수 있다. 뜻을 세워 배운 뒤에 사물의 도리를 아는 사람은 그 다음이고, 어려움을 당하여 발분해서 배워 아는 사람은 그 다음이다. 그러나 어려움을 당하고도 배우려고 하지 않고 태평으로 생각하여 노력하지 않는 사람은 최하등의 인간으로서 나로서도 어떻게 할 수 없는 존재이다.

◀ 제8장 ▶

> 子曰, "由也! 女聞六言六蔽矣乎?" 對曰, "未也."
> 유야   여문육언육폐의호   대왈   미야
>
> 居! 吾語女. 好仁不好學, 其蔽也愚; 好知不好學, 其蔽也蕩;
> 거   오어여   호인불호학   기폐야우   호지불호학   기폐야탕
>
> 好信不好學, 其蔽也賊; 好直不好學, 其蔽也絞;
> 호신불호학   기폐야적   호직불호학   기폐야교
>
> 好勇不好學, 其蔽也亂; 好剛不好學, 其蔽也狂.
> 호용불호학   기폐야란   호강불호학   기폐야광

『 번역 』

공자가 말했다. "자로야, 너는 여섯 가지 미덕과 여섯 가지 폐단을 들어 보았느냐?" 자로가 대답했다. "아직 듣지 못했습니다." 공자가 말했다. "앉아라, 내가 너에게 말해 주겠다. 인을 좋아하면서 배우기를 좋아하지 않으면 그 폐단은 어리석음이다. 총명을 좋아하면서 배우기를 좋아하지 않으면 그 폐단은 방종이다. 믿음을 좋아하면서 배우기를 좋아하지 않으면 그 폐단은 좁음이다. 곧음을 좋아하면서 배우기를 좋아하지 않으면 그 폐단은 조급함이다. 용기를 좋아하면서 배우기를 좋아하지 않으면 그 폐단은 어지러움이다. 굳셈을 좋아하면서 배우기를 좋아하지 않으면 그 폐단은 경솔함이다."

『 해석 』

공자께서 "자로야! 너는 인ㆍ지ㆍ신ㆍ직ㆍ용ㆍ강의 여섯 가지 미덕을 지니고 있으면서도 학문을 하지 않음으로써, 거기 따르는 여섯 가지 폐단이 있다는 것을 들은 적이 있느냐?" 하고 물으셨다. 자로가 일어서서 "아직 들은 적이 없습니다"라고 대답하니, 공자께서 다음과 같이 말씀하셨다. "거기 앉아라. 내 너에게 말해 주리라. 아무리 좋은 덕을 지니고 있어도 학문

의 뒷받침이 없어서는 안 된다. 인지하게 되기를 좋아하면서 학문을 좋아하여 그 이치를 밝게 알지 못하면 남한테 속임을 당하고, 적의함을 얻지 못하여 어리석은 폐단에 빠지기가 쉽다. 또 지혜롭기를 좋아하면서 학문을 좋아하여 그 이치를 밝게 알지 못하면, 공연히 고원한 데 흘러 박학을 자랑하고 무절제해지는 폐단에 빠진다. 신용 있게 되기를 좋아하면서 학문에 의해 조리를 밝히지 않으면, 자신과 미신에 빠져 의를 해치게 된다. 곧게 되기를 좋아하면서 학문에 의해 그 적의함을 얻지 못하면, 남을 책하고 자신을 책하는 것에 있어 너무 가혹해지는 폐단이 생긴다. 용맹하게 되기를 좋아하면서 학문에 의해 용기를 적의하게 제어하지 못하면, 난폭하게 되는 폐단이 생긴다. 굳세기를 좋아하면서 학문에 의해 바른 것을 얻지 못하면 망동하는 폐단을 일으키게 된다. 이것이 여섯 가지 폐해이니라."

◀ 제9장 ▶

子曰, 小子何莫學夫詩? 詩, 可以興, 可以觀, 可以羣,
소자하막학부시 시 가이흥 가이관 가이군

可以怨. 邇之事父, 遠之事君; 多識於鳥獸草木之名.
가이원 이지사부 원지사군 다식어조수초목지명

[번역]

공자가 말했다. "젊은 사람들이 어찌하여 ≪시경≫을 배우지 않느냐? 시는 사상을 계발 할 수 있고 사물을 관찰할 수 있고 무리를 모을 수 있고 원망을 표현할 수 있게 한다. 가까이는 아버지를 섬기고 멀리는 군주를 섬기게 하며, 동물과 식물의 이름을 많이 알 수 있다."

[해석]

시는 사람의 감흥을 일으켜 정서를 순화시켜 주고, 사물을 올바로 관찰할 수 있게 하며, 여러 사람과 어울릴 수 있게 하며, 불의를 보면 침착하게 원망할 수 있는 냉정을 길러 주며, 부모를 효로 섬기게 하고 임금을 충으로 섬기게 하는 도심을 길러 주며, 온갖 새나 짐승, 그리고 기이한 초목의 이름을 알게 하는 것이다.

◀ 제10장 ▶

子謂伯魚曰, 女爲周南召南矣乎?
자위백어왈 여위주남소남의호

人而不爲周南召南, 其猶正牆面而立也與?
인이불위주남소남 기유정장면이립야여3)

〚 주석 〛

'위(爲)'는 배우는 것과 같다. <주남>과 <소남>은 ≪시경≫ 첫머리에 나오는 편명인데, 남녀의 일을 말한 것이 가장 많다. 사람과 도가 함께 가는 것인데, 도로서 지극히 절실하고 가까운 것이 남녀관계만 한 것이 없다. 자신을 수양하고 집안을 가지런히 하는 것은 부부를 교화하는 데서 시작해서 천하를 교화하는 데서 끝난다.

〚 번역 〛

공자가 공리에게 말했다. "너는 ≪시경≫ 가운데 <주남 周南>과 <소남 召南>을 공부했느냐? 사람이 만일 <주남>과 <소남>을 공부하지 않으면 담에 얼굴을 마주 대하고 서 있는 것과 같다."

〚 해석 〛

≪시경≫ 국풍 첫머리에 있는 <주남>과 <소남> 두 편의 시는 문왕의 후비의 감화가 미친 지방의 민요를 모은 것이라 한다. <주남>은 문왕의 왕

---

3) 공자의 교육내용 중 "감성교육"이 강조된 문장이라고 볼 수 있다.

비의 감화가 남방 여러 나라에 미친 것을 읊은 시이고, <소남>은 비둘기가 까치집에 들어가 있는 아름다운 자연을 읊는 노래에서 시작되어 남방의 여러 제후와 대부의 부인들이 문왕의 후비의 감화를 받은 이야기를 읊은 것으로, 수신제가하여 덕의 감화로 치국평천하하는 도를 서술한 것이라 하겠다. 공자는 <주남>과 <소남>의 시를 모르면 마치 담벼락을 정면으로 마주 대하고 있는 것같이 세상의 모든 일에 어두울 것이라고 하였던 것이다.

📖 제19편 子張(자장), 총 25장

◀ 제4장 ▶

子夏曰, 雖小道, 必有可觀者焉; 致遠恐泥, 是以君子不爲也.
자하왈 수소도 필유가관자언 치원공니 시이군자불위야

〖 번역 〗

자하가 말했다. "비록 작은 기예라도 반드시 볼 만한 것이 있지만 원대한 사업을 하려면 그 가운데에 빠져서는 안 되기 때문에 군자는 하지 않는다."

〖 해석 〗

자하는 이런 말을 했다. "의술이나 점술 등과 같은 한 가지의 작은 기술도 갖추어 볼 만한 것이 반드시 있다. 그러나 원대한 군자의 도를 좇으려고 하면 자잘한 일에 구애되어 오히려 방해가 될 우려가 있으므로, 군자는 수양하고 도를 닦는 일에 마음을 쓸 뿐 작은 기술을 배우지 않는 것이다."

◀ 제5장 ▶

子夏曰, 日知其所亡, 月無忘其所能, 可謂好學也已矣.
자하왈 일지기소망 월무망기소능 가위호학야이의

자하가 말했다. "매일 새로운 지식을 알고 매달 학습한 지식을 잊지 않으면 배움을 좋아한다고 말할 수 있다."

『 해석 』

자하는 이런 말을 했다. "나날이 스스로 알지 못하는 것을 알려고 하고, 나날이 자기가 능히 할 수 있는 것을 잊지 않기 위해서 복습한다면, 학문을 좋아하는 자라고 할 수 있다." 학문이란 일시에 끝나는 것이 아니라 끊임없이 노력해야 한다는 뜻으로 학문을 하는 태도를 밝힌 말이다.

◀ 제6장 ▶

子夏曰, 博學而篤志, 切問而近思,4) 仁在其中矣.
자하왈 박학이독지 절문이근사 인재기중의

『 주석 』

네 가지는 모두 배우고 묻고 생각하고 분별하는 일뿐으로, 아직 힘써 행하여 "인"이 되는 데 미치지 못한다. 그러나 이에 종사하면 마음이 밖으로 달리지 않아 보존하는 바가 익숙해지므로 "인"이 그 가운데 있다고 말했다.

소씨가 말했다. "널리 배우되 뜻이 독실하지 못하면 크기만 하고 이루지 못하며, 대충 묻고 멀리만 생각하면 수고롭기만 하고 공이 없다."

『 번역 』

자하가 말했다. "널리 배우고 뜻을 독실하게 하며, 간절하게 묻고 진실하게 생각하면 "인"이 그 가운데 있다."

---

4) 모든 학문은 질문에서부터 시작한다고 해도 과언이 아니다. 이러한 질문의 교육적 의미와 왜 우리는 물음을 많이 가져야 하는가에 대하여 생각해 보아야 하며, 특히 이 문장에서 근사(近思)의 표현을 보면 가까운 곳에서부터 생각해 나가는 것이 학문이라는 것을 알 수 있다.

〖 해석 〗

　자하는 이런 말을 했다. "학문이란 넓을수록 좋다. 그러나 박학할 뿐 뜻이 독실하지 않다면 실생활에 실천할 수 있는 산지식이 되지 못한다. 그러므로 그 앎을 명확히 하고, 뜻을 독실하게 하기 위해서 의심나는 것은 묻는 습관을 갖는다. 그리고 새로운 것을 듣거나 어려운 일에 부딪히게 되면 해결점을 먼 데서 찾으려 하지 말고, 자신을 중심으로 하여 생각한다면 이것이 곧 "도"를 올바로 아는 길이며, "인"을 구하는 태도라고 할 것이다."

◀ 제7장 ▶

> 子夏曰. 百工居肆以成其事, 君子學以致其道.
> 자하왈　백공거사이성기사　군자학이치기도

〖 번역 〗

　자하가 말했다. "각종의 기술자는 작업장에 거처하면서 그들의 일을 완성하고, 군자는 배워서 그의 행위를 완성한다."

〖 해석 〗

　자하는 이런 말을 했다. "여러 가지 기술자들은 자기가 근무하는 일터에서 거기에 필요한 도구가 갖추어져 있으므로 그것으로 자기 일을 완성하는 것이다. 군자는 학문을 하여 옛 성현들의 행동과 가르침을 듣고 보아서 군자의 길을 완성하는 것이다."

ᚷᚲᚷ 맹자 ᚷᚲᚷ

1. 개요[5]

1) 맹자의 생애

맹자의 이름은 가(軻)다. 그의 선조는 노나라의 귀족들이었다. 공자가 노나라에서 사구라는 벼슬에 있으면서 왕권을 강화하기 위해 삼환의 세력을 제거하려고 하다가, 그들에게 밀려 노나라를 떠나게 된다. 맹자의 선조는 공자를 박해했던 인물 중에 하나다.

맹자는 몰락한 가문에서 태어나 일찍이 홀어머니 밑에서 양육 받았다. 그녀의 교육방법은 맹모삼천지교, 맹모단기지계를 통해서 엿볼수 있다. 맹자는 성인이 된 후 중용을 지은 자사 계열의 학파에서 배웠다.

맹자가 어느 정도 학문적 성과를 거두자, 유가의 전례대로 제자를

---

5) 맹자의 교육사상을 논하면서 다음과 같은 자료를 사용했다. 맹자원전 중에 교육편만 선택하여 이 글을 작성했다. 그러므로 우재호가 쓴 『맹자』의 원문과 번역이 맹자의 교육사상에 가장 근접하다고 판단했기에 우재호(2007)의 『맹자』를 수록하여 이 글의 의미를 되살렸다. 해석에서는 김종무(1991)가 쓴 『맹자신해』를 참고로 하여 원전의 의미를 더했다. 개요에서는 정태윤(1998)이 쓴 『맹자의 사상』과 이기동(1993)이 쓴 『맹자강설』을 중심으로 하였다.

가르쳤다. 그도 공자처럼 여러 나라를 다니면서 정치적 사상을 펼쳤
다. 그러나 맹자의 사상은 받아들여지지 못했다. 그 시대는 부국강병
이 대의 목표였기에 전쟁보다 인의를 주장하던 맹자의 사상이 받아
들여지기 어려웠던 현실이었다. 공자와 달리 맹자는 화려한 망명생활
을 하였다. 수십 대의 수레와 식량과 보물을 싣고 다니며 그의 사상
을 펼쳤다. 그러나 그의 사상은 이상주의에 불과하여 혼란한 사회질
서를 바로잡기에는 역부족이었다.

제나라에서 약간 벼슬 노릇을 하다가, 말년에 추나라로 돌아와서
현실정치 참여에 미련을 접고 교육과 집필에 전념하였다. 그 당시에
가벼이 여겼던 맹자가 다시 주목받기 시작했던 것은 당나라에 들어
오면서부터이다. 유가가 위기의식을 느끼면서 서로 뭉치기 시작하였
고, 한유가 맹자를 부각시켰다. 북송에 계승되었다가 남송의 주희가
사서의 하나로 삼았다. 이때부터 맹자는 공자와 더불어 유교의 대표
적인 학자가 되었다. 그래서 흔히 공맹사상이라 불린다.

2) 배경

맹자시대를 서구적으로 표현하면 그리스시대라 할 수 있다. 맹자
의 시대는 전국시대, 공자는 춘추시대다. 이 시대는 하극상의 움직임
이 신분계층을 위협한 시대였다. 또한 대도시가 눈부시게 발전했다.
그리고 봉건제도가 무너졌다. 힘의 논리에 의해 뺏고 빼앗기는 약
육강식의 시대였다. 군주는 승자가 되기 위해 수단과 방법을 가리지
않고 국력을 키우는 데만 집중하였다. 군주들은 뛰어난 학자들을 초
빙하여 국가경영에 대해 조언을 들었다. 학자들은 나라를 떠돌아다니

며 유세하고 군주의 눈에 들면 대부의 자리를 얻어 정치에 참여하였다. 이때 학자들이 등장하는데, 그들을 제자백가라 칭한다.

그들은 뚜렷한 직업은 없지만 자기 나름대로 일가견의 주장을 내세워 지식을 팔았다. 제후들 중심으로 한 지배층은 이런 격심한 변동기에 세력의 확장을 위해 인재를 등용하였다.

부국강병이란 슬로건 아래 농지의 개간, 농업기술의 개선, 세제와 병역제도 등의 개혁이 활발하였다. 제도개혁에 성공한 대국들은 소국을 병합하기에 이른다.

신분에 상관없이 재능이 뛰어난 사람이 중용되는 시대였다. 맹자는 그러한 사람 중(제자백가) 하나다. 공자 후에 증자, 자유, 자하 학파 간의 심각한 대립현상이 일어났다.

자유, 자하학파는 형식적인 예의나 실제적인 정무를 중시하는 데 비해, 증자는 충서나 충신과 같은 내성적인 인의 덕목을 취했다. 순자는 자유학파의 전통을 이어받았으며, 맹자는 증자학파의 전통을 이어받는다.

3) 맹자의 사상

(1) 인의

맹자의 사상은 도덕사회 구현이다. 맹자가 역설하는 도덕은 공자의 인과 의이다. 사람과 사람의 사귐에 있어서 현실적인 위치에 따라 거기에 적합한 태도를 결정하는 덕, 그것이 바로 의(義)이며, 인이란 자연스럽게 타고난 본성을 말한다.

맹자는 공자와 마찬가지로 인류애까지 확대하였다. 맹자가 도덕주의를 강조한 이유는 현실적인 이익을 추구하여 도덕을 버리는 풍조와 싸워야 하기 때문이다.

(2) 왕도정치

어진 정치는 마음속에서 우러나오는 감복과 어떠한 힘에도 훼손되지 않는 견고한 결속과 이를 바탕으로 한 제반 요소들이 조화를 이루고 차츰 확대되면서 자연적으로 주위의 환경을 감화시키고자 한다.

패도정치는 힘에 의존해서 정치를 한다. 힘에 의해서 지탱되었으므로 그 정권은 늘 불안하고 체제를 굳히고 굳혀도 늘 불안하다. 그러므로 도덕에 어진 정치를 베풀기 위해서는 군주 자신이 덕이 있어야 한다. 인자무적(仁者無敵)이라고 할 때 그 어진 자는 군주를 가리키고 있다. 백성을 부모답게 여겨야 한다.

(3) 성선설

참된 마음을 존중하는 태도는 양심의 내재성이다. 맹자의 성선설은 동물과 구별되는 질료적 차이를 가리킨다. 사람의 본성이 선한 것으로 물이 아래로 흐름과 같이 본래부터 선했음을 가리킨다. 사람에게 측은지심과 수오지심이 있다. 이것을 보아 인간은 본래부터 선했음을 의미한다. 사람은 타고난 성품대로 하면 누구나 착해질 수 있다고 본다. 악한 사람이 된다는 것은 타고난 본성이 착하지 못해서가 아니다.

순자는 이와 반대로 성악설을 주장한다. 사람의 본성은 원래 태어나서부터 이익을 추구하기 위해서 산다. 그대로 두면 서로 싸우고 빼앗을 것이다. 따라서 형벌을 무겁게 하여 선에 합당하게 이르게 해야 된다.

(4) 교육

맹자는 백성들의 생활을 안정시키기 위해서는 무엇보다 서민들 전반에 대한 보편적인 교육이 필요하다고 역설하였다. 맹자는 당시 서민들이 자연환경과 농업상식, 가정의 중요성과 국가·사회에 대한 기본적인 인식이 없다는 점을 깨달았다.

이런 서민들의 생활을 개선시킬 수 있는 도덕적인 왕도정치를 실현하기 위해서는 추상적인 인과 의만을 일방적으로 들어서는 안 된다는 한계를 깨달았다. 그러므로 그는 공자처럼 학이란 추상어를 사용하지 않고 상서라는 구체적인 교육기관을 제시하면서 교육의 중요성을 강조하였다.

백성들의 생산활동이 효율적이어야 한다. 무턱대고 씨만 뿌리면 되는 것이 아니고 지식과 때를 아는 상식이 필요하다고 보았다. 맹자가 학교에서 농민들에게 가르치기를 희망한 과목은 완전히 실용과목들이었다.

맹자는 왕도정치 이론을 교육을 통해 보급하려고 한 진보주의적 교육학자이다. 스승과 제자의 태도에서 그의 사상이 드러난다. 스승은 밝은 마음으로 학습자를 밝게 비추고 학습자는 진지하게 배워야 함을 주장한다.[6]

4) 맹자의 저서 탐독

맹자는 7편으로 이루어져 있다. 양혜왕 상, 하(군주로 하여금 천하통일을 하게 하고 평화를 가져오지 않으면 안 된다고 생각한 내용이

---

6) 정태윤이 1998년에 쓴 『맹자의 사상』을 참고로 하여 인용하였다.

며, 특히 민생을 안정시키고 교육을 보급시킬 것을 주장), 공손추 상, 하(사람이 살아가는 길과 성선설), 등문공 상, 하(정전제 및 대장부의 길), 이루 상, 하(어록수립집), 만장 상, 하(만장과 대화편), 고자 상, 하(인성론과 고자와 논쟁), 진심 상, 하(왕도정치)로 이루어져 있다.

양혜왕·공손추·등문공은 맹자가 각국의 제후를 만나 민본사상에 기반을 둔 정치를 강조하고 제후들과 정치에 관한 토론을 벌인 내용이며, 이루·만장·고자는 고향에 돌아와서 제자들과 정치에 대한 토론을 벌인 내용으로 구성되어 있다.[7]

5) 맹자의 원본과 내용

원전해석에 앞서 『맹자』 저자에 대한 견해는 다음과 같다.

첫째, 『맹자』는 맹가 자신의 저서라는 것이다. 한나라 조기는 『맹자제사』 중에서 "맹자는 맹가 자신인 지은 것이다. 이를 근거로 하여 『맹자』라고 칭했다"라고 하였다.

둘째, 『맹자』는 맹가의 사후에 그의 제자들이 필두로 해서 엮은 책이라는 설이다. 특히 만장과 공손추가 『맹자』를 추론해서 편집하여 엮어 기록한 것으로 본다. 이러한 견해는 당나라 한유와 장적이며, 후대에는 송나라 소철이 있으나 증거가 그리 드러내지는 않았다. 그러나 분명하게 자신의 의견을 밝힌 최초의 사람으로는 송나라 조공무 무리가 있다. 그는 『군재독서지』에서 "한유는 이 책을 고찰하여 제자들이 모아 놓은 것이지 맹가 자신이 지은 것이 아니라 생각하였다. 지금 그 책을 고찰해 보니 한유의 말이 틀리지 않았다는 것을 알 수

---

7) 우재호가 2007년에 옮긴 『맹자』를 참고로 하여 글을 전개하였다.

있다"라고 하였다.

셋째, 사마천이 『사기·맹순열전』에서 "물러나 만장의 무리와 함께 『시경』과 『서경』을 서술하고, 중니의 뜻을 기술하여 『맹자』일곱 편을 지었다"고 한 견해다.

결론적으로 해석하면, 『맹자』는 만장과 공손추 두 사람에 의해 기록되었다고 볼 수 있다. 즉 같은 학우들이나 연배에 대해서 '자'라는 칭호를 붙였지만, 자신은 '자'라고 부르지 않는다. 또한 제후들이 모두 시호로 칭해졌다는 점이다. 양혜왕, 등문공, 노평공은 모두 맹자 이전에 죽었으므로 시호로 호칭할 수 있으나, 양양왕은 맹자 이후에 죽었고, 제선왕 역시 맹자에 비해 이삼 년 늦게 죽은 것으로 본다. 왜 이들도 시호로 호칭했을까? 추론하건대, 맹자가 죽은 후에 문인들이 서술하여 정했기 때문에 제후와 왕들에게 모두 시호를 더하였을 것이다(우재호, 2007).

맹자 집주

맹자를 통상적으로 총 7편으로 분류하는데, 양혜왕장 상(梁惠王章句上)에서 진심장구 하(盡心章句下)까지 차례를 위하여 14권으로 나눈다. 홀수는 상권이 되고, 짝수는 하권이 된다.

맹자 집주(孟子集註)			
제1권 梁惠王章句上	7장	제8권 離婁章句下	33장
제2권 梁惠王章句下	16장	제9권 萬章章句上	9장
제3권 公孫丑章句上	9장	제10권 萬章章句下	9장
제4권 公孫丑章句下	14장	제11권 告子章句上	20장
제5권 滕文公章句上	5장	제12권 告子章句下	16장
제6권 滕文公章句下	10장	제13권 盡心章句上	46장
제7권 離婁章句上	28장	제14권 盡心章句下	38장

2. 원전해석

📖 제1권 梁惠王章句上(양혜왕장구 상, 총 7장)

제1권 3

或百步而後止, 或五十步而後止, 以五十步笑百步, 則何如?
혹백보이후지　혹오십보이후지　이오십보소백보　즉하여

曰不可, 直不百步耳, 是亦走也.
왈불가　직불백보이　시역주야

[번역]

어떤 사람은 백 보를 달아나서 멈추고, 어떤 사람은 오십 보를 달아나서 멈추었는데, 오십 보를 달아난 병사가 백보를 달아난 병사를 비웃다면 어떻겠습니까? 왕이 말하였다. "그럴 수야 없지요. 단지 그가 백 보를 달아나지 않았을 뿐이지 달아난 것은 마찬가지입니다."

[해석]

어떤 놈은 백 보쯤 퇴각한 뒤에 멎고, 어떤 놈은 오십 보쯤 퇴각한 뒤에 멎어서 오십 보를 가지고 백 보를 달아난 놈을 비웃는다면 어떻다고 보십니까? 왕이 대답해 말하기를, 그것은 옳지 않으니 백 보를 후퇴하지 않았을 뿐이지 이것 또한 달아난 것입니다.

제1권 7

曰, 不爲 者與不能者之形何以異?
왈, 불위　자여불능자지형하이이

> 曰, 挾太山以超北海 語人曰, 我不能 是誠不能也.
> 왈, 협태산이초북해 어인왈 아불능 시성불능야
>
> 爲長者折枝, 語人曰, 我不能, 是不爲也, 非不能也.
> 위장자절지 어인왈 아불능 시불위야 비불능야
>
> 故王之不王, 非挾太山以超北海之類也, 王之不王, 是折枝之類也.
> 고왕지불왕 비협태산이초북해지류야 왕지불왕 시절지지류야

『주석』

제선 왕: 성은 전, 이름은 벽 강, 선은 시, 제나라의 국성은 강씨였는데, 전화가 찬탈함, 선왕은 전화의 증손.

『번역』

제선 왕이 말하였다. "하지 않는 것과 할 수 없는 것의 형태는 어떻게 다릅니까?" 맹자께서 말씀하셨다. "태산을 겨드랑이에 끼고 북해를 뛰어넘는 것을 사람들에게 '나는 할 수 없다'고 말한다면, 그것은 정말로 할 수 없는 것입니다. 어른을 위해 나뭇가지를 꺾는 것을 사람들에게 '나는 할 수 없다'고 말한다면, 그것은 하지 않는 것이지 할 수 없는 것이 아닙니다. 그러므로 왕께서 왕도를 행하지 않는 것은 태산을 겨드랑이에 끼고 북해를 뛰어넘는 종류의 것이 아니고, 왕께서 왕도를 행하지 않는 것은 나뭇가지를 꺾는 종류의 것입니다."

『해석』

그러므로 왕께서 왕도정치를 실행하지 못하는 것은 하지 아니하는 것이지 하지 못하는 것이 아닙니다. "하지 아니하는 것과 할 수 없는 것의 형태가 무엇으로 다릅니까?" "태산을 옆에 끼고 북해를 뛰어넘는 것을 남에게 말하기를 '나는 할 수 없다'고 한다면, 이는 정말 할 수 없는 것이지만, 연장자를 위하여 나뭇가지를 꺾는 것을 남에게 말하기를 '나는 할 수 없다'고

한다면, 이는 하지 않는 것이지 할 수 없는 것이 아닙니다. 그러므로 왕이 왕도정치를 실행하지 아니하는 것은 태산을 옆에 끼고 북해를 뛰어넘는 종류가 아닙니다. 왕이 왕도정치를 실행하지 아니하는 것은 바로 나뭇가지를 꺾는 종류입니다."

제1권 7

老吾老, 以及人之老, 幼吾幼, 以及人之幼, 天下可運於掌.
노오노 이급인지노 유오유 이급인지유 천하가운어장

〖 번역 〗

자기 집 노인을 노인으로서 공경하여 그 마음을 남의 집 노인을 공경하는 데 까지 미치게 하고, 자기 집 아이를 아이로서 사랑하여 그 마음을 남의 집 아이를 사랑하는 데까지 미치게 하면, 천하를 통일하는 것은 손바닥에 물건을 올려놓고 움직이는 것만큼 쉽습니다.

〖 해석 〗

나의 늙은이를 늙은이로 섬김으로써 남의 늙은이로 미치게 하며 나의 어린이를 어린이로 다스려 남의 어린이에게 미치게 하면 천하를 다스리는 것은 손바닥에 움직일 만한 것으로 될 것이다.

제1권 7

曰, 無恒産而有恒心者, 惟士爲能.
왈 무항산이유항심자 유사위능

若民, 則無恒産, 因無恒心.
약민 즉무항산 인무항심

苟無恒心, 放辟邪侈, 無不爲己.
구무항심 방벽사치 무불위이

及陷於罪, 然後從而刑之, 是罔民也.
급함어죄 연후종이형지 시망민야

〖 번역 〗

　"일정한 생활 근거가 없어도 일정한 마음을 갖는 것은 오직 선비만이 할 수 있습니다. 일반백성들로 말하자면, 일정한 생활근거가 없으면 그로 인해 일정한 마음도 없어집니다. 진실로 일정한 마음이 없어지면, 방탕하고 편벽되고 사악하고 사치하는 등 못 하는 것이 없게 됩니다. 그들이 죄에 빠지게 된 연후에 쫓아가서 처벌한다면 이는 그물을 쳐놓고 백성들을 잡는 것입니다."

〖 해석 〗

　일정한 재산이 없으면서도 항상 일정한 마음을 가지고 있는 것은 오직 선비만 그러할 수 있습니다. 일반백성과 같은 경우에는 일정한 재산이 없으면 그로 인하여 항상 일정할 수 있는 마음이 없어집니다. 진실로 항상 일정할 수 있는 마음이 없어지면 방자함 · 편벽됨 · 사치스러움 등을 하지 아니함이 없을 것이니, 그리하여 죄에 빠지는 지경에 이른 뒤에 쫓아가서 그들을 벌준다면 이는 백성을 그물질하는 것입니다.

제1권 7

此惟救死而恐不贍, 奚暇治禮義哉?
차유구사이공불섬　해가치예의재

王欲行之, 則盍反其本矣?
왕욕행지　즉합반기본의

五畝之宅, 樹之以桑, 五十者可以衣帛矣.
오무지택　수지이상　오십자가이의백의

鷄豚狗彘之畜, 無失其時, 七十者可以食肉矣.
계돈구체지축　무실기시　칠십자가이식육의

百畝之田, 勿奪其時, 八口之家可以無飢矣.
백무지전　물탈기시　팔구지가가이무기의

謹庠序之敎, 申之以孝悌之義, 頒白者不負戴於道路矣.
근상서지교　신지이효제지의　반백자불부대어도로의

老者衣帛食肉, 黎民不飢不寒, 然而不王者, 未之有也.
노자의백식육　여민불기불한　연이불왕자　미지유야

〖 번역 〗

이러고서야 자기 목숨 하나 구해 내는 것조차 힘이 모자랄까? 두려울 지경인데, 예와 의를 공부할 겨를이 어디 있겠습니까? 왕께서 만약 인정을 펼치려 한다면 어찌하여 근본에서부터 일을 시작하지 않으십니까? 집집마다 다섯 무의 집 둘레에 뽕나무를 심으면 쉰 살 넘은 사람들이 모두 비단옷을 입을 수 있습니다. 집집마다 닭과 개와 돼지 등의 가축을 제때에 사육하고 번식시킨다면, 일흔 살 넘은 사람들이 모두 고기를 먹을 수 있습니다. 집집마다 백 무의 밭을 주어 농사지을 시기를 빼앗지 않는다면 여덟 식구를 가진 가족이 모두 굶주리지 않을 수 있습니다. 학교에서 교육을 엄격하게 실시하며 효도와 공경의 도리를 반복해서 가르친다면 반백이 된 사람이 길에서 짐을 머리에 이고 지고 다니지 않게 될 것입니다. 노인들이 비단옷을 입고 고기를 먹으며 일반백성들이 굶주리지 않고 추위에 떨지 않게 하고도 천하에 왕 노릇 하지 못한 사람은 지금까지 있지 않았습니다.

〖 해석 〗

위로는 부모를 섬기는 데 부족하며, 아래로는 처자를 기르기에 부족하며, 풍년에는 1년 내내 고생하고, 흉년에는 죽는 것에서 벗어나지 못하도록 합니다. 이렇게 되면 오직 죽음을 구제하기에도 부족할까? 두려울 것이 없는 이러한 겨를에 예의로 다스리겠습니까? 왕이 왕도정치를 행하고자 하신다면 그 근본으로 돌아가서 반성해야 됩니다. 다섯 무나 되는 택지에 심기를 뽕나무로 하면 오십 난 사람이 명주를 입을 만하며, 닭과 돼지, 개의 양축을 그때를 잃지 않게 하면 칠십 난 사람이 고기를 먹게 하며, 백 무가 되는 밭을 농사철을 어기지 않게 하여 농사를 짓게 하면 여덟 가구나 되는 가족이 굶주려 죽지 않게 하며, 학교의 교육을 조심하며 효도와 공경하는 취지를 가르치게 하면 희뜩희뜩 머리가 센 사람이 도로에서 짐을 지든가 머리에 이든가 하지 않을 터이니, 늙은 사람이 비단옷을 입고 고기를 먹으며 일반백성들이 주리지 않고 추위에 떨지 않게 하고도 왕자가 되지 못할 사람은 없습니다.

📖 제2권 梁惠王章句 下(양혜왕장구 하, 총 16장)

제2권 3

惟仁者爲能以大事小, 惟智者爲能以小事大,
유인자위능이대사소 유지자위능이소사대

以大事小者, 樂天者也, 以小事大者, 畏天者也,
이대사소자 낙천자야 이소사대자 외천자야

樂天者保天下, 畏天者保其國.
낙천자보천하 외천자보기국

[주석]

맹자의 왕도정치를 실현하기 위해 지도자가 어떠한 성품을 지녀야 하는가? 에 대한 대목이다.

[번역]

오직 인자한 사람만이 큰 나라를 가지고 작은 나라를 섬길 수 있으며, 오직 지혜로운 사람만이 작은 나라를 가지고 큰 나라를 섬길 수 있나니, 큰 나라를 가지고 작은 나라를 섬기는 자는 천리를 즐기는 자요, 작은 나라를 가지고 큰 나라를 섬기는 자는 천리를 두려워하는 자이니, 천리를 즐기는 자는 온 천하를 안정시킬 수 있고 천리를 두려워하는 자는 자기 나라를 보호할 수 있습니다.

〖 해석 〗

오직 인자만이 능히 큰 것을 가지고 작은 것을 섬길 수 있으니, 또한 오직 지혜로운 자만이 능히 작은 것을 가지고 큰 것을 섬기니, 큰 것으로 작은 나라를 섬기는 자는 하늘의 도리를 즐거워하는 사람이요, 작은 것으로 큰 것을 섬기는 사람은 하늘을 두려워하는 자이니, 천도를 즐거워하는 사람은 천하를 보존할 수 있고, 하늘을 두려워하는 사람은 자기 나라를 보존할 수 있습니다.

제2권 9

夫人幼而學之, 壯而欲行之.
부인유이학지   장이욕행지

王曰, 姑舍女汝所學而從我, 則何如?
왕왈   고사여여소학이종아   즉하여

今有璞玉於此, 雖萬鎰, 必使玉人彫琢之.
금유박옥어차   수만일   필사옥인조탁지

至於治國家, 則曰, 姑舍女所學而從我, 則何以異於敎玉人彫琢玉哉?
지어치국가   즉왈   고사여소학이종아   즉하이이어교옥인조탁옥재

〖 번역 〗

사람들이 어려서부터 전문적인 기술을 배우는 것은 장성해서 그것을 실행하고자 함입니다. 그러나 왕께서 오히려 그들에게 '네가 배운 것을 잠시

내버려 두고 내 말을 따르라'고 하신다면 어떻게 되겠습니까? 지금 여기에 가공하지 않은 옥이 있다고 가정한다면, 비록 매우 비싸고 값진 것이라 하더라도 반드시 옥공을 불러와 다듬게 하실 것입니다. 그러나 나라를 다스리는 일에서는, '네가 배운 것을 잠시 내버려 두고 내 말을 따르라'라고 하시니 이는 왕께서 옥공에게 왕의 방법에 따라 옥을 다듬으라고 하는 것과 무슨 차이가 있겠습니까?

〖 해석 〗

대개 사람이 어려서 배우는 것은 자라서 시행하고자 하는 바인데 왕께서 말하기를 우선 너의 배운 것을 제쳐 놓고 나를 따르라 하신다면 어떻게 되겠습니까? 만일 여기에 매우 값진 옥돌이 있더라 할지라도 반드시 옥공을 불러와 다듬게 하실 터인데, 나라를 다스리는 데 이르러서만은 우선 너의 배운 것을 제쳐 놓고 나를 따르라고 하니, 어찌하여 옥공으로 하여금 옥을 다듬게 하는 것과 다른 것입니까?

제2권 12

曾子曰, 戒之戒之! 出乎爾者, 反乎爾者也.
증자왈 계지계지 출호이자 반호이자야

〖 주석 〗

증자는 경계하고 또 경계하라. 네가 한 일이 선악 간에 돌아온다는 의미로 해석한다.

〖 번역 〗

증자께서 일찍이 말씀하시기를 '경계하고 경계하라. 네가 다른 사람을 대한 것처럼 다른 사람 역시 너에게 되돌려준다'고 하셨다.

증자가 말하기를 '조심하고 조심하라. 너에게서 나간 것이 너에게로 돌아온다'고 하셨다.

📖 제3권 公孫丑章句 上(공손추장구 상, 총 9장)

제3권 1

齊人有言曰, 雖有知慧, 不如乘勢, 雖有鎡基, 不如待時.
제인유언왈 수유지혜 불여승세 수유자기 불여대시

[번역]

제나라 사람의 속담에 '비록 지혜가 있다 하더라도 형세를 타는 것만 못하고, 비록 농기구가 있다 하더라도 농사 때를 기다리는 것만 못하다'는 말이 있다.

[해석]

제나라 사람이 말하기를, 아무리 지혜가 있다 하여도 형세를 잘 이용하는 것만 같지 못하며, 비록 농기구가 있다 할지라도 농사철을 기다리는 것만 같지 못하다고 하였다.

제3권 2

孟施舍之所養勇也, 曰, 視不勝猶勝也. 量敵而後進, 慮勝而後會, 是畏三軍者也.
맹시사지소양용야 왈 시불승유승야 양적이후진 여승이후회 시외삼군자야

[번역]

맹시사가 용기를 기르는 것은, 그가 말하기를 '이길 수 없는 적도 충분히

이길 수 있는 것처럼' 대적한다. 만약 적의 힘을 먼저 헤아린 후에 전전하고 승패를 먼저 생각한 후에 교전한다면, 중과부적의 적을 만났을 때 틀림없이 두려워할 것이다.

〖 해석 〗

맹시사가 용기를 기르는 것은, 이기지 못할 것을 이길 것같이 생각하면 두려움이 없어 충분히 이긴다. 적군을 헤아려 그런 뒤에 나아가면, 두려워하는 사람이 어떻게 반드시 이길 수 있겠는가? 두려워할 뿐이다.

제3권 2

曰, 志壹則動氣, 氣壹則動志也.
왈   지일즉동기   기일즉동지야

〖 번역 〗

맹자께서 말씀하셨다. 의지가 한결같으면 의기가 반드시 그것을 따라 움직이나 의기가 한결같아 의지에 영향을 주는 경우도 있다.

〖 해석 〗

맹자가 대답해 말하기를, 생각이 전일하면 기력이 움직이게 되고 또 기력이 전일하게 되면 뜻을 움직이게 되나니, 이제 엎어지고 달리는 것은 기력이지만 도리어 마음을 움직이게 한다.

제3권 2

敢問何謂浩然之氣? 曰, 難言也. 其爲氣也, 至大至剛, 以直養而無害,
감문하위호연지기   왈   난언야   기위기야   지대지강   이직양이무해

則塞于天地之間. 其爲氣也, 配義與道, 無是, 餒也.
즉색우천지지간 기위기야 배의여도 무시 뇌야

是集義所生者, 非義襲而取之也. 行有不慊於心, 則餒矣.
시집의소생자 비의습이취지야 행유불겸어심 즉뇌의

[번역]

"감히 여쭙건대, 무엇을 호연지기라 합니까?" 맹자께서 말씀하셨다. "이것은 분명하게 말하기가 어렵다. 그 기는 지극히 크고 지극히 강하니, 정직함으로 그것을 잘 기르고 조금도 해치지 않는다면, 천지 사방을 가득 채우게 된다. 그 기는 반드시 의와 도에 배합되니, 이것이 없다면 위축된다. 이 기는 의리에 근거해 행동하는 것이 쌓이고 쌓였을 때 자연스럽게 생겨나는 것으로, 우연히 한 가지 의로운 행동을 하였다고 해서 갑자기 얻을 수 있는 것이 아니다. 하나라도 마음에 부끄러운 행동을 하게 된다면 그 기는 위축된다.

[해석]

감히 묻겠습니다만 무엇을 호연의 기상이라고 합니까? 맹자가 대답해 말하기를, 말하기가 어렵느니라. 그 호연의 기상이라는 것은 지극히 크고 지극히 강하니, 곧은 것으로 길러서 해함이 없으며 배합해서 되는 것이니, 이것이 없으며 궁핍하게 되느니라. 이것은 의를 모아서 생겨나는 것이요 의가 엄습하여 가져오게 하는 것이 아니, 행동하여 마음에 만족하지 못하는 것이 있으며 궁핍하게 된다.

제3권 2

宋人有閔其苗之不長而揠之者, 芒芒然歸, 謂其人曰今日, 病矣! 予助
송인유민기묘지불장이알지자 망망연귀 위기인왈금일 병의 여조

苗長矣! 其子趨而往視之, 苗則槁矣, 天下之不助苗長者寡矣.
묘장의 기자추이왕시지 묘칙고의 천하지불조묘장자과의

以爲無益而舍之者, 不耘苗者也, 助之長者, 揠苗者也,
이위무익이사지자 불운묘자야 조지장자 알묘자야

非徒無益, 而又害之.
비도무익 이우해지

〖 번역 〗

　송나라 사람 중에 벼가 자라지 않는 것을 걱정하여 벼를 뽑아 올려준 자가 있었는데, 매우 피곤한 모양으로 돌아와서는 집안사람들에게 '오늘은 너무 피곤하구나! 나는 벼가 자라는 것을 도와주었다!'고 말하므로, 그 아들이 달려가서 보았더니 벼가 모두 말라 있었다. 사실 이 세상에는 벼가 자라는 것을 조장하지 않는 자가 적다. 행하는 것에 유익함이 없다 하여 내버려두는 자는 김매기를 하지 않는 자요, 억지로 그것이 자라도록 조장하는 자는 바로 벼를 뽑아 올려준 자이다. 이같이 조장하는 행위는 유익함이 없을 뿐이다. 도리어 그것을 해치게 된다.

〖 해석 〗

　송나라 백성이 자기 곡식이 자라지 않는 것을 민망히 여겨 잡아 뽑는 자가 있더니, 하루는 분주하게 돌아와서 자기 집 가족들에게 일러 말하기를, 오늘 고생했노라, 내가 곡식이 자라도록 도와주었노라 하거늘, 그 아들이 달려가서 보니 곡식은 말라죽었네. 천하에 곡식이 자라기를 돕지 않을 사람이 적으니, 해도 소용이 없다고 해서 내버리는 사람은 곡식을 김매지 않는 사람이요, 이것을 자라도록 도와주는 사람은 곡식을 뽑아 주는 사람이니 다만 이익이 없을 뿐만 아니라 또 해가 된다.

제3권 2

日, 詖辭知其所蔽, 淫辭知其所陷, 邪辭知其所離, 遁辭知其所窮.
왈 피사지기소폐 음사지기소함 사사지기소리 둔사지기소궁

[번역]

맹자께서 말씀하셨다. 편벽된 말로는 그 가려진 바를 알며, 과분한 말로는 그 잘못된 바를 알며, 부정한 말로는 그 벗어난 바를 알며, 회피하는 말로는 그 막힌 바를 알 수 있다.

[해석]

맹자가 대답하기를, 편파 된 말에서 그 사람의 가려져 있는 바를 알며, 음란한 말에서 그 사람의 빠져 있는 바를 알며, 사특한 말에서 그 사람이 이간하는 바를 알며, 도망하는 말에서 그 사람이 궁함에 빠진 것을 아는 것이다.

제3권 3

以力服人者, 非心服也, 力不贍也, 以德服人者, 中心悅而誠服也.
이력복인자 비심복야 역불섬야 이덕복인자 중심열이성복야

[번역]

힘으로 사람을 복종시키는 경우는 사람들이 마음으로 복종하는 것이 아니라 단지 자신의 힘이 부족하기 때문에 복종하는 것이요, 덕으로 사람을 복종시키는 경우는 사람들이 마음속으로 기뻐하여 진정으로 복종하는 것이다.

[해석]

힘으로써 사람을 복종하게 하는 것은 마음으로 복종하는 것이 아니라

힘이 부족하기 때문이요, 덕으로써 사람을 복종하게 하는 것은 마음속으로 기뻐서 진정으로 복종하는 것이다.

제3권 4

禍福, 無不自己求之者.
화복　무부자기구지자

〖 번역 〗

화와 복은 자기 스스로 구하지 않는 것이 없다.

〖 해석 〗

재앙과 복이 자기로부터 구하지 않는 것이 없다.

제3권 6

所以謂人皆有不忍人之心者, 今人乍見孺子將入於井, 皆有怵惕惻隱之心.
소이위인개유불인인지심자　금인사견유자장입어정　개유출척측은지심

非所以內納交於孺子之父母也, 非所以要譽於鄕黨朋友也, 非惡其聲而然也.
비소이내납교어유자지부모야　비소이요예어향당붕우야　비오기성이연야

由是觀之, 無惻隱之心, 非人也, 無羞惡之心, 非人也,
유시관지　무측은지심　비인야　무수오지심　비인야

無辭讓之心, 非人也, 無是非之心, 非人也.
무사양지심　비인야　무시비지심　비인야

惻隱之心, 仁之端也, 羞惡之心, 義之端也, 辭讓之心, 禮之端也,, 是非之心,
측은지심　인지단야　수오지심　의지단야　사양지심　예지단야　시비지심

知智之端也..
지지지단야

맹자의 성선설이 잘 나타나 있는 대목이다. 단(端)이란 글자는 '오직'이라는 의미를 지닌다.

[번역]

내가 사람들이 모두 다른 사람을 불쌍히 여기는 마음을 가지고 있다고 말하는 까닭은 지금 어떤 사람이 갑자기 한 아이가 우물 속에 빠지려는 것을 본다면 누구나 놀라고 측은해하는 마음을 가질 것이다. 이것은 이 아이의 부모와 교분을 맺으려 해서도 아니고, 마을 사람이나 친구들에게 널리 명예를 얻고자 해서도 아니며, 또한 이 어린아이의 울음소리를 싫어해서 그러한 것도 아니다. 이것으로 말미암아 본다면, 측은지심이 없으면 사람이 아니고 수오지심이 없으면 사람이 아니며 사양지심이 없으며 사람이 아니고 시비지심이 없으면 사람이 아니다. 측은지심은 인의 단서요, 수오지심은 의의 단서요, 사양지심은 예의 단서요, 시비지심은 지의 단서다.

[해석]

맹자가 말씀하시기를, 사람은 모두 남에게 차마 하지 못하는 마음이 있는 것이다. 사람마다 사람에게 차마 하지 못하는 마음이 있다 하는 까닭은, 이제 어떤 사람이 문득 한 어린아이가 우물 속으로 빠져 들어가려 하는 것을 보고, 모두 깜짝 놀라서 측은한 생각을 갖게 되는 것이니, 이것은 어린아이의 부모와 친교를 맺으려 하는 까닭도 아니며, 마을 사람과 친구들에게 칭찬을 들으려 하는 것도 아니며, 나쁜 소문이 날까 봐 그것을 싫어해서 그러는 것도 아니다. 이것으로 말미암아 본다면, 측은하게 생각하는 마음이 없다면 사람이 아니며, 부끄러워하는 마음이 없다면 사람이 아니며, 사양하는 마음이 없다면 사람이 아니며, 옳고 그른 것을 판단하는 마음이 없다면 사람이 아니리라. 측은하게 여기는 마음은 인의 원리요, 부끄러워하는 마음은 의의 원리요, 사양하는 마음은 예의 원리요, 시비를 가리는 마음은 지의 원리다.

제3권 7

仁者如射, 射者正己而後發, 發而不中, 不怨勝己者, 反求諸己而已矣.
인자여사 사자정기이후발 발이불중 불원승기자 반구제기이이의

『 번역 』

인을 행하는 사람은 활쏘기 시합을 하는 사람과 같으니, 활을 쏘는 자는 먼저 자신의 자세를 바로잡은 뒤에 활을 쏘는데, 쏜 화살이 적중하지 않더라도 자기를 이긴 자를 원망하지 않고 도리어 자신을 돌이켜보고 잘못을 찾을 따름이다.

『 해석 』

인이라는 것은 활을 쏘는 것과 같으니, 활을 쏘는 자는 몸을 똑바르게 한 후에 화살을 쏘는 것과 같으니, 활을 쏘는 자는 몸을 똑바르게 한 후에 화살을 발사하여 설사 과녁에 맞히지 못하더라도 자기보다 나은 사람을 원망하지 아니하고 자기 몸에 반성해 볼 뿐이다.

제3권 8

取諸人以爲善, 是與人爲善者也. 故君子莫大乎與人爲善.
취제인이위선 시여인위선자야 고군자막대호여인위선

『 번역 』

남의 훌륭한 점을 취하여 자신이 선을 행하는 것은 바로 남과 더불어 선을 행하는 것이다. 그러므로 군자의 최고 덕행은 바로 다른 사람과 더불어 선을 행하는 것이다.

남의 것을 가져다가 선을 행한다는 것은 남이 선을 하는 것을 도와주는 것이니, 그러므로 군자는 남이 선을 행하는 것을 도와주는 것보다 훌륭한 것이 없다.

📖 제4권 公孫丑章句 下(공손추장구 하, 총 14장)

제4권 1

> 孟子曰. 天時不如地利. 地利不如人和.
> 맹자왈 천시불여지리 지리불여인화

[번역]

맹자께서 말씀하셨다. 천시가 지리만 못하고, 지리가 인화만 못하다.

[해석]

맹자가 말씀하시기를, 시일과 간지 같은 천시가 땅의 이로움만 같지 못하고 땅의 이로움은 사람의 화합만 같지 못하다.

제4권 1

> 得道者多助. 失道者寡助. 寡助之至. 親戚畔之. 多助之至. 天下順之.
> 득도자다조 실도자과조 과조지지 친척반지 다조지지 천하순지

[번역]

어진 정치를 행하는 자에게는 도와주는 이가 많고, 어진 정치를 행하지 못하는 자에게는 도와주는 이가 적다. 도와주는 이가 적은 것이 극에 달하

였을 때에는 친척조차도 그를 배반하고, 도와주는 이가 많은 것이 극에 달하였을 때에는 온 천하가 그에게 순종한다.

『해석』

도리에 맞게 하는 자는 도와주는 이가 많고, 도리에 어긋나게 하는 자는 도와주는 이가 적은 법이다. 도와주는 사람이 적어지는 극단에 도달해서는 친척이 배반하게 되고, 도와줌이 많아진 극단에는 온 천하 사람이 순종하게 되는 것이다.

제4권 3

無處而餽之, 是貨之也. 焉有君子而可以貨取乎?
무처이궤지 시화지야 언유군자이가이화취호

『번역』

아무런 이유도 없이 나에게 돈을 보내준다면 이것은 재물로 나를 매수하는 것과 같다. 어찌 군자로서 재물에 매수될 수 있겠는가?

『해석』

필요가 없는데 선사하는 것은 뇌물로 주는 것이니 어떻게 군자로서 뇌물을 받고 있겠는가?

제5권 3

> 設爲庠序學校以敎之. 庠者, 養也, 敎者, 敎也, 序者, 射也.
> 설위상서학교이교지 상자 양야 교자 교야 서자 사야
>
> 夏曰校, 殷曰序, 周曰庠, 學則三代共之, 皆所以明人倫也.
> 하왈교 은왈서 주왈상 학즉삼대공지 개소이명인륜야

〖 번역 〗

백성들의 생활은 방향이 있어야 하는데 상·서·학·교 등의 교육기관을 세워 백성들을 가르쳐야 합니다. '상'이란 가르쳐 기른다는 뜻이요, '교'란 가르쳐 이끈다는 뜻이며, '서'란 진열한다는(실물을 진열하여 실물교육을 실시한다는) 뜻입니다. (지방학교인 향교를) 하나라 때에는 '교'라 하였고, 은나라 때에는 '상'이라 하였으나, (국립기관 학은) 하·은·주 삼대가 모두 '학'이라 하였으니, 그것의 목적은 (백성들을 깨우치고 교도하여) 사람으로서 마땅히 걸어가야 할 인륜도덕을 밝히기 위한 것입니다.

〖 해석 〗

'상'과 '서'와 '학', '교'를 설립하여 백성을 교육하니, '상'은 기른다는 뜻이요, '교'는 가르친다는 뜻이고, '서'는 활 쏨이니, 하나라에서 '교'라 말하고, 은나라에서 '서'라 부르고, 주나라에서 '상'이라 말하는 것입니다. '학'은 삼대가 다 같이 하니 모두 인륜을 밝히는 바입니다. 인륜이 위에서 밝아지게 됩니다.

제5권 4

> 或勞心, 或勞力, 勞心者治人, 勞力者治於人,
> 혹노심 혹노력 노심자치인 노력자치어인

治於人者食人, 治人者食於人, 天下之通義也.
치어인자식인 치인자식어인 천하지통의야.

『 번역 』

어떤 사람은 정신노동을 하고, 어떤 사람은 육체노동을 하는데, 정신노
동을 하는 사람은 백성들을 통치하고, 육체노동을 하는 사람은 다른 사람
에게 통치당하며, 통치당하는 사람은 다른 사람을 부양하고, 통치하는 사
람은 다른 사람들에게 부양받아야 하는 것은 천하의 공통 원칙이다.

『 해석 』

그러므로 이르기를 혹은 마음을 수고롭게 하며, 혹은 힘을 수고롭게 하
느니라. 마음을 수고롭게 하는 자는 남을 다스리고, 힘을 수고롭게 하는 자
는 사람에게 다스림을 받나니, 사람에게 다스림을 받는 자는 사람을 먹여
야 하고, 사람을 다스리는 사람은 사람에게서 먹고사는 것이 천하에 통하
는 원리이니라.

제5권 4

人之有道也. 飽食煖衣逸居而無敎 則近於禽獸.
인지유도야 포식난의일거이무교 즉근어금수

聖人有憂之 使契爲司徒 敎以人倫.
성인유우지 사설위사도 교이인륜

父子有親 君臣有義 夫婦有別 長幼有序 朋友有信.
부자유친 군신유의 부부유별 장유유서 붕우유신

『 번역 』

백성들에게 기본적인 도리가 있으니 배불리 먹고 따뜻하게 입고 편안히

살면서도 만약 가르치지 않는다면 짐승과 별 차이가 없다. 성인은 또 이들을 위해 걱정하시어 설을 사도로 삼아 백성들에게 인륜도덕을 가르쳤으니 그것은 아버지와 아들 사이에는 친애하는 감정이 있게 하고, 임금과 신하 사이에는 예의가 있게 하고, 남편과 아내 사이에는 내외의 분별이 있게 하고, 어른과 어린이 사이에는 상하의 순서가 있게 하고, 친구 사이에는 믿음이 있게 하는 것이다.

〖 해석 〗

사람의 도리에 있어 배불리 먹고 따스하게 입고 편안하게 살면서 가르침이 없으면 다름 아닌 금수에 가까워지느니라. 성인이 이것을 근심하여 설로 하여금 사도를 삼아 인륜을 가르치게 하니, 부자간에는 친함이 있으며, 군신 간에는 의리가 있으며, 부부간에는 구별이 있으며, 장유 간에는 차례가 있으며, 붕우 간에는 신용이 있느니라.

제5권 4

分人以財謂之惠, 敎人以善謂之忠, 爲天下得人者謂之仁,
분인이재위지혜 교인이선위지충   위천하득인자위지인

是故以天下與人易, 爲天下得人難.
시고이천하여인이   위천하득인난

〖 번역 〗

재물을 백성들에게 나누어 주는 것을 은혜로운 일이라 하고, 선한 일을 백성들에게 가르치는 것을 충성된 일이라 하며, 천하 백성을 위하여 뛰어난 인재를 찾아내는 것을 어진 일이라 한다. 그러므로 온 천하를 다른 사람에게 주는 것은 비교적 쉽지만 천하 백성을 위하여 뛰어난 인재를 찾는 것은 오히려 어려운 일이다.

사람에게 재물로 나누어 주는 것을 은혜라 이르고, 사람에게 선으로 가르치는 것을 충이라 이르고, 천하를 위하여 사람을 구하는 것을 인이라 이르나니, 이런 까닭으로 천하를 사람에게 주기는 쉽고 천하를 위하여 사람을 얻기는 어려우니라.

📖 제6권 滕文公章句 下(등문공장구 하, 총 10장)

제6권 1

志士不忘在溝壑, 勇士不忘喪其元.
지사불망재구학 용사불망상기원

〖번역〗

뜻있는 선비는 도랑이나 산구덩이에 버려지는 것을 두려워하지 않고, 용기 있는 선비는 자기 머리를 잃어버리는 것을 두려워하지 않는다.

〖해석〗

뜻있는 선비는 도랑과 구덩이에 있을 것을 잊어버리지 않고, 용사는 그 머리를 잃어버릴 것을 잊지 않고 있다.

제6권 1

枉己者, 未有能直人者也.
왕기자 미유능직인자야

[번역]

자기가 올바르지 않은 자는 결코 다른 사람을 정직하게 만들 수 없다.

[해석]

자기의 지조를 굽히는 사람이 남을 바르게 할 수 없는 법이다.

제6권 2

丈夫之冠也, 父命之. 女子之嫁也, 母命之, 往送之門,
장부지관야 부명지 여자지가야 모명지 왕송지문

戒之曰, 往之女家, 必敬必戒, 無違夫子!,
계지왈 왕지여가 필경필계 무위부자

以順爲正子, 妾婦之道也. 居天下之廣居, 立天下之正位 行天下之大道,
이순위정자 첩부지도야 거천하지광거 입천하지정위 행천하지대도

得志, 與民由之, 不得志, 獨行其道. 富貴不能淫, 貧賤不能移,
득지 여민유지 부득지 독행기도 부귀불능음 빈천불능이

威武不能屈, 此之謂大丈夫.
위무불능굴 차지위대장부

[주석]

부명지(父命之): 아버지가 관례를 행하는 아들에게 너는 어린 마음을 버리고 너의 이룩된 덕에 따르라 훈계하는 것이다.

맹자는 가정의 질서를 위해서 남녀가 각자 해야 할 일이 있음을 내비친다. 남자는 대장부로서 여자는 부녀자의 도가 있음을 가리킨다.

현대에 들어와서 맹자사상을 보면, 차이보다는 차별에 가깝다. 그러나 그 시대의 문화를 생각해서 보면, 차이에 가깝다고 할 수 있다.

남자가 관례를 행할 때는 아버지가 아들에게 도리를 가르쳤다. 여자가 시집갈 때는 어머니가 딸에게 도리를 가르쳐, 대문 밖까지 전송하여 딸에게 훈계하기를 '시댁에 도착하면 반드시 시부모를 공경하고, 반드시 자신을 경계하며 남편의 말을 어기지 말아야 한다'고 하였으니, 이와 같이 순종을 최고의 준칙으로 여기는 것은 부녀자의 도이다. 남자에게 있어서는 마땅히 세상에서 가장 넓은 저택인 인에 살고, 세상에서 가장 올바른 위치인 예에 살며, 세상에서 가장 큰 길인 의로 가서 뜻을 얻었을 때는, 천하의 백성들과 함께 큰 길을 따라 나아가고, 뜻을 얻지 못했을 때는 홀로 자신의 도를 행하는 것이다. 부귀도 나의 마음을 어지럽힐 수 없고, 빈천도 나의 의지를 바꿀 수 없으며, 권위와 무력도 나의 절개를 굽힐 수 없어야, 이러한 사람을 대장부라 할 수 있다.

〖해석〗

사나이가 가관할 때는 아버지가 타이르고, 여자가 시집갈 때에는 어머니가 타이르는 법이니, 딸이 시집갈 때에 어머니가 전송하여 문간까지 가서 신신당부하기를 너의 시집에 가거든 공경하고, 조심조심하여, 사나이의 뜻에 어김이 없도록 하라고 하는데, 순종하는 것을 올바른 길로 삼는 것은 부녀자의 도리이니라. 천하의 넓은 집에 거처하며, 천하의 올바른 자리에 뻗치고 서며, 천하의 큰 길을 걸어가서 목적을 달성할 때에는 백성들과 함께 행동하고, 목적을 달성하지 못할 때에는 자기 혼자 자기의 갈 길을 걸어가서, 부귀도 그 사람 마음을 어지럽게 하지 못하며, 빈천도 그 사람의 지조를 변경하게 하지 못하며, 위엄과 무력을 가지고도 그 사람의 지조를 굽힐 수 없는 것, 이것이야말로 대장부라 이를 것이니라.

제6권 2

富貴不能淫, 貧賤不能移, 威武不能屈, 此之謂大丈夫.
부귀불능음   빈천불능이   위무불능굴   차지위대장부

[번역]

부귀도 나의 마음을 어지럽힐 수 없고, 빈천도 나의 의지를 바꿀 수 없으며, 권위와 무력도 나의 절개를 굽힐 수 없어야, 이러한 사람을 대장부라 할 수 있다.

[해석]

부귀도 그 사람 마음을 어지럽게 하지 못하며, 빈천도 그 사람의 지조를 굽힐 수 없는 것이 이것이야말로 대장부라 이를 것이다.

제7권 離婁章句 上(이루장구 상, 총 28장)

제7권 1

是以惟仁者宜在高位. 不仁而在高位, 是播其惡於衆也.
시이유인자의지고위   불인이재고위   시파기악어중야

[번역]

그러므로 오직 어진 사람만이 높은 자리에 있어야 한다. 어질지 않은 사람이 높은 자리에 있으면, 그의 죄악을 민중들에게 전파하게 된다.

[해석]

이런 까닭으로, 오직 인한 사람만이 당연히 높은 지위에 있어야 되는데,

인하지 못하면서 높은 지위에 있으면, 자기의 악한 것을 여러 사람에게 전파시키는 것이다.

제7권 2

> 孟子曰, 規矩方員之至也, 聖人, 人倫之至也.
> 맹자왈 규구방원지지야 성인 인륜지지야

〖 번역 〗

맹자께서 말씀하셨다. 그림쇠와 자는 방형과 원형을 만드는 가장 좋은 표준이요, 성인은 사람다운 사람이 되는 가장 좋은 표본이다.

〖 해석 〗

맹자가 말씀하시기를, 콤파스와 곡척은 모난 것과 둥근 것의 극치요, 성인은 이윤 도덕의 극치가 된다.

제7권 4

> 孟子曰, 愛人不親, 反其仁, 治人不治, 反其智, 禮人不答, 反其敬.
> 맹자왈 애인불친 반기인 치인불치 반기지 예인불답 반기경
>
> 行有不得者, 皆反求諸己, 其身正而天下歸之.
> 행유불득자 개반구제기 기신정이천하귀지

〖 번역 〗

맹자께서 말씀하셨다. 내가 남을 사랑하지만 남이 나를 가까이 하지 않으면 인자한 마음이 충분하지 않았는지 되돌아보고, 내가 남을 다스려도 다스려지지 않으면 지혜와 지식이 충분하지 않았는지 되돌아보며, 내가 남

을 예로 대해도 나에게 답례를 하지 않으면 공경하는 마음이 충분하지 않았는지 되돌아볼 것이다. 나의 어떤 행위가 기대한 성과를 얻지 못하면 자신을 되돌아보고 반성할 것이니, 자신이 바르다면 온 천하 사람들이 다 나에게 귀의 할 것이다.

〖 해석 〗

맹자가 말씀하시기를, 남을 사랑하여 그 사람이 친해 오지 아니하면 자기의 사랑하는 마음을 반성해 보고, 남을 지휘하여도 지휘를 받지 아니하면 자기의 지혜를 반성해 보고, 남에게 경례하여도 답례하지 아니하면 자기의 남을 공경하는 마음을 반성해 볼 것이니라. 자기가 행하여서 결과가 나타나지 않는 것이 있으면 모두 자기에게 반성해 볼 것이니, 자기 몸이 바르면 천하가 다 돌아오는 것이다.

제7권 10

孟子曰, 自暴者, 不可與有言也, 自棄者, 不可與有爲也.
맹자왈 자포자 불가여유언야 자기자 불가여유위야

〖 번역 〗

맹자께서 말씀하셨다. 스스로 제 몸을 해치는 사람과는 함께 선한 말을 할 수 없고 스스로 제 몸을 버리는 사람과 함께 가치 있는 일을 할 수 없다.

〖 해석 〗

맹자가 말씀하시기를, 스스로 자기를 해치는 사람과 함께 말 할 수 없고, 스스로 자기를 버리는 자와 함께 일 할 수 없는 것이다.

仁, 人之安宅也, 義, 人之正路也.
인 인지안택야 의 인지정로야

〖번역〗

인은 사람이 사는 가장 편안한 집이요, 의는 사람이 가야 할 가장 바른 길이다.

〖해석〗

인한 것은 사람의 편안한 집이요, 의는 사람의 올바른 길이다.

제7권 12

是故誠者, 天之道也, 思誠者, 人之道也.
시고성자 천지도야 사성자 인지도야

〖번역〗

그러므로 성심은 하늘의 규율이요 성심을 추구하는 것은 사람의 도리다.

〖해석〗

그러므로 성이란 하늘의 원리요, 성실토록 생각함은 사람의 길이다.

제7권 15

孟子曰, 存乎人者, 莫良於眸子. 眸子不能掩其惡.
맹자왈 존호인자 막량어모자 모자불능엄기악

胸中正, 則眸子瞭焉, 胸中不正, 則眸子眊焉.
흉중정 즉모자료언 흉중불정 즉모자모언

聽其言也, 觀其眸子, 人焉廋哉?
청기언야 관기모자 인언수재

〖 주석 〗

량(良): 착함.

〖 번역 〗

맹자께서 말씀하셨다. 한 사람을 살펴보는 데는 그의 눈동자를 살펴보는
것보다 더 좋은 것은 없다. 왜냐하면 눈동자는 그 사람의 나쁜 생각을 감출
수 없기 때문이다. 마음이 바르면 눈동자가 맑아 빛을 내고 마음이 바르지
못하면 눈동자가 흐려 음침하다. 그러므로 그 사람이 하는 말을 들을 때 그
눈동자를 살펴본다면 그 사람이 선악을 숨길 수 있겠는가?

〖 해석 〗

맹자가 말씀하기를, 사람에게 있는 것 가운데 눈동자보다 더 착한 것이
없나니, 눈동자는 사람의 악한 것을 감추지 못하니 속마음이 바르면 눈동
자가 맑고, 속마음이 바르지 못하면 눈동자가 흐려진다. 그 사람의 말을 듣
고 그 사람의 눈동자를 본다면, 사람들이 어떻게 숨길 수 있겠는가?

제7권 16

孟子曰, 恭者不侮人, 儉者不奪人.
맹자왈 공자불모인 검자불탈인

맹자께서 말씀하셨다. 남을 공경하는 사람은 남을 업신여기지 않고, 스
스로 검약하는 사람은 남의 것을 빼앗지 않는다,

〖 해석 〗

맹자가 말씀하기를, 공손한 사람은 남을 업신여기지 아니하고, 검박한
사람은 남의 것을 빼앗지 않는다.

제7권 21-22

孟子曰, 有不虞之譽, 有求全之毁. 孟子曰, 人之易其言也, 無責耳矣.
맹자왈 유불우지예　유구전지훼　맹자왈 인지역기언야　무책이의

〖 번역 〗

맹자께서 말씀하셨다. 뜻하지 않게 칭찬을 받는 경우도 있고, 온전함을
추구했는데 도리어 비난을 받는 경우도 있다. 맹자께서 말씀하셨다. 사람
이든 어떤 말이든 가볍게 여긴다면 책망하기에 부족하다.

〖 해석 〗

맹자가 말씀하기를, 생각지도 못했던 칭찬이 있으며, 온전하기를 노력했
는데도 비난도 있을 수 있다. 맹자가 말씀하기를, 사람으로 그 말을 쉽게
하는 것은 책임 없는 때문이다.

제8권 14

孟子曰, 君子深造之以道, 欲其自得之也. 自得之, 則居之安, 居之安, 則資之深
맹자왈 군자심조지이도 욕기자득지야 자득지 즉거지안 거지안 즉자지심

資之深, 則取之左右逢其原, 故君子欲其自得之也.
자지심 즉취지좌우봉기원 고군자욕기자득지야

[주석]

취지좌우봉기원(取之左右逢其原): 왼쪽과 오른쪽에서 마음대로 도에서 필요한 것을 취해 써도 스스로 체득한 도의 근원에 접하게 된다는 뜻.

[번역]

맹자께서 말씀하셨다. 군자가 올바른 도로써 학문에 깊이 나아가는 방법은 스스로 진리를 체득하는 것이다. 스스로 진리를 체득하면 그것을 확고히 지녀 동요되지 않고, 확고히 지녀 동요되지 않으면 매우 깊이 쌓아 둘 수 있으며, 매우 깊이 쌓아 두면 가까이 좌우에서 취해도 마르지 않는 원천을 만날 수 있으니, 그러므로 군자는 항상 스스로 진리를 체득하고자 한다.

[해석]

맹자가 말하기를, 군자가 학문에 나가는 길은 자기 스스로가 진리를 깨닫는 것이다. 자기 스스로가 진리를 획득하면 모든 일에 쉽게 흔들리지 않으며, 견고히 다져져서 자기 것으로 만들 수 있으며, 자기 것으로 만들어 두면 마르지 않는 원천을 만날 수 있으니, 그러므로 군자는 항상 자기 스스로 진리를 이루기 위해 노력해야 된다.

제8권 28

愛人者, 人恒愛之. 敬人者, 人恒敬之.
애인자 인항애지   경인자   인항경지

『 번역 』

사람을 사랑하는 자는 다른 사람도 항상 그를 사랑하고, 사람을 공경하는 자는 다른 사람도 항상 그를 공경한다.

『 해석 』

남을 사랑하는 사람은 남들이 항상 이 사람을 사랑하고 남을 공경하는 사람은 남들이 항상 이 사람을 공경하는 것이다.

제8권 30

孟子曰, 世俗所謂不孝者五, 惰其四支,
맹자왈   세속소위불효자오   타기사지

不顧父母之養, 一不孝也, 博奕好飮酒, 不顧父母之養, 二不孝也, 好貨財,
불고부모지양   일불효야   박혁호음주   불고부모지양   이불효야   호화재

私妻子, 不顧父母之養, 三不孝也, 從耳目之欲, 以爲父母戮, 四不孝也, 好勇鬪狠,
사처자   불고부모지양   삼불효야   종이목지욕   이위부모륙   사불효야   호용투한

以危父母, 五不孝也.
이위부모   오불효야

『 번역 』

맹자께서 말씀하셨다. "세상에서 불효라고 하는 것에는 다섯 가지가 있으니, 수족을 게을리 하며 부모의 봉양을 돌보지 않는 것이 첫째 불효요, 장기와 바둑을 즐기고 술 마시기를 좋아하며 부모의 봉양을 돌보지 않는

것이 둘째 불효요, 재물을 좋아하고 처자만 사랑하여 부모의 봉양을 돌보지 않는 것이 셋째 불효요, 듣기 좋은 소리와 보기 좋은 색을 탐내어 부모에게 욕을 보이는 것이 넷째 불효요, 용맹을 뽐내고 싸우기를 좋아하여 부모를 위태롭게 하는 것이 다섯째 불효이다."

〚 해석 〛

맹자가 말씀하기를 세속에서 불효라 이르는 것이 다섯 가지니, 몸을 움직이기를 게을리 하여 부모 봉양할 것을 돌보지 않는 것이 첫째 불효요, 장기와 바둑, 술 마시기를 좋아해서 부모의 봉양을 돌보지 않는 것이 둘째 불효요, 재물을 좋아하며 처자를 편애하며 부모의 봉양을 돌보지 않는 것이 셋째 불효요, 귀와 눈의 욕심에 따라 부모에게 모욕을 끼치는 것이 넷째 불효요, 용맹을 좋아하고 싸우며 사납게 굴어서 부모를 위태롭게 하는 것이 다섯째 불효이다.

📖 제9권 萬章章句 上(만장장구 상, 총 9장)

제9권 6

> 其子之賢不肖, 皆天也, 非人之所能爲也.
> 기자지현불초 개천야 비인지소능위야

〚 번역 〛

그 아들이 어질고 어질지 못한 것은 모두 다 하늘의 뜻이었지, 사람의 힘으로 할 수 있는 것이 아니었다.

〚 해석 〛

그 자식들이 어질고 어질지 못한 것은 모두 하늘이 시키는 것이요, 사람의 힘으로 능히 할 바가 아니다.

📖 제10권 萬章章句 下(만장장구 하, 총 9장)

제10권 8

孟子謂萬章曰, 一鄕之善士友一鄕之善士, 一國之善士斯友一國之善士,
맹자위만장왈 일향지선사우일향지선사 일국지선사사우일국지선사

天下之善士斯友天下之善士.
천하지선사기우천하지선사

以友天下之善士爲未足, 又尙論古之人, 頌其詩, 讀其書, 不知其人, 可乎?
이우천하지선사위미족 우상논고지인 송기시 독기서 부지기인 가호

是以論其世也. 是尙友也.
시이논기세야 시상우야

〖주석〗

미족(未足): 만족하지 않음.

〖번역〗

맹자께서 만장에게 말씀하셨다. "한 고을의 뛰어난 인물이어야 한 고을
의 뛰어난 인물과 벗할 수 있고, 한 나라의 뛰어난 인물이라야 한 나라의
뛰어난 인물과 벗할 수 있으며, 천하의 뛰어난 인물이라야 천하의 뛰어난
인물과 벗할 수 있다.

천하의 뛰어난 인물과 벗하는 것도 만족스럽지 못하다고 생각하여 또 위로
거슬러 올라가 옛사람들과 논하는 것이다. 그들의 시를 외우며 그들의 책을
연구하면서도 그 사람을 알지 못한다면 되겠는가? 이 때문에 그들의 시대를
논하는 것이다. 이것이 바로 역사를 거슬러 올라가 옛사람과 벗하는 것이다."

[해석]

맹자께서 만장에게 일러 말씀하시기를 한 마을의 착한 선비라야 한 마을의 착한 선비와 벗할 수 있고, 한 나라의 착한 선비라야 한 나라의 착한 선비와 벗할 수 있고, 천하의 착한 선비라야 천하의 착한 선비와 벗할 수 있다. 천하의 착한 선비와 벗하는 것만으로 아직도 부족하게 여겨서 또 옛사람을 나아가서 논하게 되는 것이니, 그들의 시를 외우며 그들의 글을 읽으며 그 사람을 알지 못한다는 것이 옳겠는가? 이렇기 때문에 그 시대를 논하는 것이니, 이것이 옛사람을 숭상하여 벗하는 것이다.

📖 제11권 告子章句 上(고자장구 상, 총 20장)

제11권 1-2

告子曰, 性猶杞柳也, 義猶桮棬也, 以人性爲仁義, 猶以杞柳爲桮棬.
고자왈 성유기류야 의유배권야 이인성위인의 유이기류위배권

孟子曰, 子能順杞柳之性而以爲桮棬乎? 將戕賊杞柳而後以爲桮棬也?
맹자왈 자능순기류지성이이위배권호 장장적기류이후이위배권야

如將戕賊杞柳而以爲桮棬,
여장장적기류이이위배권

則亦將戕賊人以爲仁義與? 率天下之人而禍仁義者, 必子之言夫!
즉역장장적인이위인의여 솔천하지인이화인의자 필자지언부

告子曰, 性猶湍水也,
고자왈 성유단수야

決諸東方則東流, 決諸西方則西流. 人性之無分於善不善也, 猶水之無分於東西也
결제동방즉동류 결제서방즉서류 인성지무분어선불선야 유수지무분어동서야

孟子曰, 水信無分於東西, 無分於上下乎? 人性之善也, 猶水之就下也. 人無有不善,
맹자왈 수신무분어동서 무분어상하호 인성지선야 유수지취하야 인무유불선

水無有不下. 今夫水, 搏而躍之, 可使過顙, 激而行之, 可使在山. 是豈水之性哉?
수무유불하 금부수 박이약지 가사과상 격이행지 가사재산 시기수지성재

其勢則然也. 人之可使爲不善, 其性亦猶是也.
기세즉연야 인지가사위불선 기성역유시야

『주석』

고자(告子): 중국 전국시대 제나라의 사상가로 성은 고(告), 이름은 불해(不害)다. 맹자와 동시대 인물로서, 인간의 인성(人性)에 대해 맹자와 논쟁을 했다.

『번역』

고자가 말하였다. "사람의 본성은 버드나무와 같고 의리는 버드나무 잔과 같으니, 사람의 본성을 가지고 인의를 행함은 바로 버드나무를 가지고 잔을 만드는 것과 같습니다." 맹자께서 말씀하셨다. "그대는 버드나무의 본성을 살려 잔을 만드오? 아니면 버드나무의 본성을 손상시킨 후에 잔을 만드오? 만일 버드나무의 본성을 손상시킨 후에 잔을 만든다면, 또한 사람의 본성을 손상시킨 후에 인의를 행한단 말이오? 천하 사람을 이끌어 인의를 해치는 것은 반드시 그대의 이러한 학설이겠지요?" 고자가 말하였다. "사람의 본성은 여울물과 같아서 이것을 동쪽으로 터놓으면 동쪽으로 흐르고, 서쪽으로 터놓으면 서쪽으로 흐릅니다. 사람의 본성이 선하고 선하지 않고의 구분이 없음은 마치 물이 동쪽으로 흐르는지 서쪽으로 흐르는지 정해진 방향이 없는 것과 같습니다." 맹자께서 말씀하셨다. "물은 진실로 동쪽과 서쪽의 정해진 방향이 없지만, 위아래 정해진 방향도 없단 말입니까? 사람의 본성이 선함은 물의 성질이 아래로 흘러가는 것과 같습니다. 사람은 선하지 않은 사람이 없고, 물은 아래로 흘러가지 않는 것이 없습니다. 만약지금 류를 쳐서 튀어 오르게 하면 이마를 넘어가게 할 수 없으며, 물을 퍼올려 거꾸로 흐르게 하면 높은 산 위에 이르게 할 수도 있습니다. 이것이어찌 물의 본성이겠습니까? 그 형세가 그렇게 만든 것입니다. 사람이 선하지 않은 일을 하게 되는 것도 그 본성이 형세의 영향을 받은 것입니다."

고자가 말하기를, 사람의 천성은 갯버들과 마찬가지요, 의는 나무바리와 마찬가지이니, 사람의 성품으로 인과 의를 행하는 것이 갯버들로 나무바리를 만드는 것과 마찬가지니라. 맹자가 말씀하기를 자네는 갯버들의 성질에 순응해서 나무바리를 만들 수 있다고 하는가? 장차 갯버들을 억지로 휘고 꺾고 한 후에 나무바리를 만들 터이니, 만일 갯버들을 휘고 꺾고 해서 나무바리를 만든다면, 역시 장차 사람을 휘고 꺾고 해서 인과 의를 할 터인가? 천하 사람을 인솔하여 인과 의에 화를 입힐 사람은 반드시 자네의 말일 것이다. 고자가 말하기를, 사람의 천성은 빙빙 도는 물과 마찬가지니라. 동쪽으로 터놓으면 동쪽으로 흐르고, 서쪽으로 터놓으면 서쪽으로 흐르는 것이니, 사람의 천성이 선한 것과 선하지 못한 것의 구별이 없는 것이 물이 동쪽과 서쪽의 구별이 없는 것과 마찬가지니라. 맹자가 말씀하기를, 물이 정말로 동과 서의 구별이 없지만, 위와 아래에 대해서도 구별이 없느냐? 사람의 천성이 선한 것은 물이 낮은 데로 흘러가는 것과 마찬가지이니, 삶의 성질은 선하지 않음이 없고 물은 낮은 데로 흘러가지 않는 것이 없느니라. 이제 저 물을 쳐서 튀어 오르게 하면 산에 닿게 할 수도 있지만 이것이 어떻게 물의 성질이겠는가? 거기에 더해진 세력이 그렇게 함이니 사람도 선하지 못한 것을 행하게 하는 것이 그 성질이 또한 이와 마찬가지니라.

제11권 6

公都子曰, 告子曰, 性無善無不善也, 或曰, 性可以爲善 可以爲不善,
공도자왈 고자왈 성무선무불선야 혹왈 성가이위선 가이위불선

是故文武興, 則民好善, 幽厲興, 則民好暴.
시고문무흥 즉민호선 유여흥 즉민호폭

或曰, 有性善, 有性不善 是故以堯爲君而有象, 以瞽瞍爲父而有舜, 以紂爲兄之子,
혹왈 유성선 유성불선 시고이요위군이유상 이고수위부이유순 이주위형지자

且以爲君, 而有微子啓王子比干, 今曰性善,
차이위군 이유미자계왕자비간 금왈성선

然則彼皆非與? 孟子曰, 乃若其情 則可以爲善矣, 乃所謂善也.
연즉피개비여 맹자왈 내약기정 즉가이위선의 내소위선야

若夫爲不善, 非才之罪也. 惻隱之心, 人皆有之, 羞惡之心, 人皆有之,
약부위불선 비재지죄야 측은지심 인개유지 수오지심 인개유지

恭敬之心, 人皆有之, 是非之心, 人皆有之,
공경지심 인개유지 시비지심 인개유지

惻隱之心, 仁也, 羞惡之心, 義也, 恭敬之心, 禮也, 是非之心, 智也.
측은지심 인야 수오지심 의야 공경지심 예야 시비지심 지야

仁義禮智, 非由外鑠我也, 我固有之也, 弗思耳矣.
인의예지 비유외삭아야 아고유지야 불사이의

故曰, 求則得之, 舍則失之, 或相倍蓰而無算者, 不能盡其才者也.
고왈 구즉득지 사즉실지 혹상배사이무산자 불능진기재자야

〔주석〕

미자계 · 왕자비간(微子啓 · 王子比干): 주왕의 숙부로서 현인들이었다.

〔번역〕

공도자가 말하였다. 고자가 말하기를 "본성은 선함도 없고 선하지 않음도 없다고 하였고, 어떤 이는 말하기를 본성은 선할 수도 있으며 또 선하지 않을 수도 있으니, 이 때문에 문왕과 무왕이 일어나면 백성들이 선을 좋아하고 유왕과 영왕이 일어나면 백성들이 포악함을 좋아한다고 하였습니다. 또 어떤 이는 말하기를 본성이 선한 이도 있고 본성이 선하지 않은 이도 있으니, 이 때문에 요와 같은 성인을 군주로 삼았는데 상과 같은 나쁜 백성이 있었고, 고수와 같은 나쁜 사람을 아버지로 삼았는데 순과 같은 아들이 있었으며, 주왕과 같은 나쁜 조카가 군주가 되었는데도 미자계와 왕자 비간 같은 어진 사람이 있었다고 하였습니다. 지금 선생님께서는 본성은 선하다고 말씀하시니, 그렇다면 저들은 모두 틀린 것입니까?" 맹자께서 말씀하셨다. "하늘로부터 타고난 바탕으로 본다면 선하다고 할 수 있으며, 이것이

내가 말하는 본성은 선하다는 것이다. 선하지 않게 되는 것은 타고난 재질의 잘못이 아니다. 측은지심은 사람마다 다 가지고 있고, 수오지심은 사람마다 다 가지고 있고, 공경지심은 사람마다 다 가지고 있고, 시비지심은 사람마다 다 가지고 있다. 측은지심은 인에 속하고 수오지심은 의에 속하고 공경지심은 예에 속하고 시비지심은 지에 속한다. 이러한 인·의·예·지는 다른 사람이 나에게 줄 수 있는 것이 아니라 내가 본래부터 지니고 있는 것이지만, 단지 사람들이 생각하지 못할 뿐이다. 그래서 말하기를 구하면 얻고, 버리면 잃는다고 하니 간혹 사람과 사람 사이의 거리가 서로 배가 되고 다섯 배가 되고 심지어 몇 배인지 계산할 수 없는 것은 그 타고난 재질을 충분히 발휘하지 못하였기 때문이다."

〖 해석 〗

공도자가 말하기를, 고자는 천성은 선하다고 할 것도 없고 선하지 않다고 할 것도 없다 하고, 혹은 말하기를 천성은 선도 할 수 있는 것이며 불선도 할 수 있는 것이니, 이런 까닭에 문왕과 무왕 같은 이가 일어나면 백성들이 선하게 되고, 유왕과 영왕 같은 이가 일어나면 백성들이 나쁜 짓을 좋아한다 하고, 혹은 말하기를 성은 선한 것도 있고 선하지 못한 것도 있나니, 이런 까닭으로 요 임금을 임금으로 삼고도 상과 같은 자식이 있으며, 고수를 아비로 삼고도 순과 같은 자식이 있으며, 주와 같은 나쁜 조카가 임금이 되어 있는데도 미자계와 왕자 비간 같은 사람이 있기도 하다는데, 이제 선생님께서는 천성은 선한 것이라 말씀하시니, 그렇다면! 저 사람들은 다 틀린 것입니까? 맹자가 말씀하기를, 그 사람들의 본성은 선을 할 만한 것이니, 그래서 성은 선하다고 말하는 것이다. 불선을 하게 된 것 같은 것은 재질의 죄가 아니다.

제11권 9

孟子曰, 無或乎王之不智也. 雖有天下易生之物也, 一日暴之, 十日寒之,
맹자왈 무혹호왕지부지야 수유천하이생지물야 일일폭지 십일한지

未有能生者也. 今夫奕之爲數, 小數也. 不專心致志, 則不得也.
미유능생자야 금부혁지위수 소수야 부전심치지 즉불득야

『 번역 』

맹자께서 말씀하셨다. 왕이 총명하지 않은 것에 대해 이상하게 생각할
것이 없다. 설령 세상에서 가장 쉽게 자라는 것이라도 하루 동안 햇볕을 쪼
이고 열흘 동안 춥게 하면, 잘 자랄 수 없을 것이다. 비유하자면 바둑을 두
는 것이 비록 작은 기술이지만 마음을 집중하고 뜻을 다하지 않으면 그것
을 터득하지 못하는 것과 같다.

『 해석 』

맹자가 말씀하기를, 왕이 슬기로워지지 못함을 이상하게 여길 것이 없
다. 아무리 천하에 자라기 쉬운 물건이 있더라도 하루 동안 햇볕을 쪼이고
열흘 동안 차게 하면 살아남을 것이 없을 것이다. 비유하자면 저 바둑의 기
술은 대단치 않은 기술이나 오로지 마음을 기울이고 목표를 극진히 하니
않으며 배울 수 없다.

제11권 10

孟子曰, 魚, 我所欲也, 熊掌亦我所欲也, 二者不可得兼, 舍魚而取熊掌者也.
맹자왈 어 아소욕야 웅장역아소욕야 이자불가득겸 사어이취웅장자야

生亦我所欲也, 義亦我所欲也, 二者不可得兼, 舍生而取義者也.
생역아소욕야 의역아소욕야 이자불가득겸 사생이취의자야

맹자께서 말씀하셨다. 생선도 내가 좋아하는 것이고 곰발바닥도 내가 좋아하는 것이지만 이 두 가지를 다 가질 수 없다면 생선을 버리고 곰발바닥을 취하겠다. 삶도 내가 원하는 것이고 의도 내가 원하는 것이지만, 이 두 가지를 모두 가질 수 없다면 삶을 버리고 의를 취하겠다.

〖 해석 〗

맹자가 말씀하기를, 생선도 내가 먹기를 원하는 바며 곰발바닥도 내가 원하는 바이지만, 이 두 가지를 다 함께 얻을 수 없다면 나는 생선을 버리고 곰발바닥을 취할 것이다. 삶도 또한 내가 바라라는 바며 의도 또한 내가 바라는 바이지만, 두 가지를 다 겸할 수 없다면 나는 삶을 버리고 의를 취할 것이다.

제11권 11

> 孟子曰, 仁, 人心也, 義, 人路也, 舍其路而不由, 放其心而不知求, 哀哉!
> 맹자왈 인 인심야 의 인로야 사기로이불유 방기심이부지구 애재
>
> 人有鷄犬放, 則知求之, 有放心而不知求, 學問之道無他, 求其放心而已矣.
> 인유계견방 즉지구지 유방심이부지구 학문지도무타 구기방심이이의

〖 번역 〗

맹자께서 말씀하셨다. 인은 사람의 마음이요, 의는 사람의 길이다. 그 올바른 길을 버리고 가지 않으며, 그 선량한 마음을 잃어버리고도 찾을 줄 모르니, 슬프도다! 사람들은 닭과 개가 도망가더라도 찾을 줄 아는데, 선량한 마음을 잃어버리고서는 찾을 줄을 모른다. 학문하는 방법은 다른 것이 없고, 그 잃어버린 선량한 마음을 찾는 것일 뿐이다.

맹자가 말하기를, 인은 사람의 마음이요, 의는 사람의 길이다. 그런데 사람들은 그 길을 버리고 길대로 가지 아니하며, 그 마음을 놓쳐 버리고 찾을 줄을 알지 못하니 슬프구나! 사람들이 닭과 개를 놓치면 찾을 줄 알지만, 마음을 놓치고 추구할 줄을 모르나니, 학문의 길은 다른 것이 없다. 자기의 놓쳐 버린 마음을 다시 추구하는 것뿐이니라.

📖 제12권 告子章句 下(고자장구 하, 총 16장)

제12권 2

> 有人於此, 力不能勝一匹雛, 則爲無力人矣, 今日擧百鈞, 則爲有力人矣,
> 유인어차　역불능승일필추　즉위무력인의　금일거백균　즉위유력인의
>
> 然則擧烏獲之任, 是亦爲烏獲而已矣. 夫人豈以不勝爲患哉?
> 연즉거오획지임　시역위오획이이의　부인기이불승위환재
>
> 弗爲耳.
> 불위이

〖 주석 〗

오획(烏獲): 오획은 중국고대의 매우 힘이 센 사람을 의미한다.

〖 번역 〗

여기에 어떤 사람이 있는데 스스로 병아리 한 마리도 들 수 없다고 생각한다면 힘이 없는 사람이 될 것이요, 삼천 근을 들어 올릴 수 있다고 말한다면 매우 힘센 사람이 될 것입니다. 그렇다면 오획이 들던 짐을 들 수 있다면, 그 또한 오획과 같은 사람이 될 것입니다. 사람들은 어찌 짐을 들어 올리지 못할까 걱정합니까? 스스로 그렇게 하지 않을 뿐입니다.

여기에 사람이 있어서 자기의 힘이 한 마리의 병아리도 이겨내지 못한
다면 힘없는 사람이 될 뿐이요, 그런데 이제 말하기를 백 근을 들 수 있다
면 힘 있는 사람이 될 것이니, 그렇다면 오획이란 장사의 짐을 들어 올린다
면, 오획과 같은 장사가 될 것이다. 어찌 사람이 책임을 감당해 내지 못한
다고 근심, 걱정할 것인가? 그것은 처음부터 하려고 하지 않기 때문이니라.

제12권 2

夫道若大路然, 豈難知哉? 人病不求耳. 子歸而求之. 有餘師.
부도약대로연 기난지재 인병불구이 자귀이구지 유여사

[번역]

도는 대로와 같으니 어찌 알기 어렵겠습니까? 다만 사람들이 가서 찾지
않는 것이 문제일 뿐입니다. 그대가 돌아가 찾기만 한다며 스승은 많이 있
을 것입니다.

[해석]

대개 도라는 것은 큰 길과 같아서 어찌 알기 어려울 것이 있겠는가? 사
람마다 도를 추구하지 않는 것이 걱정이 될 뿐이다. 당신은 돌아가서 스승
될 사람을 구한다면, 얼마든지 남아돌아가는 스승이 있을 것이다.

제12권 15

故天將降大任於是人也, 必先苦其心志, 勞其筋骨, 餓其體膚, 空乏其身,
고천장강대임어시인야 필선고기심지 노기근골 아기체부 공핍기신

行拂亂其所爲, 所以動心忍性,
행불난기소위 소이동심인성

曾益其所不能. 人恒過然後能改, 困於心, 衡於慮, 而後作, 徵於色, 發於聲,
증익기소불능 인항과연후능개 곤어심 횡어려 이후작 징어색 발어성

而後喩. 人則無法家拂士,
이후유 입즉무법가불사

出則無敵國外患者, 國恒亡. 然後知生於憂患, 而死於安樂也.
출즉무적국외환자 국항망 연후지생어우환 이사어안락야

〖 번역 〗

그러므로 하늘이 어떤 사람에게 장차 큰 임무를 내리려 하실 적 에는 반 드시 먼저 그의 심지를 괴롭게 하고, 그의 육신을 수고롭게 하며, 그의 위 장을 굶주리게 하고, 그의 몸을 곤궁하게 하여, 그의 모든 행위가 마음대로 되지 않게 함으로써, 이같이 그의 마음을 분발시키고 그의 성정을 참을성 있게 만들고 그의 능력을 배가 시킨다.

사람은 항상 잘못이 있은 뒤에 고칠 수 있으며, 마음이 곤하고 생각이 막 힌 뒤에야 분발하여 창조할 수 있으며 얼굴빛에 드러나고 음성에 나타난 뒤에야 깨닫는다. 한 나라에서 안으로 법도 있는 집안과 보필하는 선비가 없고, 밖으로 겨눌만한 이웃나라와 외환의 근심이 없다면, 그 나라는 항상 쉽게 멸망하였다. 이와 같이 근심과 환난은 사람을 살 수 있게 하고, 안일 과 쾌락은 사람을 죽게 만든다는 도리를 알 수 있다.

〖 해석 〗

하늘이 앞으로 큰 책임을 이 사람에게 내리려고 한다면 반드시 먼저 그 사람의 마음을 괴롭게 하며, 그 사람의 근육을 괴롭게 하며, 그 사람의 몸 을 굶주리게 해서 그 사람이 텅 비게 하고, 행동하는 것에 그 하는 일이 다 마음대로 되지 않게 하나니, 이것은 그 사람의 마음을 움직이게 하고 천성 을 참을성 있게 하여 그 사람의 능하지 못한 것을 더욱 증가하게 하는 것이 다. 사람은 언제 잘못을 저지른 후에 고칠 수 있는 것이니, 마음의 괴로움 을 받고 생각에 저울질해 본 후에 작동하여 얼굴빛에 나타나고 소리로 터

져 나온 후에 알게 되는 것이다. 나라에 들어가서는 법도를 아는 가신과 보필하는 선비가 없고, 밖으로는 적국과 외부의 근심이 없는 자가 있다면 나라가 언제나 망하는 것이다. 그런 후에 사람들의 근심과 걱정 속에서 살 수 있다는 것을 알게 되고, 안락한 처지에서는 죽어 가게 된다는 것을 아는 것이다.

📖 제13권 盡心章句 上(진심장구 상, 총 46장)

제13권 6

孟子曰, 人不可以無恥, 無恥之恥, 無恥矣.
맹자왈 인불가이무치 무치지치 무치의

[번역]

맹자께서 말씀하셨다. 사람은 부끄러움이 없어서는 안되니, 부끄러움을 모르는 그러한 부끄러움이 진정 부끄러움을 모르는 것이다.

[해석]

맹자가 말씀하기를, 사람은 부끄러움이 없을 수 없는 것이니, 부끄러운 마음이 없는 것을 부끄러워한다면 부끄러워할 것이 없을 것이다.

제13권 14

仁言不如仁聲之入人深也, 善政不如善敎之得民也.
인언불여인성지입인심야 선정불여선교지득민야

善政, 民畏之, 善敎, 民愛之. 善政得民財, 善敎得民心.
선정 민외지 선교 민애지   선정득민재 선교득민심

　어진 말은 어진 음악이 사람의 마음 깊이 들어가는 것만 못하고 좋은 정
치는 좋은 교육이 민심을 얻는 것만 못하다. 좋은 정치는 백성들이 두려워
하고 좋은 교육은 백성들이 사랑한다. 좋은 정치는 백성들의 재물을 얻고
좋은 교육은 백성들의 마음을 얻는다.

『 해석 』

　'인'하다는 말은 인한 소문이 사람의 마음속 깊이 들어가는 것만 못하고,
착한 정사는 착한 가르침이 백성의 마음을 얻는 것만 못하니라. 착한 정사
는 백성들이 두려워하고, 착한 가르침은 백성들이 애정을 느끼나니, 착한
정사는 백성들의 재물을 얻게 되고, 착한 가르침은 백성들의 마음을 얻게
되느니라.

제13권 15

孟子曰, 人之所不學而能者, 其良能也, 所不慮而知者, 其良知也.
맹자왈　인지소불학이능자　기량능야　소불려이지자　기양지야

『 번역 』

　맹자께서 말씀하셨다. 사람들이 배우지 않고도 할 수 있는 것은 그가 가
장 잘하는 것이요, 생각하지 않고도 아는 것은 그가 가장 잘 아는 것이다.

『 해석 』

　맹자가 말씀하기를, 사람이 배우지 아니하고도 자연적으로 할 수
있는 것은 본연적으로 타고난 능력이요, 생각하지 않고도 아는 것은
그의 선천적으로 타고난 재능이니라.

孟子曰, 君子有三樂 而王天下不與存焉.
맹자왈 군자유삼락 이왕천하불여존언

父母俱存, 兄弟無故, 一樂也, 仰不愧於天, 俯不怍於人, 二樂也,
부모구존 형제무고 일락야 앙불괴어천 부부작어인 이락야

得天下英才而教育之, 三樂也. 君子有三樂, 而王天下不與存焉.
득천하영재이교육지 삼락야 군자유삼락 이왕천하불여존언

〖 주석 〗

불여존(不與存): 거기에 끼어 있지 않음.

〖 번역 〗

맹자께서 말씀하셨다. 군자는 세 가지 즐거움이 있는데, 천하에 왕 노릇
하는 것은 여기에 들어 있지 않다. 부모가 모두 건재하고 형제가 무고한 것
이 첫 번째 즐거움이요, 우러러 하늘에 부끄럽지 않은 것이 두 번째 즐거움
이요, 천하의 빼어난 인재를 얻어 그들을 가르치는 것이 세 번째 즐거움이
다. 군자는 세 가지 즐거움이 있는데, 천하에 왕 노릇 하는 것은 여기에 들
어 있지 않다.

〖 해석 〗

맹자가 말씀하기를, 군자는 세 가지 즐거움이 있으나 천하의 왕자가 되
는 것은 여기에 들어 있지 않다. 부모가 살아 계시며 형제들이 무고한 것이
첫째 즐거움이요, 우러러 하늘에 부끄럽지 아니하며 굽어서 사람에 대해
부끄럽지 않은 것이 둘째 즐거움이요, 천하의 영재를 모아 교육하는 것이
셋째 즐거움이니, 군자는 세 가지 즐거움이 있으나, 천하를 통일하여 왕자
가 되는 것은 여기에 함께 들어 있지 않다.

孟子曰, 孔子登東山而小魯, 登太山而小天下, 故觀於海者難爲水, 遊於聖
맹자왈   공자등동산이소노   등태산이소천하   고관어해자난위수   유어성

人之門者難爲言. 觀水有術,
인지문자난위언   관수유술

必觀其瀾, 日月有明, 容光必照焉, 流水之爲物也, 不盈科不行, 君子之
필관기란   일월유명   용광필조언   유수지위물야   불영과불행   군자지

志於道也, 不成章不達.
지어도야   불성장부달

『 번역 』

　맹자께서 말씀하셨다. 공자께서 동산에 올라가서는 노나라가 작다고 여기셨고 태산에 올라가서는 천하가 작다고 여기셨다. 그러므로 바다를 구경한 자에게는 다른 물이 그를 유인하기 어렵고, 일찍이 성인의 문하에서 공부한 적이 있는 자에게는 다른 의논이 그를 끌어들이기 어렵다. 물을 구경하는 데는 방법이 있으니, 반드시 그 광활한 파도를 보아야 한다. 해와 달은 모두 밝음이 있어서, 빛을 용납하는 작은 틈이라도 반드시 비춘다. 흐르는 물은 웅덩이를 가득 채우지 않으면 더 이상 앞으로 흘러가지 않은데, 군자가 도에 뜻을 두는 것도 일정한 단계에 이르지 못하면 통달할 수 없다.

『 해석 』

　맹자가 말씀하기를, 공자가 동산에 올라가 노나라를 작다 하시고, 태산에 올라가 천하를 작다 하시니 그런고로 바다에서 보는 사람은 물이라 하기 어렵고, 성인의 문에 배우는 사람은 말이라 어려운 것이다. 물을 보는 데 방법이 있나니, 반드시 그 물결을 보아야 하는 것이다. 해와 달이 빛이 있어서 빛을 용납할 만한 곳에는 반드시 비추는 것이다. 흐르는 물의 성질은 웅덩이에 차지 않으면 흐르지 않나니, 군자가 도를 뜻함에 있어도 밖에

일정한 단계에 이르지 못하면 통달할 수 없을 것이다.

제13권 29

孟子曰, 有爲者辟若掘井, 掘井九軔而不及泉, 猶爲棄井也.
맹자왈 유위자벽약굴정 굴정구인이불급천 유위기정야

〖 번역 〗

맹자께서 말씀하셨다. 한 가지 일을 하려는 자를 비유하자면 우물을 파는 것과 같으니, 일곱 척이나 깊이 우물을 팠더라도 물에 미치지 못하면 여전히 쓸모없는 물이다.

〖 해석 〗

맹자가 말씀하기를, 무엇인가 하려 하는 사람을 비유한다면 우물을 파는 것과 같으니, 우물을 구인이나 되게 파더라도 물을 얻지 못하면 우물을 버리는 것과 마찬가지다.

제13권 40

孟子曰, 君子之所以敎者五, 有如時雨化之者, 有成德者 有達財者, 有答問者
맹자왈 군자지소이교자오 유여시우화지자 유성덕자 유달재자 유답문자

有私淑艾者. 此五者, 君子之所以敎也.
유사숙애자 차오자 군자지소이교야

〖 번역 〗

맹자께서 말씀하셨다. 군자는 가르치는 방식이 다섯 가지 있으니, 때맞춰 내리는 비와 같이 만물을 촉촉이 적셔 주는 경우가 있으며, 덕을 완전히 이루게 한 경우가 있으며, 재질을 통달하게 한 경우가 있으며, 물음에 답한

경우가 있으며, 여운을 남겨 후인들이 스스로 학습하게 한 경우가 있다. 이 다섯 가지는 군자가 가르치는 방식이다.

『 해석 』

맹자가 말씀하기를, 군자가 사람을 가르치는 것이 다섯 가지이니, 때맞춰 오는 비와 같이 사람을 교화시키는 것도 있으며, 덕을 이루게 하는 것도 있으며, 재능을 성취하게 하는 것도 있으며, 묻는 말에 대답하는 것도 있으며, 간접적으로 교화를 받게 하는 것도 있나니, 이 다섯 가지는 군자가 사람을 가르치는 방식이다.

📖 제14권 **盡心章句 下**(진심장구 하, 총 38장)

제14권 16

仁也者, 人也. 合而言之, 道也.
인야자 인야 합이언지 도야

『 번역 』

인이라는 글자는 바로 사람이라는 뜻이다. 어질 인과 사람 인을 합하여 말하면 도가 된다.

『 해석 』

인이라는 것은 사람이란 뜻이니, 합해서 말하면 도가 된다.

제14권 20-22

孟子曰, 賢者以其昭昭使人昭昭, 今以其昏昏使人昭昭. 孟子謂高子曰,
맹자왈 현자이기소소사인소소 금이기혼혼사인소소 맹자위고자왈

山徑之蹊, 間介然用之而成路, 爲間不用,
산경지혜 간개연용지이성로 위간불용

則茅塞之矣. 今茅塞子之心矣. 城門之軌, 兩馬之力與?
즉모새지의 금모새자지심의 성문지궤 량마지력여

[[번역]]

맹자께서 말씀하셨다. 현자는 반드시 먼저 자신을 철저하게 한 연후에 남을 분명하게 하는데, 지금 사람들은 자신의 애매모호함으로 남을 분명하게 하려한다. 맹자께서 고자에게 말씀하셨다. 산비탈의 작은 샛길도 사람들이 오로지 그 길로만 다닌다면 넓은 길로 변하고, 잠시라도 그 길로 다니지 않으면 잡초가 자라 길을 막는다. 지금은 잡초가 그대의 마음을 막고 있다. 성문 아래 수레바퀴 자국이 그렇게 깊게 되는 것은 단지 몇 마리 말의 힘으로 이루어진 것이겠는가?

[[해석]]

맹자가 말씀하기를, 어진 사람은 자기의 밝은 것으로 남을 밝게 하는 것인데, 지금엔 자기의 밝지 못한 것으로 남을 밝게 하려고 한다. 맹자가 고자에게 일러 말씀하기를, 산의 작은 길에 사람의 발자국이 닿는 것이면 잠깐 동안이라도 사용하면 길을 이루게 되고, 또 잠깐 동안이라도 사용하지 않으면 띠가 자라고 길이 막히게 되는 것이니, 지금은 자네의 마음에 띠가 자라서 막혀 있는 것이다. 성문의 바퀴자국이 두 말의 힘이더냐?

제14권 35

孟子曰, 養心莫善於寡欲, 其爲人也寡欲, 雖有不存焉者, 寡矣, 其爲人也多欲,
맹자왈 양심막선어과욕 기위인야과욕 수유부존언자 과의 기위인야다욕

雖有存焉者, 寡矣.
수유존언자 과의

『 번역 』

맹자께서 말씀하셨다. 마음을 수양하는 가장 좋은 방법은 욕심을 적게 하는 것이다. 그 사람됨이 욕심이 적으며, 비록 선한 본성을 잃어버린다 하더라도 적게 잃을 것이고, 그 사람됨이 욕심이 많으면 비록 선한 본성을 보존하더라도 적게 보존할 것이다.

『 해석 』

맹자가 말씀하기를, 마음을 수양하는 데는 욕심을 적게 함보다 더 좋은 것이 없나니, 그 사람됨이 욕심이 적으면 본심을 보존하지 않는 자가 있더라도 적고, 그 사람됨이 욕심이 많으면 본심을 보존하고 있다 하더라도 적은 것이다.

∽◈∽ 중 용 ∽◈∽

1. 개요

1) 『중용』의 저자와 저작 연대에 대한 논란

≪중용 中庸≫은 사서오경에 속하는 유교경전 중 하나로 사람이 세상을 살아가는 데 있어서 지녀야 할 자세와 태도를 제시하고 있다. 본래 예기의 31편이다.

중국 한대(漢代) 사마천(司馬遷)의 ≪사기 史記≫를 비롯한 몇몇 서적에서 ≪중용≫의 작자가 자사(子思)라고 소개했고, 정현도 ≪삼례목록≫에서 ≪예기≫의 ≪중용≫은 자사가 지었다고 하였다. 송대(宋代) 주희(朱熹: 朱子라고 존칭) 역시 ≪예기 禮記≫ 가운데 한 편이었던 이 글을 공자의 손자인 자사(子思)가 지었다고 단정했다. 청대에 이르러 이에 대한 논란이 있었으며, 근대 학자들 중 1930년대 ≪중국철학사≫를 써서 중국 철학계에 크게 영향을 준 풍우란도 ≪중용≫의 저작 연대를 진한의 사이로 내려 잡기도 하였다.

근래에 ≪중용≫은 자사에 의해 기초가 이루어졌고 이후 전한(前

漢) 시기에 이르기까지 여러 유가 학자들의 보충과 해설이 더해져 현재의 모습으로 완성되었다고 여겨지고 있다. 이에 대한 근거는 1993년 12월 형문시 곽점의 초나라 무덤에서 대량의 고대 문헌 죽간이 발굴되었는데, 그중 대량의 자사자에 관한 자료가 출토되어 공자와 맹자 사이의 근 150년 동안의 학술사상의 맥락이 이어지게 되었음이 입증되었다. 출토된 자료 중 원시유가에 속하는 부분은 거의 모두가 공자의 손자 자사와 그 문인들이 쓴 자료였다. 따라서 공자에서 증자, 증자에서 자사, 자사의 문인에서 맹자로 전수되었다는 전통적인 수수설의 그 근거가 확보되었고, 특히 ≪중용≫은 주희가 ≪중용장구서≫ 서문에서 밝힌 것처럼 자사의 작이라는 설이 유력해졌다.

그리고 정호, 정이 형제·주희가 ≪예기≫ 중에서 ≪중용≫과 ≪대학≫을 발췌하여 ≪논어≫, ≪맹자≫와 아울러 '사서'로 편입한 뒤로 유가 경전의 그 어떤 책보다도 유가학술사상을 알리고 마음에 심게 하는 데 중심 역할을 하였으며, 주희는 대학, 중용의 장구뿐만 아니라 논어, 맹자에 관한 이전의 모든 주를 모으고 재해석하는 소위 집주를 하였다. 그것은 사서집주를 통하여 사회의 기틀을 새로이 만들려고 했던 것이다.

2) 자사의 『중용』 저작 의도

자사의 이름은 공급(孔伋)인데, 공자의 손자이며, 증자의 제자로 알려져 있다.

주희는 ≪중용장구서≫의 첫머리에서 "중용은 왜 쓰였는가? 자사가 공자의 도가 올바르게 전해지지 못할까 근심해서 쓴 것이다"라고 말하였다.

정자는 "치우치지 않는 것을 中이라 하고, 바뀌지 않는 것을 용(庸)이라 한다. 중은 천하의 정도(正道)요, 용은 천하의 정리(正理)다. 이 편은 공자가 학생들에게 전수한 심법인데, 자사가 그것이 오래가면 사람들이 말하는 것, 이해하는 것이 점점 달라져 공자의 본의가 왜곡될까 염려해서 책으로 써서 맹자에게 전한 것이다"라고 하였다.

그리고 김충렬(2007)은 "자사는 증자가 중심이 되어 저술했다는 ≪논어≫만으로는 공자의 참정신, 즉 천지우주관과 생명정신을 후세에 전하는 데는 미흡하다고 생각하였다. 그래서 특별히 그는 천명지성(天命之性)으로부터 천지생명을 生生不已하는 역동의 근원인 '성'(誠)과, 그 우주정신을 이어받아 이 세상을 생의(生意)가 충만한 도덕왕국, 즉 인문세계로 창진하는, 천도(天道)의 성(誠)을 본받은 인도(人道)의 성(誠), 즉 '성지'(誠之)를 내세웠다. 천명지위성(天命之謂性)의 성(性)은 그 지성(至誠)에 의해서만 진성(盡性)할 수 있고, 인간을 위시해서 천하만물이 각기 그 성을 다할(各盡其性) 때 비로소 인도(人道)는 '천지의 화육을 돕고 천지의 공능과 함께할' 수 있다고 본 것이다. 이상이 자사가 ≪논어≫에서 발현되지 않은 그의 할아버지 공자의 위대한 성자(聖者)의 기상과 정신을 ≪중용≫에서 특기(特記), 표양(表揚)한 면이다. 즉 우주의 생명정신을 직감하여 인간세에 구현하는 주체로서 성인지도(聖人之道)를 설정한 사람이 바로 자기 할아버지 공자라고 말하고 있다. 지성(至誠)의 화신인 '지성'(至聖)이 바로 공자라는 것, 그리고 그가 설계한 인문세계 창진의 원대한 포부가 바로 공자의 고고하고 독실한 현상이자 방향 제시였다는 것이 ≪중용≫의 가장 중요한 특징이라고 할 수 있다"고 강설하였다.

자사는 중용을 유가사상의 핵심 주제로 보았으며, 중용은 사람들이 모든 행동에서 본받아야 할 원칙이며, 나라를 다스리는 근본이라고 하였다.

3) 선유(先儒)들이 논(論)하는 『중용』의 특징

요로는 "≪中庸≫은 道를 말하며, ≪중용≫을 투철하게 이해해야 도(道)를 실천하는 데 독실하다"라고 하였다. 허동양은 "≪중용≫은 도(道)의 근본을 밝혀 천도(天道)를 논한 것도 있고 인도(人道)를 논한 것도 있으며, 학자의 학문 자세에 대해 논한 것도 있다. 그 논하고 연구하는 영역이 광대하면서도 정미하고 천지생성변화에서부터 천지 간 어느 하나 포괄되지 않은 것이 없으며, 크고 작은 것을 가리지 않고 모두를 들고 있어 그 경지를 궁구하기가 쉽지 않다"라고 하였다. 또 황간은 "≪중용≫은 다른 책과 같지 않다. 예를 들어 ≪논어≫는 한 장에 하나의 일을 이야기한다. ≪대학≫도 그러하다. 그런데 ≪중용≫은 덩어리가 크고 단락이 길다. 반복해 음미해야 비로소 앞뒤를 가릴 수 있고, 그것을 파악해야 하나씩 차례대로 이해가 가능하다"라고 하였다. 주희는 특히 독서 과정과 순서에 있어서 ≪중용≫을 설명하기를 "먼저 ≪대학≫을 정독한 뒤 ≪논어≫를 정독하고 그다음 ≪맹자≫를 정독한다. 이 삼서(三書)를 통독하면 ≪중용≫의 반은 이해한 것이 된다. 남에게 묻지 말고 자기 힘으로 부딪쳐 깨우쳐라. 쉽다고 소홀히 하지 말고 먼저 어려운 문제부터 공략하라. ≪중용≫은 태반이 형체도 그림자도 없는 대상을 더듬는다. 하학(下學)을 말한 곳은 적고 상달(上達)을 말한 곳이 많다. 문의(文義)를 체득하는 것이 요체다"라고 하였다.

이처럼 선유들은 하나같이 ≪중용≫에 특수한 위상을 부여하고, 이구동성으로 "초학자는 이해하기 어렵다"고 하였다. 그래서 ≪중용≫을 궁구하려면 먼저 삼서를 보아야 하고, 삼서에 대한 이해가 투철해진 뒤 ≪중용≫을 읽어야 문의를 음미할 수 있다고 한다. ≪소학≫과 삼서는 위로 향해 가는 수치공부(修治工夫)로서 인도(人道)는 천도(天道)를 향해 밀어 올리는 과정이고, ≪중용≫은 천하를 경륜하는 대경대법으로서 천도를 인도로 꿰뚫어 통하게 하는 근본 원리라고 할 수 있다.

이에 대하여 정자는 "중용의 이치는 밖으로 표출하면 천지에 가득 차서 그 어디에서나 어떤 사물에게나 또 어떤 상황에서도 적용되지 않는 것이 없다. 그 무궁무진한 이치를 거두어들일 경우 하나의 마음 속에 수습된다. 거두고 펴는 것이 자재스러워 그 쓰임이 무궁하고 쓰는 자 스스로 무한한 성취감을 맛보게 되니, 이것이 곧 사람이 살아가는 데 절실한 학문인 것이다. 따라서 이 책을 올바로 읽고 그 속뜻을 이리저리 굴려 가며 탐색해서 책이 전달하고자 하는 진의를 얻는다면, 평생을 두고 써먹어도 남음이 있을 것이다"라고 하였다.

중용의 중(中)은 치우치지 않음(不偏不倚), 지나치지도 모자라지도 않음(無過不及), 감정이 겉으로 드러나지 않은 상태(喜怒哀樂之未發)를 뜻하고, 용(庸)은 변함없음(平常, 不易)을 뜻한다. 중용을 실천하는 일은 평범한 사람도 할 수 있을 만큼 쉬우나, 철저히 지키는 일은 성인(聖人)도 어렵다고 한다. 그러나 지극한 정성(誠)이 곧 중용에 거의 가깝다고 할 수 있다. 중용을 지켜 이것에서 벗어나지 않는 것이 군자의 도(道)이며 세상의 정해진 이치(定理)라고 한다.

4) 『중용장구서』에서 보이는 도통계보

「중용장구서」는 주희가 ≪중용≫에 주를 달아 「중용장구」를 펴내면서 서문을 붙인 것이다.

주희가 가장 중시한 문제는 道統의 맥락과 心法의 전수로, 서문의 많은 부분에서 도통 문제를 언급하고 있다. 특히 ≪중용≫은 유가의 도통과 심전을 밝힌 책이라고 할 수 있다.

「중용장구서」에서 주희는, 공자가 요,순을 조종으로 삼고 문,무의 법을 본받아서, 중용의 도로써 지나간 성인을 잇고 도를 전수하여, 주희 자신에 이르기까지의 도통계보를 아래와 같이 밝혔다.

요 -〉 순 · 고요(순임금 때의 명신) -〉 우 · 이윤(우임금 때의 명신) -〉 탕 · 부열(탕임금 때의 명신) -〉 문왕 -〉 무왕 · 주공(무왕의 아우) · 소공(무왕 때의 현신) -〉 공자 · 안자증자 -〉 자사 -〉· · ··맹자 -〉· · · 정명도·정이천 -〉 주희

5) 『중용』의 체계

주희가 ≪중용≫을 정리하여 ≪중용장구≫를 내놓았는데, 그 형식을 33장으로 정리했다.

문헌학적으로 ≪중용≫은 2개 부분으로 나누어진다는 것이 정설이다. 즉 전반의 20장까지를 ≪중용≫의 상편으로, 21장부터 하편으로 분류한다.

상편에서는 주로 중용의 '中'을 논하고 중용을 실천하는 과정을(君子之道), 은미(隱微)에서 광대(廣大)로 부부에서 천하국가로 나아가다가 마침내 20장의 치국평천하라는 정치논리에 실어 귀결 짓는다. 말하자면 '중용'의 논리를 주로 인간 정서에서부터 처세교훈, 그리고 부부가정의 기본 윤리 단위에서 확충하여 정치윤리(도덕정치)를 도출해 내는 논리형식을 취하고 있다.

내용상으로는 1장에서 중화사상이 먼저 나오고 '중용'은 2장부터 11장까지 공자의 말을 인용해서 설명된다. 전체적인 의미와 맥락상으로 분류하면 1장에서는 자사가 나름대로의 철학사상으로 각기 흩어져 체계화되어 있지 않은 문장에 의미를 부여하여 웅혼한 사상 틀 속에 집약한 것으로 볼 수 있으며, 2장부터 11장까지는 자사가 제1장에서 사상 틀을 형성하는 근거자료로서 공자의 말을 인용해서 제1장의 사상 틀을 형성하고 원의를 파악하는 데 구체적인 근거로 삼았다고 할 수 있다. 또한 조금 더 엄밀히 분류하면 11장까지는 개인이 수신하는 단계라고도 할 수 있다.

12장에서 20장까지는 크게 군자의 도를 논한 것으로, 부부의 도에서 평천하의 도까지를 다루고 있다.

다시 20장 말미부터 시작해서 21장부터 32장까지는 중용사상의 핵심인 '성'에 대해 집중적으로 논하고 있다.

그중 21장부터 26장까지는 지성(至誠), 진성(盡性), 참천(參天)의 도(道)를 다루고, 27장부터 33장까지는 성인의 도를 논한다고 볼 수 있다. 특히 32장은 사실상 ≪중용≫의 총 결론에 해당된다고 볼 수 있으며 마지막 33장은 ≪시경≫의 구절을 인용해서 다시 원초적인 수양공부론을 강조하여 결국은 천하경륜의 문제가 다시 한 사람의 개인적인 솔성(率性)과 수도(修道) 공부라는 원초적이고 근본적인 문제로, '진심'(盡心)의 문제가 모든 것의 핵심으로 집약된다고 할 수 있다.

이렇게 ≪중용≫은 처음에는 책의 전체 의미를 하나의 이치로 묶어서 말하고, 중간에 가서는 그 이치를 만사, 만행에 나누어 적용시켜 설명하다가, 끝에 가서는 하나의 이치 속에 담아 결론을 맺고 있다.

6) 『중용』의 중요 내용

(1) 성(性)·도(道)·교(敎)

① 성(性)은 하늘이 명하여 사람에게 부여된 것이다(天命之謂性). 사람이 하늘의 속성을 그대로 받아, 하늘과 일치될 수 있는 자질과 능력을 갖추었다는 말이다.

② 도(道)는 성(性)을 따르는 것이다(率性之謂道). 한마디로 인간이 걸어야 할 길로, 사람이 세상을 살아가면서 언제 어디서든 크고 작은 무슨 일을 하든지 반드시 따라야 할 도리와 이치가 곧 도다.

③ 교(敎)는 도(道)를 마름질하는 것이다(修道之謂敎). 사람이 반드시 따라야 할 도리와 이치가 도(道)인데, 이를 하나하나의 교훈·예절·법칙·제도 등으로 구체화시켜 실천할 수 있게 한 것이 교다.

(2) 중용(中庸)·중화(中和)·시중(時中)

① 중용(中庸)의 의미는 항상 통하거나 이치에 맞는 뜻으로 원리원칙적이며 근본적인 경지를 말한다. 주희는 "뜻이 치우치거나 기대지 않고 지나침도 모자람도 없는 평상의 이치"라고 중용을 이른다. 중용의 중은 최고경지 또는 최교윤리이며 모든 것의 根本, 正道, 正理다. 다시 말하면 중용은 최고의 논리이다. 이것을 얻었을 때는 사통팔달 어느 면으로나 변화에 적응해 갈 수 있다.

② 중화(中和)는 인간의 실천적 측면에서 중용을 설명한 것이다. 기쁘고 노하고 슬프고 즐거운 감정이 일어나지 않는 상태를 '중(中)'이라고 하며, 일어나되 모두 절도에 맞는 것을 '화(和)'라고 한다. 항상 변동 속에서 가장 안정된 경지를 찾아 늘 움직인다

는 의미이다. 따라서 中和는 곧 형평의 원리라고 할 수 있다.

③ 시중(時中)은 시간 변화 속에서의 중화를 말하고, '때에 따라 중에 처함'으로써 자기를 상황 속에 맞추어 넣는 이를테면 주관적 판단이나 자기 나름의 처신을 의미한다. 즉 수시로 변하는 여러 가지 상황에 대해 부단히 자기의 '중'을 새로이 설정하고 최적의 대응책을 마련하는 것을 말한다.

④ '中'은 가운데 아닌 적중함을 말하며, 이는 다른 것들과 '알맞는 상태'에 놓여 있는 것이라고 할수 있으며, 나와 남 그리고 안팎의 연관성에서 판단되거나 설정되는 말이다. 따라서 '中'이란 '숲'에 의해서 자리가 정해지는 것이지 미리부터 혹은 나름대로 여기가 '中'이다 하고 스스로 정한 다음 그 '中'에 맞춰서 주위를 구조하거나 안배하는 것은 아니다. 이른바 자기 조절의 의미도 갖고 있다.

(3) 성(誠) · 성지(誠之)

① 성(誠)은 하늘의 도 즉 천도(天道) 자체의 도(道)로 체(體)가 되는 것이고 성자(誠者)는 완전성을 의미한다. 다시 말해서 성(誠)이란 진실하고 망령됨이 없음을 이르니, 천리의 본연이요, 정성이라는 것은 힘쓰지 않아도 그 일에 맞으며 생각하지 않아도 저절로 얻어지는 것이다.

② 성지(誠之)는 사람의 도, 즉 성(誠)하고자 하는 인지도(人之道)로 정성스럽게 행하는 용(用)이 되며, 성(誠)으로 추구해 가는 것이다. 선을 선택할 줄 알고 그것을 고집해나갈 줄 아는 것은 어진 사람의 일이요, 군자의 일이다. 따라서 성지(誠之) 즉, 성(誠)하

려는 것은 선을 가려서 굳게 잡는 '택선이고집'(擇善而固執)으로
현인 군자가 되는 것이다.

2. 원전해석8)

第一章(제1장)

天命之謂性, 率性之謂道, 修道之謂敎.
천명지위성 솔성지위도 수도지위교

道也者, 不可須臾離也, 可離非道也.
도야자 불가수유리야 가리비도야

是故, 君子戒愼乎其所不睹, 恐懼乎其所不聞.
시고 군자계신호기소부도 공구호기소불문

莫見乎隱, 莫顯乎微, 故君子愼其獨也.
막현호은 막현호미 고군자신기독야

喜怒哀樂之未發, 謂之中, 發而皆中節, 謂之和.
희로애락지미발 위지중 발이개중절 위지화

中也者, 天下之大本也, 和也者, 天下之達道也.
중야자 천하지대본야 화야자 천하지달도야

致中和, 天地位焉, 萬物育焉.
치중화 천지위언 만물육언

---

8) 『중용』의 번역과 해석은 관련 문헌들에서 중심맥락과 의미는 대부분 같았으며, 그 중 원시유학사의 사상맥
락과 최근의 변동 상황 등 동양고전 전체를 아우르며 비교하여 가장 이해하기 쉬운 문장으로 강설한 김석
진(2004)의 『대산중용강의』와 김충열(2007)의 『중용대학강의』를 주로 참고하였다.

『 번역 』

하늘이 명하신 것을 성이라 이르고, 성을 따르는 것을 도라 이르고, 도를 닦음을 교라 이르느니라.

도라는 것은 가히 잠깐이라도 떠날 수 없는 것이니, 가히 떠나면 도가 아니니라. 이런 까닭으로 군자는 그 보이지 않는 바에 경계하고 삼가며, 그 듣지 않는 바에 두려워하고 두려워하느니라.

숨은 것보다 나타나는 것이 없으며, 미미한 것보다 드러나는 것이 없으니, 그러므로 군자는 그 홀로를 삼가느니라.

기쁨, 성냄, 슬픔, 즐거움이 아직 발하지 않은 것을 중이라 이르고, 발해서 모두 절도에 맞는 것을 화라 이르니, 중이라는 것은 천하의 큰 근본이요, 화라는 것은 천하의 통달한 도이니라.

중화를 지극히 하면 천지가 자리하며(편안하며) 만물이 잘 길러지느니라.

『 해석 』

하늘이 인간 만물을 낳고 그 생명들에게 각기 나름대로 살아갈 수 있는 지능의 씨앗을 심어 준 것을 성(선천적 본성 자체)이라 하고, 그 가능한 씨앗을 잘 가꾸고 기르면 문명세계를 이룰 수 있는 방법과 과정을 도(길, 도리, 법칙 같은 것)라 하며, 그러한 방법과 과정을 배우고 익히고 실천하는 것을 교(후천적 훈습이나 공부)라 한다.

사람에게는 그렇게 살아가야 할 길이 있으니, 그 길에서는 조금도 이탈할 수가 없고 잠시도 한눈을 팔수가 없다. 그러므로 만일 그 길에서 떠날 수 있다면 그는 길이 아니다. 다시 말하면 사람은 그 길에서 조금이라도 벗어나거나 잠시도 한눈을 팔아서는 안 된다. 그러므로 만일 사람이 그 길에서 벗어난 삶을 산다면 그는 사람이라고 할 수 없다. 일반사람의 마음은 남에게 보이지 않을 때, 남에게 들리지 않을 때 방심하고 방사하여 길에서 이탈하기가 쉽다. 그러므로 지성을 갖춘 사람은 보이지 않는 곳에 있을 때 더욱 스스로를 경계하고 근신하며, 남에게 들리지 않을 때 더욱 두려워하고 조심한다.

세상의 이치에서 감추어져 있는 것보다 더 밝게 드러나고, 미세한 것보다 더 크게 나타나는 것은 없다. 그러므로 지성인은 은밀하게 홀로 있을 때를 삼가고 삼간다.

희로애락의 감정행위가 밖으로 발하지 않았을 때의 고요한 마음을 중이라 하고, 그 마음이 감정을 통해 밖으로 나타나 주위 사물이나 상황과 맺은 관계가 질서나 절도에 알맞은 상태를 화라 한다. 중은 모든 것이 움직이며 변하는 천지간에서, 다른 것과 어우러져 살아가야 하는 생존자(행동하는 자)가 행동 이전에 미리 갖추고 있어야 할 기본자세이며, 화는 모든 움직이는 자들이 서로 충돌이나 마찰 없이 서로의 삶을 유익하게 하는 교통로다.

이러한 중과 화가 극치를 이룰 때 천지는 각기 자기의 자리에 정위치하고 그 속에서 만물은 발육한다.

第二章(제2장)

仲尼曰, 君子中庸, 小人反中庸.
중니왈 군자중용 소인반중용

君子之中庸也, 君子而時中, 小人之(反)中庸也, 小人而無忌憚也.
군자지중용야 군자이시중 소인지 반 중용야 소인이무기탄야

〖 번역 〗

공자께서 말씀하시길 "군자는 중용을 하지만 소인은 중용에 반한다"고 하셨습니다.

군자가 중용을 함은 군자이면서 때로 중을 하기 때문이요, 소인이 중용에 반함은 소인이면서 기탄이 없기 때문이니라.

〖 해석 〗

중니께서 말씀하셨다. 군자는 중용의 도리를 잘 알아서 그가 살아가는 모든 언행을 수시로 변화하는 상황에 맞게 조정하지만 소인은 중용의 도리

를 모르기 때문에 객관상황과 충돌, 마찰하는 부조리한 삶을 살아간다.

왜 그럴까? 군자가 중용의 삶을 잘 영위하는 것은 그가 군자의 덕을 지니고 있으면서도 자기중심을 잡고 변화하는 상황에 알맞게 대처해 나가기 때문이고, 소인이 중용에 어긋나는 삶을 살아가는 것은 그가 지혜와 능력이 부족하면서도 자기 고집을 내세우며, 주위 상황은 아랑곳하지 않고 자기 마음대로 행동하기 때문이다.

第三章(제3장)

子曰, 中庸其至矣乎, 民鮮能久矣.
자왈 중용기지의호 민선능구의

[번역]

공자께서 말씀하시길 "중용은 그 지극하구나. 백성이 능함이 적은 지 오래이구나."

[해석]

공자께서 말씀하셨다. "중용이라는 도리는 사람뿐만 아니라 천하의 모든 존재가 하염없이 움직이고 출렁대는 이 변화무쌍한 세상에서 살아가는데 꼭 알고 행동해야 하는 지극한 생존 요령인데, 사람들 중에는 이를 깨달아 알고 신중하게 처신하는 자가 드물다. 그렇게 중용의 도리를 망각하고 세상에 쓰이지 않은 지가 오래되었다."

지나치면 중을 잃고, 미치지 못하면 중에 이르지 못하기 때문에 오직 중용지덕이 지극한 것이다. 그런데 사람이 한가지로 중을 얻어 처음에는 어려운 일이 없었는데, 세상의 교(敎)가 쇠퇴되어 인간으로서의 성정과 덕행을 잃어 백성이 중용지도에 흥행(興行)하지 못하게 되었다. 그렇게 되었기 때문에 이미 오래전부터 중용에 능한 자가 적어진 것을 말하는 것이다.

第四章(제4장)

子曰, 道之不行也, 我知之矣, 知者過之, 愚者不及也.
자왈 도지불행야 아지지의 지자과지 우자불급야

道之不明也, 我知之矣, 賢者過之, 不肖者不及也.
도지불명야 아지지의 현자과지 불초자불급야

人莫不飮食也, 鮮能知味也.
인막불음식야 선능지미야

[[번역]]

공자께서 말씀하시길 "도가 행해지지 못할 것을 내가 아노라. 지혜로운
자는 지나치고 어리석은 자는 미치지 못하느니라. 도가 밝지 못할 것을 내
가 아노라. 어진 자는 지나치고 어질지 못한 자는 미치지 못하느니라."

"사람이 마시고 먹지 않음이 없건만 능히 맛을 아는 이가 적으니라."

[[해석]]

공자께서 "도가 이 세상에 행해지지 못할 것을 이미 알고 있다. 공부를
해서 지혜롭고 알 만한 자는 교만해서 그냥 지나쳐 버리고, 공부를 못하거
나 우둔한 자는 몰라서 중용지도에 미치지 못한다. 도가 세상에 밝아지지
못할 것을 내가 훤히 알고 있다. 어질게 행동할 수 있는 사람은 자만하여
그냥 지나치고, 어질지 못한 사람은 중용지도에 미치지 못한다"고 하셨다.

이는 마치 사람들이 모두 먹고 마셔서 생명을 유지하지만 정작 그 음식
맛에 대해서는 알려 들지 않아 음식의 진미를 아는 이가 드문 것과 같다.

第六章(제6장)

子曰, 舜其大知也與, 舜好問而好察邇言, 隱惡而揚善, 執其兩端, 用其中於民,
자왈 순기대지야여 순호문이호찰이언 은악이양선 집기양단 용기중어민

其斯以爲舜乎!
기사이위순호

『 번역 』

공자께서 말씀하시길 "순임금은 그 큰 지혜이시다. 순임금이 묻기를 좋
아하고 가까운 말을 살피기를 좋아하시되, 악함을 숨기고 선을 드날리시며
그 두 끝을 잡으시어 그 중을 백성에게 쓰시니, 그 때문에 순임금이 되신
것이다."

『 해석 』

요순시대의 순임금은 큰 지혜를 지니셨다. 순임금이 큰 지혜로써 정치를
하심에 가까이 있는 사람들의 말을 살피기를 좋아하셨는데, 악한 일을 한
사람은 숨겨 주고 착한 일을 한 사람에게는 상을 내려 그 선함을 드날리셨
다. 또한 선함과 악함, 바름과 그름의 양단을 잡으셔 거기에서 중을 백성에
게 쓰시니, 그렇게 하셨기에 순임금이신 것이다.

第七章(제7장)

子曰, 人皆曰予知, 驅而納諸罟擭陷阱之中, 而莫之知辟也,
자왈 인개왈여지 구이납저고확함정지중 이막지지피야

人皆曰予知, 擇乎中庸, 而不能期月守也.
인개왈여지 택호중용 이불능기월수야

[번역]

공자께서 말씀하시길 "사람이 모두 말하길 '내가 지혜롭다'고 하되 몰아서 저 그물과 덫과 함정 속에 들여 놓으면 피할 줄을 알지 못하며, 사람이 모두 말하길 '내가 지혜롭다'고 하되 중용을 가려 능히 한 달도 지키지 못하느니라."

[해석]

공자께서 말씀하셨다. 사람들은 모두 말한다. 나는 지혜롭다고. 그러나 자기의 지혜가 자기를 그물과 덫, 함정으로 몰아넣는 것을 알지 못하고 막상 그 위험에 다다르면 피할 수 있는 지능을 발휘하지도 못한다. 또 사람들은 말한다. 나는 중용의 길을 알고 그를 실천할 줄 안다고. 그러나 막상 실천에 들어가서는 한 달도 못 가서 포기하고 만다.

第八章(제8장)

子曰, 回之爲人也, 擇乎中庸, 得一善, 則拳拳服膺, 而弗失之矣.
자왈 회지위인야 택호중용 득일선 즉권권복응 이불실지의

[번역]

공자 말씀하시길 "회(안회)의 사람됨이 중용을 가려서 하나의 선함을 얻으면 주먹으로 받들어 가슴에 두어 잃지 아니하니라."

[해석]

공자께서 말씀하셨다. 안회의 사람됨은 중용을 실천함에 이것이 옳다는 확신을 얻으면 그것을 꼭 가슴에 품고 혹여 잃어버리지나 않을까 하며 오래도록 지킨다.

第九章(제9장)

子曰, 天下國家可均也, 爵祿可辭也, 白刃可蹈也, 中庸不可能也.
자왈 천하국가가균야 작록가사야 백인가도야 중용불가능야

〖 번역 〗

공자께서 말씀하시길 "천하 국가도 가히 고르게 할 수 있으며, 벼슬과 녹봉도 가히 사양할 수 있으며, 흰 칼날도 가히 밟을 수 있으되, 중용은 가히 능치 못하니라."

〖 해석 〗

공자께서 말씀하셨다. 사람이 하는 일 가운데 제일 크고 어려운 것은 사람 사는 세상을 다스리는 일인데, 노력만 하면 공평무사하게 모두를 만족시키는 정치를 할 수 있다. 다음으로 사람의 욕망을 끄는 것 가운데 가장 선망적인 것은 부귀영화인데, 높은 벼슬을 하고 많은 봉록을 받으면 이룰 수 있다. 그러나 이러한 욕망과 유혹도 일언지하에 거절할 수 있고 이미 받아먹고 있던 벼슬과 녹도 미련 없이 버리고 갈 수 있다. 또 들이대는 흰 칼날에 지조를 뺏기게 되거나 큰 죄를 지어 극형에 처해지는 일이 있어도 이를 피하지 않고 당당하게 두려워하지 않는 마음으로 죽음에 임할 수도 있다. 사람으로서 하기 어렵고 거절하기 어렵고 피하기 어려운 것도 해낼 수 있지만 중용의 길을 실천하는 것은 정말 해내기 어려운 일이다. 그러니까 이 세상에서 사람이 가장 하기 어려운 일은 중용적 삶을 사는 것이다.

第十章(제10장)

子路問强,
자로문강

子曰, 南方之强與, 北方之强與, 抑而强與.
자왈 남방지강여 북방지강여 억이강여

寬柔以敎, 不報無道, 南方之强也, 君子居之.
관유이교 불보무도 남방지강야 군자거지

衽金革, 死而不厭, 北方之强也, 而强者居之.
임금혁 사이불염 북방지강야 이강자거지

故君子和而不流, 强哉矯, 中立而不倚, 强哉矯, 國有道, 不變塞焉, 强哉矯,
고군자화이불류 강재교 중립이불의 강재교 국유도 불변색언 강재교

國無道, 至死不變, 强哉矯.
국무도 지사불변 강재교

[번역]

자로가 강함을 묻자오니, 공자께서 말씀하시길 "남방의 강함인가? 북방의 강함인가? 아니면 너의 강함인가? 너그러우며 부드럽게 해서 가르치고, 도 없는 이를 보복하지 않는 것은 남방의 강함이니, 군자가 거하니라. 병기와 갑옷을 깔고 죽어도 싫어하지 아니함은 북방의 강함이니, 강한 자가 거기에 거하니라. 그러므로 군자는 화하되 흐르지 않으니, 강하다 꿋꿋함이여. 중립하여 치우치지 아니하니, 강하다 꿋꿋함이여. 나라에 도가 있으매 막혀 있을 때 의지를 변하지 아니하니, 강하다 꿋꿋함이여. 나라에 도가 없으매 죽음에 이르러서도 지조를 변치 아니하니, 강하다 꿋꿋함이여."

[해석]

공자의 제자 중에서 가장 용맹한 자로가 물었다. "정말로 강하다는 것은 어떤 것입니까?" 공자께서 말씀하셨다. 네가 묻는 것은 남방의 강함이냐? 북방의 강함이냐? 아니면 너 자신의 그 용맹스러운 강함이냐? 그러면 먼저 남방의 강함과 북방의 강함을 말하고, 네가 취해야 할 군자의 강함을 말해주마. 나보다 모르는 사람, 나보다 약한 사람, 나보다 못한 사람에게 너그럽고 부드럽게 베풀고 가르치며 혹여 그들이 무도하게 나쁜 짓을 하고 심지어 적대행위를 해도 막바로 보복하지 아니하고 타일러 스스로 깨우치게 하는 것이 남방의 강함이니, 거기는 군자가 사는 나라다. 쇠로 된 병장기를

들고 가죽으로 된 갑옷을 입고 그것을 잠잘 때도 벗지 않은 채 깔고 걸치고 자며 죽음의 싸움터에 몰아넣어도 마다하지 않고 있는 힘을 다해 싸우는 용맹스러움이 북방의 강함이니, 거기는 물리적으로 강한 자들이 사는 곳이다. 그러므로 군자는 모든 사람과 잘 화합하되 어느 한쪽으로 치우치지 않는다. 또한 나라에 도가 있어 평화로운 세상이라 해서 방심하지 않고 예전에 도가 없어 곤궁했을 적에도 흔들리지 않던 의지를 그대로 지키고 있으니, 이 또한 강하고 꿋꿋한 것이다.

第十二章(제12장)

君子之道 費而隱 夫婦之愚 可以與知焉 及其至也 雖聖人
군자지도 비이은 부부지우 가이여지언 급기지야 수성인

亦有所不知焉 夫婦之不肖 可以能行焉 及其至也 雖聖人 亦有所不能焉
역유소부지언 부부지불초 가이능행언 급기지야 수성인 역유소불능언

天地之大也 人猶有所憾 故君子語大 天下莫能載焉 語小 天下莫能破焉
천지지대야 인유유소감 고군자어대 천하막능재언 어소 천하막능파언

詩云鳶飛戾天 魚躍于淵 言其上下察也 君子之道 造端乎夫婦 及其至也
시운연비려천 어약우연 언기상하찰야 군자지도 조단호부부 급기지야

察乎天地
찰호천지

[번역]

군자의 도는 소비하되 숨느니라.

부부의 어리석음으로도 가히 참여하여 알 수 있으되 그 지극한 데 이르러서는 비록 성인이라도 알지 못하는 바가 있으며, 부부의 불초함으로도 가히 능히 행하되 그 지극한 데 이르러서는 비록 성인이라도 능하지 못하는 바가 있으며, 천지의 큼에도 사람이 오히려 한하는 바가 있으니, 그러므로 군자는 큰 것을 말할진댄 천하가 능히 싣지 못하고 작은 것을 말할진댄 천하가 능히 깨뜨리지 못하느니라.

「시경」에 이르길 "솔개는 날아 하늘에 이르거늘 고기는 못에서 뛰논다" 하니, 그 위와 아래에 드러남을 말함이니라.

군자의 도는 단서가 부부에서 시작되니, 그 지극한 데 미쳐서는 천지에 나타나느니라.

〖 해석 〗

비(費)는 용(用)이요, 은(隱)은 체(體)이다. 은의 본체에서 밖으로 비의 용이 있는 것이다. '비'는 조금 쓰이다 마는 것이 아니라 온 천하에 널리 쓰이는 것이고, '은'은 숨어 있는 본체인데 거기에 들어가 보면 끝없이 작다. 큰 것을 말하면 한없이 크고, 작은 것을 말하면 한없이 작으며, 큰 것을 말하면 밖이 없고 작은 것을 말하면 안이 없는 것이다. 체(體)라는 것은 이렇게 속으로 무궁무진하고 用 또한 겉으로 무궁무진한 것이다. 이렇게 중용을 하는 군자는 체와 용을 같이 하니 비이은(費而隱)하는 것이다. 군자의 길 즉 중용의 도에는 한없이 넓게 쓰이는 용의 성격이 있는가 하면 은밀한 데 감추어지는 체의 성격도 있다. 일용사물의 도나 평상의 리는 부부들의 평범한 지식으로도 얼마든지 준비할 수 있고 변화에도 응하며 살아갈 수 있지만, 천하의 치우치지 않는 정도와 바뀌지 않는 정리 같은 은미한 것에 이르러서는 중용의 도에 통달했다는 군자의 지혜나 능력으로도 알 수 없고 행하기 어려운 바가 있다.

천지가 아무리 포용하지 않는 것 없이 광대하고 궤도를 따르는 순환질서 안에서 무한 생성하는 위대한 존재라 하더라도 인간이 인간의 지능과 이상으로 인문세계를 이룰 때는 만족스럽지 못한 면이 있을 수 있다.

그러므로 인간성취의 일정한 수준에 이르렀다고 보는 군자가 그의 원대한 포부와 숭고한 이상을 말하면 이 위대한 천하도 그를 수용, 감당할 수가 없다. 반대로 군자가 개체생명인 자신에게로 되돌아와서 생을 영위하고 부부가 화합하여 생명을 낳고 기르며 생업을 열어 가는 최소 기본 단위인 '가정'을 말할 때도 그 큰 천하의 권위와 힘은 그것을 막거나 파괴할 수 없다. 천지간의 생명은 그것이 아무리 작은 것, 한계가 있는 것이라 할지라도 나름의 생명이 함께하는 광장인 천지간에서 삶을 영위할 수 있는 천부적인 능력이 있으므로 그 무엇도 심지어 천지의 큼으로도 이를 어찌할 수 없는 것이다. 극단적으로 말하면 생명을 이어가는 기본 단위인 부부관계와 가정의 존재는 그 무엇으로도 어떤 힘으로도 파괴할 수 없다. 그리고 저 위 하늘을 보니 솔개가 훨훨 날아 하늘에 이르고 있고, 이 아래 못 속을 들여다보니 고기가 펄펄 뛰어 놀고 있다. 생물이라는 것이 위에 나타나는 것도 있는가 하면 아래에 나타나는 것도 있어서, 상하에 나타난다는 것을 말한 것이다.

이렇게 군자의 도는 부부로부터 시작해서 천지간에 꽉 차 있는 생명들의 세계를 살피고 느껴 공감하고 함께하는, 생기발랄하고 화기 충만한 세상을 향유하는 것이 목표며 이상이고 방법인 것이다. 즉 인륜의 도를 근거로 파급해 나가서 천지만물의 생명질서와 영위를 살펴 터득한 천지의 도를 말하며 "도는 가히 떠날 수 없다"는 뜻을 거듭 밝힌 것이다.

第十三章(제13장)

子曰, 道不遠人, 人之爲道而遠人, 不可以爲道.
자왈, 도불원인 인지위도이원인 불가이위도.

詩云, 伐柯伐柯, 其則不遠, 執柯以伐柯, 睨而視之,
시운 벌가벌가 기즉불원 집가이벌가 예이시지

猶以爲遠, 故君子以人治人, 改而止.
유이위원 고군자이인치인 개이지

忠恕違道不遠, 施諸己而不遠, 亦勿施於人.
충서위도불원 시제기이불원 역물시어인

君子之道四, 丘未能一焉, 所求乎子, 以事父未能也,
군자지도사 구미능일언 소구호자 이사부미능야

所求乎臣, 以事君未能也, 所求乎弟, 以事兄未能也,
소구호신 이사군미능야 소구호제 이사형미능야

所求乎朋友, 先施之未能也, 庸德之行, 庸言之謹, 有所不足, 不敢不勉.
소구호붕우 선시지미능야 용덕지행 용언지근 유소부족 불감불면

有餘不敢盡, 言顧行, 行顧言, 君子胡不慥慥爾.
유여불감진 언고행 행고언 군자호불조조이

공자 말씀하시길 "도가 사람에게서 멀리 있지 않으니, 사람이 도를 하는데 사람을 멀리하면, 가히 도라 할 수 없느니라. ≪시경≫에 이르길 '도끼자루를 베고 도끼자루를 벰이여! 그 법이 멀리 있지 않다' 하니, 도끼자루를 잡고 도끼자루를 베면서도 흘겨서 보고 오히려 멀다고 여기니, 그러므로 군자는 사람으로 사람을 다스리다가 고치거든 그치느니라. 충과 서가 도에서 어김이 멀지 않으니, 자기에게 베풀어 보아 원하지 않는 것을 또한 남에게 베풀지 말지니라. 군자의 도가 네 가지인데, 나(丘)는 한 가지도 능하지 못하노니, 자식에게 바라는 바로써 부모 섬김을 능히 하지 못하며, 신하에게 바라는 바로써 임금 섬김을 능히 하지 못하며, 아우에게 바라는 바로써 형 섬김을 능히 하지 못하며, 친구에게 바라는 바로써 먼저 친구에게 베푸는 것을 능히 하지 못하노니, 떳떳한 덕을 행하여 떳떳한 말도 삼가, 부족한 바가 있거든 감히 힘쓰지 아니하지 못하며, 남음이 있거든 감히 다하지 못하여, 말은 행실을 돌아보며 행실은 말을 돌아볼지니, 군자가 어찌 독실하고 독실하지 않으리오."

공자께서 말씀하셨다. 도가 사람에게서 멀리 떨어져 있는 것이 아니라, 사람이 도를 사람에게서 멀리 있게 만드는 것이다. ≪시경≫에 이르기를 도끼자루를 가지고 도끼자루를 만든다. 도끼자루를 만드는 법칙이 어찌 멀리 있겠는가? 그런데 사람들은 도끼자루를 가지고 도끼자루를 만들면서도 그저 흘끔 한 번 보고는 오히려 그 법칙이 멀리 있는 것같이 여기며 만든다. 이는 이미 있는 도끼자루가 새로 만드는 도끼자루의 본으로 아주 친근한 것임에도, 사람들은 그에 따르지 않고 제멋대로 다른 견해를 가지고 옆으로 빠져나가기 때문에 그 도끼를 만드는 본이 계속 바뀌어 원래의 본과 자꾸만 멀어진다는 것이다. 그러므로 군자는 이렇게 우원한 길을 따르거나 따로 만들어 내지 않고 옛 성현의 길을 따라 사람들을 다스리다가, 그 사람이 그 길을 알아서 잘 찾아가면 더 이상 가르치려 들지 않는다. 충서는 군자의 도를 행하는 첩경이다. 그러면 충서란 무엇인가? 먼저 나한테 베풀어 봐서 내가 싫어하는 것이면 남에게 베풀지 않는 것이 충서다. 군자의 도를 행하는 인간관계는 대표적으로 네 가지가 있다. 그런데 나 자신은 한 가지도 제대로 실천한 것이 없다. 그 네 가지란 어떤 것인가? 자식한테 바라는 마음을 미루어 부모를 섬기지 못했고, 신하에게 바라는 마음을 미루어 임금을 섬기지 못했으며, 아우에게 바라는 마음을 미루어 형을 섬기지 못했고, 친구에게 바라는 마음을 미루어 먼저 그 친구에게 베풀지 못했다. 일상생활의 평범한 덕이라도 먼저 남에게 꾸준히 베풀고, 평상시의 하찮은 말이라도 삼가고 또 삼가라. 내가 남에게 바라는 마음을 미루어 남에게 베푸는 일에 부족함이 있으면 자기를 채찍질해서 힘써 베풀고, 아직도 할 일이 남아 있다면 끝까지 그 일을 마무리 짓는 데 힘을 다해야 한다. 말을 할 때는 그 말을 실천할 수 있는가를 되돌아보아야 하고, 행동을 할 때는 그것이 자기가 말한 것과 일치하는가를 되돌아보아야 한다. 이렇게 군자의 언행은 자기 자신은 물론 인간관계 교류에 있어서도 중요하다. 군자여! 어찌 자기 자신의 언행이나 남과의 관계 교류에 있어서 항상 독실하고 남에게 먼저 베푸는 근면함을 힘써 행하지 않을 수 있겠는가?

第十五章(제15장)

君子之道, 辟如行遠, 必自邇, 辟如登高, 必自卑.
군자지도, 비여행원, 필자이, 비여등고, 필자비.

詩曰, 妻子好合, 如鼓瑟琴, 兄弟旣翕, 和樂且耽, 宜爾室家, 樂爾妻孥!
시왈, 처자호합, 여고슬금, 형제기흡, 화락차탐, 의이실가, 락이처노!

子曰, 父母基順矣乎!
자왈, 부모기순의호

[번역]

군자의 도는 비유하면 먼 길을 가려면 반드시 가까운 데에서부터 하는 것과 같으며, 높은 데를 오르려면 반드시 낮은 데에서부터 하는 것과 같으니라. 시경에 이르길, "처자가 좋아서 합하는 것이 비파와 거문고를 타는 것 같으며, 형제가 이미 합해서 화락하고 즐기느니라. 너의 집안을 마땅하게 하며, 너의 아내와 자식을 즐겁게 한다" 하거늘. 공자께서 말씀하시길 "부모는 편안하실 것이다."

〖 해석 〗

군자의 도를 비유하자면, 단번에 천리를 간다거나 단숨에 산꼭대기에 오를 수 있는 것이 아니라, 자기 몸을 바로 하고 천리 길도 한 걸음부터, 높은 곳을 가려면 낮은 곳부터 가는 것이 바로 군자의 도인 것이다. 유가의 성취 목표의 과정에서 평천하가 목표라면 그 출발은 수신제가부터 시작해야 한다는 것이다. 시경에 "처자식과 오순도순 사랑하며 행복하게 사는 것이 마치 거문고와 비파 타는 소리가 아름답고 조화롭게 울려 퍼지는 것 같네. 그뿐인가 형제자매들이 서로 우애하고 뜻을 모아 한 가족을 이루니 집안은 늘 화기 애애하다. 이러한 가정을 보는 부모는 그 마음이 얼마나 편안하겠습니까?

第二十章(제20장)

哀公問政
애공문정

子曰, 文武之政, 布在方策, 其人存則其政擧, 其人亡則其政息,
자왈 문왕지정 포재방책 기인존즉기정거 기인망즉기정식

人道敏政, 地道敏樹, 夫政也者, 蒲盧也,
인도민정 지도민수 부정야자 포로야

故爲政在人, 取人以身, 脩身以道, 脩道以仁,
고위정재인 취인이신 수신이도 수도이인

仁者人也, 親親爲大, 義者宜也, 尊賢爲大, 親親之殺, 尊賢之等, 禮所生也,
인자인야 친친위대 의자의야 존현위대 친친지쇄 존현지등 례소생야

在下位不獲乎上, 民不可得而治矣,
재하위불획호상 민불가득이치의

故君子, 不可以不脩身, 思脩身, 不可以不事親, 思事親, 不可以不知人,
고군자　불가이불수신　사수신　불가이불사친　사사친　불가이부지인

思知人, 不可以不知天!
사지인　불가이부지천

天下之達道五, 所以行之者三, 曰 君臣也, 父子也, 夫婦也, 昆弟也, 朋友之交也,
천하지달도오　소이행지자삼　왈 군신야　부자야　부부야　곤제야　붕우지교야

五者天下之達道也, 知仁勇三者, 天下之達德也, 所以行之者一也,
오자천하지달도야　지인용삼자　천하지달덕야　소이행지자일야

或生而知之, 或學而知之, 或困而知之, 及其知之一也, 或安而行之,
혹생이지지　혹학이지지　혹곤이지지　급기지지일야　혹안이행지

或利而行之, 或勉強而行之 及其成功一也,
혹리이행지 혹면강이행지　급기성공일야

子曰 好學近乎知, 力行近乎仁, 知恥近乎勇,
자왈 호학근호지　역행근호인　지치근호용

知斯三者, 則知所以脩身, 知所以脩身, 則知所以治人, 知所以治人,
지사삼자　즉지소이수신　지소이수신　즉지소이치인　지소이치인

則知所以治天下國家矣!
즉지소이치천하국가의

凡爲天下國家有九經, 曰, 修身也, 尊賢也, 親親也, 敬大臣也, 體羣臣也,
범위천하국가유구경　왈　수신야　존현야　친친야　경대신야　체군신야

子庶民也, 來百工也, 柔遠人也, 懷諸侯也,
자서민야　래백공야　유원인야　회제후야

修身則道立, 尊賢則不惑, 親親則諸父昆弟不怨, 敬大臣則不眩,
수신즉도립　존현즉불혹　친친즉제부곤제불원　경대신즉불현

體羣臣則士之報禮重,
체군신즉사지보례중

子庶民則百姓勸, 來百工則財用足, 柔遠人則四方歸之, 懷諸侯則天下畏之,
자서민즉백성권　래백공즉재용족　유원인즉사방귀지　회제후즉천하외지

齊明盛服, 非禮不動, 所以修身也, 去讒遠色, 賤貨而貴德, 所以勸賢也,
제명성복　비례부동　소이수신야　거참원색　천화이귀덕　소이권현야

尊其位, 重其祿,
존기위 중기록

同其好惡, 所以勸親親也, 官盛任使, 所以勸大臣也, 忠信重祿, 所以勸士也,
동기호오 소이권친친야 관성임사 소이권대신야 충신중록 소이권사야

時使薄斂,
시사박렴

所以勸百姓也, 日省月試, 旣稟稱事, 所以勸百工也, 送往迎來,
소이권백성야 일성월시 기름칭사 소이권백공야 송왕영래

嘉善而矜不能, 所以柔遠人也,
가선이긍불능 소이유원인야

繼絶世, 擧廢國, 治亂持危, 朝聘以時, 厚往而薄來, 所以懷諸侯也,
계절세 거폐국 치란지위 조빙이시 후왕이박래 소이회제후야

凡爲天下國家有九經 凡以行之者一也.
범위천하국가유구경 범이행지자일야

凡事豫則立, 不豫則廢, 言前定則不跲, 事前定則不困, 行前定則不疚,
범사예즉립 불예즉폐 언전정즉불겁 사전정즉불곤 행전정즉불구

道前定則不窮.
도전정즉불궁

在下位不獲乎上, 民不可得而治矣, 獲乎上有道, 不信乎朋友, 不獲乎上矣,
재하위불획호상 민불가득이치의 획호상유도 불신호붕우 불획호상의

信乎朋友有道,
신호붕우유도

不順乎親, 不信乎朋友矣, 順乎親有道, 反諸身不誠, 不順乎親矣, 誠身有道,
불순호친 불신호붕우의 순호친유도 반제신불성 불순호친의 성신유도

不明乎善, 不誠乎身矣!
불명호선 불성호신의

誠者天之道也, 誠之者人之道也, 誠者不勉而中, 不思而得, 從容中道,
성자천지도야 성지자인지도야 성자불면이중 불사이득 종용중도

聖人也, 誠之者, 擇善而固執之者也.
성인야 성지자 택선이고집지자야

博學之, 審問之, 愼思之, 明辨之, 篤行之.
박학지 심문지 신사지 명변지 독행지

有弗學學之, 弗能弗措也, 有弗問問之, 弗知弗措也, 有弗思思之,
유불학학지 불능불조야 유불문문지 불지불조야 유불사사지

弗得弗措也, 有弗辨辨之,
불득불조야 유불변변지

弗明弗措也, 有弗行行之, 不篤弗措也, 人一能之, 己百之, 人十能之, 己千之
불명불조야 유불행행지 불독불조야 인일능지 기백지 인십능지 기천지

果能此道矣, 雖愚必明, 雖柔必强.
과능차도의 수우필명 수유필강

〖 번역 〗

애공이 정사를 묻자

공자께서 말씀하시길 "문왕과 무왕의 정사가 방책에 펴 있으니, 그 사람이 있으면 그 정사가 일어나고, 그 사람이 없으면 그 정사가 종식됩니다. 사람의 도는 정사에 민첩하고, 땅의 도는 나무에 민첩하니, 무릇 정사라는 것은 부들과 갈대와 같습니다. 그러므로 정치를 함이 사람에게 있으니, 사람을 취하되 몸으로써 함이오, 몸을 닦되 도로써 함이오, 도를 닦되 어짊으로써 해야 합니다. 어질다는 것은 사람이니 어버이(친척)를 친함이 큼이 되고, 의라는 것은 마땅함이니 어진 이를 높이는 것이 큼이 되니, 어버이(친척)를 친히 함의 강등과 어진 이를 높임의 차등이 예가 생기는 이유입니다. 아래 자리에 있어서 윗사람에게 얻지 못하면, 백성을 가히 얻어 다스리지 못할 것입니다. 그러므로 군자는 가히 몸을 닦지 않을 수 없으니, 몸을 닦을 것을 생각할진댄 가히 어버이를 섬기지 않을 수 없고, 어버이를 섬길 것을 생각할진댄 가히 사람을 알지 않을 수 없고, 사람을 알 것을 생각할진댄 가히 하늘을 알지 않을 수 없습니다. 천하에 공통적으로 가야할 길(達道)이 다섯 있는데, 그 가운데 행하는 바는 셋이니, 가로되 군신, 부자, 부부, 형제, 붕우가 서로 간에 사귀는 이 다섯 가지는 천하에 통한 도이고 지혜(知), 어짊(仁), 용기(勇) 세 가지는 천하의 공통된 덕(達德)이니, 행하는 것은 하나입니다. 혹

태어나면서 이것을 알며, 혹 배워서 이것을 알며, 혹 고통을 이겨내가며 이것을 아나니, 그 앎에 미쳐서는 한 가지입니다. 혹 편안히 이것을 행하며, 혹 이롭게 해서 이것을 행하며, 혹 억지로 힘써 행하나니, 그 성공에 이르러서는 한 가지입니다." 공자 말씀하시길 배움을 좋아함은 知에 가깝고, 힘써 행함은 仁에 가깝고, 부끄러움을 앎은 勇에 가까우니라. 이 세 가지를 알면 몸을 닦는 바를 알 것이요, 몸을 닦는 바를 알면 남을 다스리는 바를 알 것이요, 남을 다스리는 바를 알면 천하국가를 다스리는 바를 알리라. 무릇 천하국가를 다스림에 아홉 가지 법(九經)이 있으니, 가로되 몸을 닦음과 어진 이를 높임과 친척을 친히 함과 대신을 공경함과 여러 신하들의 마음을 체찰함과 여러 백성들을 자식처럼 여김과 백공들을 오게 함과 먼 지방의 사람을 회유함과 제후들을 은혜롭게 함이니라. 몸을 닦으면 도가 성립되고, 어진 이를 높이면 미혹되지 않고, 친척을 친히 하면 제부(아버지의 형제들)와 형제들이 원망하지 않고, 대신을 공경하면 혼란하지 않고, 여러 신하들의 마음을 체찰하면 선비들의 보답하는 예가 중하고, 여러 백성들을 자식같이 여기면 백성들이 권면하고, 백공을 오게 하면 재용이 풍족하고, 먼 지방의 사람을 회유하면 사방이 돌아오고, 제후들을 은혜롭게 하면 천하가 두려워하니라. 제계하고 깨끗이 하며 옷을 성대하게 해서 예가 아니면 움직이지 않음은 몸을 닦는 바요, 참소하는 이를 제거하고 여색을 멀리하며 재물을 천히 여기고 덕을 귀하게 여김은 어진 이를 권면하는 바요, 그 지위를 높여주고 그 녹을 후하게 하며 좋아함과 싫어함을 한가지로 함은 친척을 친히 함을 권면하는 바요 관직을 성하게 하고 사령을 맡김은 대신을 권면하는 바요, 충성하고 미덥게 해서 녹을 후하게 함은 선비를 권면하는 바요, 때에 따라 부리고 거둠을 적게 함은 백성을 권면하는 바요, 날로 살피고 달로 시험하여 창고에서 녹을 주는 것을 일에 맞춤은 백공을 권면하는 바요, 가는 이를 보내고 오는 이를 맞이하며 잘하는 이를 가상히 여기고 능하지 못한 이를 가엾게 여김은 먼 지방 사람을 회유하는 바요, 끊긴 세대를 이어주며 폐지된 나라를 일으켜주며 어지러움을 다스려주고 위태함을 붙들어주며 조회와 빙례를 때에 따라 하고 가는 것을 후하게 하고 오는 것을 박하게 함은 제후들을 은혜롭게 하는 바이니라. 무릇 천하국가를 다스림에 아홉 가지 법이 있으니,

무릇 그것을 행하는 것은 한 가지이니라. 아랫자리에 있으면서 윗사람에게 얻지 못하면 백성을 가히 얻어 다스리지 못하리라. 윗사람에게 얻음이 도가 있으니, 벗에게 믿음을 받지 못하면 윗사람에게 얻지 못하리라. 벗에게 믿음을 받는 것이 도가 있으니, 어버이에게 순하지 못하면 벗에게 믿음을 받지 못하리라. 어버이에게 순함이 도가 있으니, 제 몸에 돌이켜 성실하지 못하면 어버이에게 순하지 못하리라. 몸을 성실히 함이 도가 있으니, 착함(善)을 밝게 하지 못하면 몸을 성실히 하지 못하리라. 성(誠)이란 것은 하늘의 도요 성(誠)하려는 것은 사람의 도이니, 성(誠)이란 것은 힘쓰지 않아도 맞으며, 생각하지 않아도 얻어서 종용히 도에 맞으니 성인이요, 성(誠)하려는 것은 선을 가려서 굳게 잡는 것이니라.

널리 배우며, 살펴서 물으며, 삼가서 생각하며, 밝게 분별하며, 돈독히 행하느니라.

배우지 않음이 있을지언정 배울진댄 능치 못함을 두지 말며, 묻지 않음이 있을지언정 물을진댄 알지 못함을 두지 말며, 생각지 않을지언정 생각을 할진댄 얻지 못함을 두지 말며, 분별하지 않음이 있을지언정 분별할진댄 밝지 못함을 두지 말며, 행하지 않음이 있을지언정 행할진댄 돈독하지 않음을 두지 말아서, 다른 사람이 한 번에 능하거든 자기는 백 번에 능하며, 다른 사람이 열 번에 능하거든 자기는 천번에 능할지니라.

과연 이 도를 능히 하면 비록 어리석으나 반드시 밝아지며, 비록 유약하나 반드시 강해지느니라.

[해석]

노나라 애공이 공자에게 정치에 관해서 물었다.

공자께서 대답하셨다. 문왕과 무왕의 정치가 방책으로 정리되어 옛 문헌에 기록되어 있으니, 뒷날 그것을 실천할 만한 사람이 나오면 그 정치는 실현될 것이나, 그러한 인물이 없으면 그 정치는 사라지고 말 것이다. 인도(人道)는 정치에 빠르게 나타나고 지도(地道)는 나무에 빠르게 나타나니 대저 정치의 빠른 영향이 갈대와 같다. 그러므로 정치는 사람에게 달려 있고, 사람을 취하는 길은 왕의 수신덕성에 있으며, 수신(修身)은 도(道)를 닦는 것으로 하니, 그 도(道)가 바로 인(仁)인 것이다. 인의 실체는 사람이니 나와 가장 가까운 친척과 친애하는 것이 근본이 되고, 의(義)는 의(宜)이니 어진 이를 존경하는 것이 정도(正道)가 된다. 친소원근(親疎遠近)을 구분해 가리고 어진 이의 등급을 정하는 것이 예(禮)가 생겨난 근거가 된다. 아래 있으면서 윗사람의 신의를 못 받으면 백성을 다스릴 수가 없다. 그러므로 군자는 수신(修身)하지 않을 수 없고, 수신하려면 사친(思親)부터 해야 하고, 사친하려면 사람을 알지 않으면 안 되고, 사람을 알고자 한다면 하늘을 알지 않으면 안 된다. 천하의 달도는 다섯인데 이것을 행하는 자는 셋이다. 군신, 부자, 부부, 형제, 붕우와의 인간관계 교류 다섯은 천하의 달도요 지, 인, 용 삼자는 천하의 달덕이니 그것을 행하는 것은 인도(人道)인 성(誠)일 따름이다. 혹자는 生하면서 알고 혹자는 배워서 알며 혹자는 체험해서 아니, 어떤 경로를 거쳤건 지(知)에 이르면 그 지(知)는 일(一)이다. 혹자는 평안하게 지(知)를 실천하고, 혹자는 유리하게 실천하며 혹자는 억지로 어렵게 힘써 실천하는데 어찌되었건 성공에 이르러서는 한 가지다. 공자께서 말씀하셨다. 배움을 좋아하면 지(知)에 가까워지고 힘써 행하면 인(仁)에 가까워지며 부끄러운 것을 알면 용(勇)에 가까워진다. 이 셋을 아는 자는 수신(修身)하는 바를 알고, 수신하는 바를 알면 치인(治人)하는 바를 알고, 치인하는 바를 알면 천하국가를 다스리는 바를 알게 된다. 천하국가를 다스리는 데는 아홉 가지 원칙이 있다. 먼저 자기 자신의 인격을 도와야 하는 것, 어진 이를 존경하는 것, 친족들이 화목한 것, 대신들을 믿고 공경하는 것, 군신을 내 몸처럼 보살피는 것, 백성을 자식처럼 보호하고 사랑하는 것, 많은 기술자를 불러 모으는 것, 먼 데 있는 사람들을 귀의하도록 하는 것, 제후들을 회유하는 것, 이것이 구경이다. 몸을 닦아 배우고 인격을 세우고 경륜을 쌓으면 천하국가를 다스리는 길이 열린다. 어진 이를 존중하고 그들의 고명한 지혜와 능력을 빌리면 자신이 생겨 흔들리지 않는다. 집안 친족들과 화목하면 아버지 형제들, 나의 형제들이 서로 원망하지 않는다. 대신을 공경해야 정치가 흔들리지 않는다. 임금이 대신을 신임하고 힘을 실어 주어야 하급 관리들이 상사의 말을 잘 듣고 난을 일으키지 못한다고 한다. 군신을 내 몸같이 보살피면 선비들이 나라를 사랑하고 임금에게 충성하려는 마음이 무거워진다. 백성을 자식처럼 보호하고 사랑하면 백성은 스스로 생업에 열중한다. 많은 기술을 발달시키고 기술자를 우대하면 물질생활이 풍족해진다. 먼 데 있는 이방인들에게도 관심을 갖고 회유하면 사방에서 모여든다. 제후들을 품어 주고 제후들간의 질서를 잡아 주면 온 천하는 천자의 권위에 감복하여 감히 도전하거나 반란할 마음을 품지 못한다. 여기서의 수신은 주로 천자의 몸가짐을 말한다. 제명(齊明)은 마음을 가다듬어 생각(지혜)을 밝게 하는 것, 성복은 늘 신저 앞에 임하는 몸가짐, 그리고 예가 아니면 행동하지 아니함, 이러한 행동을 사람들에게 보임으로써 경건함과 숙목함을 배우게 함, 이것이 천자의 수신이다. 간신들의 참소를 물리치고 여색을 가까이하지 않으며 물질적 가치보다 도덕적 가치를 우위에 두면, 사람들은 어진 이를 배우는 데 힘쓸 것이다. 친인척들에게 실권은 아니지만 작위를 높여 주고 봉록을 후하게 주며 그들과 호오(好惡)를 같이하면 서로 화합할 것이다. 신하의 계급을 높이고 신임해서 부리면 대신들은 스스로 좋은 정치를 시행할 것이다. 백성을 부릴 때는 농번기를 피하고 세금과 요역을 경감해 주면 더욱 부지런히 생업에 종사할 것이다. 날마다 연구에 힘쓰고 연구한 것을 한 달에 한 번씩 실험하며 연구한 학설과 실험한 결과가 실지생활에 편리하고 유익한가를 살피면 기술자들은 연구와 제작을 게을리 하지 않을 것이다. 찾아오면 환영하고, 보낼 때 후대하며, 좋은 것을 가르쳐주고 모르고 능력이 부족한 사람을 불쌍히 여겨 도움을 마련하면 먼 곳 백성이 모여들 것이다. 후사가 끊어져 제사를 못 지내면 대를 잇게 해 주고 종묘사직이 무너졌으면 다시 일으켜 세워 주며, 조빙사절은 정초나 특별한 때만 오게 하고 조공을 받는 때는 토산물 같은 것으로 가볍게, 그러나 보내는 예물은 정성껏 후하게 한다. 그러면 제후들은 감복하고 국제 질서를 지키는 데 앞장설 것이다. 무릇 천하를 경영하는 데는 아홉 가지 중요한 법칙이 있으니 그것을 실천하는 일관된 마음가짐은 정성이다. 무릇 일이란 사전에 충분히 생각하고 연구해서 준비를 철저히 한 다음 실천에 들어가야 성공하지 준비도 없이 갑작스레 덤벼들면 실패하기 십상이다. 법령이나 반포문 같은 것은 발표하기 전 꼼꼼히 다듬고 퇴고해야 차질이 없고, 일은 사전에 계획과 준비가 결정되어 있어야 난관에 부딪치지 않으며, 행동은 미리 순서와 안배가 이루어져 있어야 병폐가 없다. 국가의 이상도 충분히 논의되고 원대하게 세워져야 항상성을 갖는다. 하부관리가 상관의 신임을 받지 못하면 백성을 다스릴 수 없다. 윗사람의 신임을 받는 길은 친구들의 신뢰를 받는 것으로 친구간에 신의가 없으면 윗사람의 신임도 받을 수 없다. 친구들한테 신임 받는 길이 있으니, 자기 부모에게 효순하지 않으면 친구들의 신의를 받을 수 없다. 어버이에게 효순하는 길이 있으니, 자기 자신을 돌아보고 정성스럽게 여기지 않으면 어버이에게 효순할 수 없다. 자기 자신의 마음을 정성스럽게 하는 데도 길이 있으니, 선과 악을 분명하게 가릴 줄 모르면 자기 자신에게 정성스러울 수 없다.

성(誠) 자체는 하늘의 길이며, 성(誠) 되어 가는 과정은 사람의 길이다. 성(誠)하면 힘쓰지 않아도 맞으며(中) 생각지 않아도 얻어진다. 조용한 가운데 아무런 노력 없이도 도(道)에 맞는 삶을 사는 이는 성인이다. 성지(誠之)하는 자는 아직 성(誠)에 이르지 못했으므로 성(誠)으로 가는 가장 좋은 길을 선택하여 끝까지 그것을 밀고 나가는 자다.

널리 배우고, 자세히 물으며, 깊이 생각하고, 밝게 분별하며, 독실하게 실천한다.

아직 배우지 않은 것이 있어 이를 배울 때에는 능하지 못한 것을 남겨두지 아니하고, 의문이 있어 물을 때에는 모르는 것이 남아 있지 않게 하며, 생각지 못한 것이 있어 생각할 때에는 얻어내지 못한 것이 없도록 하고, 분별이 안 된 것이 있어 분별할 때에는 분별 안 된 것이 없도록 하며, 아직 행하지 못한 것을 행할 때에는 철저하지 못한 면이 없도록 한다. 남이 하나를 능하게 하면 나는 백을 능하게 하고, 남이 열을 능하게 하면 나는 천을 능하게 한다.

과연 능히 이러한 노력으로 학문을 한다면, 비록 타고난 재질이 우둔하다 하더라도 반드시 지혜로워질 것이요, 비록 유약한 기질을 타고 났다 하더라도 반드시 굳세질 것이다.

第二十一章(제21장)

自誠明, 謂之性, 自明誠, 謂之教, 誠則明矣, 明則誠矣.
자성명　위지성　자명성　위지교　성즉명의　명즉성의

[번역]

정성으로 말미암아 밝아지는 것을 성이라 이르고, 밝음으로 말미암아 정
성스러워지는 것을 교라 이르니, 정성스러우면 밝아지고, 밝으면 정성스러
워지느니라.

[해석]

원래 하늘에서 타고난 성실성으로 말미암아 자연스럽게 훤히 밝아지는
것은 성인에 해당하는 성품을 말한다. 한편 세상에 나와 선을 밝히는 것,
즉 배움 등으로 말미암아 성실해야겠다는 생각이 들어 정성스럽게 하는 것
은 본래의 성으로 돌아가려고 노력하는 교육적인 것이다.

第二十二章(제22장)

唯天下至誠, 爲能盡其性, 能盡其性則能盡人之性, 能盡人之性則能盡物之性,
유천하지성　위능진기성　능진기성즉능진인지성　능진인지성즉능진물지성

能盡物之性則可以贊天地之化育, 可以贊天地之化育則可以與天地參矣.
능진물지성즉가이찬천지지화육　가이찬천지지화육즉가이여천지삼의

[번역]

오직 천하의 지극한 정성이어야 능히 그 성품을 다할 수 있으니, 능히 그
성품을 다하면 능히 사람의 성품을 다할 것이요, 능히 사람의 성품을 다하
면 능히 물건의 성질을 다할 것이요, 능히 물건의 성질을 다하면 가히 천지
의 화육을 도울 것이요, 가히 천지의 화육을 도우면 가히 천지와 더불어 참

여하게 되느니라.

〚 해석 〛

중용은 단적으로 말해서 '정성 성(誠)'자 하나로 귀결되는 것이다. 오직 천하의 지극한 정성, 이것은 성인의 덕을 말하는 것이다. 원래 천도의 지극한 정성을 가지고 타고난 본성의 성품을 다할지니, 즉 하늘 밑에 지극한 정성을 지닌 사람이어야만 능히 성품을 다할 수 있다는 말이다. 그렇게 성인과 같이 지극한 성품을 다한다면 그것을 바탕으로 해서 능히 사람의 성품을 다할 것이고, 인성을 다하게 되면 그 다음은 능히 물건의 성품을 다할 것이다. 이렇게 하늘의 성도 다하고, 사람의 성도 다하고, 물건의 성도 다하면 천지가 만물을 화하여 기름을 도울 수가 있으니, 결국 천지와 더불어 나란히 참여할 수 있는 경지에 이르게 되는 것이다.

第二十三章(제23장)

其次致曲, 曲能有誠, 誠則形, 形則著, 著則明, 明則動, 動則變,
기차치곡 곡능유성 성즉형 형즉저   저즉명 명즉동 동즉변

變則化, 唯天下至誠爲能化.
변즉화 유천하지성위능화

〚 번역 〛

그 다음은 곡진함으로 이름이니, 곡진하면 능히 성실함이 있으니, 성실하면 나타나고, 나타나면 드러나고, 드러나면 밝아지고, 밝아지면 움직이고, 움직이면 변하고, 변하면 화하니 오직 천하의 지극한 정성이어야 능히 화하느니라.

〚 해석 〛

천도에 해당하는 자성명(自誠明), 천하지성(天下至誠)이 첫째가 되고, 그다

음 차례로는 원래 본성을 지성으로써 다할 수 없으면, 곡진함으로 이루어야 한다는 것이다. 그저 열심히 노력하고 차근차근 다져 나가는 곡진함으로 이루는데 내가 곡진함으로 다하면 능히 성실함이 있으니, 내 마음속에서부터 성실하면 밖으로 나타나게 된다. 밖으로 나타나면 더욱 드러나게 되고, 드러나게 되면 자연 밝아지고, 밝아지면 움직여지고, 움직여지면 거기에서 자연 변함이 생기고, 그러면 또한 화하니, 오직 천하의 지극한 정성이어야 능히 화할 수 있는 것이다.

第二十四章(제24장)

至誠之道, 可以前知, 國家將興, 必有禎祥, 國家將亡, 必有妖孽, 見乎蓍龜,
지성지도 가이전지 국가장흥 필유정상 국가장망 필유요얼 현호시구

動乎四體, 禍福將至, 善 必先知之, 不善 必先知之, 故至誠如神.
동호사체 화복장지 선 필선지지 불선 필선지지 고지성여신

〖 번역 〗

지극한 정성의 도는 가히 앞일을 알 수 있으니, 국가가 장차 흥하매 반드시 상서로움이 있으며, 국가가 장차 망하매 반드시 요망함과 재앙이 있어서 시초점과 거북점에 나타나며, 사지에 움직이니라. 화와 복이 장차 이름에 선함을 반드시 먼저 알며, 선하지 못함을 반드시 먼저 알지니, 그러므로 지극한 정성은 신과 같으니라.

〖 해석 〗

지성의 도에 이르면 앞날에 일어날 일을 미리 알 수 있다. 국가가 장차 융성하려면 반드시 나라 안에 있었던 일이 좋은 일로 변하고, 또 나라 안에 없었던 일이 새롭게 나타나는 길조가 나타난다. 나라가 장차 패망하려면 반드시 천재지변이나 해괴망측한 흉조들이 생겨난다. 이러한 일들은 아직 일어나기 전에 시구 점괘에 나타나며 몸의 건강이 나빠지는 일 등 여러 면

에서 알려 온다. 복이 올 조짐이 있으면 자기가 한 일이 선이었다는 것을 자신이 먼저 알게 되고, 화가 올 조짐이 있으면 자기가 한 일이 불선이었다는 것을 자신이 먼저 알게 되는 것이다. 이렇게 지성은 신통력을 지녔다.

第二十五章(제25장)

誠者自成也, 而道自道也.
성자자성야 이도자도야

誠者物之終始, 不誠無物, 是故君子誠之爲貴.
성자물지종시 불성무물 시고군자성지위귀

誠者, 非自成己而已也, 所以成物也, 成己仁也,
성자 비자성기이이야 소이성물야 성기인야

成物知也, 性之德也, 合內外之道也, 故時措之宜也.
성물지야 성지덕야 합내외지도야 고시조지의야

〖 번역 〗

성이라는 것은 스스로 이루어지는 것이요, 도라는 것은 스스로 행함이니라. 성이라는 것은 물건의 마침과 비롯함이니, 성하지 않으면 물건이 없으니 이런 까닭으로 군자는 성하려 함을 귀하게 여기느니라. 성이라는 것은 스스로 자기를 이룰 뿐만 아니라, 물건을 이루는 바이니, 자기를 이루는 것은 인이요, 물건을 이루는 것은 지혜니, 성품의 덕이라, 내외를 합한 도이니, 그러므로 때로 둠이 마땅함이니라.

〖 해석 〗

정성이라는 것은 스스로 이루어지는 것이고, 도라는 것은 스스로 가는 길이다. 길을 닦고 만들고 해서 가는 것이 아니라, 그냥 훤히 길이 나 있어 그대로의 도인 것이다. 성실함이 아니면 물시도 없고 물종도 없다. 결국 성실함이 없으면, 물건도 없어지는 것이다. 따라서 군자는 성실함을 가장 으뜸으로 삼는다는 말이다. 성실하다는 것은 스스로 자기 몸을 이룰 뿐만 아니라, 다른 물건까지 이룬다. 내 자신의 몸을 이루는 것은 어짊이고, 물건을 이루는 것, 즉 남을 이루어 준다는 것은 지혜로 인하여 이루도록 해 주는 것이다. 자기 몸을 이루는 인(仁)은 체(體)가 되고, 물건을 이루어 주는 지(知)는 용(用)이 된다. 그런데 체가 되는 인(仁)과 용이 되는 지(知)는 다 하늘로부터 원래 타고난 성(性)의 덕인 것이다.

第二十六章(제26장)

故至誠無息, 不息則久, 久則徵, 徵則悠遠, 悠遠則博厚, 博厚則高明.
고지성무식 불식즉구 구즉징 징즉유원 유원즉박후 박후즉고명

博厚所以載物也, 高明 所以覆物也, 悠久所以成物也. 博厚配地, 高明配天,
박후소이재물야 고명 소이복물야 유구소이성물야 박후배지 고명배천

悠久無疆.
유구무강

如此者不見而章, 不動而變, 無爲而成.
여차자불현이장 부동이변 무위이성

天地之道, 可一言而盡也, 其爲物不貳 則其生物不測.
천지지도 가일언이진야 기위물불이 즉기생물불측

天地之道, 博也, 厚也, 高也, 明也, 悠也, 久也.
천지지도 박야 후야 고야 명야 유야 구야

今夫天, 斯昭昭之多, 及其無窮也, 日月星辰繫焉, 萬物覆焉.
금부천 사소소지다 급기무궁야 일월성신계언 만물부언

今夫地, 一撮土之多, 及其廣厚, 載華嶽而不重, 振河海而不洩, 萬物載焉.
금부지 일촬토지다 급기광후 재화악이부중 진하해이불설 만물재언

今夫山, 一卷石之多. 及其廣大, 草木生之, 禽獸居之, 寶藏興焉.
금부산 일권석지다 급기광대 초목생지 금수거지 보장흥언

今夫水, 一勺之多, 及其不測, 黿鼉蛟龍魚鼈生焉, 貨財殖焉.
금부수 일작지다 급기불측 원타교룡어별생언 화재식언

詩云, 維天之命, 於穆不已, 蓋曰, 天之所以爲天也, 於乎不顯, 文王之德之純,
시운 유천지명 오목불이 개왈 천지소이위천야 오호불현 문왕지덕지순

蓋曰, 文王之所以爲文也, 純亦不已.
개왈 문왕지소이위문야 순역불이

〖 번역 〗

　그러므로 지극한 정성은 쉼이 없으니, 쉬지 않으면 오래 하고, 오래 하면
증험하고, 증험하면 아득하게 멀고, 아득하게 멀면 넓고 두텁고, 넓고 두터
우면 높고 광명하니라. 넓고 두터움은 물건을 싣는 바요, 높고 밝음은 물건
을 덮는 바요, 유구함은 물건을 이루는 바이니라. 넓고 두터움은 땅과 배합
되고, 높고 밝음은 하늘과 배합되고, 유구는 끝이 없느니라. 이와 같은 자는
보이지 않아도 빛나며, 움직이지 않아도 변하며, 함이 없이도 이루어지느
니라. 천지의 도는 가히 한마디 말로 다할 수 있으니, 그 물건 됨이 의심치
않느니라. 곧 그 물건을 생함이 헤아리지 못하느니라. 천지의 도가 아니고
는 박(博)·후(厚)·고(高)·명(明)·유(悠)·구(久)라 할 수 없다. '박후'의 땅,
'고명'의 하늘, '유구'의 무강을 말한다. 삼재지도로 말할 것 같으면, 천도
(天道)는 고명(高明), 지도(地道)는 박후(博厚), 인도(人道)는 유구(悠久)이다. 이
제 무릇 하늘은 이 소소함이 많은 것이니, 그 궁함이 없음에 미쳐서는, 해
와 달과 별이 매여 있으며, 만물이 덮여 있느니라. 이제 무릇 땅이 한 줌의
흙이 많은 것이니, 그 넓고 두터움에 미쳐서는, 화산을 싣고 있으면서도 무
겁게 여기지 않고, 강과 바다를 거두면서도 새지 않으며, 만물이 실려 있느
니라. 이제 무릇 산은 한 자잘한 돌이 많은 것이니, 그 넓고 큼에 미쳐서는,
풀과 나무가 나오며, 새와 짐승이 살고, 감춰진 보물이 나오느니라. 이제 무
릇 물은 한 잔 물이 많은 것이니, 그 헤아릴 수 없음에 미쳐서는 거북, 교룡,
어별이 자라며, 화재(貨財)가 번식하느니라.

　≪시경≫에 이르기를 "하늘의 명이 아! 심원하여 그치지 않는다" 하니,
대개 하늘이 하늘 된 바를 말함이요. "아! 드러나지 않는가. 문왕의 덕의 순
수함이여!"라 하니, 대개 문왕이 문이 된 바를 말함이니, 순수함이 또한 그

치지 않느니라.

그러므로 지성은 한순간도 쉼 없이 영원을 향하는 시간의 지속성을 갖는다. 지성의 작용이 간단없이 지속되면 그 사물의 적취가 오래되고, 오래되면 자연 그 안에 온축되었던 것이 충일해서 밖으로 징험하게 된다. 그 사물을 징험할 수 있으면 그것은 멀리 퍼져 가고 멀리 퍼져 가면 넓고 두터워진다. 넓고 두터우면 그 구조는 높고 밝은 공간을 갖게 된다. 넓고 두터우니까 만물을 실을 수 있고, 높고 밝으니까 만물을 덮을 수 있다. 그리고 그 공간에 담긴 만물은 하염없이 천지운행과 시간의 지속변화에 따라 생성한다. 넓고 두터운 것은 땅의 개념이고 높고 밝은 것은 하늘의 개념이며 멀고 오래 하는 것은 한없이 지속되는 시간의 개념이다. 이러한 천지는 스스로 드러내려 하지 않아도 밝게 나타나고, 스스로 움직이지 않아도 변화하며, 스스로 하지 않아도 만물이 생성된다. 천지의 도를 한마디로 다한다면, 그가 물(物)이 됨은 둘이 아닌 하나며, 하나기 때문에 그 도(道)가 역사하는 만유생성은 하염없다. 천지의 도는 넓고 두텁고, 높고, 멀고, 오래되어 말하자면 무한대한 공간구조요, 무궁무진한 시간변화다. 거기에 담긴 만물은 무진연기를 하며 각자의 생을 이루어 간다.

저 하늘을 보라! 얼마나 많은 광채가 반짝반짝 빛나고 있는가? 무한대함에 이르러서는 해와 달, 별, 은하수들이 거기에 주렁주렁 매달려 있지 않은가? 그리고 그 성체들로 이루어진 둥근 공간이 지상의 만물을 덮어 주고 있다. 저 땅을 보라! 땅은 한 줌 한 줌의 흙이 모여 이루어졌다. 그리고 그것이 한없이 넓고 두터움을 형성하게 되면 오악을 싣고도 무겁다 아니하고 하해와 같은 큰 강이 흘러가도 조금도 새 나감이 없다. 그리하여 그 산하대지에는 만물이 편안하게 모인다. 저 산을 보라! 산은 한 주먹 한 주먹만 한 돌들이 많이 모여서 이루어졌다. 그리고 광대한 산야를 이루면 풀과 나무들이 자라고 짐승과 새들이 살며 금은보화 같은 보물이 매장되어 있다. 저 물을 보라! 한 움큼 한 움큼의 물이 많이 모여 이루어진 것이 강이다. 그 강이 헤아릴 수 없이 큰 하해를 이루면 거기에는 거북, 교룡, 어별들이 살고 풍부한 먹을거리를 늘려 준다.

≪시경≫에 이르기를 "저 하늘에 운행이 영원하고, 하늘이 만물에게 주는 명 또한 그침이 없으니……." 이 연원한 운행과 그치지 않는 생명의 전수, 이것이 하늘이 하늘이 된 소이다. "오호라, 저렇게도 밝게 빛나게 나타나 있지 않은가? 문왕의 성덕의 순수함이여!" 이것이 우리가 문왕을 문이라고 칭송하는 까닭이니, 하늘의 명(命)이 영원하듯이 문왕의 덕지순(德之純) 또한 하염없지 않은가?

第二十七章(제27장)

大哉聖人之道!
대재성인지도

洋洋乎發育萬物, 峻極于天, 優優大哉, 禮儀三百, 威儀三千.
양양호발육만물 준극우천 우우대재 례의삼백 위의삼천

待其人而後行, 故曰苟不至德, 至道不凝焉.
대기인이후행 고왈구부지덕 지도불응언

故君子尊德性而道問學, 致廣大而盡精微, 極高明而道中庸, 溫故而知新,
고군자존덕성이도문학 치광대이진정미 극고명이도중용 온고이지신

敦厚而崇禮.
돈후이숭례

是故, 居上不驕, 爲下不倍, 國有道, 其言足以興, 國無道, 其黙足以容,
시고 거상불교 위하불배 국유도 기언족이흥 국무도 기묵족이용

詩曰 旣明且哲, 以保其身, 其此之謂與.
시왈 기명차철 이보기신 기차지위여

〖 번역 〗

크도다. 성인의 도여! 양양히 만물을 발하고 길러서, 높음이 하늘에 이르도다. 우우히(넉넉하고 충족해서) 크도다. 예의가 300가지요, 위의가 3,000가지로다.

그 사람을 기다린 뒤에 행해지니라. 그러므로 말하기를 "진실로 지극한 덕이 아니면, 지극한 도가 엉기지 않는다"고 하니라. 그러므로 군자는 덕성을 높이고 문학을 말미암으니, 광대함을 이루고 정미함을 다하며, 고명함을 다하고 중용을 따르며, 옛것을 익히고 새로운 것을 알며, 두터움을 돈독히 하고 예를 숭상하느니라.

이런 까닭으로 윗자리에 거해서는 교만하지 아니하며, 아랫사람이 되어서는 배반하지 아니하니라. 나라에 도가 있음에 그 말이 족히 일어나고, 나라에 도가 없음에 그 묵묵함이 족히 용납될지니, ≪시경≫에 이르길 "이미 밝고 또 밝아서 그 몸을 보존한다" 하니 이것을 이름인저.

〖 해석 〗

위대하도다. 성인의 도여! 그가 만물을 계발하여 문화창조에 쓰이도록 적재적소에 쓰는 것이 마치 하늘과 땅이 넓디넓으나 만물을 덮고 실음에 그 어느 하나도 소외하지 않고 생성하는 것과 같다. 이토록 성인의 도는 하늘과 땅의 도와 그 광대함을 같이한다. 반대로 성인이 인간의 심성을 교화하고 행위를 규범함에 있어서는 미세한 문제까지 살피고 따져서 경례삼백과 곡례삼천이라는 인간 세상에 나름대로 필요한 예절 법도를 만들었다.

물론 이러한 법도와 예절이 생겨나기 위해서는 그것을 실행할 수 있는 사람이 나오기를 기다려야 한다. 하늘에서 품부받은 덕성을 온전하게 성취한 자가 아니면 광대하고도 미세한 성인의 도를 성공하기 어렵기 때문이다.

그러므로 군자는 우선 하늘에서 받은 덕성을 극진히 수행 준수해야 하고, 다음으로 나를 둘러싸고 있는 천지만물을 연구하여 그것을 문화창조에 옳게 쓰이도록 학문의 길을 열어 나가야 한다. 이것을 이론적으로 말하면, 사람(성인)의 활동영역은 하늘과 땅 끝 간 데까지 광대함의 극치를 기하고 그러면서도 내면세계의 이치와 성능을 한 치의 어긋남 없이 정밀하게 다해야 한다. 이는 인간과 만물의 횡적 관계, 특히 진성일진기성일진물성(盡性－盡己性－盡物性)하여 찬화(贊化)하는 과정을 말한다. 다음은 한없이 높은 사람의 정신과 이상의 세계가 밝은 지혜, 광명의 경지를 추구해 가되 현실을 진화시키는 중용의 도에 알맞게 이용해야 한다. 역사는 미래를 지향하지만 마치 수레바퀴가 돌면서 수레를 앞으로 가게 하는 것처럼 옛것을 버리지 말고 다시 음미함으로써 새로운 지식을 도출하고 일상생활의 예의범절과 지혜를 돈독하게 함으로써 더욱 차원 높은 문화를 창조해 갈 것이다.

그러므로 윗자리에 있다고 교만하지 말 것이며 아랫자리에 있으면서 윗사람을 거스르지 말 것이니, 모두는 각자 처하고 소속된 자리와 영역에서 그에 알맞은 기능을 다해야 한다.

나라에 도가 있으면 성인의 말씀이 사람들을 깨우쳐 일어나게 할 것이요, 나라에 도가 없으면 성인의 가르침은 침묵하지만 없어지거나 끊어지지 않고 은둔하다가 새 세상이 되면 다시 태동하여 사람을 교화시킬 것이다. 그러므로 흥(興)도 중요하지만 난세의 용(容)도 중요하다. ≪시경≫에 "세상 이치에 밝아 자신과 자신이 처한 시대를 파악한 철인은 미래의 세상에 쓰이기 위해 자기 자신을 보호할 줄 안다"고 하였으니 성인의 도는 밝음과 어두움의 양면을 타고 넘어가는 중용의 길인 것이다.

第二十八章(제28장)

子曰, 愚而好自用, 賤而好自專, 生乎今之世, 反古之道, 如此者, 災及其身者也.
자왈 우이호자용 천이호자전 생호금지세 반고지도 여차자 재급기신자야

非天子, 不議禮, 不制度, 不考文.
비천자 불의례 불제도 불고문

今天下車同軌, 書同文, 行同倫.
금천하거동궤 서동문 행동륜

雖有其位, 苟無其德, 不敢作禮樂焉. 雖有其德, 苟無其位, 亦不敢作禮樂焉.
수유기위 구무기덕 불감작예악언 수유기덕 구무기위 역불감작예악언

子曰 吾說夏禮, 杞不足徵也, 吾學殷禮, 有宋存焉, 吾學周禮, 今用之, 吾從周.
자왈 오설하례 기부족징야 오학은례 유송존언 오학주례 금용지 오종주

〖 번역 〗

공자께서 말씀하시길 어리석으면서 스스로 멋대로 씀을 좋아하고, 천하

면서 스스로 임의대로 함을 좋아하며, 지금의 세상에 나와서 옛적의 도를 돌이키려고 하면, 이와 같은 자는 재앙이 그 몸에 미치느니라.

천자가 아니면 예를 의논하지 못하며, 법도를 만들지 못하며, 글을 상고하지 못하느니라.

이제 천하가 수레는 바퀴가 같으며, 책에는 글이 같으며, 행실에는 윤리가 같으니라.

비록 그 지위가 있으나 진실로 그 덕이 없으면 감히 예악을 짓지 못하며, 비록 그 덕이 있으나 진실로 그 지위가 없으면 또한 감히 예악을 짓지 못하느니라.

공자께서 말씀하시길 "내가 하나라 예를 말할 수 있으나 기나라가 족히 증명해 주지 못하고, 내가 은나라 예를 배웠는데 송나라가 존하거니와, 내가 주나라 예를 배웠는데 이제 이것을 쓰노라. 나는 주나라를 따르리라."

[해석]

공자께서 말씀하시길, "어리석은 자일수록 자기 맘대로 세상을 꾸려 나가기 좋아하고, 천한 자일수록 자기만을 내세워 많은 사람이 따라 주기를 바란다. 지금 세상에 태어났으면서도 옛날서부터 전해 내려오는 도를 거스르는 자가 있다. 이러한 자들은 시행착오에 걸려 손해를 볼 것이다."

천자의 위(位)에 있는 자가 아니면 예절을 정(定)하지 못하고, 제도를 만들지 못하며 문서를 고증하지 못한다. 이는 천하의 모든 질서와 풍습과 제도를 하나로 통일하기 위해서다.

지금의 세상은 이것이 무너져서 수레는 그 궤가 같지 않고, 책은 그 글이 같지 않으며, 행위는 그 질서가 같지 않다.

비록 그 위(位)에 있다 하더라도 덕이 없으면 감히 예악을 제정할 수가 없고, 비록 그 덕은 있으나 그 위(位)가 없으면 역시 감히 예악을 제정하지 못한다.

공자께서 말씀하시지 않았던가? "나는 하례를 말할 수는 있으나 기만 가지고는 증거가 부족하고, 은례를 배웠으나 그것은 시대에 맞지 않는다. 주례를 배워 보니 그것이 현세에 쓰이는지라 나는 주나라 예를 따르겠노라."

말하자면 공자 같은 덕이 있는 성인도 천자의 위(位)에 있지 않았으므로 예약을 제정하지 않고 주나라의 예약을 따른다는 말이다(여기에는 자사가 여전히 주나라의 종주성(宗主性)을 인정하고 천하의 문명 유형이 통일되기를 바라는 염원을 담은 것일 수도 있다).

第三十章(제30장)

> 仲尼祖述堯舜, 憲章文武, 上律天時, 下襲水土.
> 중니조술요순 헌장문무 상률천시 하습수토
>
> 辟如天地之無不持載, 無不覆幬, 辟如四時之錯行, 如日月之代明.
> 비여천지지무불지재 무불부도 비여사시지착행 여일월지대명
>
> 萬物並育而不相害, 道並行而不相悖, 小德川流, 大德敦化, 此天地之所以爲大也
> 만물병육이불상해 도병행이불상패 소덕천류 대덕돈화 차천지지소이위대야

〖 번역 〗

중니는 요·순을 조종으로 전술하시고, 문왕·무왕을 법으로 문장하시며, 위로는 천시를 따르시고, 아래로는 수토를 익히시니라.

비유하면 하늘과 땅이 실어 주지 않음이 없고 덮어 주지 않음이 없는 것 같으며, 비유하면 사시가 번갈아 운행하는 것과 같으며, 일월이 교대하여 밝음과 같으니라.

만물이 아울러 기르되 서로 해하지 아니하며, 도가 아울러 행하되 서로 어긋나지 않느니라. 작은 덕은 냇물의 흐름이요, 큰 덕은 돈독히 화함이니, 이는 천지의 큼이 된 바이니라.

〖 해석 〗

공자께서는 중국의 역사문화를 멀리는 당우(唐虞)시대의 요순을 시발로 서술하셨으며 가까이는 주나라 문왕·무왕의 도덕입국과 예약 문물을 중국 문화의 원시 기조로 정리하셨다. 뿐만 아니라 공자께서는 위로는 하늘

의 운행법칙과 계절의 변화를 삶을 영위해 가는 시간생활의 과정표로 삼으셨고, 아래로는 땅의 형세, 즉 산하대지의 안배와 만물이 생장 수장하는 이치를 터득하여 거기서 농경의 지식과 기술을 익혀 갔다.

비유컨대 공자의 도는 하늘과 땅이 위에서 만물을 덮어 주고 아래서 만물을 실어 주어 어느 하나 받쳐 실어 주고 덮어 감싸 주지 않은 것 없이 공평무사하고 포용 무육하는 것과 같고, 마치 춘하추동 사시가 엇갈리지만 일정한 순환궤도를 돌아 항상하고(쉼없이 지속된다는 의미) 영원하며 해와 달이 번갈아 바뀌면서 날이 가고 달이 가고 한 해가 가듯 그 영원한 운행을 멈추지 않는 것과 같다.

총명예지한 공자께서는 만물이 어우러져 생장하면서도 서로 충돌하거나 마찰하지 않고 어우러져, 천지가 운행하고 일월이 대명하며 춘하추동 사시가 교체 순환하는데다 하염없이 지속되는 영원한 도가 하나도 어긋나지 않은 채 질서정연하게 짜여 운행되는 것을 간파하여 그것을 인간이 살아가는 도덕의 기본 원리로 정립하고 인간 세상에 펴기 시작했다. 이것으로 소덕(小德)으로 나타나면 천류(川流)의 불식(不息)과 맥락의 분명함과 같이 일용 사물지도가 되고, 대덕(大德)으로 나타나면 도덕의 근본을 돈화하여 문명창조의 이상을 펴는 왕천하의 경륜을 넓혀 간다(이것이 공자께서 중국 삼대 문화를 집대성하면서 터득한 천지가 위대한 까닭이다. 그리고 그 까닭은 바로 공자에 의해서 인류생존의 기본 원리로 인문화된다).

第三十一章(제31장)

子曰, 弟子, 入則孝, 出則弟, 謹而信, 汎愛衆, 而親仁, 行有餘力, 則以學文.
제자 입즉효 출즉제 근이신 범애중 이친인 행유여력 즉이학문

[번역]

오직 천하의 지극한 성인이어야 능히 총명하고 예지함이 족히 임함이 있나니, 너그럽고 넉넉하고 온화하고 부드러움이 족히 용납함이 있으며,

펼치고 강하고 굳세고 굳셈이 족히 잡음이 있으며, 재계하고 씩씩하고 중하고 정함이 족히 공경함이 있으며, 문이 있고 조리 있고 치밀하고 살핌이 족히 분별함이 있느니라.

넓고 넓고 깊고 깊어서 때로 나오니라.

'부박'은 하늘과 같고, '연천'은 못과 같음이라. 나타남에 백성이 공경하지 않음이 없고, 말함에 백성이 믿지 않음이 없고, 행함에 백성이 기뻐하지 않음이 없느니라.

이로써 성명이 중국에 넘쳐 오랑캐에 뻗쳐서, 배와 수레가 이르는 바와 인력이 통하는 바와 하늘이 덮어 주는 바와 땅이 실어 주는 바와 해와 달이 비추는 바와 서리와 이슬이 내리는 바에 무릇 혈기가 있는 자들이 존경하고 친애하지 않음이 없나니, 그러므로 가로되 하늘에 배합한다고 하느니라.

『 해석 』

오직 지극한 경지에 이른 성인만이 총명예지한 지식·능력·지혜·인격·교화의 힘 등을 갖추었으므로 온 누리 사람과 만물에 하나의 天德을 대신해서 세상을 교화하고 인문세계를 창진하는 위치에 나아갈 수 있다.

지극한 성인의 덕은 광대하고 넓음이 한없이 깊고 깊어서, 때에 맞게 발현된다.

넓고 넓다는 '부박'은 하늘에 비유한 것이고, 깊고 깊다는 '연천'은 못과 같다고 했는데 이는 땅에 비유한 것이다. 안에 충적되어 밖으로 발현됨에 백성이 모두 공경하게 되고, 말을 함에 백성이 다 믿으며, 행함에 백성이 모두 기뻐한다는 말이다.

'부박연천'으로 성인의 덕이 나타남에 백성이 공경하지 않음이 없고, 말함에 백성이 믿지 않음이 없고, 행함에 백성이 기뻐하지 않음이 없으니, 이 때문에 성명이 중국에 넘치고 넘쳐서 오랑캐에까지 뻗쳐서, 배와 수레가 이르는 바와 사람 힘이 통할 수 있는 모든 곳과 하늘이 덮어 주는 바와 땅이 싣고 있는 모든 것과 해와 달이 비추는 곳과 서리와 이슬이 내리는 곳, 즉 이 세상 어디에나 혈기가 있는 자들이 존경하고 친애하지 않음이 없게 된다. 그렇기 때문에 하늘에 짝한다고 한 것, 그야말로 천지와 더불어 셋이

되고 천지와 같이 참여하는 경지가 되는 것이다.

第三十二章(제32장)

唯天下至誠, 爲能經綸天下之大經, 立天下之大本, 知天地之化育, 夫焉有所倚.
유천하지성 위능경륜천하지대경 입천하지대본 지천지지화육 부언유소의

肫肫其仁, 淵淵其淵, 浩浩其天.
준준기인 연연기연 호호기천

苟不固聰明聖知達天德者, 其孰能知之.
구불고총명성지달천덕자 기숙능지지

〖 번역 〗

　　오직 천하에 지극히 성실한 분이어야 능히 천하의 큰 법도를 경륜하며, 천하의 큰 근본을 세우며, 천지의 화육을 알지니, 어찌 의지하는 바가 있으리오

　　간곡하고 지극한 그 어짊이여, 고요하고 깊은 그 못이며, 넓고 큰 하늘이니라.

　　진실로 실제 총명하고 성스럽고 지혜로워서 하늘의 덕에 통달한 자가 아니면 그 누가 능히 알리오.

〖 해석 〗

　　천하의 지극한 정성이 곧 성인이고, 지극한 성인이 곧 지극한 정성 그 자체이다. 오로지 지극한 정성을 가진 사람이라야 능히 지상낙원을 건설할 수 있는 천하의 큰 법을 경륜할 수 있고, 천하의 대본을 세울 수 있으며, 천지가 만물을 나오도록 하고 길러냄을 알 수 있으니, 어찌 지성(至誠)에 힘입는 것 외에 다른 것에 의지하는 바가 있겠는가. 그저 자연스럽게 저절로 이루어진다는 말이다.

　　간곡한 어짊은 '위능경륜천하지대경(爲能經綸天下之大經)'을 말하는 것이고, 깊은 연못은 '입천하지대본(入天下之大本)'을 말하며, 큰 하늘은 '지천지

지화육(知天地之化育)'을 말하는 것이다.

진실로 총명예지하여 천덕(天德), 지성(至誠)에 이른 성인이 아니고서야 어찌 이러한 경륜대경, 정립대본, 참찬화육이 가능하겠는가?

第三十三章(제33장)

詩曰 衣錦尙絅, 惡其文之著也, 故君子之道, 闇然而日章, 小人之道, 的然而日亡,
시왈 의금상경 오기문지저야 고군자지도 암연이일장 소인지도 적연이일망

君子之道, 淡而不厭, 簡而文, 溫而理, 知遠之近, 知風之自, 知微之顯,
군자지도 담이불염 간이문 온이리 지원지근 지풍지자 지미지현

可與入德矣.
가여입덕의

詩云 潛雖伏矣, 亦孔之昭, 故君子內省不疚, 無惡於志, 君子之所不可及者,
시운 잠수복의 역공지소 고군자내성불구 무오어지 군자지소불가급자

其惟人之所不見乎.
기유인지소불견호

詩云 相在爾室, 尙不愧于屋漏, 故君子 不動而敬, 不言而信.
시운 상재이실 상불괴우옥루 고군자 부동이경 불언이신

詩曰 奏假無言, 時靡有爭, 是故君子 不賞而民勸, 不怒而民威於鈇鉞
시왈 주격무언 시미유쟁 시고군자 불상이민권 불노이민위어부월

詩曰 不顯惟德, 百辟其刑之, 是故君子 篤恭而天下平.
시왈 불현유덕 백벽기형지 시고군자 독공이천하평

詩云 予懷明德, 不大聲以色, 子曰 聲色之於以化民, 末也.
시운 여회명덕 불대성이색 자왈 성색지어이화민 말야

詩云 德輶如毛, 毛猶有倫, 上天之載, 無聲無臭, 至矣.
시운 덕유여모 모유유륜 상천지재 무성무취 지의

〖 번역 〗

≪시경≫에 이르길 "비단옷을 입고 홑옷을 덧입는다"고 하니, 그 문체가

드러남을 싫어함이라. 그러므로 군자의 도는 어두우면서 날로 빛나고, 소인의 도는 밝으면서 날로 없어지나니, 군자의 도는 담박하되 싫지 아니하며, 간략하되 문채가 나며, 온화하되 조리가 있으니, 먼 것이 가까운 곳부터라는 것을 알며, 바람이 어느 곳에서부터 일어남을 알며, 은미함이 드러남을 알면 가히 더불어 덕에 들어가리라.

≪시경≫에 이르길 "잠긴 것이 비록 엎드려 있으나, 또한 심히 밝다"고 하니, 그러므로 군자는 안으로 살펴보아 병폐가 없어서, 뜻에 미워함이 없으니, 군자의 가히 미치지 못하는 바는 그 오직 사람이 보지 않는 바이구나.

≪시경≫에 이르길 "너의 집 안에 있는 것을 보니, 오히려 방구석에서도 부끄럽지 않게 한다"고 하니, 그러므로 군자는 동하지 않아도 공경하며, 말하지 않아도 믿게 하느니라.

≪시경≫에 이르길 "(신에) 나아가 이름에 말이 없어서, 때에 다툼이 있지 않다"고 하니, 이런 까닭으로 군자는 상을 주지 않아도 백성들이 권면하며, 노하지 않아도 백성이 작도와 도끼보다 더 두려워하느니라.

≪시경≫에 이르길 "드러나지 않은 덕을 백벽(여러 제후)이 법으로 본받는다"고 하니, 이런 까닭으로 군자는 공손함을 돈독히 해서 천하가 평평해지느니라.

≪시경≫에 이르길 "나는 밝은 덕의 소리와 색을 대단치 않게 여긴다" 하거늘, 공자가 말씀하시길 "소리와 빛은 백성을 교화하는 데 끝(지엽)이라"고 하시니라. ≪시경≫에 이르길 "덕이 가볍기가 터럭과 같다" 하니, 터럭도 오히려 비교할 수 있거니와, "상천의 일은 소리도 없고 냄새도 없다"고 하여야 지극하니라.

[해석]

≪시경≫에 이르길 비단옷을 입었다고 으스대며 자랑하려 하지 않고 그 비단옷을 가리려고 겉옷을 덧입었다는 내용이다. 그 뜻은 비단의 화려한 무늬가 밖으로 나타나 남들이 보는 것을 싫어하는 것이다. 그 화려함이 겉으로 드러남을 싫어하는 것이다. 소인이라면 조금만 알아도 그것을 확대해서 남들에게 알리려고 야단인데, 군자는 속에 아름다운 것을 많이 품고 있

으면서도 밖으로 내놓으려 하지 않고 오히려 감추려고 애쓴다는 것이다.

"잠긴 것이 비록 엎드려 있으나, 또한 심히 밝다"는 것은 세상사를 잊고 침복하여 엎드려 있다 하더라도 거기에서 밝은 빛이 나온다는 말이다. 비단옷을 속에 입고 겉옷을 덧입었지만, 결국 빛이 나게 된다는 말이다. 그러므로 군자는 안으로 자기 몸을 살펴서 가책을 느끼거나 마음의 병폐가 조금도 없어서 마음에 부끄러움이 없어야 한다. 그런데 군자가 가히 미치지 못하는 것은 남들이 보지 못하는 곳, 나 홀로 있는 것을 삼가는 것이다. 홀로 있어 남이 보지 않는다 하지만 실은 하늘이 보고 있고 귀신이 보고 있는 것이다.

"네가 방 안에 홀로 있는 것을 보니, 오히려 방 한구석에서도 부끄럽지 않다"는 것은, 홀로 있을 때 나쁜 짓을 한다거나 나쁜 생각을 할 수도 있으나 그렇지 않다는 것이다. 남이 볼 적에나 홀로 있을 적에나 군자는 안으로 마음을 잘 닦으니, 억지로 남에게 잘 보이려고 움직이지 않아도 세상에 진심이 결국 드러나게 되어 남들이 공경하게 되며, 말을 굳이 하지 않아도 남들이 믿어 주게 된다.

"신 앞에 나아가니 신이 감격하여 이름에, 그 가운데 아무 말이 필요 없고 묵묵한 가운데 신과 통하는 이때에 다툼이 있지 않다"고 하였다. 즉 지극한 정성으로 신에 나아가고 신이 이에 감격하여 이르는 데 아무 말이 없다. 이런 상황에서 모두가 아무런 다툼이 없이 신의 이름을 감격하고 있는 것이다. 군자가 지극한 정성으로 백성에 임하니, 군자가 백성에게 상을 주지 않아도 백성들이 서로 잘하자고 권하며, 군자가 성내지 않아도 백성이 가장 두려운 작도와 도끼보다도 더욱 두려워하게 되는 것이다.

밖으로 드러나지 않는 덕을 천하의 모든 제후가 은근히 법으로 삼는다는 말이다. 이렇기 때문에 군자는 마음에서 우러나는 공손함을 돈독히 해서 모든 제후가 법으로 삼게 하므로, 천하가 자연 평평해지는 것이다. 아직 드러나지 않은 군자의 덕을 모든 제후가 미리 알고 본받는 것이다.

≪시경≫에 이르길 "밝은 덕의 소리와 색을 대단치 않게 여긴다"고 하였는데, 또한 공자 말씀이 소리와 빛, 즉 외적인 것은 백성을 교화시키는 데 근본적이거나 실질적인 것이 아니고 지엽적이고 말단적인 것이라고 하신

것이다. ≪시경≫에 이르길 "덕은 가볍기가 터럭과 같다"고 하였는데, 터럭도 물건이어서 이미 그것이 밖으로 나타난 것이라면, 작으면 작은 대로 크면 큰 대로 비교가 된다. 그러니 덕을 어찌 비교할 수 있는 것에다 말할 수 있겠는가? "하늘의 일이란 것은 소리도 없고 냄새도 없는 것"이라고 하여야 비로소 지극한 명덕이 되는 것이다.

대 학

1. 개요

1)『소학』'몸 만들기 프로젝트'

중국의 하·은·주나라 시대의 사람을 가르치는 법으로 8세가 되면 응(應)하고 대(對)하며, 나아가고 물러나는 법도와 예(禮)·악(樂)·사(射)·어(御)·서(書)·수(數)의 6례(六禮)를 배웠다.

현재에 전하는 소학은 남송(南宋)의 유학자 주희(朱熹: 높여서 朱子)가 소학의 교육이 사라질 위기에 처한 것을 개탄하여 옛 성현들의 말과 행실들을 모아 적은 것을 그 제자(弟子) 유자징(劉子澄)이 이어서 편찬(編纂)한 초학 교재(教材)로서, 내편(內篇)·외편(外篇) 모두 6편으로 되어 있으며, 내편은 입교(立教)·명륜(明倫)·경신(敬身)·계고(稽古)로 나뉘고, 외편은 가언(嘉言)·선행(善行)으로 나뉘어 효(孝)·제(弟)·충(忠)·신(信) 등 사람의 도리(道理)와 수신의 절차(節次)가 기록(記錄)되어 있다. 우리나라에서 편찬(編纂)된 ≪사자소학 四字小學≫은 이 ≪소학 小學≫을 바탕으로 엮은 책이다.

≪소학≫은 '掃灑應對'(소쇄응대: 집 안을 씻고 청소하고 인사하고 또 대답하는 기술을 몸에 익히는 것)로 시작한다. ≪소학≫의 주제는 몸 훈련이고 이 몸 훈련은 곧 관계 맺기 훈련이며 사람다움은 타인과 제대로 관계를 맺을 적에야 드러난다고 본다(아들인 나, 벗으로의 나). ≪소학≫은 인간관계를 밝히는 길 찾기, 또는 각각의 네트워킹에 적합한 코드를 찾아 익히기라는 테마를 풀어헤친 책이다(아버지의 아들이요, 아내의 남편이며, 아우의 형이지 돌올하게 홀로 존재하는 개인은 아니다).

이 책은 지적인 욕망을 누르고 공공을 위해 투신을 할 인물을 만들기 위한 훈련과정이지 농사짓고 장사하는 사람들을 위한 교양서적은 아니다. 즉 엘리트 양성을 위해 옛글들을 솎아 편찬한 교재이다. 그러나 "남녀칠세부동석", "부모나 시부모가 부르시면 입에 밥이 들었더라도 내뱉고 바로 대답해야 한다"와 같은 지금 시대에 맞지 않는 금지항목들이 있다.

2) 『대학』 '힘 만들기 프로젝트'

(1) 『대학』의 저자

본래 ≪대학≫은 ≪중용≫과 함께 ≪예기≫에 수록되어 있던 것을 사마광(司馬光: 1019~1086)이 처음으로 ≪예기≫에서 분리하여 ≪대학≫ · ≪중용≫으로 별도 취급하였다. 정호 · 정이(程顥, 程頤: 송 시대의 형제)가 많은 연구를 하여 연토(研討)를 하였고, 이것을 참고삼아 주자(朱子)에 의해 체계적으로 편집 연구되어 ≪대학≫, ≪중용≫의 단행본으로 완전 독립하게 되었다.

지금 사용하고 있는 ≪대학≫은 주자의 ≪대학장구≫를 가장 많이 사용하고 있다. 주자는 경1장은 공자의 사상과 말씀을 제자인 증자가 기록한 것이고, 전 10장은 증자의 뜻을 제자들이 기술한 것이라고 말했다. 대체적으로 ≪대학≫은 공자의 사상을 증자가 일부 적어 놓았고, 증자의 말이 제일 많이 인용되어 있어 증자의 제자(주로 子思)들에 의해 저술되었다고 전해진다.

(2) 『대학』의 성격

유교의 근본정신을 가장 체계적이며 조직적으로 기술하여 놓은 ≪대학≫은 그 명칭에 몇 가지의 이설이 있으나 크게 두 가지로 구분할 수 있다.

정현(한나라 시대)과 사마광은 통치자의 학(學)으로 보았고, 주자는 대인(大人)의 학이라 보았다. 살펴보면 아래와 같이 풀이할 수 있다.

첫째, 학교의 개념으로 소학(小學)에 대칭되는 말로 한나라 시대 이후 대학 또는 태학이라 불러 나라의 최고 교육기관으로 삼았다.

둘째, 주희와 왕양명은 대인의 학이라 하여 대인은 지덕을 겸비한 성인, 군자와 동일시하여 대인으로 가는 학문이라 주장했다.

셋째, 책의 제목으로서의 대학으로 최고학부의 교육 이념과 함께 대인의 학문이란 뜻을 동시에 갖는다.

(3) 『대학』과 주희(1130~1200)

중국 성리학을 집대성하여 그 대종(大宗)으로 숭앙되고 있는 주희는 자를 원회 또는 중회라 하며 호를 회암이라 하며 높이어 주자라 한다.

≪대학≫에서 빼놓을 수 없는 주자는 스스로 말하길 평생의 정력

을 이 책을 위하여 바쳤다고 하였다. ≪대학≫은 원래 장, 절이 없이 구로만 되어 있던 것을 주희가 정호와 정이 형제의 연토를 참고삼아 경 1장과 전 10장으로 나누어 주석을 붙이고 친민(親民)을 신민(新民)으로 고치고 <보망장 補亡章>을 두어 <격물>, <치지>편을 첨가하여 ≪대학장구≫를 편찬하였다.

왕양명은 고본에는 없는 것을 주희가 정확한 근거 없이 고치고 새로 <보망장>을 집어넣은 데 대해 많은 비판을 하였지만, 오히려 새롭게 고친 것이 더욱 ≪대학≫의 뜻을 높이게 된 계기가 되었다. 우리나라에서는 왕양명보다 주희의 성리학을 먼저 받아들여 이해하기 힘든 고본에서의 대학을 주자의 ≪대학장구≫로 인해 쉽게 이해할 수 있는 길을 열어 주었다.

(4) 『대학』의 내용 안내

≪대학≫은 도덕적 매력의 정체를 알려 주고 만드는 법을 가르치는데, 이는 스스로를 낮추고 상대를 하는 배려하는 '몸짓'에서 발생한다고 본다. '내가 세상을 구제하겠노라'고 손을 들고 나서서는 결코 평화가 이룩되지 않으며, 오히려 자신을 낮추고 남을 배려하는 도덕적 매력 속으로 주변이 빨려들 적에야 참된 평화가 이루어진다는 사실을 강조한다.

≪대학≫의 근본 사상은 수기치인(修己治人, 자신의 지와 덕을 닦아 그것을 바탕으로 백성을 다스리는 일)으로 3강령 8조목으로 구성되어 있다. 내용을 풀이함에 있어 주자는 형이상학적인 표현을 많이 쓰며 왕양명은 고본에 충실한 풀이를 하였다.

▶ 삼강령(三綱領)

① 명 명덕(明 明德): 명덕을 천하에 밝힌다는 말로, 명덕이란 성선설을 근본으로 본래부터 타고난 순수한 본연의 모습을 말한다.

② 친(신)민[親(新)民]: 왕양명은 고본대로 백성이나 가족을 친애한다. 정이나 주희는 친을 신으로 풀이하여 "이웃을 새롭게 한다"라고 하였다. 다시 풀이하면 사랑하는 마음이 있어야 이웃을 새롭게 할 수 있으므로 자기 수양인 명덕을 한 후 그것을 이웃과 가족에게 베풀어 사랑하고 새롭게 하는 것을 말한다.

③ 지어지선(止於至善): 지선에 머문다. 즉 사리에 당연한 극치이며 또는 가장 합당한 도리다.

◆ 본 말(本 末): 사물의 근본과 말단으로 모든 일을 순서에 따라 행동해야 한다.

삼강령 팔조목을 순서에 의해 실행해야 된다는 뜻이다.

▶ 팔조목(八條目)

① 격물(格物): 격물과 치지는 주희가 고본에는 없는 것을 새로 넣어 보망장이라 칭했다. 천하 사물의 이치를 깊이 파고들어 모든 것에 이르지 않는 데가 없게 함.

② 치지(致知): 격물한 다음에야 모든 사물의 이치를 알 수 있음.

③ 성의(誠意): 선을 따르는 각 개인의 마음과 뜻을 성실히 하는 것.

④ 정심(正心): 마음을 올바르게 닦아 정한 위치에 두는 것.

⑤ 수신(修身): 몸을 올바르게 닦는 일로 인격의 수양을 말함.

⑥ 제가(齊家): 집안을 바르게 다스리는 것.

⑦ 치국(治國): 나라를 바르게 다스리는 것.

⑧ 평천하(平天下): 위 항목대로 하다 보면 나라 전체가 평안해짐.

주희는 사서 중에서 제일 중요한 것을 ≪대학≫이라 하였고 ≪대학≫을 통달하게 되면 다른 경전의 문구는 ≪대학≫을 기본으로 한 풀이로밖에 생각하지 않는다고 했다. 대학의 해석은 여러 가지 설이 많고, 또한 형이상학적인 문구들도 많아 어려움이 많다. 간략하게 위 항목을 종합적으로 풀이하여 보면 삼강령 팔조목을 순서대로 자기의 몸과 마음을 선(善)의 방향으로 모든 일에 성실히 하면 개인과 가족, 나라 전체가 화평케 된다는 유교의 근본적인 사상이다.

2. 원전해석[9]

📖 經一章(경 1장)

大學之道(대학지도)

大學之道, 在明明德,
대학지도   재명명덕

在親(新)民, 在止於至善.
재친(신)민   재지어지선

〖 번역 〗

대학의 도는 밝은 덕을 밝히는 데 있으며, 백성을 새롭게 하는 데 있으며, 지극한 선에 그치는 데 있느니라.

---

9) 박종혁 · 장창호(2006). 「사서삼경의 이해」. 국문대학교출판부.
   http://cafe.daum.net/kcjcastor http://cafe.daum.net/ongojae http://cafe.daum.net/cheonmusinjong

대학이란 대인의 학문이다. 명(明)은 밝힘이다(……을 밝히다). 명덕(明德)은 사람이 하늘에서 얻은 바로서, 비어 있고 신령하여 어둡지 않음으로써 뭇 이치가 갖추어져 있고, 모든 일에 응할 수 있으나 다만 기품(氣稟)에 얽매인 바와 인욕(人欲)에 가린 바 있어 때로 어두워지기도 한다. 그러나 그 본체의 밝음은 일찍이 쉼이 없다. 그러므로 배우는 자는 마땅히 그 본체에서 발하는 바로 인하여 마침내 이를 밝혀서 그 본초의 밝음을 회복해야 한다. 신(新)이란 옛것을 개혁한다는 말이다. 스스로의 밝은 덕을 밝혔으면 또한 마땅히 이를 미루어서 남에게까지 미치어 그들 또한 옛날에 물든 구염(舊染) 더러움을 버리도록 하는 것이다. 지(止)는 반드시 거기에 이르러 다시는 옮겨 갈 수 없다는 뜻이다. 지선(至善)은 사리의 당연한 극치이다. 이는 밝은 덕을 밝히는 것과 백성을 새롭게 함을 모두 지극한 선(善)이 있는 곳에 그쳐 다시는 다른 곳으로 옮겨 갈 수 없도록 함을 말하니 이는 반드시 그 천리의 지극함을 다하여 털끝만큼도 인욕의 사사로움이 없는 것이다. 이 세 가지는 『대학』의 강령이다.

至善(지선)

知止而后有定, 定而后能靜, 靜而后能安,
지지이후유정　정이후능정　정이후능안

安而后能慮, 慮而后能得.
안이후능려　여이후능득

〖 번역 〗

그쳐야 할 지극한 선을 안 뒤에 뜻에 정향이 있으니 정향이 있는 뒤에 마음이 고요하고, 고요한 뒤에 몸이 편안하고, 편안한 뒤에 꼼꼼히 생각하고, 생각한 뒤에 지극한 선을 얻을 수 있다. 머물러야 할 최고선의 경지가 어디인지를 알아야 지향점(志向點)이 정해지는 법이다. 지향점이 정해져야 마음이 고요해지고, 마음이 고요해져야 어떤 상황에서도 마음이 편안하고, 마음이 편안해야 일을 처리하는 데에 치밀하게 생각할 수 있고, 치밀하게 생각해야 최고선을 체득(體得)할 수 있는 것이다.

〖 해석 〗

대학이란 대인의 학문이다. 명(明)은 밝힘이다(……을 밝히다). 명덕(明德)은 사람이 하늘에서 명덕과 신민을 어떻게 해서 지극한 선에 그칠 수 있을까? 먼저 그칠 곳을 알아 가린 바 없어야만이 이치에 어두운 바 없다. 그처럼 안 뒤에야 굳은 의지가 세워져 정향이 있을 것이다. 굳은 의지의 정향이 있으면 마음에 잡념이 일어나지 않고, 바깥 사물에 동요되는 바 없으므로 마음이 흔들리지 않게 된다. 그런 뒤에야 마음이 고요할 수 있다. 마음이 고요하면 동요되는 바 없어 내가 처해 있는 그 어느 곳이든 항상 마음이 편안하게 된다. 몸이 편안하면 일상생활에 있어서 언제나 자연스럽고 한가하므로 그 어느 일에 대해서도 자세히 생각하고 꼼꼼히 헤아려 볼 수 있다. 그런 뒤에야 정밀하게 생각할 수 있다. 정밀하게 생각하면 이에 이치를 밝게 볼 수 있으므로 심오함을 다하고 미세한 기미를 탐구하여 사리의 당연한 바의 극치에 부합할 수 있다. 그런 뒤에야 명명덕과 신민의 지극한 선을 어느 곳에서든 얻을 수 있어 지극한 선에 그칠 수 있다.

本末始終(본말시종)

> 物有本末, 事有終始, 知所先後, 則近道矣.
> 물유본말　사유종시　지소선후　즉근도의

〖 번역 〗

물건에는 근본과 끝이 있고, 일에는 마침과 시작이 있으니, 먼저 하고 뒤에 할 바를 알면 도에 가까운 것이니라.

　나무에 뿌리가 있고 가지와 잎이 있듯이 일에도 시작이 있고 끝마침이 있다. 즉 자신의 덕을 닦는 명명덕이 뿌리요 시작이며, 남을 새롭게 이끌어 주는 친민은 가지와 잎이요, 끝마침이다. 또 머물러야 할 지선을 앎은 뿌리요 시작이며, 지선을 득(得)함은 가지와 잎이요 끝마침이다. 또한 격물치지는 시작이요, 치국평천하는 종결이다. 이 본말선후(本末先後)의 순서를 알면 그 순서대로 나아갈 수 있으니, 그 이치를 알아서 행하는 것이 대학지도에 가까이 이르는 것이다.

格物致知(격물치지)

古之欲明明德於天下者, 先治其國.
고지욕명명덕어천하자　선치기국

欲治其國者, 先齊其家. 欲齊其家者, 先修其身.
욕치기국자　선제기가　욕제기가자　선수기신

欲修其身者, 先正其心. 欲正其心者, 先誠其意.
욕수기신자　선정기심　욕정기심자　선성기의

欲誠其意者, 先致其知. 致知在格物.
욕성기의자　선치기지　치지재격물

〖 번역 〗

　옛적에 밝은 덕을 천하에 밝히고자 한 자는 먼저 그 나라를 다스리고, 그 나라를 다스리고자 한 자는 먼저 그 집안을 가다듬고, 그 집안을 가다듬고자 하는 자는 먼저 그 몸을 닦고, 그 몸을 닦고자 하는 자는 먼저 그 생각을 진실하게 하고, 그 생각을 진실하게 하고자 한 자는 먼저 그 앎을 지극히 다하였으니, 앎을 지극히 다함은 사물의 이치를 궁구하는 데 있다.

옛사람을 보지 못하였는가, 옛사람은 천하인의 밝은 덕을 밝혀 백성을 새롭게 하려면 천하에서 이를 구하기에 앞서 그 나라를 다스려 천하의 모든 백성들이 보고 느낄 수 있는 터전을 마련하였다. 그리고 나라를 다스리고자 하는 자는 나라에서 이를 구하기에 앞서 그 집안을 잘 가다듬어 나라의 백성들이 그 교화의 기풍에 진작될 수 있는 근본을 마련하였다. 그리고 집안을 가다듬고자 한 자는 집안에서 이를 구하기에 앞서 자신의 몸을 닦아 한 집안의 식구를 이끌어 나갈 수 있는 근본을 마련하였다. 자신의 몸을 닦고자 하는 자는 어찌 한낱 마음에서만 구하였겠는가. 먼저 그 생각을 진실하게 하여 나의 마음에서 일어나는 생각을 진실하게 한 데 있다. 그 생각을 진실하게 하고자 하는 자는 어찌 생각에서만 구했겠는가. 먼저 앎을 지극히 하여 진실과 거짓의 기미(幾微: 선악의 미세한 조짐)를 명확히 분석한 데 있다. 그렇다면 앎을 극진히 한다는 것은 어디에 있는 것일까? 사물에도 나아가 천하 사물의 이치를 궁구한 데 있을 뿐이다. 이것이 곧 옛사람이 학문하였던 차례이다.

格物致知(격물치지)

格物而後知至, 知至而後意誠, 意誠而後心正,
격물이후지지　지지이후의성　의성이후심정

心正而後身修, 身修而後家齊,
심정이후신수　신수이후가제

家齊而後國治, 國治而後天下平.
가제이후국치　국치이후천하평

사물의 이치가 이른 후에 앎이 지극하고, 앎이 지극한 후에 생각이 진실해지며, 생각이 진실한 후에 마음이 바르게 되고, 마음이 바른 후에 몸이 닦이며, 몸이 닦인 후에 집안이 가다듬어지고, 집안이 가다듬어진 후에 나라가 다스려지고, 나라가 다스려진 후에 천하가 평정되는 것이니라.

〖 해석 〗

옛사람은 학문을 함에 있어 그 어떤 공부를 하기에 앞서 이미 모종의 공부를 해 왔었다. 그것은 공부란 서로 관련되어 있기 때문이다. 사물의 이치를 궁구하되 남김없이 극진히 한 후에야 내면의 앎이 지극하여 극치에 이르고, 앎이 지극한 후에야 도리가 밝아져 어려움 없이 이를 실행하여 그 생각을 진실하게 할 수 있고, 그 생각이 진실한 후에야 한 몸에 주재가 있어 모두 진실해지므로 그 어떤 사물에도 동요됨이 없이 마음이 바르게 되고, 마음이 바르게 된 후라야 마음이 주재하는 바가 있어 어떠한 사물에도 얽매이지 않으므로 몸이 닦이게 되고, 몸이 닦인 후에야 한 집안의 법이 될 수 있으니, 이를 계기로 집안이 가다듬어지게 된다. 집안이 가다듬어진 다음에 한 나라에 감화를 불어넣을 수 있으니, 이를 계기로 나라가 다스려지지 않을 수 없다. 나라가 다스려진 다음에는 이 도리를 가지고 그 밖의 다른 나라에까지 더할 수 있으므로 모든 사람이 제각기 밝은 덕을 밝힐 수 있으니, 이를 계기로 천하가 다스려지지 않을 수 있겠는가. 옛사람들이 먼저 해야 할 바와 뒤에 할 바를 아는 것이 이와 같았다.

修身爲本(수신위본)

自天子以至於庶人, 壹是皆以修身爲本.
자천자이지어서인 일시개이수신위본

其本亂而末治者否矣, 其所厚者薄,
기본난이말치자부의 기소후자박

而其所薄者厚, 未之有也.
이기소박자후 미지유야

〖 번역 〗

천자로부터 서민에 이르기까지 하나같이 모두가 자신의 몸을 닦음으로써 근본을 삼는다.

그 근본이 어지러우면서 그 끝이 다스려질 수 없으며, 그 두터이 해야 할 데에 얇게 하고서 그 얇게 해야 할 데에 두터이 할 사람은 없느니라.

〖 해석 〗

위로는 존귀한 천자로부터 아래로는 미천한 서민에 이르기까지 천하와 나라와 집안을 다스려야 할 책임을 가진 모든 사람들은 하나같이 삼가 몸을 닦아서 나라와 집안을 다스릴 수 있는 근본을 마련해야 할 것이다.

천하에 모든 사람은 수신을 근본으로 삼아야 하나, 한 몸을 국가와 천하에 비해 보면 몸은 근본이요, 국가와 천하는 지엽이 된다. 그러므로 격물, 치지, 성의, 정심으로써 몸을 닦지 않으면 그 근본이 먼저 어지럽혀지므로 그 지엽이 다스려질 수 없다. 또한 한 집안을 나라와 천하에 비교해 보면 물론 하나의 도리라 하지만 후박(厚薄)의 차이가 없을 수 없다. 만일 몸을 닦지 않으면 집안에서 그 어버이를 어버이로 섬기지 못하고, 어른을 어른으로 섬기지 못함으로써, 두터이 해야 할 곳을 또한 얇게 한 셈이다. 그렇게 되면 정작 나라와 천하는 집안에 비해 얇게 해야 할 곳인데, 어떻게 이에 두터이 하여 잘 다스릴 수 있겠는가. ≪대학≫에 뜻을 둔 사람이라면 먼저 덕을 밝혀 몸을 닦지 않을 수 없다.

傳二章 明明德 (전 2장 명명덕)

康誥曰, 克明德.
강고왈 극명덕

太甲曰, 顧諟天之明命.
태갑왈 고시천지명명

帝典曰, 克明峻德. 皆自明也.
제전왈 극명준덕 개자명야

<강고 書經의 한 장>에 이르기를 "덕을 잘 밝혔다"라고 하며, <태갑 書經의 한 장>에 이르기를 "덕을 잘 밝혔다"라고 하며, <제전 書經의 한 장>에 이르기를 "큰 덕을 잘 밝히셨다"고 하니, 모두 자기 스스로가 밝히는 것이다.

〔 해석 〕

<주서 강고>에 의하면 모든 사람이 밝은 덕을 가지고 있으나, 기품에 얽매이고 물욕에 가려서 밝은 덕이 어두워짐으로써 본초의 밝음을 잃게 되었다. 그러나 문왕은 끊임없이 경의 공부를 통하여 본초의 밝은 덕을 잘 밝혔다고 한다.

<주서 강고>보다 더 위로 거슬러 올라가면 주나라의 강숙(康叔)에 앞서 상나라의 탕 임금이 있었다. <상서 태갑>에서 말한 하늘의 밝은 명이란 하늘이 나에게 부여해 준 밝음, 바로 그것이다. 이는 하늘로부터 부여받아 나의 덕으로 삼은 것인데, 이를 가벼이 생각하는 사람들이 많다. 그러나 탕 임금만은 성스럽고 공경한 덕이 날로 향상되어 하늘에서 부여해 준 밝은 명을 항상 눈여겨 돌아보았다고 한다.

<태갑>에서 보다 더 위로 거슬러 올라가면 탕 임금 이전에 요 임금이 있었다. <우서 제전>을 살펴보면, 밝은 덕은 원래 지극히 고매하고 광대하지만 사욕에 의해 비루하고 협소해지게 된다. 그러나 요 임금만은 "공경하고 밝고 문장이 있고 깊은 생각(欽明文思, 흠명문사)"이 있어 이처럼 크나큰 덕을 밝혔다고 한다.

위에서 세 차례 ≪서경≫을 인용한 뜻은 각기 다르지만 그 요지는 모두가 스스로 자신의 덕을 밝혀야 한다는 데 있다. 따라서 ≪대학≫에 뜻을 둔 사람이라면 위의 세 성인을 본받지 않을 수 없다.

傳二章 親(新)民[전 2장 친(신)민]

湯之盤銘曰, 苟日新, 日日新, 又日新.
탕지반명왈 구일신 일일신 우일신

康誥曰, 作新民.
강고왈 작신민

詩曰, 周雖舊邦, 其命維新.
시왈 주수구방 기명유신

是故君子無所不用其極.
시고군자무소불용기극

[번역]

탕 임금의 욕조에 명문이 새겨져 있는데 "참으로 어느 날 새롭게 하였거든 나날이 새롭게 하고 또 날로 새롭게 하라" 하며, <강고>에 이르기를 "백성을 새로워지게 진작시켜라"라고 하며 ≪시경≫에 이르기를 "주나라는 오랜 제후의 나라였으나, 그 천명이 새롭다" 하니 그러므로 군자는 그 지극함을 쓰지 않는 바 없느니라.

[해석]

탕 임금의 욕조 위에 새겨 놓은 명문의 뜻은 다음과 같다. 마음을 닦는다는 것은 몸을 씻는 일과 같다. 그 어느 날 오랫동안 찌든 때를 말끔히 씻어 스스로 새롭게 하였으면, 줄곧 이어서 깨끗한 몸을 항상 나날이 새롭게 하고 또다시 날마다 이를 새롭게 해야 한다. 사욕을 말끔히 없애는 것 또한 목욕하는 일과 같다.

<주서 강고>를 살펴보면 상나라의 백성들이 걸(桀: 하나라 왕)의 포악한 옛 풍속에 물들어 있었지만 그들에게도 스스로 새로워지고자 힘쓰는 계기가 전혀 없었다고 말할 수 없다. 위정자는 마땅히 그 같은 계기를 마련하여 그들을 진작시키되, 정전(井田)과 학교 등을 마련해 주는 것은 곧 계기의

진작에 필요한 도구이며, 그들을 위로하여 그들이 찾아오도록 선정을 베풀고, 그들의 허물을 바로잡아 잘못되는 일이 없이 곧은 마음으로 살도록 해주는 것은 곧 계기의 진작에 절대적으로 필요한 방법을 자세히 제시해 주는 것이다. 이러한 방법을 통하여 그들로 하여금 지난날의 악을 버리고 선으로 옮아가도록 하는 것이다. 이는 무왕이 백성을 새롭게 진작시켰던 선정을 말한다.

<大雅 대아> ≪시경≫ 육의(六義)의 하나. 큰 정치(政治)를 말한 정악(正樂)의 노래 <문왕>편을 살펴보면 주나라는 후직 이후 조그마한 제후국으로 면면히 이어왔는데 문왕에 이르러 성덕(聖德)이 날로 새롭고, 백성의 풍속 또한 크게 탈바꿈되었다. 이 때문에 하늘이 그에게 천하를 소유하도록 命하여 주나라의 운명이 새롭게 되었다고 한다. 이는 문왕이 나라의 운명을 새롭게 했던 바를 말한다.

탕 임금과 문왕 무왕을 살펴보면 그들 모두가 그 지극한 선(至善)으로 행하였던 사람들임을 알 수 있다. 이 때문에 후세에 군자로서 백성을 새롭게 다스려야 할 사명을 지닌 위정자는 의당 스스로의 몸을 새롭게 하되 반드시 탕 임금과 같이 나날이 새롭게 하고 또 새롭게 하며, 백성을 새롭게 하되 반드시 주나라와 같이 새로워지고자 원하는 백성을 진작시키고 천명을 새롭게 하되 모두 지극한 선이 있는 곳에 그치기를 추구해야 할 것이다.

傳三章 止於至善(전 3장 지어지선)

詩云, 邦畿千里, 惟民所止. 詩云, 緡蠻黃鳥, 止于丘隅.
시운 방기천리 유민소지 시운 면만황조 지우구우

子曰, 於止, 知其所止, 可以人而不如鳥乎!
자왈 어지 지기소지 가이인이불여조호

詩云, 穆穆文王, 於緝熙敬止! 爲人君, 止於仁. 爲人臣, 止於敬.
시운 목목문왕 어집희경지 위인군 지어인 위인신 지어경

爲人子, 止於孝. 爲人父, 止於慈. 與國人交, 止於信.
위인자 지어효 위인부 지어자 여국인교 지어신

詩云, 瞻彼淇澳, 菉竹猗猗. 有斐君子, 如切如磋, 如琢如磨.
시운 첨피기오 녹죽의의 유비군자 여절여차 여탁여마

瑟兮僩兮, 赫兮喧兮.
슬혜한혜 혁혜훤혜

有斐君子, 終不可諠兮! 如切如磋者, 道學也. 如琢如磨者,
유비군자 종불가훤혜 여절여차자 도학야 여탁여마자

自修也. 瑟兮僩兮者, 恂慄也. 赫兮喧兮者, 威儀也.
자수야 슬혜한혜자 순률야 혁혜훤혜자 위의야

有斐君子終不可兮者, 道盛德至善, 民之不能忘也.
유비군자종불가혜자 도성덕지선 민지불능망야

詩云, 於戲前王不忘! 君子賢其賢而親其親,
시운 어희전왕부망 군자현기현이친기친

小人樂其樂而利其利, 此以沒世不忘也.
소인악기악이이기이 차이몰세불망야

〚 번역 〛

≪시경≫에 이르기를 "나라의 수도 근교 천 리 땅이여! 백성들이 멈추어 살아야 할 곳이다"라고 하였느니라.

≪시경≫에 이르기를 "꾀꼬르르…… 꾀꼬르…… 노래하는 꾀꼬리여! 산 모퉁이 무성한 숲에 그친다"라고 하였는데, 공자는 이에 대해 말씀하셨다. "그칠 때에 그쳐야 할 곳을 앎이니, 사람으로서 새만 같지 못해서야……!"

≪시경≫에 이르기를 "거룩하신 문왕이시여! 아아 끊임없이 빛나고 공경에 그친다"고 하니 임금이 되어서는 어젊에 그치고, 신하가 되어서는 공경에 그치고, 아들이 되어서는 효도에 그치고, 아버지가 되어서는 자애로움에 그치고, 나라 사람들과 더불어 사귀는 데는 믿음에 그치셨다. ≪시경≫에 이르기를 "저 기수(역자주: 지역이름) 굽이친 언덕 바라보니 푸른 대숲이 무성하여라. 우아하신 군자여 자른 듯 간 듯하며, 쪼는 듯 윤내듯하여라. 빈틈없는 엄밀함과 씩씩하고 꿋꿋함이여, 빛내고도 성대하심이여 우아하

신 군자를 마침내 잊을 수 없노라" 하니 자른 듯 간 듯하다는 것은 학문을 말함이요, 쪼는 듯 윤내듯하다는 것은 스스로 몸을 닦음이요, 빈틈없는 엄밀함과 씩씩하고 꿋꿋함이 있다는 것은 엄하고 두려운 마음가짐이요, 우아한 군자를 마침내 잊을 수 없음은 성대한 덕과 지극한 선을 백성들이 잊지 못함을 말한다.

≪시경≫에 이르기를 "아아 예전의 임금(문왕, 무왕)을 잊지 못하리로다!" 하니, 군자는 예전 임금의 어짊을 어질게 여기고 그 친함을 친하게 여기며, 백성들은 예전 임금이 즐겁게 해 줌을 즐거워하고 그 이익을 이롭게 누리니, 그는 세상을 떠났지만 이 때문에 잊지 못한 것이니라.

〖 해석 〗

<상송 商頌>, <현조 玄鳥>篇에 의하면 "왕의 도읍이 소재한 사방 천 리(千里)의 지방은 천하의 중앙이기에 사방 백성들이 살기에 가장 좋은 지방이다"라고 한다. 이 시구를 음미해 보면 모든 일에는 지극히 선한 이치가 있는 법이다. 사람들이 이곳에 모여 살려고 하는 것 또한 이와 같은 이치이다.

<소아 민만>편에 "꾀꼬르르…… 꾀꼬르…… 노래하는 꾀꼬리여! 높다란 언덕, 무성한 수풀에 앉는다"고 하니, 공자는 이 시를 읊으면서 느낀 바 있어 다음과 같이 말하였다. "꾀꼬리는 한낱 날짐승에 지나지 않지만 그 새는 앉을 때 오히려 앉아야 할 곳을 알고서 가려서 앉는데, 하물며 인간은 만물의 영장으로서 그칠 곳을 알지 못하여, 저 새만 같지 못해서야……!"

≪시경≫과 공자의 말을 살펴보면, 인간이란 지극한 선이 있는 곳에 그쳐야 할 바를 알아야 한다는 점을 알 수 있다.

지극한 선에 그친 자를 찾아보면 문왕 한 분이 있었을 뿐이다. <대아 문왕>편을 살펴보면 "거룩하신 문왕이시여! 아아 그의 덕은 끊임없이 빛나고 공경으로서 그쳐야 할 곳에서 언제나 편안해지지 않는 바 없었다"고 한다.

그렇다면 ≪시경≫에서 말한 공경이 그쳤다(경지)는 것은 과연 무엇을 뜻하는가? 어짊이란 임금으로서의 지극한 선이기에 문왕이 임금이 되어서는 어진 마음으로 어진 정사를 행하여 그에 그쳤다. 공경이란 신하로서의 지극한 선이기에 문왕이 되어서는 아랫사람으로서 윗사람을 받들어 공경에 그쳤다. 효도란 자식으로서의 지극한 선이기에 문왕이 자식이 되어서는 어버이를 사랑하고 사모하는 마음으로 효도에 그쳤다. 사랑이란 아버지로서의 지극한 선이기에 문왕이 아버지가 되어서는 덕을 쌓아 후손을 장성케 하여 사랑에 그쳤다. 백성을 다스림에 있어서 지극한 선이란 믿음에 있기에 문왕이 백성과 사귈 때에는 안이나 밖이나 그리고 처음이나 끝이나 그들을 속이지 않고 이랬다가 저랬다 하는 갈팡질팡하는 두 마음이 없는 믿음에 그쳤다. 이는바 "끊임없이 빛나고 공경에 그쳤다"는 것은 바로 이와 같다. 이는 문왕이 자연스럽게 그칠 곳을 얻음이다. 배우는 자는 일상생활의 인륜 가운데 가장 큰 강령인 이 다섯 가지의 조목으로서 천하의 모든 일을 유추해 나가면 지극한 선이 있는 곳을 알 수 있을 것이다.

<위풍 衛風>의 시에서 명명덕의 지어지선을 찾아볼 수 있다. 그 시에 의하면 "저 기수 굽이친 언덕을 보라. 푸르른 대나무가 그지없이 무성하다. 하물며 우리의 우아하신 군자를 보라. 그의 공부의 정밀함은 상아와 뿔을 다듬을 때 먼저 톱으로 켠 뒤에 또다시 정성들여서 줄로 갈 듯이 거듭하였다. 공부의 세밀함은 옥돌을 다듬을 때 먼저 끌로 쪼아 낸 뒤 또다시 정성껏 모래로 갈아 윤을 내듯 거듭하였다. 이로서 안으로는 빈틈없이 엄밀하고 의젓하고 꿋꿋하며, 바깥으로는 성대하게 빛나고 눈부시게 나타내게 되었다. 이 때문에 우아한 군자를 끝내 잊을 수 없다"고 한다.

<열문 烈文>篇에 의하면 "아! 우리의 옛 임금을 잊을 수 없노라!"라고 한다. 후대의 제왕이 선왕의 어진 법과 친함을 이어 계승하여 아름답고 순박한 풍속(風淳俗美 풍순속미)은 즐거움(樂)인데 후대의 백성들이 그 즐거움을 즐기면서 길이 태평을 누려 왔고(樂其樂), 정전과 집을 나눠 줌은 이로움(利)인데, 후세의 백성들이 그 이로움을 이롭게 여기며 영원히 그 은택에 젖어 살 수 있었다(利其利). 이 때문에 예전 임금이 이미 세상을 떠났으나 후대 사람으로서 그로부터 은택을 입은 자들이 모두 사모하는 마음에 차마 그를 잊을 수 없었다. 신민의 지어지선은 이와 같다.

傳四章 本末(전 4장 본말)

*子曰, 聽訟, 吾猶人也, 必也使無訟乎!
자왈 청송 오유인야 필야사무송호

無情者不得盡其辭. 大畏民志, 此謂知本.
무정자부득진기사 대외민지 차위지본

〖 주석 〗

* "한 마디를 듣고도 능히 판결을 옳게 내릴 수 있는 사람은 바로 자로
일 것이다"라고 자로를 칭찬한 후 한 말임. ≪논어≫ <안연>편 13장 인용.

〖 번역 〗

공자가 말하기를 "송사를 듣고 처리함에 있어서 나도 남들과 같으나 반
드시 백성으로 하여금 송사가 없도록 하겠다" 하니 진실하지 못한 자가 거
짓말을 하지 못하도록 한 것은 백성의 마음을 매우 두렵게 만들었기 때문
이다. 이를 일컬어 근본을 앎이라 하니라.

〖 해석 〗

공자는 일찍이 "백성의 송사를 듣고서 그들의 잘잘못을 판단하는 것이
야 나 또한 남들과 다른 바 없지만 반드시 백성으로 하여금 잘잘못을 모두 잊
게 함으로써 스스로 송사가 없도록 하는 것이 고귀한 일이다"라고 말하였다.

송사를 벌인다는 것은 원래 진실하지 못한 자가 있었기 때문이다. 이에
스스로 송사가 없게 되는 것은 성인이 먼저 진실하지 못한 자로 하여금 거
짓말을 하지 못하도록 하는 데에서 연유한 것이다. 이는 나의 밝은 덕이 이
미 밝아서 자연스럽게 백성의 마음을 크게 굴복시켰기에 송사가 저절로 없
어지게 된다. 이를 살펴보면 명덕이란 신민의 근본으로서 마땅히 먼저 해
야 할 일임을 알 수 있다.

傳五章 格物致知 (전 5장 격물치지)

此謂知本.
차위지본

此謂知之至也
차위지지지야

間嘗竊取程子之意 以補之曰 所謂致知 在格物者
간상절취정자지의 이보지왈 소위치지 재격물자

言欲致吾之知 在卽物而窮其理也 盖人心之靈
언욕치오지지 재즉물이궁기리야 개인심지령

莫不有知 而天下之物 莫不有理 惟於理
막불유지 이천하지물 막불유리 유어리

有未窮故 其知有不盡也 是以 大學始敎
유미궁고 기지유부진야 시이 대학시교

必使學者 卽凡天下之物 莫不因其己知之理而益窮
필사학자 즉범천하지물 막불인기이지지리이익궁

之以求至乎其極 至於用力之久而一旦
지이구지호기극 지어용력지구이일단

豁然貫通焉則衆物之表裏精無不到而吾心之全體大用
활연관통언즉중물지표리정무부도이오심지전체대용

無不明矣 此謂物格 此謂知之至也.
무불명의 차위물격 차위지지지야

[번역]

이를 일러 근본을 안다는 것이다.

이를 일러 앎의 지극함이라 말한다.

근래에 삼가 정자의 뜻을 취하여 이를 보완하고자 한다. 이른바 "앎을 미루어 다하는 것이 사물을 궁구하는 데 있다"고 한 것은 나의 맘을 다하고자 하면 사물에 나아가 그 이치를 궁구함에 있음을 말한다. 사람 마음에 신령함에는 앎이 있지 않음이 없고, 천하의 사물에는 이치가 있지 않음이 없건만 사물의 이치를 궁구하지 못한 까닭으로, 그 앎에 극진하지 못함이 없게 마련이다. 그러므로 대학에서의 첫 가르침은 반드시 배우는 사람으로 하여금 천하의 사물에 나아가 이미 알고 있는 그 이치로 인하여 더욱 궁구하여 그 지극한 데 이르기를 추구하는 것이니, 오랫동안 힘쓰다가 어느 날 하루아침에 훤히 툭 트이어 관통함에 이르면 모든 사물의 겉과 속, 정밀함과 거친 것이 오지 아니함이 없고, 내 마음의 본체와 큰 작용이 밝혀지지 않음이 없을 것이다. 이것을 일러 사물의 이치를 궁구함이여, 이를 일러 앎이 지극함이라 한다.

〖 해석 〗

《대학》의 전문 제5장은 격물치지에 대한 의의를 해석한 부분인데 그에 관한 문장이 없어져 버린 지 이미 오래이다. 그러나 격물치란 배우는 자가 처음 공부해야 할 것으로 빼놓을 수 없는 중요한 부분이기에 일찍이 정자의 뜻을 취하여 이를 보완하게 된 것이다.

경문에서 말한 "치지는 격물에 있다"라는 뜻은 무엇을 말한 것일까? 마음의 앎이 지극하여 어느 것 하나라도 모두 밝게 알기를 원한다면 천하의 모든 사물에 나아가 그 이치를 궁구하여 그 어느 것 하나라도 이르지 않는 바 없도록 해야 할 것이다. 비어 있고 신령(허령)한 마음이란 본연의 앎을 가지고 있으며, 천하의 모든 사물은 제각기 당연한 이치를 소유하고 있다. 오직 사물의 이치를 궁구하는 미진한 바 있었던 까닭에 내 마음의 앎 또한 본연의 도량을 다하지 못하게 된 것이다.

이 때문에 대학에서 처음 사람을 가르칠 때 성의·정심·제가·치국·평천하를 한가로이 배울 수 없는 까닭에 태학에 입학한 사람들에게 반드시 먼저 천하의 사물에 나아가 나의 마음에 이미 알고 있는 이치로서 더욱 궁구하는 공부를 더함으로써 앎의 극치에 이르기를 추구하게 된 것이다.

傳六章 誠意(전 6장 성의)

所謂誠其意者, 毋自欺也. 如惡惡臭, 如好好色, 此之謂自謙,
소위성기의자 무자기야 여오악취 여호호색 차지위자겸

故君子必愼其獨也!
고군자필신기독야

小人閒居爲不善, 無所不至, 見君子而后厭然,
소인한거위불선 무소부지 견군자이후염연

揜其不善, 而著其善. 人之視己, 如見其肺肝然, 則何益矣.
암기불선 이저기선 인지시기 여견기폐간연 즉하익의

此謂誠於中, 形於外, 故君子必愼其獨也.
차위성어중 형어외 고군자필신기독야

曾子曰, 十目所視, 十手所指, 其嚴乎!
증자왈 십목소시 십수소지 기엄호

富潤屋, 德潤身, 心廣體胖, 故君子必誠其意.
부윤옥 덕윤신 심광체반 고군자필성기의

[주석]

*암(손수부에 合下팔짱낄공): 손으로 가릴 암. 가득히 덮을 암.

**반(月＋半): 살찔 반. 클 반. 반쪽고기 반. 안심 반.

[번역]

　이른바 그 생각을 진실하게 한다는 것은 스스로를 속이지 아니함이니, 악을 미워하되 역겨운 냄새를 싫어하듯이 하며, 선을 좋아하되 어여쁜 여인을 사랑하듯이 해야 한다. 이를 일러 스스로의 만족이라 한다. 그러므로 군자는 반드시 그 혼자만이 아는 제 마음을 삼가는 것이다.

　소인이 한가로이 혼자 있을 때는 착하지 못한 일을 서슴없이 하여 못할 짓이 없다가 군자를 보면 그런 일이 없었던 것처럼 시치미를 뗀 채 그 선하지 못한 일을 감추고 선한 것만을 드러내려 하지만 남들이 자기를 보는 것은 마치 폐와 간을 들여다보듯 하니 무슨 도움이 되겠는가? 이것을 일러 "중심에 실제로 그런 것이 있으면 바깥으로 나타나게 된다"는 것이다. 그러므로 군자는 반드시 그 혼자만이 아는 제 마음을 삼가는 것이다.

증자(曾子)가 말하기를 "열 개의 눈이 바라보는 바이며, 열 손가락이 가리키는 바이니, 참으로 무서운 일이다!" 하였다.

부는 집을 윤택하게 하고, 덕은 몸을 빛나게 한다. 마음이 넓고 몸이 편안하므로 군자는 반드시 그 뜻을 진실하게 하는 것이다.

〖 해석 〗

그 생각을 진실하게 하고자 하는 자는 스스로 밝은 본성을 속여서는 안 된다. 그것은 악을 미워하되 역겨운 악취를 싫어하듯이 거짓 없는 진실한 마음으로 힘을 다하여 결단코 악을 버려야 할 것이며, 선을 좋아하되 어여쁜 여인을 사랑하는 것처럼 성심껏 추구하여 반드시 선을 얻으려고 해야 할 것이다.

이처럼 진실하게 노력하는 것은 타인을 위해서가 아니라 자신만이 느낄 수 있는 뿌듯한 마음 때문이기에 이를 스스로의 만족이라 말한다. 선을 좋아하고 악을 미워하는 참된 마음으로 그 스스로가 만족스러움을 느껴 조금이라도 유감되는 바가 없음을 가리키는 것이다. 그러나 자신을 속이느냐 않느냐의 문제는 타인으로선 알 수 없는 자신만이 혼자 알 수 있는 일이다. 그러므로 군자는 반드시 그 혼자만이 아는 제 마음을 삼가 성의 여부의 기미를 살피는 것이다.

소인이란 혼자만이 아는 마음을 삼가지 못하여 스스로를 속이게 마련이다. 그래서 한가로이 거주하며 혼자 있는 곳에선 남들이 보지 않는다고 생각한 나머지 선하지 못한 일들을 방자히 행하여 못할 짓이 없다. 이는 스스로 자신을 속이는 일 치고는 너무 지나친 것이다. 그러나 막상 진실한 뜻을 가진 군자를 만나면 이런 일이 전혀 없었다는 듯 그가 자행했던 불선한 행위를 모두 숨기고 거짓 선한 척 꾸미려고 들지만 군자는 마치 폐와 간을 꿰뚫어 보기나 하듯이 이미 모두 알고 있다는 사실을 모르는 것이다. 악이란 가릴 수도 없고 속일 수도 없다. 그에게 무슨 도움이 되겠는가? 옛말에 그처럼 악한 마음이 있으면 반드시 그와 같은 악이 바깥으로 나타나게 마련이라는 말은 바로 이를 두고 한 말이다. 그러므로 군자는 반드시 그 혼자만이 아는 마음을 삼가 스스로가 제 자신을 속이지 않도록 거듭 경계의 말을 하게 된 것이다.

그러나 소인이 혼자 있을 때 가벼이 행동하는 것은 혼자 있을 때 두려워하는 마음을 가질 줄 모르기 때문이다. 증자는 어느 날 다음과 같이 말하였다. 사람들은 혼자 있는 곳이란 그윽하여 보이지 않으므로 남들이 알지 못한다고 생각한다. 그러나 선악이란 마음속에 있는 그대로 바깥으로 나타나게 마련이다. 남들이 보지 않는다 말하지 마라. 열 개의 눈이 모두 너를 바라보고 있다. 남들이 손가락질을 하지 않는다 말하지 마라. 열 개의 손가락이 너를 가리키고 있다. 남들이 보지 않는 혼자 있는 곳에서도 감출 수 없음은 이와 같다. 매우 두렵고 무서운 일이 아니겠는가?

위 글을 종합해 보면 성의(誠意) 공부는 신독(愼獨: 홀로 있을 때 삼감)에 있다. 혼자 있을 때 삼갈 줄 알면 그에 따른 효험이 없을 수 있겠는가. 재물을 모아 부(富)를 향유한 자는 그 씀씀이가 넉넉하므로 저절로 집안이 윤택해지게 마련이다. 하물며 성의로 덕을 쌓으면 이면의 마음에 근본하여 겉으로 덕이 나타나게 마련이니 몸이 윤택하지 않을 수 있겠는가. 몸의 주재는 마음이요, 마음을 바깥으로 운용하는 것은 몸이다. 때문에 뜻이 진실하고 덕이 있으면 마음에 부끄러운 바 없으므로 마음이 스스로 고매하고 온몸으로 너그럽게 나타나게 되어 사물에 얽매인다거나 마음에 급박함이 없으므로 몸에 태연자약한 여유가 생기게 된다. 덕이 있으면 몸이 윤택하게 됨이 이와 같다. 그러므로 군자는 반드시 스스로 속이는 것을 경계하고, 스스로의 만족을 추구하여 혼자 있을 때 삼가고, 그 뜻을 진실하게 하는 것이다. ≪대학≫에 뜻을 둔 사람은 성의를 급선무로 삼아야 할 것이다.

傳七章 正心 修身(전 7장 정심 수신)

所謂修身在正其心者, 身有所忿懥 則不得其正.
소위수신재정기심자 신유소분치 즉부득기정

有所恐懼, 則不得其正. 有所好樂, 則不得其正.
유소공구 즉부득기정 유소호락 즉부득기정

有所憂患, 則不得其正.
유소우환 즉부득기정

[주석]

*벽(壁削土): 피할 피. 법 벽. 편벽될 벽. 밝을 벽. 가슴 칠 벽.

[번역]

이른바 몸을 닦음이 그 마음을 바르게 한 데 있다 함은 마음에 분하고 노여워하는 바 있으면 그 바른 마음을 얻지 못하며, 겁에 질리거나 두려워하는 바 있으면 그 바른 마음을 얻지 못하며, 좋아하고 즐기는 바 있으면 그 바른 마음을 얻지 못하며, 근심하는 바 있으면 그 바른 마음을 얻지 못하기 때문이다.

[해석]

경문에서 말한 몸을 닦음이 마음을 바르게 한 데 있다는 것은 무슨 뜻일까? 마음이란 몸의 주재이며 그 본체는 본래 비어 있고 신령한 것이므로 그 어떤 사물에도 집착되는 바 없다. 만일 성내고 노여워하는 바에 치우쳐 이치를 살피지 못하며, 마음은 곧 성내고 노여워하는 바에 얽매여 올바른 마음을 얻지 못하며, 두려움에 치우쳐 이치를 살피지 못하면 마음은 곧 두려움에 얽매여 올바른 마음을 얻지 못하며, 근심에 치우쳐 이치를 살피지 못하면 마음은 곧 근심에 얽매여 올바른 마음을 얻지 못하게 된다. 마음 씀씀이가 올바름을 잃으면 마음의 본체 또한 어찌 올바르다 할 수 있겠는가?

心不在焉, 視而不見, 聽而不聞, 食而不知其味.
심부재언 시아불견 청이불문 식이부지기미

此謂修身在正其心.
차위수신재정기심

[번역]

마음이 있지 않으면 보여도 보지 못하며, 들려도 듣지 못하며, 먹으면서
도 그 맛을 알지 못하느니라. 이것을 일러 몸을 닦는 것이 그 마음을 바르
게 하는 데 있다고 말한 것이다.

[해석]

마음이 바르지 않으면 몸은 분명 이곳에 있는데도 마음은 다른 곳으로
치닫게 마련이다. 만일 마음이 바깥으로 치달아 까마득히 잃어버리면, 스
스로 몸을 살필 수 없으므로 눈에 보이는데도 그 빛을 볼 수 없으며, 귀에
들리는데도 그 소리를 들을 수 없으며, 음식을 먹으면서도 그 맛을 알지 못
한다. 소리, 빛, 냄새, 미각 따위는 또렷이 나타나는 것이기에 누구나 쉽게
볼 수 있고 느낄 수 있는 것들이다. 그러나 그곳에 마음이 없으면 설령 이
처럼 또렷이 나타나 쉽게 볼 수 있는 것일지라도 볼 수 없는데 하물며 정밀
한 의리야 어떠하겠는가? 마음이 바르지 못하면 이처럼 몸을 닦을 수 없는
법이다.

마음이 바르지 못하면 몸을 닦을 수 없다는 점에서 몸을 닦음은 마음이
바른 데에서 비롯됨을 알 수 있다. 경문에서 말한 "몸을 닦고자 하면 먼저
그 마음을 바르게 하라"는 구절은 바로 이를 두고 이른 말이다.

傳八章 修身齊家(전 8장 수신제가)

所謂齊其家在修其身者, 人之其所親愛而辟焉,
소위제기가재수기신자　인지기소친애이벽언

之其所賤惡而辟焉, 之其所畏敬而辟焉,
지기소천오이벽언　지기소외경이벽언

之其所哀矜而辟焉, 之其所敖惰而辟焉.
지기소애긍이벽언　지기소오타이벽언

故好而知其惡, 惡而知其美者, 天下鮮矣!
고호이지기악　오이지기미자　천하선의

〖 번역 〗

"집안을 다스림은 그 몸을 닦는 데 있다"라고 한 것은, 사람이란 자기가 좋아하는 자에 대해서는 치우쳐 사랑하며, 자기가 미워하는 사람에 대해서는 지나치게 미워하고, 자기가 경외(敬畏)하는 사람에 대해서는 유달리 경중(敬重)하게 대하며, 자기가 불쌍하다 여기는 자에게는 지나치게 애처로워하며, 자기가 오만하다 여기는 사람에게는 유난히 오만하게 대하는 바이니, 그러므로 좋아하되 그의 결점을 알고, 미워하되 그의 장점을 아는, 그런 수양된 자란 세상에 진정 너무 드물도다.

〖 해석 〗

경문에서 말하는 "집을 가다듬는 것이 몸을 닦는 데 있다"라고 한 것은 무슨 뜻일까? 나와 타인의 접촉에서 그에게로 향하는 인간의 정에는 제각기 당연한 법칙이 있게 마련이다. 그러나 사람들은 간혹 어느 한 곳에 치우치는 경향이 없지 않다. 예컨대 골육 사이에 사랑하는 마음은 때로는 의리로 이를 제재하지 못하여 고식(姑息) 안일(安逸)에 치우치게 되고, 지위가 잔은 사람을 천시하고 미워하는 마음은 때로는 너그러움과 후함이 없는 각박잔인함에 치우치게 되고, 높으신 어른이야 외경(畏敬)하여야 할 대상이지만 때로는 지나치게 굽실대거나 억눌리는 데 치우치게 되고, 어려운 처지에 있는 사람은 가엾이 여겨야 할 대상이지만 때로는 안일에 치우치게 되고, 사랑할 수도 존경할 수도 없는 어정쩡한 상대의 사람에게는 본인이 직접 하지 않고 타인에게 그를 대접하도록 하여 예의를 생략하기도 하니, 이것을 일러 오타(惡惰: 거만하고 게으름)라 하는데 때로는 교만하고 방종하는 데에 치우치게 된다.

사랑과 존경과 가엾이 여기는 마음은 그들을 좋아하는 데에 속하는 것이지만 어찌 그들에게 전혀 잘못이 없다고 단정 지을 수 있겠는가. 미워함과 게으름은 그들을 미워하는 데에 속하는 마음이지만 어찌 그들에게 전혀 아름다움이 없다고 말할 수 있겠는가. 모두가 하나같이 그처럼 치우침 때문이다. 그러므로 좋아하면서도 그들의 잘못을 알고, 미워하면서도 그들의 아름다움을 아는 것은 마음이 바른 사람으로서도 쉽사리 하기 어렵다. 이 때문에 세상에서 이 같은 사람을 찾고자 해도 좀처럼 찾기 힘들다.

故諺有之曰, 人莫知其子之惡, 莫知其苗之碩.
고언유지왈 인막지기자지악 막지기묘지석

此謂身不修不可以齊其家.
차위신불수불가이제기가

〖 번역 〗

그러므로 속담에 이런 말이 있다. "사람들이 제 아들의 잘못을 알지 못하고, 제 밭의 농사가 잘된 줄을 알지 못한다." 이것을 일러 몸을 닦지 않으면 그 집안을 가지런히 하지 못한다고 말한 것이다.

〖 해석 〗

이 때문에 속담에는 다음과 같은 말이 있다. 사람의 정은 사랑에 빠지면 눈이 멀어 밝음을 잃기에 제 자식의 잘못을 알지 못하고, 탐욕스런 마음은 모든 것을 다 얻고자 하여 만족한 바 없기에 잘 가꾸어진 제 농사를 알지 못하게 된다. 이 속담의 내용은 보통 사람들이란 좋아하고 미워하는 감정에 쉽게 치우침을 말한다.

좋아하고 미워하는 인간의 편벽된 마음과 속담을 살펴보면 제가에 앞서 그의 몸마저 제대로 닦여 있지 않다는 점을 알 수 있다. 좋아하고 미워하는 편벽된 마음으로 어느 한 곳에 치우쳐 미루어 나가면 반드시 그는 그에 알맞은 제 분수를 얻지 못하게 될 것이다. 이러한 상황에서 어떻게 한 집안을 가다듬을 수 있겠는가. 경문에서 말한 "집안을 가다듬고자 한다면 몸을 닦으라" 함은 이를 두고 이르는 말이다.

傳九章 齊家 治國(전 9장 제가 치국)

所謂治國必先齊其家者, 其家不可敎而能敎.
소위치국필선제기가자 기가불가교이능교

人者, 無之. 故君子不出家而成敎治國. 孝者, 所以事君也.
인자 무지 고군자불출가이성교치국 효자 소이사군야

弟者, 所以事長也. 慈者, 所以使衆也.
제자 소이사장야 자자 소이사중야

[번역]

이른바 나라를 다스림에 앞서 반드시 먼저 그 집안을 가다듬어야 한다는 것은 제 집안의 사람을 가르치지 못하고서 남을 가르칠 수 있는 사람은 없다. 그러므로 군자란 가정교육에서 벗어나지 않고 국가의 교육을 이루는 것이니 효도는 임금을 섬기는 것이며 공손함은 어른을 섬기는 것이며 사랑함은 뭇 백성을 부리는 것이다.

[해석]

문에서 말한 나라를 다스리고자 하면 반드시 먼저 그 집안을 가지런히 해야 한다는 것은 무엇을 말한 것일까? 몸을 닦으면 집안을 가르칠 수 있고, 집안을 가르친 뒤에야 나라를 다스릴 수 있다. 그런 까닭에 몸을 닦지 않고서는 한 집안도 가르칠 수 없으니 나라의 백성을 다스린다는 것은 만무한 일이다.

그러므로 나라를 다스림은 몸을 닦고 집안을 가르치는 도에서 벗어나지 않는다. 바로 그 가운데에 가르침이 성립되어 국가교육이 스스로 형성되는 것이다. 그처럼 되는 까닭은 나라를 다스리는 도리가 한 가정의 효도·공손·사랑과 한가지이기 때문이다.

집안에는 어버이가 있는데 집안에서 어버이를 섬기는 효도란 나라의 임금을 섬기는 도리이며, 집안에는 형님이 있는데 집안에서 형님을 섬기는 공손함이란 곧 나라의 관리와 어른을 섬기는 도리이며, 집안에는 어린아이가 있는데 집안에서 어린아이를 보살피는 사랑이란 나라의 백성을 다스리는 도리이다. 이는 위정자, 즉 군자가 집안에서의 도리인 효도·공손·사랑에서 벗어나지 않고 나라의 가르침을 이루는 것이다.

康誥曰, 如保赤子, 心誠求之, 雖不中不遠矣.
강고왈 가보적자 심성구지 수부중불원의

未有學養子而后嫁者也!
미유학양자이후가자야

一家仁, 一國興仁. 一家讓, 一國興讓, 一人貪戾, 一國作亂.
일가인 일국흥인 일가양 일국흥양 일인람려 일국작란

其機如此. 此謂一言僨事, 一人定國.
기기여차 차위일언분사 일인정국

〖 주석 〗

*분(人＋賁): 엎드러질 분. 움직일 분. 엎드러뜨릴 분.

〖 번역 〗

<강고>에 이르기를 (백성 돌보기를) "갓난아이를 돌보듯 한다" 하니 진실한

마음으로 갓난아이가 원하는 것을 찾으면 비록 적중하지 못할지라도 멀리 벗어나지 않을 것이다. 아기 기르는 법을 배운 뒤에 시집가는 사람은 없다.

한 집안이 일어나면 온 나라에 어진 기풍이 일어나고, 한 집안이 겸양하면 온 나라에 겸양의 기풍이 일어나며, 한 사람이 탐욕을 부려서 도리를 어기면 온 나라에 혼란이 일어나니, 그 기틀이 이와 같다. 때문에 이를 일러 "한 마디 말이 일을 그르치게 하고, 한 사람이 나라를 안정시킨다"고 말한 것이다.

〖 해석 〗

그런데 효도·공손·사랑이란 인위적 작위(作爲)에 의한 것이라 할 수 있을까? 예를 들어 갓난아이를 사랑하는 마음을 말해 보기로 한다. <강고>에 의하면 "임금이 백성을 보살피되 갓난아이를 돌보듯이 한다"고 하였다. 갓난아이란 원하는 것이 있어도 이를 말로 표현하지 못한다. 하지만 어머니와 애틋한 모성애에 근본하여 갓난아이가 원하는 바를 더듬어 생각하면 그 아이가 원하는 욕구에 꼭 맞게 응해 줄 수는 없다 할지라도 전혀 엉뚱한 방향으로 빗나가지는 않는다. 이로 보면 진실한 모성애의 본초적인 사랑을 어떻게 후천적으로 배운 뒤에 습득하는 것이라고 말할 수 있을까? 이 세상에는 시집가기에 앞서 자식 기르는 법을 배우고 출가한 여인을 찾아볼 수 없다. <강고>의 "갓난아이를 보살피듯……"이라는 말은 이처럼 자연스러운 원초적 사랑의 마음에 근본하기 때문이다. 백성을 다스리는 도는 어린이를 사랑하는 도에서 벗어나지 않으며, 어린이를 사랑하는 마음 또한 고식(姑息: 일시적)이 아니다. 이로 미루어 보면 임금을 섬길 수 있는 효도와 어른을 섬길 수 있는 공손 또한 어찌 이와 다르다 하겠는가?

참으로 군자가 효도·공경·사랑의 도리를 극진히 다하여 한 집안을 가르쳐 온 집안 식구가 모두 화기애애하여 사랑하는 마음으로 어질고 후하면 온 나라의 백성이 그 같은 기풍이 진작되어 사랑으로 향하여 나아가지 않을 자 없다. 겸양으로 한 집안을 가르쳐 온 식구가 질서정연한 예절이 있으면 온 나라의 백성들이 그 같은 기풍에 진작되어 겸양하지 않을 사람이 없다. 이것이 곧 "국가의 교육은 집안의 가르침에서 벗어나지 않는다"라고 말함이다.

그러나 통치자 한 사람이 탐욕스럽고 예의에 어긋난 몸가짐으로 어짊과 겸양의 덕이 없으면 온 나라가 어지럽게 되어 어질고 겸양했던 기풍이 사라지게 된다. 한 나라가 어질고 겸양해지는 곳은 한 집안에서 유래하며, 온 나라에 혼란이 일어나는 것은 한 사람에게서 연유함을 뜻한다. 윗사람이 그 같은 감동을 주면 아랫사람은 그에 따라서 감응해 오기 때문이다. 이는 마치 기관(機關)의 발동처럼 그 감응이 지극히 빠르고 또한 조금도 어긋남이 없다. 이는 이른바 "잘못된 한 마디 말은 일을 실패로 이끌고, 한 집안의 올바름은 나라를 안정으로 이끈다"는 것을 말한다. 이로 보면 군자는 탐욕과 예의에 어긋나는 일들을 경계하여 재앙과 혼란이 일어날 수 있는 실마리를 미리 끊고, 효도·공손·사랑을 실행하여 나라를 안정시킬 수 있는 근본을 마련하여야 할 것이다.

堯舜帥天下以仁, 而民從之. 桀紂帥天下以暴, 而民從之.
요순솔천하이인   이민종지   걸주수천하이폭   이민종지

其所令反其所好, 而民不從.
기소령반기소호   이민부종

是故君子有諸己而后求諸人, 無諸己而后非諸人.
시고군자유제이이후구제인   무제이이후비제인

所藏乎身不恕, 而能唯諸人者, 未之有也.
소장호신불서   이능유제인자   미지유야

[번역]

요 임금과 순임금이 천하를 어짊으로써 다스리니 백성들이 그를 따랐고, 걸왕과 주왕이 천하를 포악함으로써 다스리니 백성들이 그를 따랐다. 그 명령하는 말이 그가 좋아하는 마음에 반대되면 백성들이 그의 말을 따르지 않으므로 군자는 자기에게 선을 갖춘 뒤에야 남에게 선하도록 요구하며, 자기에게 잘못이 없는 뒤에야 남에게 잘못했다고 꾸짖을 수 있다. 자기의 몸에 간직한 바로서 미루어 가지 못하고서 남을 깨우쳐 줄 수 있는 사람은 없다.

〚 해석 〛

요순이 몸소 효도·공손·사랑의 덕을 실천하여 천하 백성을 어짊으로 거느렸기에 백성 또한 이를 보고 느낀 바 있어 그의 어짊을 따랐다. 그러나 걸주는 불효·불공 그리고 자애롭지 못한 마음을 가지고 천하를 포악한 정치로 거느렸기에 백성 또한 그를 본받아 그의 포악함을 따랐다. 이는 백성이 위정자의 감화에 따라 변화하는 것은 마치 기관의 발동처럼 신속함을 말해 주는 것이다.

걸주는 포악한 임금이지만 일찍이 백성들에게는 어진 일을 행하라고 명하지 않았었겠는가. 그러나 걸주가 마음속 깊이 좋아한 것은 포악함이었다. 그저 말로만 어진 일을 행하라 명하였기에 그가 좋아하는 마음에 반대가 되는 명령을 내린 것이다. 백성들이 어떻게 마음속 깊이 좋아하는 그의 포악함을 버리고 어진 일을 행하라는 그의 명령만을 따를 수 있겠는가. 백성은 임금이 좋아하는 속마음을 따르는 것이지 명령을 따르는 것이 아니다.

이 때문에 국가는 반드시 효도·공손·사랑의 선을 실천하여 그 같은 덕을 몸소 지닌 뒤에야 백성에게 명령을 내려 선을 행하도록 꾸짖을 수 있으며, 불효·불공 그리고 자애롭지 못한 악을 말끔히 없앤 뒤에야 백성에게 명령을 내려 악을 행하지 못하도록 금지시킬 수 있다. 이는 나의 몸으로 미루어 사람에게 미쳐 가는 것으로 이른바 서(恕)라 한다. 만일 나의 몸에 선을 가지지 못하거나 악을 없애지 못한 처지에서 백성들에게 선을 행하도록 하고 악을 버리도록 하면 이는 나의 몸에 간직한 바로서 미루어 나가지 못함이다. 따라서 백성으로 하여금 그의 명을 따라서 허물을 고치고 선을 옮겨 가도록 할 수 없다.

故治國在齊其家. 詩云, 桃之夭夭, 其葉蓁蓁.
고치국재제기가 시운 도지요요 기엽진진

之子于歸, 宜其家人.
지자우귀 의기가인

宜其家人, 而後可以敎國人.
의기가인   이후가이교국인

詩云, 宜兄宜弟. 宜兄宜弟, 而後可以敎國人.
시운 의형의제 의형의제 이후가이교국인

詩云, 其儀不忒***, 正是四國. 其爲父子兄弟足法,
시운 기의불특   정시사국 기위부자형제족법

而後民法之也. 此謂治國在齊其家.
이후민법지야   차위치국재제기가

[주석]

*진(초두 밑에 秦): 망풀 진. 풀 더북할 진.

**시(尸+鳥): 꾀꼬리 시.

***특(주살익변에 心):어긋날 특. 의심할 특. 틀릴 특.

[번역]

그러므로 나라를 다스림이 그 집안을 가다듬음에 있다고 한 것이다.

≪시경≫에 이르기를 "복숭아나무의 아름다움이여! 그 잎의 무성하여라.
그 아가씨 시집을 감이여! 그 집안의 사람에게 잘하여라" 하니, 그 집안사
람들에게 잘한 후에야 백성을 가르칠 수 있다.

≪시경≫에 이르기를 "형에게 잘하고 아우에게 잘한다" 하니 형과 아우
에게 잘한 후에야 나라의 사람을 가르칠 수 있다.

≪시경≫에 이르기를 "그 몸가짐에 잘못이 없어야 사방의 나라를 바르
게 할 수 있었다" 하니 그의 부자와 형제들이 남들에게 법이 되기에 넉넉
한 뒤에야 백성이 그를 본받게 된다.

이것을 일러 나라를 다스림이 그 집안을 가다듬는 데에 있다고 한 것이다.

이를 종합해 보면 한 몸의 거동은 한 집안의 귀추에 관계되며 한 집안의 풍습은 한 나라의 온 백성이 우러러본다는 점을 알 수 있다. 그러므로 나라를 다스림은 몸을 닦아 집안을 가지런히 하는 데 있다.

집안을 가다듬고 나라를 다스리는 도리에 대하여 일찍이 ≪시경≫에서도 읊은 바 있다. <주남>, <도요>편에 의하면 "복숭아나무여 여리고 아름다우니 그 잎이 무성하고 아름다워라. 아름다운 아가씨여 이 좋은 계절에 시집가오니 온 집안사람에게 잘하리라"라고……. 나라를 다스리는 군자는 반드시 몸을 닦아 한 집안사람을 잘 다스린 후에야 나라의 백성을 가르쳐 백성 또한 그 집안사람들을 이처럼 잘 다스리게 할 수 있다.

<소아 요소 小雅 蓼蕭>篇에서 제후를 찬미한 바 있다. "군자는 나라를 다스림에 있어서 아우는 형에게 잘하고 형은 아우에게 잘한다"고 하였다. 나라를 다스리는 군자는 반드시 몸을 닦아 형과 아우에게 잘한 뒤에 나라의 백성을 가르쳐 백성 또한 형제 사이에 그처럼 잘하도록 만들 수 있다.

<조풍구 曹風鳩>篇에서 일찍이 군자를 찬미한 바 있다. "임금의 거동이시여 떳떳하여 어긋남이 없으시니 사방 나라의 백성을 바르게 다스리시라." 나라를 다스리는 군자는 반드시 제 부모와 자식과 형제들이 모두 백성의 법이 될 수 있어야만 백성들의 부모와 자식 그리고 형제들이 모두 그를 보고서 감동을 받아 그를 본받음으로써 그들 또한 그와 같이 행하게 될 것이다.

세 편의 시 가운데 집안만을 말하고 나라에 대해 언급하지 않은 경우가 있고, 나라만을 말하고 집안을 말하지 않은 경우도 있다. 이처럼 인용한 시들이 각기 다르다. 그러나 이 모두가 몸을 닦아 집안을 가다듬고, 집안을 가다듬어 나라를 다스리는 데에 근본한 말들임에는 매한가지이므로 이는 ≪시경≫과 경문이 서로 어우러져 깊은 뜻을 밝혀 주고 있다.

傳十章 治國 平天下(전 10장 치국평천하)

所謂平天下在治其國者, 上老老而民興孝,
소위평천하재치기국자 상노노이민흥효

上長長而民興弟, 上恤孤而民不倍, 是以君子有絜矩之道也.
상장장이민흥제   상휼고이민불배   시이군자유혈구지도야

所惡於上, 毋以使下. 所惡於下, 毋以事上.
소오어상   무이사하   소오어하   무이사상

所惡於前, 毋以先後. 所惡於後, 毋以從前.
소오어전   무이선후   소오어후   무이종전

所惡於右, 毋以交於左. 所惡於左, 毋以交於右. 此之謂絜矩道也.
소오어우   무이교어좌   소오어좌   무이교어우   차지위혈구도야

〚 주석 〛

*혈: 잴 혈. 묶을 혈.

**혈구지도: 주자는 혈(絜)은 헤아림, 구(矩)는 곡척으로 풀이함. 내 마음을 미루어 남을 헤아려 모두가 제 분수를 얻게 하는 정대한 방법이라는 뜻.

〚 번역 〛

이른바 천하를 평정함이 그 나라를 다스림에 있다는 것은 윗사람이 늙은이를 늙은이로 대접하면 백성에게 효의 기풍이 일어나며, 윗사람이 어른을 어른으로 대접하면 백성에게 공경의 기풍이 일어나며, 윗사람이 외로운 아이들을 불쌍히 여기면 백성이 배반하지 않으므로 군자는 자기의 마음으로 사람의 마음을 헤아리는 혈구의 도가 있는 것이다.

윗사람에게서 느꼈던 싫어하는 바로써 아랫사람을 부리지 말며, 아랫사람에게서 느꼈던 싫어하는 바로써 윗사람을 섬기지 말며, 앞의 사람에게서 느꼈던 싫어하는 바로써 뒤의 사람에게 먼저 행하지 말며, 오른편에게서 느꼈던 싫어하는 바로써 왼편 사람을 사귀지 말며, 왼편에게서 느꼈던 싫어하는 바로써 오른편 사람과 사귀지 않음을 일컬어 혈구의 도라고 한다.

〚 해석 〛

　경문에서 말한 "천하를 평정함은 그 나라를 다스림에 있다"고 함은 무슨 뜻인가? 시험 삼아 한 나라의 백성을 교화하는 근본이 집안을 가다듬는 데에 있다는 점으로 살펴보면, 천하평정의 근본이란 나라에 있음을 미루어 알 수 있다. 집안과 나라 그리고 천하의 수많은 사람들은 한 사람이 아니지만, 어른 노인 어린이 세 부류로서 그들을 모두 포괄할 수 있다. 그 때문에 위정자가 나의 노인을 노인으로 받들어 집안을 효도로 가르치면, 나라의 백성 또한 이를 보고 느낀 바 있어 효도의 기풍이 진작될 것이니 어버이를 사랑하지 않을 사람이 그 누가 있겠는가. 위정자가 나의 어른을 어른으로 받들어 집안을 공경으로 가르치면 나라의 백성 또한 이를 보고 느낀 바 있어 공경의 기풍이 진작될 것이니 어른에게 공경하지 아니할 사람이 누가 있겠는가. 위정자가 나의 어린이를 불쌍히 여겨 집안을 사랑으로 가르치면, 나라의 백성 또한 이를 보고 느낀 바 있어 배반하지 않고 사랑의 기풍이 진작될 것이니, 어린이를 불쌍히 여기지 아니할 사람이 그 누가 있겠는가. 이처럼 온 나라 백성들의 마음은 한 집안 식구들의 마음과 다를 바 없다. 그렇다면 천하 모든 사람의 마음이라 하여 어찌 한 나라 백성들의 마음과 다를 바 있겠는가. 이 때문에 천하를 다스리는 군자에게는 자기의 마음으로 사람의 마음을 헤아려 보는 혈구의 도가 있다. 이는 반드시 다 같은 마음으로 헤아려 각자의 마땅한 도리를 다하여 천하 모든 사람으로 하여금 효도와 공경과 사랑을 그들의 분수에 따라서 지극히 다하도록 함이니 천하가 다스려지지 않을 수 있겠는가?

　혈구의 의의는 무엇일까? 사람이 처한 곳에는 상하 전후좌우의 차이가 있으나 마음은 한 가지이다. 예컨대 내가 남의 아래에 있을 때 나를 부리는 윗사람이 그렇게 하지 않았으면 하는 일이 있으면 반드시 그 같은 일을 가지고서 아랫사람의 마음을 헤아려 내가 싫어했던 그 일로 아랫사람을 부리지 말아야 할 것이다. 내가 남의 위에 있을 때 나를 섬기는 아랫사람들이 그렇게 하지 않았으면 하는 일이 있으면 반드시 그 같은 일을 가지고서 윗사람의 마음을 헤아려 내가 싫어했던 그 일로 나의 윗사람을 섬기지 말아야 할 것이다.

내가 사람의 뒤에 있으면서 나의 앞 사람이 그렇게 하지 않았으면 하는 일이 있으면 반드시 그 같은 마음을 가지고서 뒷사람의 마음을 헤아려 내가 싫어했던 일을 뒷사람에게 앞서 하지 말아야 할 것이다. 내가 남의 앞에 있을 때 나를 추종하는 사람이 그렇게 하지 않았으면 하는 일이 있으면 반드시 그러한 마음으로 앞사람이 마음을 헤아려 내가 싫어했던 일을 앞사람에게 그처럼 하지 말아야 할 것이다. 내가 사람의 왼편에 서서 나와 사귀는 오른편의 사람에게 그렇게 하지 않았으면 하는 일이 있으면 반드시 그 같은 마음으로 왼편 사람의 마음을 헤아려 내가 싫어했던 바로써 왼편 사람을 사귀지 말 것이다. 내가 사람의 오른편에 서서 나와 사귀는 왼편 사람이 그렇게 하지 않았으면 하는 일이 있으면 반드시 그러한 마음으로 오른편 사람의 마음을 헤아려 내가 싫어했던 마음으로 오른편 사람을 그처럼 사귀지 말아야 할 것이다. 내가 싫어하는 일을 남에게 베풀지 않는다면 그 스스로 친한 바를 얻게 되어 나의 상하 사방이 주위가 모두 가다듬어지고 바르게 됨으로써 남거나 부족함이 없을 것이다.

詩云, 樂之君子, 民之父母. 民之所好好之,
시운 락지군자 민지부모 민지소호호지

民之所惡惡之, 此之謂民之父母.
민지소오오지 차지위민지부모

詩云, 節彼南山, 維石巖巖, 赫赫師尹, 民具爾瞻.
시운 절피남산 유석암암 혁혁사윤 민구이첨

有國者不可以不愼, 辟則爲天下僇矣.
유국자불가이불신 벽즉위천하륙의

詩云, 殷之未喪師. 克配上帝. 儀監于殷, 峻命不易.
시운 은지미상사 극배상제 의감우은 준명불이

道得衆則得國, 失衆則失國.
도득중즉득국 실중즉실국

*벽(辟削手): 편벽될 벽. 간사할 벽. 형벌 벽.

**륙(人＋蓼削艸): 욕할 륙, 죽일 륙.

〖 번역 〗

≪시경≫에 이르기를 "화락하신 군자여! 백성의 군자이시다" 하니 백성이 좋아하는 바를 좋아하고, 백성이 싫어하는 것을 싫어하는, 이것을 일컬어 백성의 부모라 말한다.

≪시경≫에 이르기를 "깎아지른 듯 저 남산이여! 큰 바위 우뚝우뚝하여라. 빛나고 빛나는 태사 윤 씨여! 백성이 모두 그대를 우러러보노라"라고 하니, 나라를 맡은 사람은 삼가지 않을 수 없으니, 편벽되면 천하 사람들에게 죽임을 당하게 된다.

≪시경≫에 이르기를 "은나라가 백성을 잃지 않았을 때에는 상제(하나님)와 짝했었는데……, 마땅히 은나라를 거울삼아야 할 것이다. 큰 천명을 보존하기란 쉽지 않다"고 하니 백성을 얻으면 나라를 얻고 백성을 잃으면 나라를 잃게 됨을 말한다.

〖 해석 〗

혈구의 도를 얻으면 백성의 부모가 될 수 있으나, 이를 잃으면 천하 사람에게 죽임을 당하게 된다. <소아 남산유대 小雅 南山有臺>篇에 의하면 "화락하신 군자여 백성의 부모이시다"라고 한다. ≪시경≫에서 이와 같이 제후에 대해 찬미하였는바, 그렇다면 군자(위정자)가 어떻게 해서 백성의 부모가 될 수 있었을까? 부모의 마음이란 자식과 함께 좋아하고 싫어하는 것이다.

오늘날의 군자 또한 백성이 좋아하는 바 있으면 그들과 함께 좋아하여 그들이 원하는 바를 따르고, 백성이 싫어하는 바 있으면 그들과 함께 싫어하여 그들에게 해가 되는 바를 없애 주었다. 이는 위정자가 백성을 자식처럼 사랑하면 백성 또한 그를 부모처럼 사랑하게 됨을 말하니, 좋아하고 미워하는 마음으로 혈구를 잘한 데에서 얻어진 공효를 말한다.

<소아 절남산 小雅 節南山>篇에 의하면 "깎아지른 듯 저 높은 남산이여!

큰 바위가 우뚝우뚝하여라! 하물며 오늘날 빛나고 빛나는 태사 윤 씨여! 백성이 모두 그대를 우러러보지 않으랴”라고 하니 이는 ≪시경≫에서 윤 씨의 불공정한 정치를 풍자하여 읊은 시이다. 여기에서 나라를 다스리는 위정자는 좋아하고 미워하는 마음을 삼가지 않을 수 없다는 점을 찾아볼 수 있다. 만일 일신의 사욕에 치우치면 몸과 나라를 모두 잃고 천하에 큰 죽음을 겪게 될 것이니 삼가지 않을 수 있겠는가. 이는 혈구의 도를 행하지 못한 데에서 얻어지는 재화(災禍)이다.

좋아하고 싫어하는 마음을 백성과 함께하면 백성의 부모가 될 수 있지만 편벽되면 천하의 사람에게 큰 죽임을 당하게 된다. 잘잘못에 의한 결과가 어쩌면 그처럼 큰 차이가 있는 것인지……

<대아 문왕>편에서 다음과 같이 말하였다. “은나라가 민심을 잃지 않았을 때에는 상제와 짝하여 임금이 될 수 있었는데, 주(周)에 이르러서 은나라가 백성을 잃음으로써 천명마저 잃게 되었다. 그러므로 후세 사람들은 마땅히 은나라를 거울삼아야 하며, 천명이란 쉽사리 보존될 수 없는 것임을 알아야 할 것이다.”

≪시경≫을 살펴보면 주공은 위의 말로써 그의 조카 성왕을 경계하였는데, 다음과 같다. 은나라의 선왕들이 도가 있어 백성을 얻었을 때에는 상제와 짝이 되어 나라를 얻을 수 있었다. 이는 이른바 좋아하고 싫어하는 마음을 삼가 백성의 부모가 되었기 때문이다. 그러나 은대의 후왕들이 무도하여 백성을 잃음에 미쳐서는 천명을 보존하기 어려웠고, 마침내 나라를 잃기에 이르렀다. 이로 볼 때 혈구를 하느냐 못 하느냐를 어떻게 하찮은 일로 여길 수 있겠는가.

是故君子先愼乎德, 有德此有人,
시고군자선신호덕   유덕차유인

有人此有土, 有土此有財, 有財此有用.
유인차유토   유토차유재   유재차유용

德者本也, 財者末也. 外本內末, 爭民施奪.
덕자본야   재자말야   외본내말   쟁민시탈

是故財聚則民散, 財散則民聚.
시고재취즉민산   재산즉민취

〖 번역 〗

그러므로 군자는 먼저 덕을 삼가니, 덕이 있으면 이에 사람이 있고, 사람
이 있으면 이에 국토가 있고, 국토가 있으면 이에 재물이 있고, 재물이 있
으면 이에 경비를 쓸 수 있다.

덕을 삼가면 재용이 절로 이르러 오게 된다.

근본을 가볍게 여기고 끝을 중시하면, 백성을 다투게 만들어 탈취하는
것을 가르치는 격이다.

이런 까닭에 재물이 모이면(국고 안에 모아두면) 백성이 흩어지고, 재물
이 흩어지면(재화를 백성들에게 흩어놓으면) 백성이 모이게 된다.

〖 해석 〗

그러므로 군자는 먼저 덕을 삼가되 좋아하고 싫어하는 마음의 근본을
삼가는 것이다. 덕을 삼가면 덕을 지니게 되어 천하 사람의 민심이 돌아오
므로 이에 사람이 모여들게 되며, 사람이 있는 곳은 모두가 땅이다. 이는
모두 왕의 국토이므로 이에 국토를 소유하게 되며, 국토가 있으면 곡물이
생산되므로 재물이 있게 되며, 재물이 있으면 비용이 넉넉하게 되므로 이
에 경비가 있는 법이다. 덕을 삼가는 데 먼저 힘쓰면 이에 따라서 스스로
재용이 이르러 오게 된다. 이는 재물에 대한 혈구를 잘한 데에서 얻어지는
효험이다.

덕을 삼가면 재용이 절로 이르러 오게 된다. 때문에 덕이란 천하 평정의 근본이며, 재용은 반드시 덕을 삼간 데서 연유하니, 재용은 천하 평정의 끝임을 알 수 있다. 근본이란 마땅히 안으로 중시해야 하고, 끝이란 반드시 바깥으로 멀리해야 한다.

만일 임금으로서 근본이 되는 명덕을 밖으로 멀리하여 삼가지 아니하고, 끝이 되는 재물을 안으로 중시하여 백성의 재물을 빼앗으려고 들면 이는 서로 다투는 기풍으로서 백성을 겁탈로 유도하는 가르침의 결과를 낳게 될 것이다. 백성이 서로 다투게 되면 어떻게 백성을 얻을 수 있겠는가? 그러므로 근본을 바깥으로 하고 끝을 안으로 하여, 위에서 재물을 모으면 백성은 반드시 서로 빼앗고 싸우게 되므로, 아래에서 백성들이 흩어지게 되니, 덕을 삼가 아랫사람에게 재산을 나누어 줌으로써 백성이 모두 덕으로 귀의하여 모여들게 하는 것만 같겠는가?

是故言悖而出者, 亦悖而入. 貨悖而入者, 亦悖而出.
시고언패이출자 역패이입 화패이입자 역패이출

康誥曰, 惟命不于常! 道善則得之, 不善則失之矣.
강고왈 유명불우상 도선즉득지 불선즉실지의

楚書曰, 楚國無以爲寶, 惟善以爲寶.
초서왈 초국무이위보 유선이위보

舅犯曰, 亡人無以爲寶, 人親以爲寶.
구범왈 망인무이위보 인친이위보

〖 번역 〗

이런 까닭에 거슬리는 말을 하면 또한 그대로 되돌아오고, 부정하게 들어온 재물은 또한 부정하게 나가는 것이다. <강고>에 이르기를 "오직 천명은 영원한 것이 아니라" 하니, 선하면 얻고 선하지 못하면 잃음을 말한 것이다.

<초서 楚書>에 이르기를 "초(楚)나라에는 보배로 삼을 것이 없고, 오직

선한 사람을 보배로 삼는다"고 하였다.

진문공(晉文公)의 외삼촌인 자범(子犯)이 말하였다. "망명한 사람(晉 文公)은 보배로 삼을 것이 없고, 어버이를 사랑하는 마음을 보배로 삼아야 한다."

〖 해석 〗

그러므로 임금이 도리에 거슬리는 말을 하면 백성 또한 거슬리는 말을 되돌려주게 마련이다. 하물며 재물이야……. 도리에 벗어난 방법으로 재물을 모으면, 백성 또한 도리에 어긋난 행위를 통하여 그 재물을 강탈하기에 이른다. 이는 재물상의 혈구를 하지 못한 데서 빚어진 재화를 말한다.

<강고>에 의하면 "하늘의 명이란 영원히 너에게 있는 것이 아니다"라고 한다.

임금이 되어 행하는 바 선하면 천명이 그에게 내려 천하를 얻을 수 있지만, 만일 조금이라도 불선한 일이 있으면 천명을 잃게 된다. 덕을 삼가 재물을 생산하는 것이 선이다. 이로써 백성이 있고 국토가 있어 천명이 이르러 옴을 알 수 있으며, 끝을 안으로 하여 혈구로 하지 못하면 이는 불선이다. 이로써 백성이 흩어지고 재물이 잘못 나가게 되어 마침내는 천명을 잃게 된다는 점을 알 수 있다. 천명이란 이처럼 무상한 것으로 보아 이른바 "천명을 지키기가 쉽지 않다"라는 말을 더욱 의심치 않는다.

근본을 바깥으로 하고 끝을 안으로 하지 않았다는 것을 <초서>에서 찾아볼 수 있다. 옛날 왕손본(초나라 사람: <초서>에는 왕손어로 쓰여 있다)이 진(晉)나라에 사신으로 갔을 때, 진나라 조간(趙簡)子와의 대화에서 "초나라에서는 흰 구슬을 보배로 생각하지 아니하고, 관사(觀射)父 左史(좌사, 사관 倚相) 등 훌륭한 인재를 보배로 생각한다"라고 하였다. 황금과 구슬 따위는 지엽적인 것이며 선한 사람은 근본이다. <초서>에는 외본내말의 불가함을 단적으로 말해 주는 뜻이 담겨 있다.

외본내말의 불가함을 결코 <초서>에서만 찾아볼 수 있는 것은 아니다. 옛날 진문공의 외삼촌인 자범이 사신을 맞이한 진 문공에게 어떻게 대답해야 할 것인지를 가르쳐 주었다. "망명하는 그대는 나라를 얻으려고 하는 것은 보배로 생각지 말고, 오로지 어버이의 초상에 정성을 다하여 어버이를 사랑하는 마음을 보배로 삼아야 한다." 나라를 얻음은 끝이며, 어버이를 사랑하는 마음은 근본이다. 이는 진문공의 외삼촌 자범이 외본내말로써 나라를 얻을 수 있는 기회를 이익으로 생각하지 않은 일이 아니겠는가?

秦誓曰, 若有一介臣, 斷斷兮無他技, 其心休休焉, 其如有容焉.
진서왈 약유일개신 단단혜무타기 기심휴휴언 기여유용언

人之有技, 若己有之, 人之彦聖, 其心好之, 不啻若自其口出,
인지유기 약이유지 인지언성 기심호지 불시약자기구출

寔能容之, 以能保我子孫黎民, 尚亦有利哉.
식능용지 이능보아자손여민 상역유리재

人之有技, 媚疾以惡之, 人之彦聖, 而違之俾*不通,
인지유기 창질이오지 인지언성 이위지비불통

寔不能容, 以不能保我子孫黎民, 亦曰殆哉.
식불능용 이불능보아자손여민 역왈태재

[주석]

*시(帝下口): 뿐 시. 쯤 시. 만 시. 모(女＋冒):투기할 모, 성낼 모.
**비(人＋卑): 하여금 비. 좋을 비. 더할 비. 오로지 비.

[번역]

<진서>에 말하였다. "만일 어느 한 신하가 있는데 겉보기에 그저 진실하고 소박할 뿐 다른 재주를 찾아볼 수 없지만, 그 마음만은 그지없이 아름다워 남을 포용할 만한 아량이 있는 것처럼 보였다. 그가 남이 가지고 있는 재주를 마치 자기에게 있는 것처럼 생각하며, 아름답고 성스러운 덕을 둔 사람을 마음으로 좋아하여 한낱 칭찬하는 말에 그치지 않는다면 이는 실제로 남을 포용할 수 있는 사람이다. 우리 자손과 모든 백성을 보전할 것이니, 오히려 나라에도 이로움이 있을 것이다. 남이 가진 재주를 시기하여 미워하며, 아름답고 성스러운 덕을 가진 사람을 가로막아, 위로 임금에게 통

하지 못하게 하면, 그런 사람은 남을 용납할 수 없다. 우리 자손과 모든 백성을 보전하지 못할 것이니 나라에도 또한 위태로움이 있을 것이다."

[해석]

≪시경≫의 <주서 진서>편에 의하면 다음과 같다.

"나에게 어떤 한 신하가 있는데 외견상으로 살펴보면 그저 진실하고 믿음직하고 한결같이 변함없을 뿐 아무런 재능이 없는 것처럼 보였는데 그의 마음은 그지없이 아름답고 욕심이 없이 담담하며, 또한 순수하고 선하여 그의 도량은 남들을 용납해 줄 듯이 보였다. 남들에게 재예가 있으면 마치 자기가 가지고 있기나 한 것처럼 반드시 그의 장점을 다할 수 있도록 주선해 주었고, 슬기로운 덕을 지닌 자를 보면 말을 잘해 주는 데 그치지 않고 진정 마음속 깊이 그를 좋아하였다. 그는 참으로 재예가 있는 자와 슬기로운 자를 용납해 줄 수 있다. 그와 같은 신하는 반드시 선한 사람을 이끌어들여 나의 자손을 보호하여 오랜 부귀를 향유토록 할 것이며 나의 백성으로 하여금 길이 태평성대를 누리도록 할 것이니 그는 나라에 유익한 인물이다.

그러나 어질지 못한 어느 신하가 있는데 그는 전혀 믿음직하다거나 한결같은 마음 그리고 넓은 아량이 없어 재예가 있는 사람을 보면 시기하고, 증오하고, 슬기로운 자를 보면 그의 길을 방해하고, 억눌러 벼슬에 나가지 못하도록 하니, 진정 천하에 재예가 있는 이와 덕이 있는 자를 용납하지 못할 인물이다. 장차 선한 사람을 해치고 어질지 못한 자를 등용하여 반드시 나의 자손과 백성을 보존치 못할 것이니 나라를 위태롭게 할 자가 아니겠는가?"

<진서>는 임금이 하나의 재상을 가려 뽑는 데에 나라의 운명이 달려 있음을 지적해 주는 말이라 하겠다.

唯仁人放流之, 迸諸四夷, 不如同中國. 此謂唯仁人爲能愛人, 能惡人
유인인방유지 병제사이 불여동중국 차위유인인위능애인 능오인

*병(幷책받침): 흩어져 달아날 병.

〖 번역 〗

　오직 어진 사람만이 악한 자를 멀리 추방하여 사방 오랑캐의 땅으로 내쫓아 나라에서 함께 살지 못하도록 하니, 이것을 일러 "오직 어진 사람만이 사람을 사랑할 수 있고 사람을 미워할 수 있다"라고 한다.

〖 해석 〗

　어진 인재를 포용하는 나라에 유익한 인물은 마땅히 좋아하여야 할 사람이며, 어진 자를 훼담(험담), 나라를 병들게 하는 자는 마땅히 미워해야 할 사람이다. 그러나 선한 자를 시기하여 백성으로 하여금 어진 이의 혜택을 입지 못하도록 하고, 후세에 재화를 끼치는 불선한 자를 깊이 미워할 수 있는 사람은 오직 어진 사람뿐이다. 이에 불선한 자를 추방하되 또한 오랑캐 나라의 밖 저 멀리 추방하여 중국 사람들과 함께하지 못하도록 하였다. 이는 중국 가까이에 추방하면 혹시 다시 그의 해가 미칠까를 두려워할 뿐만 아니라 또한 시기하는 자에게 엄한 벌을 내리는 것이 도리어 천하 후세에 은혜를 끼쳐 주는 일이기 때문이다. 이는 "어진 사람만이 사람을 사랑할 줄 알고, 사람을 미워할 줄도 아는 것이다." 이것이 곧 혈구의 도를 능히 행한 자의 일이다.

> 見賢而不能擧, 擧而不能先, 命(慢)也.
> 견현이불능거　거이불능선　명만야
>
> 見不善而不能退, 退而不能遠, 過也.
> 견불선이불능퇴　퇴이불능원　과야

『 번역 』

어진 사람을 보고서도 등용하지 않으며, 등용하고서도 먼저 하지 않는 것은 태만함이요, 착하지 않은 사람을 보고서도 물리치지 못하며, 물리치면서도 멀리하지 않는 것은 잘못이다.

『 해석 』

어질지 못하여 좋아해야 할 바와 미워해야 할 바를 모르는 임금은 좋아해야 할 현인을 보고서도 천거하지 못하고, 설령 천거한다 해도 우선적으로 등용하지 않음은 어진 사람을 경홀히 여기는 마음으로 대했기 때문이니, 이를 태만이라 한다. 또한 불선하여 미워해야 할 자를 보고서도 물리치지 않고, 설령 물리칠지라도 먼 곳으로 추방하지 못한 것은 우유부단한 마음으로써 착하지 못한 자를 대했기 때문이니 이를 잘못이라고 한다. 이처럼 좋아하는 것인지, 미워하는 것인지 불투명한 마음은 또렷이 공정함도 아니요, 또한 사사로움도 아닌 어정쩡한 중간상태로서, 혈구의 도를 다하지 못한 것이다.

好人之所惡, 惡人之所好, 是謂不人之性, 菑必逮夫身.
호인지소오 오인지소호 시위불인지성 재필태부신

是故君子有大道, 必忠信以得之, 驕泰以失之.
시고군자유대도 필충신이득지 교태이실지

『 주석 』

*재(菑의 削水): 따비밭 치. 여기서는 재앙 재.

『 번역 』

사람들이 싫어한 것을 좋아하고 사람들이 좋아한 것을 싫어함을 일러 사람의 본성을 거스르는 것이라 말하니 반드시 그의 몸에 재앙이 미치게 될 것이다.

이런 까닭에 군자에게는 큰 도가 있으니, 반드시 진실함과 믿음으로써 얻고, 교만함과 방자함으로써 잃게 된다.

〖 해석 〗

앞서 말한 바와 같이 어진 이를 우선적으로 등용하지 않고, 어질지 못한 자를 멀리 추방하지 못한 자는 그래도 좋아해야 할 것과 미워해야 할 것을 아는 사람이다. 그러나 어진 이를 훼담한 자는 많은 사람들이 미워할 수밖에 없는 자이므로 그들과 함께 좋아해야 할 사람임에도 도리어 그를 좋아한다거나, 어진 자를 용납하는 자는 많은 사람들이 좋아할 수밖에 없는 자이므로, 그들과 함께 좋아해야 할 자임에도 도리어 그를 미워한다면 선을 좋아하고 악을 미워하는, 인간의 떳떳한 본성을 거스르는 일이다. 때문에 인심과 천명이 떠나게 되며, 어려움이 그의 몸에 닥치게 될 것이다. 이는 혈구를 행하지 못한 자를 경계한 말이다.

어진 사람은 저처럼 혈구를 잘하고, 어질지 못한 자는 그처럼 하지 못함으로써 득실의 계기가 어쩌면 그렇게도 다른 것인지……. 그러므로 군자가 자신의 몸을 닦아 사람을 다스리는 큰 도리로써 천하를 다스리는 것은 외부에서 얻어지는 것이 아니요, 또한 억지로 하는 것도 아니다. 그것은 하나의 마음에 근본하고 있을 뿐이다. 반드시 충성과 믿음으로 하면 천만인의 마음이 바로 나의 마음이요, 나의 마음이 곧 천만인의 마음이다. 이 마음에 따라서 그들과 더불어 좋아하고 미워하면 백성이 원하는 바를 함께 하여 평천하의 큰 도리를 얻을 수 있을 것이다. 그러나 그렇지 못하면 교만과 태만으로서 사심이 가득하여 나의 몸에 피아의 차별상(差別相)이 생기게 된다. 이는 좋아하고 미워하는 마음을 백성과 함께하지 못한 데에서 연유한 것이며, 평천하의 큰 도리를 이로 인해서 잃게 된다. 이로 보면 천하를 다스리고자 하는 군자는 격물치지 성의정심으로 충(忠)·신(信)에 힘써 혈구의 도를 지극히 추구해야 할 것이다.

生財有大道, 生之者眾, 食之者寡, 爲之者疾, 用之者舒, 則財恒足矣.
생재유대도 생지자중 식지자과 위지자질 용지자서 즉재항족의

仁者以財發身, 不仁者以身發財.
인자이재발신 불인자이신발재

[번역]

재물을 생산하는 데에는 큰 도가 있으니, 생산하는 사람이 많고 소비하
는 사람이 적으며, 일하는 것을 부지런히 하고, 쓰는 것을 늦추면 재물이
항상 풍족할 것이다.

어진 사람은 재물로써 몸을 일으키고, 어질지 못한 자는 몸으로써 재물
을 일으킨다.

[해석]

덕이란 근본이요, 재물은 끝이라 하지만 재물 또한 나라를 다스림에 절
대 필요로 하는 것이므로 하루라도 없어서는 안 된다. 다만 공명정대한 도
리에 따라서 재물을 생산하여야 하며, 사사로운 마음과 얄팍한 지혜로 백
성의 재물을 교묘하게 착취하는 술수를 부려서는 안 된다. 재물이란 생산
자가 많음에 따라서 넉넉하게 되므로 무위도식하는 사람이 없으면 생산자
가 많을 것이다. 재물이란 소비하여 없어지는 것이므로 조정에서 헛된 녹
을 먹는 자가 적어야 할 것이다. 또한 농사철을 어기지 않으면 해야 할 일
을 빠르게 할 수 있으며, 수입을 계산하여 지출을 하면 쓰임새가 늦춰질 것
이다. 이와 같이 하면 끊임없이 수입이 확대되는 반면 지출이 절제될 것이
다. 따라서 자연히 아래로는 백성이, 위로는 위정자 모두가 항상 여유를 가
지게 됨으로써 백성이 풍요롭고 임금 또한 풍요롭게 되어, 국가 경제에 항
상 어려움이 없을 것이다. 큰 도리에 따라서 경제력을 향상시키는 공효가
이와 같은데 굳이 외본내말(外本內末)의 폐정(弊政)을 결행하면서까지 재물
을 축적할 필요가 있겠는가?

어진 사람만이 재물을 생산하는 데 도가 있음을 알아서 소유물을 사사로이 하지 않기에 스스로 사람이 모여들고, 따라서 그 자신이 추앙받기에 이른 것이다. 이것이 재물로써 몸을 일으켜 세움이다. 그러나 어질지 못한 자는 큰 도리가 있음을 알지 못하고 오로지 재물을 모으는 데에 힘씀으로써 자신의 위태로움을 아랑곳하지 않는다. 이는 몸으로써 재물을 일으켜 세움이다.

未有上好仁而下不好義者也, 未有好義其事不終者也,
미유상호인이하불호의자야 미유호의기사부종자야

未有府庫財非其財者也.
미유부고재비기재자야

孟獻子曰, 畜馬乘不察於雞豚, 伐氷之家不畜牛羊,
맹헌자왈 축마승불찰어계돈 벌빙지가불축우양

百乘之家不畜聚斂之臣, 與其有聚斂之臣, 寧有盜臣.
백승지가불축취렴지신 여기유취렴지신 영유도신

此謂國不以利爲利, 以義爲利也.
차위국불이이위이 이의위이야

〖 번역 〗

위에서 어짊을 좋아하는데 아래에서 의를 좋아하지 않을 사람이 없으니 백성이 의를 좋아하면 일마다 마무리되지 않는 경우가 없으며, 창고의 재물이 그의 재물이 아닌 경우가 없을 것이다.

맹헌자(노나라의 대부)가 말하기를 "네 마리 말(수레 한 대)을 기르는 대부는 닭과 돼지를 보살피지 아니하고, 얼음을 켜는 경대부 이상의 집에서는 소와 양을 기르지 아니하며, 백승(백승지가, 경대부의 집안)의 식읍을 소유한 집안에서는 세금을 많이 거둬들이는 신하를 길러서는 안 된다. 세금을 많이 거둬들이는 신하를 둘 바에는 차라리 나의 재물을 도적질하는 신하를 두어야 할 것이다"고 하니 이를 일러서 나라를 다스리는 자는 재리로써 이로움을 삼지 아니하고, 의리로써 이로움을 삼아야 함을 말한 것이다.

〖 해석 〗

몸으로써 재물을 일으켜 세웠을지라도 몸을 잃으면 재물 또한 잃는 법이다. 그러나 재물로써 몸을 일으켜 세운 자는 일신이 영화롭고 재물 또한 풍요롭다. 이것이 곧 두 가지 모두 얻을 수 있는 도(道)요, 위아래 사람이 모두 감응할 수 있는 필연의 이치이다. 윗사람이 근본을 높이고 비용을 절약하여 이로써 백성의 재물을 착취하지 않고 좋아하는 바 인(仁)에 있으면 아랫사람은 정성과 충성을 다하여 의리를 좋아함으로써 윗사람에게 보답하고자 하지 않을 자 없을 것이며, 아래에서 의리를 좋아하면 임금의 일을 제일처럼 생각하여 반드시 힘을 다하여 성취하고자 할 것이다. 그러므로 의리를 좋아하면 윗사람의 일을 따라 하지 않을 자가 없다. 따라서 의리를 좋아하면 임금의 재물을 마치 자신의 재물처럼 보호하고 지키게 된다. 때문에 창고의 재물이 부정한 방법으로 돌아온다거나 또는 잘못 지출되어 나의 소유물이 될 수 없는 우환이 없을 것이다. 이로 보면 윗사람이 어찌 인을 좋아하지 않을 수 있으며, 이익을 독차지할 수 있겠는가.

일찍이 맹헌자는 이익을 독차지해서는 안 된다는 데 대해 말한 바 있다. 대부의 부(富)의 척도를 물을 때면 으레 말의 수효로 대답하는 법이다. 네 마리 말을 기르는 자의 신분은 대부이다. 그럼에도 불구하고 또다시 닭과 돼지를 길러 자그마한 이익을 가지고 아랫사람들과 다투어 윗사람의 체모를 잃는다는 것은 비루한 일로 대부로서는 있을 수 없는 일이다. 또한 대부이상의 관리는 초상과 제사 때에 얼음을 사용하므로 이를 벌빙가(伐氷家: 예전에 중국에서 경대부 이상의 귀한 가문을 이르던 말)라 말한다. 그들에게는 후한 국록이 있음에도 불구하고 또다시 소와 양을 길러 이익을 도모한다면 그보다 더 큰 욕심은 없을 것이다. 백승(百乘)이란 경(卿)의 집안이다. 그 또한 네 마리의 말을 기르는 대부와 벌빙가의 경과 견줄 수 없으리만큼 높은 신분에 있는 자이다. 만일 백성의 재물을 착취하는 신하가 있으면 백성의 재물을 빼앗아 윗사람을 받들고자 못할 짓이 없을 것이니, 어떻게 이를 옳은 일이라 할 수 있겠는가. 그러므로 백성의 재물을 착취하는 신하를 두는 것보다는 차라리 자기의 재물을 도적질하는 신하를 두어야 할 것이다. 도적질을 하는 신하는 주인의 재물을 도적질하겠지만 백성의 재물을 착취하지는 않으므로 그 폐단과 피해는 그래도 조금은 나은 편이다.

맹헌자가 이렇게 말한 것은 한 집안을 소유한 대부들은 훈계한 데에 그치지 않고 국가를 소유한 군주는 재리(財利)를 독차지하여 재리를 이로움으로 생각해서는 안 되며, 마땅히 그 이익을 백성들에게 공정하게 나누어 주는 의리로써 이익을 삼아야 한다는 말이다.

長國家而務財用者, 必自小人矣. 彼爲善之, 小人之使爲.
장국가이무재용자 필자소인의 피위선지 소인지사위

國家, 菑害竝至. 雖有善者, 亦無如之何矣!
국가 재해병지 수유선자 역무여지하의

此謂國不以利爲利, 以義爲利也.
차위국불이이위이 이의위이야

[주석]

*재(초두 밑 淄삭(치삭)水): 재앙 재.

[번역]

국가의 우두머리로서 재물을 모으는 데에 힘쓰는 것은 반드시 소인에게서 비롯된 것이다. 소인을 부려 나라를 다스리면 천재(天災: 흉년, 홍수, 한발 등)와 인재(人害: 도적, 병란, 등)가 한꺼번에 닥치게 된다. 이때는 비록 선한 사람이 있을지라도 그 또한 어찌할 수 없다. 이 때문에 나라를 다스리는 자는 재리(財利)로써 이로움을 삼지 않고 의리(義理)로써 이로움을 삼는다고 말한 것이다.

[해석]

국가 원수인 군주로서 재물에 힘쓰는 자는 그 모든 허물이 다 군주에게 있는 것이 아니라 반드시 소인에 의해 유도된 것이다. 임금이 이를 살피지 못하고 도리어 그를 선한 사람이라고 생각하여 국가의 중임을 맡긴 데에서 비롯된 것이다. 그 같은 사람은 재물이란 하늘에서 내려준 것이며, 백성이 지극히 염원하는 것임을 알지 못한 자이다. 만일 소인이 국가를 다스리되 오로지 백성의 재물을 수탈하는 것으로 일을 삼는다면 아래로는 민심을 잃게 되고, 위로는 하늘의 노여움을 사게 되므로 그 사태의 추이는 반드시 천지의 재앙과 인간의 폐해가 일시에 이르러 오게 된다.

이럴 때에는 비록 군자를 등용하여 이를 막으려 해도 이미 때가 늦은 것이다. 이내 그 재앙을 구제할 수 없으니 선한 사람이 있을지라도 이를 어찌할 수 있겠는가. 막상 재리를 구하려다가 얻지 못하고 도리어 이와 같은 해가 뒤따르게 된다. 국가 원수는 소인배들이 백성의 재물을 수탈하여 얻은 재리를 이익으로 생각하지 않고, 반드시 의리의 편안한 바로 이익을 삼아야 함을 말한다. 이익을 독차지하지 않고서 백성과 더불어 좋아하고 미워하는 바를 함께하면 혈구의 도를 얻을 수 있고, 효도·공경·사랑이라는 본분상의 원하는 바를 제각기 이룰 수 있다. 이는 이른바 "천하를 평정함이 그 나라를 다스림에 있다"는 것이다.

학 기

1. 개요

　≪예기 禮記≫에서는 "학기 12장 배움의 길에서 스승을 존경하는 법을 배우기가 가장 어렵다"고 말한다. "스승을 존경할 줄 알고 나서야 비로소 도를 숭상하고, 도를 숭상하고 나서야 학문을 공경할 줄 알게 된다"는 것이다. 한마디로, 교육 때문에 사제 간의 예절이 달라진 게 아니라 사제 간의 예절이 달라졌기 때문에 교육이 변했다는 소리다. 정치가 안정되고 문화가 활짝 꽃피는 사회를 원한다면 반드시 '예'의 가르침에서 시작해야 한다. 이러한 인생의 지혜를 담고자 한 책이 바로 ≪예기≫이다. ≪예기≫는 '예에 대한 해석'을 뜻하는데, 9만 자에 달하며, 한 분야에 한정되지 않고 정치·법률·도덕·철학·역사·문예·일상생활·역법·지리 등 다방면의 내용을 포괄하고 있다. 한나라 때에는 공자가 정의한 고서를 '경'이라 하고 경에다가 제자들이 해석을 붙인 것을 '전' 혹은 '기'라 불렀는데, ≪예기≫의 '기(記)'는 거기서 온 것이다. '예(禮)'는 진나라 이후에는 ≪의례 儀禮≫로 불렸던 ≪사례 士禮≫를 의미하는데, 춘추전국시대 예학자들은 이 ≪사

례≫를 학습할 때 '기(記)'라는 참고자료도 함께 전수받아 익혔다. 이후 서한(西漢)의 예학들은 ≪의례≫를 전수할 때 각자가 '기(記)'를 선별하고 편찬하여 보조교재로 삼았다. 예학자 개개인이 흥미에 따라서 취사선택했으므로 설사 잘된 편집본이라 해도 '기(記)'마다 편수와 편차(編次)가 제각각이었다. 그러니 춘추전국 시기에서 진한(秦漢)시기까지 ≪의례≫의 문장을 선집해, 유가사상을 집대성한 ≪예기≫도 물론 저자가 한 사람이 아니며 시작시기도 각각 달랐다. 예의 이론과 실제를 풀이해 적은 오경의 하나인 예기는 한 무제 때 하간의 헌왕이 공자와 그 후학들이 지은 총 131편의 책을 모아 정리한 뒤 선제 때 유향이 214편으로 엮었고, 대덕이 85편으로, 서한의 예학자 대성(戴聖)이 그중 49편을 선별하여 ≪소대예기 小戴禮記≫를 편찬했다. ≪예기≫는 주(周)나라 말기에서 진한(秦漢)시대까지의 예에 관한 학설을 집록한 책으로, 현재 전해지는 ≪예기≫는 전한(前漢)시대 대성(戴聖)이 정리한 ≪소대예기≫이다. ≪예기≫를 편찬한 대성의 생몰년은 정확히 알려져 있지 않으나, 기원전 1세기 전후에 살았던 것으로 추정된다. 중국 전한시대의 경학자로 자(字)는 차군(次君)이며, 양(梁) 땅 출신이다. 금문예학(今文禮學)인 소대학(小戴學)의 창시자다. 한나라 선제(宣帝) 때에 구강태수(九江太守)를 지냈으며, 학관에 예(禮)가 설치되었을 때 박사(博士)가 되어 궁정에서 예를 강의했다. 기원전 51년에 개최된 석거각회의(石渠閣會議)에 참가해 '오경동이(五經同異)'를 강론했다. 숙부인 대덕(戴德)과 함께 후창(后倉)에게서 예를 배웠다. 숙부인 대덕은 '대대(大戴)', 조카인 대성은 '소대(小戴)'라고 일컬어졌다. 자신의 학문을 동향(同鄕) 사람인 교인(橋仁)과 양영(楊榮)에게 전수했는데, 이로 인해 대성의 학문은 교인과 양영 두 학파로 나뉘게 되었다. 고대의 각종 예의와 관련된 논술을 모아 ≪소대예기≫ 49편을 편찬했는데, 이것이

지금의 ≪예기≫이다. 이처럼 ≪예기≫의 분량이 워낙 엄청나기 때문에 49편 중에서 예의와 학술에 관한 <예운 禮運>, <경해 經解>, <학기 學記>, <유행 儒行>에 대해 다소 요약하고자 한다. ≪예기≫의 <예운 禮運>편은 논어에 없는 공자의 대동(大同)사상을 바탕으로 맹자는 이런 말을 했다. "백성이 가장 소중하고 그다음이 나라고, 가장 가벼운 것이 통치자인 임금이다"라고 했다. <예운 禮運>편은 예악의 흥망성쇠 과정과 음양의 조화가 널리 퍼진 도리를 이야기하고 있다. 그중에는 세상이 온 백성의 것이라는 '대동(大同)'의 이상적인 개념이 생동감 넘치게 그려져 있다. 또한, 천하가 한 가족이라는 '소강주치(小康主治)'가 표현되어 있다. 상고시대 사람들이 움집이나 토굴에서 살다가 집이나 한 장소에 정착하는 역사적인 변천 과정을 설명하고 있으며, 예의 기원과 내용, 의의를 밝히고 있다. <경해 經解>편에 "산림천석 사이에서 거닐면 세속에 때 묻은 마음이 차츰 가신다"[10]라고 했다. 유가의 육경 시(時), 서(書), 예(禮), 악(樂), 역(易), 춘추(春秋)를 다루고 있다. '예(禮)'가 나라와 백성을 다스리는 중대한 의미임을 강조하고 어떻게 예의로 백성을 순화할 것인지를 설명한다. 육경이 중국의 고대 교육에서 어떤 목적과 효과를 가지는지 설명한다. <학기 學記>편에는 "신기한 것에 놀라고 특이한 것을 즐기는 자는 원대한 식견이 없는 사람이다"[11]라고 했다. 유가가 논한 교학의 원리를 기술해 놓은 경전이 되는 문헌이다. <학기 學記>는 고대의 교육제도, 교학 내용과 방법을 기술해 놓았다. 또한 가르침을 점진적으로 차근차근 행해야 한다고 말하며, 교학 방법의 득실, 스승의 의무, 스승에게 존경을 표현하는 의미, 스승과 학생의 소통 관계 등을 체계적으로 설명

---

10) 徜徉於 山林泉石之間 而塵心漸息.

11) 警奇喜異者, 無遠大之識.

한다. 후세 사람들은 줄곧 학기의 가르침을 따르고 있다. <유행 儒行>편은 "천지는 매우 넓으나 비천한 자가 스스로 좁게 만든다"[12]라고 했다. <유행 儒行>편은 유자(儒者), 즉 선비들의 행실을 논했기 때문에 붙여진 명칭이다. 노나라 왕 애공(哀公)이 공자에게 선비기 보여야 할 행실을 묻자 이에 대한 답으로 쓴 글이다. 자립, 용모, 준비, 근인(近人), 특립(特立), 강의(剛毅), 사(仕), 우사(優思), 관유(寬裕), 사거(仕擧), 독행(獨行), 규위(規爲), 교우(交友), 존양(尊讓) 등 모두 열다섯 가지 처세원칙을 언급하고, 선비들의 정치적인 열망과 철학을 표현하는 방법, 독자적인 신념이나 청렴결백을 유지하는 방법에 대해서 논한다. ≪예기 禮記≫의 총 49편은 다음과 같이 구성된다.[13]

제1편	곡례 상(曲禮 上)	제18편	학기(學記)	제35편	문상(問喪)
제2편	곡례 하(曲禮 下)	제19편	악기(樂記)	제36편	복문(服問)
제3편	단궁 상(檀弓 上)	제20편	잡기 상(雜記 上)	제37편	간전(間傳)
제4편	단궁 하(檀弓 下)	제21편	잡기 하(雜記 下)	제38편	삼년문(三年間)
제5편	왕제(王制)	제22편	상대기(喪大記)	제39편	심의(深衣)
제6편	월령(月令)	제23편	제법(祭法)	제40편	투호(投壺)
제7편	증자문(曾子問)	제24편	제의(祭義)	제41편	유행(儒行)
제8편	문왕세자(文王世子)	제25편	제통(祭統)	제42편	대학(大學)
제9편	예운(禮運)	제26편	제통(祭統)	제43편	관의(冠義)
제10편	예기(禮器)	제27편	애공문(哀公問)	제44편	혼의(婚義)
제11편	교특생(郊特牲)	제28편	중니연거(仲尼燕居)	제45편	향음주의(鄕飮酒義)
제12편	내칙(內則)	제29편	공자한거(孔子閒居)	제46편	사의(射義)
제13편	옥조(玉藻)	제30편	방기(坊記)	제47편	연의(燕義)
제14편	명당위(明堂位)	제31편	중용(中庸)	제48편	빙의(聘義)
제15편	상복소기(喪服小記)	제32편	표기(表記)	제49편	상복사제(喪服四制)
제16편	대전(大傳)	제33편	치의(緇衣)		
제17편	소의(少儀)	제34편	분상(奔喪)		

12) 天地本寬而鄙者自隘.
13) 대성. 도민재역(2010). 예기. 지만지.

≪예기 禮記≫의 49편 중 18편에 해당하는 <학기 學記>의 교육사상을 통해 이 글을 다루고자 한다.

2. 원전해석[14]

第一章 總論: 化民性慾(제1장 총론: 화민성욕)

發慮憲, 求善良, 足以謏聞, 不足以動衆. 就賢體遠, 足以動衆, 未足以化民.
발려헌　구선량　족이소문　부족이동중　취현체원　족이동중　미족이화민

君子如欲化民成俗, 基必由學乎!
군자여욕화민성속　기필유학호

〖 번역 〗

  정치적인 계획을 시행하고 선량한 인재를 구하는 것은 약간의 명성을 얻기에는 족해도 민중의 마음을 움직이기에는 부족하다. 어진 이를 따르고 넓은 뜻을 가지는 것은 민중의 마음을 움직이기에는 족해도 민중을 교화시키기는 부족하다. 군자가 만약 민중을 교화시켜 아름다운 풍속을 이루려 한다면 반드시 가르침에서부터 시작해야 한다.

---

14) 원전해석의 참고문헌은 다음과 같다.
　　김연수(2006). 『예기』. 명문당. 김용옥(2009). 『대학 · 학기 한글 역주』. 통나무. 주춘자이. 김윤진 역(2009). 『예기』. 서해문집.
　　학기에 관한 원전해석은 대부분의 참고문헌들이 유사하게 해석하고 있다. 좀 아쉽고 힘들었던 점은 부분별로만 기술되어 있어 전체적인 학기편의 독음이나 해석을 기술한 책이 드물었다. 그나마 이해하기 쉽게 기록된 책은 김용옥(2009)의 『대학 · 학기 한글 역주』였다. 이 책을 토대로 원전해석에 충실했으며 다른 참고문헌을 통해 비교 분석하였다. 특히. 다른 분야와는 달라 학기는 옛날의 의례의식과 관련된 부분이 있어 해석과 번역이 동일하게 기록되어 있다.

『 해석 』

　생각해 내는 일이 법에 맞는 떳떳한 것이 되고 하려는 일들이 착하고 좋은 것이라면 그것으로 자그마한 좋은 평을 들을 수 있다. 그러나 그것으로 뭇사람의 마음을 움직이는 데는 부족하다. 몸을 낮추어 어진 사람을 높게 받들고 나와 거리가 먼 사람들의 딱한 처지를 내가 당한 것처럼 생각하고 보살펴 주면 그것으로 모든 사람의 마음을 감동시킬 수 있다. 그러나 그것으로 백성들을 착하게 만들 수는 없다. 군자가 만일 백성들의 마음을 착하게 만들어 아름다운 풍속이 이루어지도록 하려면 그것은 반드시 배움을 통해서만 가능하다.

第二章 敎學相長(제2장 교학상장)

玉不琢, 不成器; 人不學, 不知道. 是故古之王者, 建國君民, 敎學爲先.
옥불탁　불성기　인불학　부지도　시고고지왕자　건국군민　교학위선

悅命曰: "念終始典于學". 基此之謂乎. 雖有嘉肴 弗食不知期旨也
열명왈　염종시전우학　기차지위호　수유가효　불식부지기지야

雖有至道, 弗學不知期善也. 是故學然後知不足, 敎然後知困.
수유지도　불학부지기선야　시고학연후지부족　교연후지곤

知不足 然後能自反也. 知困, 然後能自强也.
지부족　연후능자반야　지곤　연후능자강야

故曰敎學相長也. 悅命曰: "學學半. 期此之謂乎."
고왈교학상장야　열명왈　학학반　기차지위호

『 번역 』

　옥은 다듬지 않으면 그릇을 만들지 못하고 사람은 배우지 않으면 도를 알지 못한다. 이런 까닭에 고대의 왕은 나라를 세우고 백성을 다스림에 있어 가르침을 우선으로 삼았다. ≪상서≫ <열명>편에서는 사람은 평생토록 배움에 힘쓴다고 했으니 이를 두고 하는 말이 아닌가! 비록 좋은 안주가 있어도 먹지 않으면 맛을 알지 못하고 비록 지극히 좋은 도가 있어도 배우지 않으면 좋은 것을 모르는 법이다. 때문에 배우고 나서야 자신의 지덕이

부족함을 알고 가르치고 나서야 아직 자신의 지덕이 부족하여 어려움을 겪게 된다는 것을 안다. 자신의 지덕이 부족함을 알고 나서야 능히 스스로 반성하고 어려움을 겪고 나서야 능히 스스로 면학에 힘쓴다. 그러므로 "가르치는 것과 배우는 것 모두가 지덕을 성장시켜 나가는 일이다"라고 하는 것이다. <열명>에서는 "가르침이 배움의 반이다"라고 했는데 이를 두고 하는 말이 아닌가!

〖 해석 〗

아무리 훌륭한 옥이라도 다듬지 않으면 그릇을 이루지 못한다. 아무리 훌륭한 사람이라도 배우지 않으면 도를 알지 못한다. 그러므로 옛 성군들은 나라를 세워 백성들의 지도자 노릇을 하려면 반드시 가르치고 배우는 교육을 으뜸가는 과제로 삼았다. ≪서경≫ <열명>에 이르기를 "사람은 모름지기 처음부터 끝까지 일생 동안 배우기를 힘써야 한다"라고 했는데, 이 말씀은 바로 성군들이 나라를 세움에 교육을 우선으로 생각했다는 것을 천명한 말씀일 것이다. 비록 아름다운 요리가 앞에 놓여 있다 할지라도 그것을 먹어 보지 않으면 그 맛을 알 길이 없다. 비록 지극한 도리가 앞에 놓여 있다 할지라도 그것을 배워 보지 않으면 그 위대함을 알 길이 없다. 그러하기 때문에 배우고 난 연후에야 비로소 교육의 부족함을 깨달을 수 있다. 자신의 부족함을 깨달은 연후에 사람은 진정으로 자기를 반성할 수 있게 되고, 교육의 어려움을 깨달은 연후에 교육자는 자신의 실력을 보강하게 된다. 그러므로 말하노라. 가르침과 배움은 서로를 키운다. <열명>에 이와 같이 말했다. "가르치는 것은 그 반이 배우는 것이다." 이 말씀은 교학상장을 두고 하신 말씀일 것이다.

第三章 小成大成(제3장 소성대성)

古之教者, 家有塾, 黨有庠, 術有序, 國有學. 此年入學, 中年考校,
고지교자 가유숙 당유상 술유서 국유학 차년입학 중년고교

一年視離經辨志, 三年視敬業樂羣, 五年視博習親師, 七年視論學取友,
일년시리경변지 삼년시경업락군 오년시박습친사 칠년시논학취우

謂之小成, 九年知類通達, 强立而不反, 謂之大成.
위지소성 구년지유통달 강립이불반 위지대성

夫然後足以化民易俗. 近者說服, 而遠者懷之, 此大學之道也.
부연후족이화민이속 근자열복 이원자회지 차대학지도야

記曰: "蛾子時術之." 其此止謂乎!
기왈 아자시술지 기차지위호

〖 해석 〗

   예로부터 교육을 행하는 장소를 말하자면, 25집 단위의 지역범위에는 숙이라는 것이 있었고, 500집 단위의 지역범위에는 상이라는 것이 있었고, 12,500집 단위의 지역범위에는 서라는 것이 있었고, 나라의 수도에는 대학이라는 것이 있었다. 대학은 매년 학생을 모집하였고, 한 해 걸러, 그러니까 2년에 한 번 시험을 치러 그 성적을 점검하였다. 1학년 생도의 경우는 그들이 경전을 장구를 나누어 읽을 줄 알고, 또 그 의미를 변별할 줄 아는가를 살핀다. 3학년 생도의 경우는 학업을 공경히 하며 동료 학생들과 잘 어울려 지내는가를 살핀다. 5학년 생도의 경우는 배우는 것을 폭넓게 하고 선생님을 잘 따르는가를 살핀다. 7학년 생도의 경우는 학문의 시비를 가리어 논술할 줄 알고, 학문의 동반자인 친구를 선택할 줄 아는가를 살핀다. 대학교육이 여기까지 이르게 되면 이를 일컬어 소성이라고 한다. 9학년 생도의 경우는 사물을 분류할 줄 알고, 그것을 다시 일반화시켜 통달하는 법칙을 깨달을 줄 안다. 그리고 굳건하게 진리에 서면 이전의 폐습으로 되돌아가지 않는다. 대학교육이 이러한 경지에 도달하게 되면 이를 일컬어 대성이라고 한다. 이 정도가 된 연후에 비로소 민중을 변화시키고 인민의 풍속을 개혁

시킬 수 있는 지도자가 되는 것이다. 그러면 가깝게 있는 사람들이 마음속 깊이 감복하고 멀리 있는 사람들도 그 덕을 사모하게 되는 것이니, 이것이야말로 대학의 도이다. 옛 기록에 이와 같은 말이 있다. "개미도 부지런히 흙을 입에 머금는 일을 배운다. 그리하여 큰 둔덕을 만든다." 이것이야말로 대학의 도를 두고 한 말이 아니겠는가!

第四章 敎之大倫(제4장 교지대륜)

大學始敎, 皮弁祭菜, 示敬道也. 宵雅肄三, 官其始也. 入學鼓篋, 孫其業也.
대학시교 피변제채 시경도야 소아이삼 관기시야 입학고협 손기업야

夏楚二物, 收其威也. 未卜禘, 不視學, 游其志也. 時觀而弗語, 存其心也.
하초이물 수기위야 미하체 부시학 유기지야 시관이불어 존기심야

幼者聽而弗問, 學不躐等也. 此七者, 敎之大倫也.
유자청이불문 학불렵등야 차칠자 교지대륜야

記曰: "凡學, 官先事, 士先志." 其此之謂乎!
기왈 범학 관선사 사선지 기차지위호

[해석]

대학의 수업이 시작되는 첫날에는 교관이 천자의 조정에서나 입는 피변복을 입고 나물을 준비하여 제사를 먼저 지내는 것은 학문의 선배인 지나간 성인들의 길에 대한 공경을 표시하는 것이다. 학생들에게 ≪시경≫ <소아> 3편의 노래를 암송하여 부르게 하는 것은 이미 그들이 관의 삶에 들어섰다는 것을 알려 주는 것이다. 학생들이 대학에 들어서면 수업이 시작되는 큰 북을 울려 교실에 학생들을 모으고 책 상자를 열어 서적을 꺼내어 하는데, 이것은 학생들이 학업을 공손한 마음자세로 대해야 한다는 것을 깨우치려 함이다. 교실에 개오동나무와 광대싸리로 만든 회초리를 걸어 놓는 것은 학생들에게 위엄을 갖추도록 하게 하는 것이다. 천자께서 가장 큰 제사인 체제 지낼 날을 점치지 않으시고 계신 동안에는 시험을 보지 않는 것은 학생들로 하여금 마음의 여유를 갖게 하려는 것이다. 교관은 때때로 학생들의

학업진도를 관찰하여 점검하면서도 그들에게 직접적으로 말하지 않는 것은 학생들이 스스로 마음에 깨우침을 얻기를 바라기 때문이다. 연소한 학생이 연장자들 의론을 경청하기만 할 뿐 연장자들보다 앞서 함부로 질문을 던지지 않게 하는 것은 배움에도 선후배의 질서가 있어 함부로 엽등하지 않게 하려는 것이다. 이 일곱 가지는 대학에서 학문을 가르치는 대원칙이며 윤리이다. 옛 기록에 이와 같이 말했다. "대저 학문을 가르치는 것을 우선으로 한다." 이것은 아마도 여기서 말한 일곱 가지 원칙을 두고 한 말일 것이다.

第五章 大學之敎(제5장 대학지교)

大學之敎也, 時敎必有正業, 退息必有居學. 不學操縵 不能安弦: 不學博依,
대학지교야 시교필유정업 퇴식필유거학 불학조만 불능안현 불학박의

不能安詩: 不學雜服, 不能安禮: 不興其藝, 不能樂學. 故君子之於學也,
불능안시 불학잡복 불능안례 불흥기예 불능락학 고군자지어학야

藏焉修焉, 息焉遊焉. 夫然, 故安其學而親其師, 樂其友而信其道.
장언수언 식언유언 부연 고안기학이친기사 락기우이신기도

是以雖離輔而不反也, 說命曰: "敬孫, 務時敏, 厥脩乃來." 其此之謂乎.
시이유리보이불반야 열명왈 경손 무시민 궐수내래 기차지위호

〖 해석 〗

대학의 교육이라는 것은 절기에 맞추어 짜이는 커리큘럼에 따라 반드시 정해진 수업이 있다. 그리고 학교에서 물러나와 쉴 때에도 반드시 집에서 행하여야 하는 숙제가 있다. 항상 끊임없이 몸으로 익힌다는 것이 중요한 것이다. 음악을 공부할 때도 항상 손에 현줄이 익어 있지 않으면 거문고 위에서 편안할 수가 없다. 시를 익힐 때에도 항상 다양한 비유나 은유를 넓게 외워 두지 않으면 시와 더불어 편안할 수가 없다. 예를 배울 때에도 다양한 복식에 관해 구체적인 지식이 없으면 예와 더불어 편안할 수가 없다. 다시 말해서 잡스러운 듯이 보이는 기예에 깊은 흥미를 가지고 있지 않으면 정통적인 학문도 제대로 할 수가 없다. 그러므로 군자의 학습법이란 문제가 되는 것을 항상 머릿속에 담고

있다가 촉발의 계기가 찾아오면 그것을 열심히 연구한다. 그리고 휴식을 취하고 한가롭게 노닐 때에도 항상 학문에서 생겨나는 의심과 관심사를 마음에서 지우는 법이 없다. 대저 항상 배움이 삶에 붙어 있기에 배움이 즐거울 수밖에 없고 스승과 친하게 될 수밖에 없다. 그리고 벗과 학문적으로 사귀는 것을 즐기며 삶 속에서 도를 항상 신험한다. 그러기 때문에 사우를 떠나 있어도 사우의 가르침을 배반하는 일이 없다. <열명>에 다음과 같은 말이 있다. "공경하고 겸손하라. 때에 맞추어 민첩하게 배우라. 그리하면 학문의 성취가 반드시 너에게 오리라." 이것은 바로 이상의 마음가짐을 두고 한 말일 것이다.

第六章 歎教之不刑(제6장 탄교지불형)

> 今之教者, 呻其佔畢, 多其訊, 言及于數, 進而不顧其安, 使人不由其誠,
> 금지교자 신기점필 다기신 언급간수 진이불고기안 사인불유기성
>
> 教人不盡其材. 其施之也悖, 其求之也佛. 夫然, 故隱其學而疾其師,
> 교인불진기재 기시지야패 기구지야불 부연 고은기학이질기사
>
> 故其難而不知其益也. 雖終其業, 其去之必速, 教之不刑, 其此之由乎!
> 고기난이부지기익야 유종기업 기거지필속 교지불형 기차지유호

〖 해석 〗

상술한 바 정도의 교육과는 달리 요즈음의 교육이라는 것은 교사가 단지 앞에 놓인 교과서를 읊조릴 뿐 쓸데없이 어려운 질문을 잔뜩 늘어놓아 자신의 박학만을 과시하며 그 가르치는 말이 산만하기 그지없다. 진도만을 서두르며 학생이 편안하게 이해하는 것을 고려치 아니하며 학생으로 하여금 본심으로부터 학문을 좋아하도록 이끌어 주지 않으며 가르침에 학생 스스로 가지고 있는 개성을 다 발현할 수 있도록 만들어 주지도 않는다. 이와 같이 가르치는 방법이 틀리니 당연히 학생들이 학문을 추구하는 방법도 틀릴 수밖에 없다. 이렇게 되면 학생들이 그 학문 자체를 싫어하게 되며 교사를 미워하게 되고 배우는 것이 어렵게만 느껴져 고통을 받아 그 학문이 자신의 생애에 큰 이득이 된다는 것을 깨달을 길이 없다. 비록 학업을 다 마

치고 졸업은 하였지만 학교를 떠나자마자 곧바로 학문에서 마음이 떠나 버린다. 요즈음 교육의 공이 드러나지 않음이 바로 이 때문이 아니겠는가?

第七章 大學之法: 豫·時·孫·摩
(제7장 대학지법: 예·시·손·마)

大學之法, 禁於未發之謂豫. 當其可之謂時, 不陵節而施之謂孫.
대학지법 금어미발지위예 당기가지위시 불릉절이시지위손

相觀而善之謂摩. 此四者, 敎之所由興也.
상관이선지위마 차사자 교지소유흥야

〔 번역 〕

대학의 교육방법은 학생이 과실을 범하기 전에 방지하는 것을 예라 하고 학생이 배울 준비가 되었을 때 가르침을 베푸는 것을 시라 한다. 학생의 능력을 넘어 과도하게 가르침을 베풀지 않는 것을 손이라 하고 학생이 서로 살펴보고 배우는 것을 마라 한다. 이 네 가지는 교육을 더욱 흥성하게 하는 원인이다.

〔 해석 〕

대학의 교육방법에 있어서 학생들이 오류를 범하기 전에 사전에 어린 시절에 조여 금지시키는 것을 예라고 일컫는다. 그리고 적절한 때가 되면 당연히 가르쳐야 할 것을 맞추어 가르치는 것을 시라고 한다. 그리고 한 인간의 수용능력의 절도에 알맞게 가르치는 것을 손이라고 일컫는다. 그리고 피교육자들이 서로를 관찰하여 서로의 경지를 고양시키기 위해 노력하게 만드는 것을 마라고 한다. 이 4가지 예·시·손·마야말로 대학교육을 성공적으로 만드는 방법이다.

第八章 教之所由廢(제8장 교지소유폐)

發然後禁, 則扞格而不勝. 時過然後學, 則勤苦而難成. 雜施而不孫,
발연후금 즉한격이불승 시과연후학 즉근고이난성 잡시이불손

則壞亂而不脩. 獨學而無友, 則孤陋而寡聞. 燕朋逆其師. 燕辟廢其學.
즉괴란이불수 독학이무우 즉고루이과문 연붕역기사 연벽폐기학

此六者, 敎之所由廢也.
차육자 교지소유폐야

[번역]

학생의 잘못을 발견한 후 이를 금하면 반항하여 감당하기 어렵고 배움
의 시기를 놓친 후에 배우게 되면 설사 각고의 노력을 해도 이루기가 어렵
다. 학생의 능력을 무시하고 무질서하게 가르치면 혼란스러워져서 이를 고
칠 수 없으며 홀로 배우고 벗이 없다면 고루하고 듣는 것이 적다. 친구 사
귀기를 좋아하면 스승을 거역하게 되며 나쁜 습관은 학문을 버리게 된다.
이 여섯 가지는 교육을 망치는 원인이다.

[해석]

이미 불선의 씨가 다 커 버린 후에 그것을 다스리려고 한다면 엄청난 저
항이 있게 되며 결코 교육자가 피교육자를 이길 수 없다. 그리고 또 교육의
적당한 시기가 지나가 버린 후에 배우려고 하면 죽도록 고생만 하고 성취
하기가 지극히 어렵다. 잡다하게 이것저것을 가르쳐 주어도 본인의 수용능
력이 따라 주지 아니하면 학업이 혼란스럽기만 하고 잘 닦이지 않는다. 친
구 없이 외톨이가 되어 공부만 하면 사람이 고루해지고 편견에 가득 차며
지식의 범위가 좁아질 수밖에 없다. 그리고 놀기만 좋아하는 습벽이 몸에
배어 버리면 학문 그 자체를 폐하게 된다. 이 여섯 가지가 교육이 망하게
되는 이유이다.

第九章 善諭: 和 · 易 · 思(제9장 선유: 화 · 이 · 사)

君子旣知敎之所由興, 又知敎之所由廢, 然後可以爲人師也.
군자기지교지소유흥 우지교지소유폐 연후가이위인사야

故君子之敎諭也, 道而弗牽, 强以弗抑, 開而弗達. 道而弗牽則和,
고군자지교유야 도이불견 강이불억 개이불달 도이불견즉화

强而弗抑則易, 開而弗達則思. 和易以思, 可謂善諭矣.
강이불억즉이 개이불달즉사 화이이사 가위선유의

[번역]

군자는 교육이 흥기하는 원인과 교육이 쇠락하는 원인을 알게 된 후에야 다른 사람의 스승이 될 수 있다. 그러므로 군자의 가르침은 바른길로 이끌어 주되 억지로 끌지 않으며 엄격하게 다루되 억제하지 않으며 깨닫는 길을 열어 주되 억지로 통달시키지 않는다. 이끌어 주되 억지로 끌지 않으면 화합하고, 엄격하게 다루되 억제하지 않으면 편안하고, 깨닫는 길을 열어주되 억지로 통달시키지 않으면 스스로 생각하게 된다. 화합하고 편안하고 스스로 생각하게 만들어야 비로소 훌륭한 스승이라 할 수 있다.

[해석]

군자는 이와 같이 교육이 흥하게 되는 이유와 교육이 폐하게 되는 이유, 즉 교육의 성패득실을 다 파악한 연후에 비로소 사람의 스승이 될 수 있는 것이다. 그러므로 위대한 스승의 가르침이란 학생이 가야 할 대강의 큰 길을 보여 주지만 억지로 잡아끌지는 아니하며 학생을 엄격하게는 하되 억압하지 아니하며 문제의 서두를 열어 주되 금방 그 문제를 풀게 만드는 것이 아니라 시간이 걸려도 스스로 깨닫기를 기다린다. 억지로 잡아끌지 아니하니 학생을 평화롭게, 강권하지만 억압하지 아니하니 학생은 오히려 쉽게 학업을 풀어나가며 문제를 스스로 풀게 만드니 학생은 사색할 줄 아는 인간이 된다. 평화로움과 쉬움과 사색, 이 세 가지가 갖추어지도록 만드는 스

승이야말로 위대한 가르침의 사람이라 말할 수 있다.

第十章 學者四失(제10장 학자사실)

學者有四失, 敎者必知之. 人之學也, 或失則多, 或失則寡, 或失則易,
학자유사실 교자필지지 인지학야 혹실즉다 혹실즉과 혹실즉이

或失則止. 此四者, 心之莫同也. 知其心, 然後能救其失也.
혹실즉지 차사자 심지막동야 지기심 연후능구기실야

敎也者 長善而救其失者也.
교야자 장선이구기실자야

[번역]

학생들이 범하는 네 가지 과실이 있는데 스승은 반드시 이를 알아야 한다. 사람이 배움에 있어 재주가 적은데 너무 많은 것을 배우면 정도를 잃게 되고 재주가 많은데 너무 적게 배우면 지식이 빈약해지고, 쉬운 것만 묻다 보면 완전한 지식을 얻을 수 없고 생각하기는 좋아하지만 묻지 않으면 지식이 편협해진다. 이 네 가지를 잃는 것은 마음이 한결같지 않아서이다. 스승이 학생의 마음을 헤아리고 난 후에야 능히 잃는 것을 구할 수 있다. 가르침이란 장점을 기르고 잃는 것을 구제하는 것이다.

[해석]

배우는 자에게도 4종류의 결점이 있다. 가르치는 자는 반드시 이러한 학생의 결점을 파악할 줄 알아야 한다. 학생들이 배우려고 노력할 때 인품에 따라 다음 4종류의 폐단이 나타난다. 어떤 학생은 너무 많이 배우려고 이것저것 나대다가 산만해진다. 어떤 학생은 너무 적게 배우려고만 하여 자신의 능력을 개발하지 않는다. 어떤 학생은 쉬운 것만을 좋아하여 포괄적인 지식에 도달하지 못한다. 어떤 학생은 너무 좁은 범위에 지식을 한정시켜 편협하게 되고 만다. 다·과·이·지의 결점은 학생들의 마음의 기질적 차이에서 유래된다.

선생은 학생들의 마음의 성향을 파악하여 그 결점을 구해 주어야 한다. 가르
친다고 하는 것은 학생의 장점을 키워 주고 그 결점을 보완해 주는 것이다.

第十一章 善歌善教(제11장 선가선교)

善歌者使人繼其聲, 善教者使人繼其志. 其言也約而達, 微而藏,
선가자사인계기성　선교자사인계기지　기언야약이달　미이장

罕譬而諭, 可謂繼志矣. 君子知至學之難易, 而知其美惡, 然後能博諭.
한자이유　가위계지의　군자지지학지난이　이지기미악　연후능박유

能博諭, 然後能爲師, 能爲師, 然後能爲長. 能爲長, 然後能爲君.
능박유　연후능위사　능위사　연후능위장　능위장　연후능위군

故師也者, 所以學爲君也. 是故擇師不愼也. 記曰: "三王四代唯其師."
고사야자　소이학위군야　시고택사불신야　기왈　삼왕사대유기사

其此之謂乎.
기차지위호

〖 번역 〗

　노래를 잘하는 사람은 소리를 이어 가게 할 수 있으며 잘 가르치는 사람
은 뜻을 이어 가도록 할 수 있다. 이야기를 할 때 간결하게 요점을 집어내
사물의 이치를 통하게 하고 미묘함을 잘 파악하고 비유를 잘 사용하지 않
아도 다른 사람을 깨우치게 할 수 있다면 다른 사람이 뜻을 이어 가도록 할
수 있는 사람이다. 군자는 사람들이 학문의 길에 도달하는 어려움과 쉬움
을 파악하고 또 학문의 아름다운 측면과 추한 측면을 다 파악하기 때문에
그 결과 많은 사람들을 깨우치는 힘이 있다. 많은 사람들을 깨우치기 때문
에 스승이 될 수 있는 것이고 스승이 될 수 있기 때문에 비로소 임금이 될
수 있는 것이다. 그러므로 스승이라고 하는 것은 결국 학생이 임금이 될 수
있는 것이다. 그러므로 스승이라고 하는 것은 결국 학생이 임금이 되는 것
을 배우는 이유, 그 기준이 되는 것이다. 그러기 때문에 학생 된 자는 스승
을 선택하는 데 있어서 신중하지 않으면 아니 된다. 그러므로 옛 기록에 이

런 말이 있다. "삼왕사대가 결국 명군이 아니라 위대한 스승들이었다." 이것은 바로 상술의 취지를 두고 한 말이다.

〖 해석 〗

노래를 아름답게 잘 부르는 사람은 자기 혼자 잘 부르는 것이 아니라 꼭 남이 따라 부르게 하여 결국 그 노래가 세상에 퍼지도록 만든다. 이와 마찬가지로 잘 가르치는 사람은 혼자 알고 끝나는 것이 아니라 그 뜻이 사람들에게 계승되어 사회로 전파되도록 만든다. 위대한 스승의 언어는 매우 간략하면서 모든 주제에 통달하여 매우 미묘한 듯하면서 많은 뜻을 내포하고 있다. 그리고 너저분한 비유를 많이 들지 않으면서도 단번에 깨우치는 힘이 있다. 이러기 때문에 이러한 스승의 가르침의 뜻은 세상에 잘 퍼지지 않을 수가 없다. 군자는 사람에 따라서 학문에 쉽게 이르는 사람이 있는가 하면, 어렵게 이르는 사람, 자질이 뛰어난 사람이 있는가 하면, 그렇지 못한 사람이 있다는 것을 깨달아야 한다. 이것을 알아야 비로소 배우는 사람이 어떤 처지에 있든 그것에 맞추어 가르칠 수 있으며 스승이 될 만한 사람이 비로소 한 무리의 우두머리가 될 수 있고 그래야 한 나라의 임금이 될 수 있다. 그러므로 스승이 된다는 것은 곧 임금이 되는 것을 배우는 길이다. 따라서 스승을 모시는 일에는 신중을 기해야 한다고 한다. "삼왕사대가 빛난 것은 오직 훌륭한 스승이 있었기 때문이다"라고 한 것은 이것을 말한 것이다.

第十二章 師無北面(제12장 사무북면)

凡學之道, 嚴師爲難. 師嚴然後道尊, 道尊然後民知敬學.
범학지도　엄사위난　사엄연후도존　도존연후민지경학

是故君之所不臣於其臣者二: 當其爲尸, 則弗臣也: 當其爲師, 則弗臣也.
시고군지소불신어기신자이　당기위시　즉불신야　당기위사　즉불신야

大學之禮, 雖詔於天子無北面, 所以尊師也.
대학지례　수조어천자무북면　소이존사야

　무릇 배움의 길에서 스승을 존경하는 법을 배우기가 가장 어렵다. 스승을 존경할 줄 알고 나서야 도를 숭상하고 도를 숭상하고 나서야 백성은 학문을 공경할 줄 알게 된다. 따라서 군주는 아랫사람을 대하는 태도로 신하를 대하지 않아야 하는 경우가 두 가지가 있다. 제사를 지낼 때 신령의 상징자 역할을 하는 신하를 신하로 대해서는 안 되며 군주의 스승이 되는 신하는 신하로 대하지 않는다. 대학의 예에서 천자를 대하더라도 스승이 되는 신하가 북면하지 않음은 바로 스승을 존중하는 까닭이다.

〖 해석 〗

　대저 학문을 닦는 길에 있어서는 스승을 존엄히 모시는 일이 참 힘든 것이다. 그러나 스승이 존엄하게 된 연후에나 인간 세상의 도리가 존엄하게 되는 것이다. 인간 세상의 도리가 존엄하게 되어야만 비로소 백성들이 학문을 존경하는 것을 알게 된다. 그러므로 임금이 신하를 신하로서 대하지 않는 경우가 두 가지 있다. 선조의 제사에서 시(尸) 역할을 담당하는 자에 대해서는 신하의 예로 대하지 않는다. 그리고 군주의 교사역할을 담당한 자에 대해서는 신하의 예로 대하지 않는다. 대학에서 예식을 거행할 때에도 천자가 납시었어도 천자를 대할 때 교사는 북면하지 않는다. 이것은 모두 스승을 존경하기 때문이다.

第十三章 進學之導: 善問善答(제13장 진학지도: 선문선답)

善學者, 師逸而功倍, 又從而庸之. 不善學者, 師勤而功半, 又從而怨之.
선학자 사일이공배 우종이용지 불선학자 사근이공반 우종이원지

善問者, 如攻堅木, 先其易者, 後其節目, 及其久也, 相說以解.
선문자 여공견목 선기이자 후기절목 급기구야 상설이해

不善問者反此. 善答問者, 如撞鐘, 叩之以小者則小鳴, 叩之以大者則大鳴,
불선문자반차 선답문자 여당종 고지이소자즉소명 고지이대자즉대명

待其從容, 然後盡其聲. 不善答問者反此. 此皆進學之道也.
대기종용 연후진기성 불선답문자반차 차개진학지도야

 잘 배우는 사람의 스승은 편안하게 쉬어도 공이 배가 되고 학생이 그 공을 스승의 은혜로 돌린다. 잘 배우지 못하는 사람의 스승은 열심히 일해도 공이 절반밖에 되지 않으며 학생이 스승을 원망한다. 질문을 좋아하는 사람은 마치 단단한 나무를 자르는 사람과 같다. 먼저 쉬운 것을 묻고 나중에 어려운 것을 물으니 시간이 지나면 서로 이야기하는 것이 이해가 되지만 질문하기를 싫어하는 사람은 이와 정반대이다. 대답을 잘하는 사람은 종을 치는 사람과 같다. 종을 가볍게 치면 작게 울리고 종을 세게 치면 크게 울리고 종을 침착하게 울리고 나면 그 소리가 널리 울려 퍼진다. 대답을 잘하지 못하는 사람은 이와 정반대이다. 이 모두가 학문을 하는 도리이다.

『 해석 』

 잘 배울 줄 아는 우수한 학생은 선생님께 즐거움을 선사하면서도 성적은 보통 학생들의 배가 된다. 그리고 그 공을 모두 선생님의 은혜로 돌린다. 그런데 잘 배울 줄 모르는 졸렬한 학생은 선생님께 괴로움만 선사하면서도 성적은 보통 학생들의 반도 되지 않는다. 그러면서 자신을 탓하지 않고 선생님만 원망한다. 질문을 잘하는 학생은 마치 단단한 아름드리나무를 도끼로 찍어 들어갈 때와 같이 한다. 먼저 허점이 있는 찍기 쉬운 부분부터 찍고 나중에 중요한 핵심적 절목들을 찍어 들어간다. 이렇게 한참을 공략하다 보면 그 나무가 저절로 쓰러진다. 이와 같이 스승과 제자가 서로 이야기를 주고받으면서 문제를 순차적으로 풀어 간다. 질문을 잘 못하는 학생은 이와 반대이다. 결국 문제를 푸는 데 성공하지 못한다. 그리고 좋은 질문을 잘 받을 줄 아는 스승의 경우, 종을 치는 모습과 그 상황이 비슷하다. 작은 당목으로 타종하면 작게 울려 주고 큰 당목으로 타종하면 크게 울려 준다. 자유자재로 응수하는 것이다. 그 종을 치는 자가 침착해지기를 기다려 충분히 힘을 모아 큰 당목으로 멋있게 치면 종은 가장 아름다운 소리를 내게 되는 것이다. 질문에 대답하는 것을 잘 못하는 자들은 꼭 이와 반대이다. 이런 것들이 모두 학문을 나아가게 만드는 좋은 방법이다.

第十四章 人師必聽人語(제14장 인사필청인어)

記問之學, 不足以爲人師, 必也其聽語乎. 力不能問, 然後語之.
기문지학   부족이위인사   필야기청어호   역불능문   연후어지

語之而不知, 雖舍之可也. 良冶之子, 必學爲裘. 良弓之子, 必學爲箕.
어지이불지   수사지가야   양야지자   필학위구   양궁지자   필학위기

始駕馬者反之, 車在馬前. 君子察於此三者, 可以有志於學矣.
시가마자반지   차재마전   군자찰어차삼자   가이유지어학의

〖 번역 〗

외워서 기억하는 학문으로는 다른 사람의 스승이 되기에 부족하고 반드시 학생이 묻는 말을 잘 듣고 적절하게 가르쳐야 한다. 능력이 부족하여 질문을 제대로 하지 못하면 기다렸다가 일깨워 주어야 한다. 일깨워 주었지만 학생이 이를 깨닫지 못하면 내버려 두어도 괜찮다. 훌륭한 대장장이의 아들은 반드시 갖옷 깁는 법을 배우고 훌륭한 조궁장이의 아들은 반드시 삼태기 짜는 법을 배운다. 처음으로 말이 수레를 끌게 할 때도 말을 먼저 마차 뒤꽁무니에 매서 마차가 말 앞에 놓인다. 이 세 가지 일을 살피면 군자는 학문에 뜻을 둘 수 있다.

〖 해석 〗

박학다식하여 많은 것을 암송하고 학문의 방식만으로써는 진정한 사람의 스승이 될 수가 없다. 스승이란 무엇보다도 먼저 사람의 말을 들을 줄 아는 귀가 열려 있어야 한다. 요령이 부족하여 질문을 하지 못하는 학생의 경우, 그가 애써 질문을 하려고 스스로 노력하는 모습을 보고 난 연후에나 설명을 해 준다. 그러나 설명을 해 주어도 깨닫지 못하는 학생은 깨닫지 못하는 그대로 두어도 무방하다. 위대한 대장장이의 아들은 우선 갖옷을 짓는 것부터 배워 점차 쇠까지 다루게 된다. 위대한 활장인의 아들은 키를 만드는 것부터 배워 점차 활까지 휘는 법을 익힌다. 처음에 마차를 끄는 초보

의 말은 수레 앞에 매지 않고 수레 뒤로 매어, 선배 말들이 끄는 모습을 보면서 자연스럽게 끄는 것을 익히도록 만든다. 군자는 이 세 가지를 살피어 배움에 대한 의지를 더욱 강화시킨다.

第十五章 務本: 大道不器(제15장 무본: 대도부기)

古之學者, 比物醜類. 鼓無當於五聲, 五聲弗得不和. 水無當於五色,
고지학자 빗믈추류 고무당어오성 오성불득불화 수무당어오색

五色不得不章. 學無當於五官, 五官不得不治. 師無當於五服,
오색불득부장 학무당어오관 오관불득부치 사무당어오복

五服弗得不親. 君子曰, 大德不官, 大道不器, 大信不約, 大時不齊.
오복불득불친 군자왈 대덕불관 대도불기 대신불약 대시부제

察於此四者, 可以有志於本矣. 三王之察川也, 皆先河而後海, 或源也,
찰어차사자 가이유지어본의 삼왕지찰천야 개선하이후해 혹원야

或委也, 此之謂務本.
혹위야 차지위무본

[번역]

고대의 학자들은 사물의 같은 점과 차이점을 비교하는 방식으로 사물을 분류했다. 북소리는 오음이 아니지만 북소리를 내지 않고는 오음의 조화로운 음을 낼 수 없으며 물은 오색이 아니지만 물이 없다면 오색은 만들어지지 않는다. 학문은 오관이 아니지만 오관은 학문을 도야하지 않고는 나라를 다스릴 수 없으며 스승은 오복의 인륜관계에서는 어느 친족에도 속하지 않지만 스승의 가르침이 없다면 누구도 자신의 인륜관계를 이해할 수 없다. 군자가 말했다. "위대한 덕을 지닌 사람은 벼슬에 구애받지 않고 위대한 도는 특별한 사물에 제한을 받지 않고 큰 믿음은 서약서를 필요로 하지 않으며 천시는 한결같다. 이 네 가지 일을 살피면 학문의 근본에 뜻을 둘 수 있다."

　예로부터 배우는 자들은 사물들을 비교하여 정확한 개념을 획득하여 유
추능력을 개발하였다. 북 그 자체는 오성에 해당하는 것이 없지만 오성은
북을 얻지 못하면 조화될 수 없다. 물 그 자체는 오색에 해당되는 것이 없
지만 오색은 물을 얻지 못하면 그 찬란한 색깔을 드러낼 수 없다. 배움 그
자체는 조정의 다섯 관직에 해당되는 것이 없지만 다섯 관직은 배움을 얻
지 못하면 다스림의 기능을 발휘할 수 없다. 스승님 그분은 오복에 해당하
는 것이 없지만 오복이 스승님을 얻지 못하면 친화롭게 될 수가 없다. 이
네 가지의 사례로 미루어 학문과 스승의 존엄성을 알 수 있다. 군자라면 다
음과 같은 말을 할 줄 알아야 한다. 대덕은 관직에 얽매이지 아니하며 대도
는 하나의 그릇에 담기지 아니하며 대신은 사소한 약정에 구애받지 아니하
며 대시는 짧은 시간의 획일적 질서에 얽매이지 아니한다. 이 네 가지 대국
을 살필 줄 아는 자라야 비로소 학문의 근본에 뜻을 둘 수 있게 된다. 하 ·
은 · 주 삼대의 왕들께서 물의 하느님께 제사를 지낼 때에는 모두 한결같이
작은 개울에 먼저 제사를 받들고 나중에야 거대한 바다에 제사를 받들었
다. 망망대해야말로 오히려 말류이며 작은 개울이야말로 위대한 근본이기
때문이다. 이를 일컬어 근본을 힘쓴다고 하는 것이다.

도덕경

1. 개요[15)

1) 노자(老子) 이야기

노자(老子)에 대해서는 여러 가지 설이 있다. 노자에 대한 최초의 언급은 ≪사기≫에 나타나 있는데, 성명은 이이(李耳), 자(字)는 백양(伯陽), 시호(諡號)는 담(聃)이라고 하였다. "초(楚)나라 고현(苦縣) 여향(厲鄕) 곡인리(曲仁里) 사람으로 주 왕실의 장서실(藏書室)을 관리하는 수장리(守藏吏)를 지냈다. 공자가 찾아와 예(禮)에 대하여 물은 적이 있는데 노자는 훌륭한 상인이라면 물건을 깊이 숨겨 두고 아무것도 없는 듯하듯이 군자는 큰 덕이 있더라도 용모는 어리석게 보이는 법이라고 하면서 교기(驕氣), 다욕(多欲), 태색(態色), 음지(淫志)를 버리라고 충고하였다"고 사마천은 ≪사기≫에 기록하였다.

---

15) 개요부분은 다음 교재들의 내용을 정리한 것임을 밝힌다.
   김종엽(2007). 『道德經』, 신영복(2006). 『강의 나의 동양고전 독법』, 조현규(2009). 『동양교육사상』, 오강남(2010). 『도덕경』, 김용옥(2000). 『노자와 21세기 1, 2, 3』, 채지충(1999). 황병국 번역. 『老子 I, II』, 황천춘(2009). 이경근 옮김. 『老子 잠언록』.

노자의 생존 연대는 ≪사기≫에서도 확실한 근거를 대지 못하고 있다. 학자들은 대체로 맹자(孟子) 뒤, 한비자(韓非子) 앞이라고 주장하기도 한다. 또 하나의 주장은 춘추시대 중기부터 전국시대 초기까지 살았고, 공자와 같은 시기라고 추정하기도 한다. 도가(道家)에서는 노자가 160여 세까지 살았다고 하는데 수도자의 삶을 걸어왔기에 가능하였다고 본다.

주(周)나라가 쇠망하자 국경을 떠날 때, 그곳 책임자인 윤희(尹喜) 혹은 관윤(關尹)이라는 사람이 노자를 알아보고 글을 청하자 ≪도덕경≫ 5천 언(言)을 지어 줌으로써 후세에 남게 되었다고 전해진다.

2)『도덕경(道德經)』의 유래

일반적으로 ≪노자≫는 상(上)·하(下) 두 편으로 나누어져 있다. 상편의 첫 구절이 '도가도(道可道), 비상도(非常道)'이고, 하편의 첫 구절이 '상덕부덕(上德不德), 시이유덕(是以有德)'이다. 이로써 상편의 '도(道)'와 하편의 '덕(德)'을 합하여 ≪도덕경≫이라고 불렀다. 노자철학에서 도(道)는 근본인 진리의 존재론에 대한 논의들이, 뒷부분 덕(德)은 그 응용으로 도(道)의 형성과 운용에 대한 지침들이 실려 있다고 본다.

도덕경의 장(章) 나눔은 크게 세 가지 종류로 취급한다. 81장으로 나눈 것과 72장과 68장으로 나눈 것이다. 왕필(王弼: 226－249)[16]과 하상공(河上公)[17]은 모두 81장으로 나누었는데, 이것이 가장 보편적이라

---

16) 위진(魏晉) 시기의 사람으로 16~18세의 나이에 글자의 수가 1만 1,890자로 노자주(老子註)를 지었다고 한다. 왕필의 주석을 현학(玄學)의 일환으로 쓰인 것으로 보며, 지금까지『도덕경』해석의 기본이 되고 있다.
17) 하상공은 한 대(漢代) 사람으로『도덕경』을 주로 도교적(道敎的) 관점에서 주하였다.

고 볼 수 있다.

지금까지의 사료를 보면 ≪도덕경≫18)은 노자 개인의 저작이 아님은 물론이며, 어느 한 사람의 저작이 아니라는 것이 통설로 작용되고 있다. 지금의 ≪도덕경≫은 왕필이 주석한 왕본(王本)을 지칭하고 있으며, ≪도덕경≫의 주석은 3천여 가(家)가 주(註)를 달았다고 전해지고 있으며, 그 이름이 전해지고 있는 것만 1천여 개나 되며, 현재 346종의 주석(註釋)이 전해지고 있다고 한다. 여러 주석들 중에서 최고의 것은 하상공의 주와 왕필의 주라고 한다.

≪도덕경≫은 19세기에 서구에 소개된 이후 현재 약 60여 종의 번역본이 있으며 현대 서구 사상에도 매우 깊은 영향을 미치고 있다.

3) 도(道)의 의미

道可道, 非常道. 名可名, 非常名. 無名天地之始, 有名萬物之母.
故常無 欲以觀其妙, 常有欲以觀其徼. 此兩者 同出而異名, 同謂之玄.
玄之又玄, 衆妙之門. 『도덕경』 제1장
도를 말할 수 있다면, 그것은 진정한 도가 아니다. 이름을 말로 설명할 수 있다면, 그것 또한 이름이 아니다. 무(無)는 천지의 시작이요, 유(有)는 만물의 어머니이다. 그러므로 항상 무(無)로 그 오묘함을, 유(有)로 그것의 끝을 보고자 한다. 이 두 가지는 함께 나왔지만 이름이 다르고, 모두 현묘(玄妙)하다고 불린다. 현묘하고 현묘하니 모든 현묘의 문(門)이다.

도(道)는 노자 철학사상의 중심 관념이다. 도의 몇 가지 의미를 살펴보면, 세계를 구성하는 실체, 우주를 창조하는 동력(動力), 만물을

---

18) 1973년 마왕퇴(馬王堆) 고분(古墳)의 백서(帛書) 『노자』가 발굴되고, 193년 호북성 곽점촌(郭店村)에서 죽간본(竹簡本)이 발견되었지만, 『노자』라는 책이 어떻게 만들어졌는지, 그리고 몇 종류의 『노자』가 있었는지에 대해서도 여러 가지 설이 있을 뿐이며 정확한 기록은 없다(신영복, 2006).

운동시키는 법칙, 인류 행위의 준칙으로 설명할 수 있다. 이 장(章)에서 말하는 도(道)는 모든 존재의 근원을 가리킨다. 즉 자연계에서 최초의 발동자(發動者)를 의미하며, 거기에는 무한한 잠재력과 창조력이 있다고 본다. 천지의 만물이 무성하게 자라는 것은 모두 도(道)의 잠재력이 쉴 새 없이 창조와 발육을 하는 일종의 표현이다.

신영복(2006)은 도(道)란 어떤 사물의 이름이 아니라 법칙을 의미한 것이며, 노자의 도는 윤리적인 강상(綱常)의 도가 아니며, 뿐만 아니라 최대한의 법칙성, 즉 우주와 자연의 근본적인 운동법칙을 의미하고 있다고 하였다. 노자의 도는 인간의 개념적 사고라는 그릇으로는 담을 수 없는 것이며, 우리의 사유를 뛰어넘는 것이라고 하였다. 또한 노자 철학을 물의 철학이라고 하는 까닭은 보이는 것 중에서 도에 가장 가까운 것이 물이기 때문에 물의 비유로써 도를 설명하는 경우가 많다고 얘기한다.

결론적으로 무의 세계든 유의 세계든 그것은 같은 것이며, 현묘한 세계라는 것이다. 유의 세계가 가시적이기 때문에 현묘하지 않다고 생각할지도 모르지만 그것은 무의 작용이며, 현상 형태이며, 그것의 통일체이기 때문에 현묘하지 않을 수 없다는 것이다.

4) 도(道)의 작용

道常無爲, 而無不爲 候王若能守之, 萬物將自化.
化而欲作, 吾將鎭之以無名之樸. 無名之樸, 夫亦將無欲. 不欲以靜,
天下將自定. 『도덕경』 제37장
도(道)는 언제나 하는 것이 없지만 이루지 못하는 것이 없다. 제후와 왕이 이를 지킬 수 있다면, 만물이 스스로 생성되고 성장할 것이다. 탐욕이 일어나며, 내 장차 이름도 없는 나뭇등걸로 굴복시킬 것이다. 이름도 없는 나뭇등걸, 즉 순박한 도(道)는 무릇 탐욕을 없앤다. 욕심이 없으면 마음이 고요해지고, 천하가 안정될 것이다.

무위(無爲)라는 것은 아무것도 하지 않는 것이 아니라 오히려 모든 것을 할 수 있다는 것을 보여 준다. 노자가 말하는 무위가 정말 아무것도 하는 것이 없는 것이라면, '못함이 없다(無不爲)'라는 표현을 할 수 없을 것이다. 노자가 말하는 진정한 무위는 우리의 가치로 말하면 '진위(眞爲)'라고 할 수 있다. 무위의 반대 개념으로 작위(作爲)나 인위(人爲)로 보는 것이 타당할 것이다.

> 大道氾兮, 其可左右. 萬物恃之以生而不辭, 功成而不有.
> 衣養萬物而不爲主, 可名於小. 萬物歸焉而不爲主, 可名爲大.
> 以其終不自爲大, 故能成其大. 『도덕경』 제34장
> 大道가 넘쳐흐르면 좌우 및 모든 곳에 이른다. 만물이 그것을 의지하고 성장하되 마다함이 없이, 공(功)을 세워도 차지하지 않는다. 만물을 양육하고도 공을 내세우지 않아 소(小)라고 할 수 있고, 스스로 위대하다고 자처하지 않기 때문에 결국 위대함을 성취하는 것이다.

대도(大道)가 넘쳐흐르면 좌우 모든 곳에 닿는다. 만물이 그것을 의지하고 성장해도 만물의 주인으로 나서지 않고, 만물을 성취시키고도 공(功)을 내세우지 않는다. 만물을 양육하고도 그들을 다스리지 않아 소(小)라고 하며, 만물이 돌아와도 스스로 주인을 자처하지 않으니 실로 위대하다. 스스로를 위대하다고 자부하지 않기 때문에, 비로소 그 위대함을 성취시킬 수 있다. 도(道)가 만물을 생장시키고 각각 필요한 것을 이루게 하지만 간섭하지 않는 정신은 우리가 응당 배워야 할 것이다.

노자는 도(道)처럼 아무런 작위를 가하지 않아도 저절로 이루어지는 것을 '무위'라고 하며, 그러한 상태를 '자연'이라고 하였다. 노자가 말하는 자연은 오늘날 우리가 인식하는 자연 개념인 산·강·바다·돌·공기 같은 것이 아니라 아무런 작위도 없이 저절로 이루어지는 무위의 상태 그 자체를 의미한다. 노자의 자연의 개념은 형용사나 동사에 가깝다는 것이다. 이로써 도는 곧 무위이며, 무위는 곧 자연이라고 할 수 있다.

노자는 잘못된 인식을 반성한 다음 올바른 방식으로 실천하기를 요구하는데, 말없이 실천하고, 자랑하지 말고, 개입하지 말고, 유유하고 자연스럽게 실천해야 한다는 것이 노자 실천론의 요지라고 한다(신영복, 2006).

2. 원전해석[19]

제1장 道可道非常道(도가도비상도)

> **道可道非常道**, 名可名非常名. 無名天地之始, 有名萬物之母.
> 도가도비상도 명가명비상명 무명천지지시 유명만물지모
>
> 故常無慾以觀其妙, 常有欲以觀其徼. 此兩者同, 出而異名, 同謂之玄.
> 고상무욕이관기묘 상유욕이관기요 차양자동 출이이명 동위지현
>
> 玄之又玄, 衆妙之門.
> 현지우현 중묘지문

---

19) 원전해석에 가장 많이 인용한 것은 오강남(2010)과 채지충(1999)의 교재들이다. 채지충의 『노자 Ⅰ, Ⅱ』는 만화책으로 풀이되어 있지만 그림과 글의 주석이 절묘하게 연결되어 중국고전을 이해하는 데 한결 쉬웠다. 오강남의 『도덕경』은 원전에 충실하면서도 서구사상의 창으로 현실세계에서 도덕경을 어떻게 이해할 수 있을 것인지에 대한 의문을 품게 하였다. 도덕경을 공부하는 중에도 번역서와 주석서들이 쏟아져 나오고 있었다.

도(道)를 말할 수 있다면, 그것은 진정한 도(道)가 아니다. 이름을 말로 설명할 수 있다면, 그것 또한 이름이 아니다.

무(無)는 천지의 시작이요, 유(有)는 만물의 어머니이다. 그러므로 항상 무(無)로 그 오묘함을, 유(有)로 그것의 끝을 보고자 한다. 이 두 가지는 함께 나왔지만 이름이 다르고, 모두 현묘(玄妙)하다고 불린다. 현묘하고 현묘하니 모든 현묘의 문(門)이다.

〖 해석 〗

'도'라고 할 수 있는 '도'는 영원한 '도'가 아니다. 이름 지을 수 있는 이름은 영원한 이름이 아니다. 이름 붙일 수 없는 그 무엇이 하늘과 땅의 시원. 이름 붙일 수 있는 것은 온갖 것의 어머니. 그러므로 언제나 욕심이 있으면 그 나타남을 볼 수 있다. 둘 다 근원은 같은 것. 이름이 다를 뿐 둘 다 신비스러운 것. 신비 중의 신비요, 모든 신비의 문이다.

제2장 相和(상화)

天下皆知美之爲美, 斯惡已, 皆知善之爲善, 斯不善已.
천하개지미지위미 사악이 개지선지위선 사불선이

故有無相生, 難易相成, 長短相較, 高下相傾, 音聲相和, 前後相隨.
고유무상생 난이상성 장단상교 고하상경 음성상화 전후상수

是以聖人處無爲之事, 行不言之敎, 萬物作焉而不辭, 生而不有, 爲而不恃,
시이성인처무위지사 행불언지교 만물작언이불사 생이불유 위이불시

功成而弗居. 夫唯弗居, 是以不去.
공성이불거 부유불거 시이불거

〖 번역 〗

천하가 다 아름다운 것을 아름다운 줄 알지만 추악한 것이며, 다 선한 것

을 선한 줄 알지만 선하지 않다. 때문에 유(有)와 무(無)가 서로 낳고, 어렵고 쉬운 것이 서로 이루고, 길고 짧은 것이 서로 나타나고, 높고 낮은 것이 서로 기울어지고, 음과 소리가 서로 조화하고, 앞뒤가 서로 따른다. 이로써 성인은 무위(無爲)의 일을 함에 있어 무언(無言)의 가르침을 행한다. 만물이 작용해도 말하지 않고, 생겨도 소유하지 않고, 만들어도 뽐내지 않고 공(功)을 이루어도 머물지 않는다. 머물지 않기 때문에 떠나지 않는다.

[해석]

세상 모두가 아름다움을 아름다움으로 알아보는 자체가 추함이 있다는 것을 뜻한다. 착한 것을 착한 것으로 알아보는 자체가 착하지 않음이 있다는 것을 뜻한다.

그러므로 가지고 못 가짐도 서로의 관계에서 생기는 것. 어렵고 쉬움도 서로의 관계에서 성립되는 것. 길고 짧음도 서로의 관계에서 나온 것. 높고 낮음도 서로의 관계에서 비롯하는 것. 악기 소리와 목소리도 서로의 관계에서 어울리는 것. 앞과 뒤도 서로의 관계에서 이루어지는 것.

따라서 성인은 무위(無爲)로써 일을 처리하고, 말로 하지 않는 가르침을 수행한다. 모든 일이 생겨나도 마다하지 않고, 모든 것을 이루나 가지려 하지 않고, 공을 쌓으나 그 공을 주장하지 않는다. 공을 주장하지 않기에 이룬 일이 허사로 돌아가지 않는다.

제3장 虛其心 實其腹(허기심 실기복)

不尙賢, 使民不爭, 不貴難得之貨, 使民不爲盜, 不見可欲, 使民心不亂.
불상현 사민부쟁 불귀난득지화 사민불위도 불현가욕 사민심불란

是以聖人之治, **虛其心**, **實其腹**, 弱其志, 强其骨.
시이성인지치 **허기심** **실기복** 약기지 강기골

常使民無知無欲, 使夫智者不敢爲也.
상사민무지무욕 사부지자불감위야

爲無爲, 則無不治. 使夫知不敢不爲而已也, 則無不治.
위무위 즉무불치 사부지불감불위이야 즉무불치

不尚賢, 使民不爭, 不貴難得之貨, 使民不爲盜, 不見可欲, 使民心不亂.
불상현 사민부쟁 불귀난득지화 사민불위도 불현가욕 사민심불란

是以聖人之治, **虛其心, 實其腹**, 弱其志, 强其骨.
시이성인지치 **허기심 실기복** 약기지 강기골

常使民無知無欲, 使夫智者不敢爲也.
상사민무지무욕 사부지자불감위야

爲無爲, 則無不治. 使夫知不敢不爲而已也, 則無不治.
위무위 즉무불치 사부지불감불위이야 즉무불치

〖 번역 〗

현명함을 숭상하지 않으면 백성이 다투지 않고, 귀한 물건을 귀하게 여기지 않으면 백성들이 도둑질을 하지 않는다. 하고자 하는 것을 보이지 않으면, 백성들의 마음을 어지럽히지 않는다. 이로써 성인의 다스림은 그 맘을 비우고, 그 배를 채우며, 그 뜻을 약하게 하고, 그 뼈를 강하게 하여, 항상 백성들로 하여금 앎도 욕심도 없게 하며 지혜로운 자로 하여금 감히 하지 못하게 한다. 즉, 무위란 못하는 것이 없는 것이다.

〖 해석 〗

훌륭하다는 사람 떠받들지 마시오. 사람 사이에 다투는 일 없어질 것이다. 귀중하다는 것 귀히 여기지 마시오. 사람 사이에 훔치는 일 없어질 것이다. 탐날 만한 것 보이지 마시오. 사람의 마음 산란해지지 않을 것이다.

그러므로 성인이 다스리게 되면 사람들로 마음은 비우고 배는 든든하게 하며, 뜻은 약하게 하고 뼈는 튼튼하게 한다. 사람들로 지식도 없애고 욕망도 없애고, 영리하다는 자들 함부로 하겠다는 짓도 못하게 한다.

억지로 하는 함이 없으면 다스려지지 않는 것이 하나도 없다.

제5장 天地不仁(천지불인)

天地不仁, 以萬物爲芻狗. 聖人不仁 以百姓爲芻狗.
천지불인 이만물위추구 성인불인 이백성위추구

天地之間 其猶橐籥乎. 虛而不屈, 動而愈出. 多言數窮, 不如守中.
천지지간 기유탁약호 허이불굴 동이유출 다언삭궁 불여수중

〖 번역 〗

천지는 어짊이 없어 만물을 추구(芻狗)로 여기고, 성인(聖人)도 역시 백성을 추구로 여긴다. 천지간이 마치 풀무와 같다. 비어 있어도 다함이 없고, 움직일수록 더욱 나온다. 말을 많이 하면 자주 막히나, 속을 비워 지킴만 못하다.

〖 해석 〗

하늘과 땅은 편애하지 않습니다. 모든 것을 짚으로 만든 개처럼 취급합니다. 성인도 편애하지 않습니다. 백성을 모두 짚으로 만든 개처럼 취급합니다. 하늘과 땅 사이로 풀무의 바람통 비어 있어나 다행이 없고 움직일수록 더욱더 내놓는 것, 말이 많으면 궁지에 몰리는 법 중심을 지키는 것보다 좋은 일은 없습니다.

제6장 谷神不死(곡신불사)

谷神不死, 是爲玄牝. 玄牝之門, 是謂天地根. 綿綿若存, 用之不勤.
곡신불사 시위현빈 현빈지문 시위천지근 면면약존 용지불근

〖 번역 〗

곡신(谷神)은 죽지 않아 현빈(玄牝)이라고 한다. 현빈의 문, 이것을 천지의 뿌리라고 이른다. 면면히 이어져 아무리 사용해도 마르지 않는다.

계곡의 신은 결코 죽지 않는다. 그것은 신비의 여인. 여인의 문은 하늘과 땅의 근원. 끊일 듯하면서도 이어지고, 써도 써도 다할 줄을 모른다.

제7장 天長地久(천장지구)

天長地久, 天地所以能長且久者, 以其不自生, 故能長生.
천장지구 천지소이능장차구자 이기부자생 고능장생

是以聖人後其身而身先, 外其身而身存. 非以其無私邪, 故能成其私.
시이성인후기신이신선 외기신이신존 비이기무사야 고능성기사

[번역]

천지는 영원하다. 그것은 스스로의 뜻으로 살아가지 않기 때문이다. 성인(聖人)이 몸을 뒤에 두어도 앞에 나서게 되고, 몸을 버려도 살아남는 것은 사심(私心)이 없기 때문 아닌가? 그러므로 능히 나를 이룬다.

[해석]

하늘과 땅은 영원한데, 하늘과 땅이 영원한 까닭은 자기 스스로를 위해 살지 않기 때문이다. 그러기에 참삶을 사는 것이다. 성인도 마찬가지, 자기를 앞세우지 않기에 앞서게 되고, 자기를 버리기에 자기를 보존한다. 나를 비우는 것이 진정으로 나를 완성하는 것이 아니겠는가?

제8장 上善若水(상선약수)

上善若水, 水善利萬物而不爭, 處衆人之所惡, 故幾於道.
상선약수 수선리만물이부쟁 처중인지소오 고기어도

居善地, 心善淵, 與善仁, 言善信, 正善治, 事善能, 動善時. 夫唯不爭, 故無尤.
거선지 심선연 여선인 언선신 정선치 사선능 동선시 부유부쟁 고무우

상선(上善)은 물과 같다. 물은 선하여 만물을 이롭게 하며 다투지 않고, 사람들이 꺼리는 곳에 머물기 때문에 도(道)에 가깝다. 거(居)함에는 땅이 좋고, 마음은 깊은 것이 좋고, 사귐에는 어진 것이 좋고, 말에는 신의가 있는 것이 좋고, 정치는 다스려지는 것이 좋고, 일은 잘하는 것이 좋고, 움직임은 때에 맞아야 좋다. 물은 오직 다투기 않기 때문에 허물이 없다.

『 해석 』

가장 훌륭한 것은 물처럼 되는 것이다. 물은 온갖 것을 섬길 뿐, 그것들과 겨루는 일이 없고, 모두가 싫어하는 (낮은)곳을 향하여 흐를 뿐이다. 그러기에 물은 도에 가장 가까운 것이다.

낮은 데를 찾아가 사는 자세, 심연을 닮은 마음, 사람됨을 갖춘 사귐, 믿음직한 말, 정의로운 다스림, 힘을 다한 섬김, 때를 가린 움직임, 겨루는 일이 없으니 나무람 받을 일도 없다.

제9장 持而盈之 不如其已(지이영지 불여기이)

持而盈之, 不如其已. 揣而銳之, 不可長保.
지이영지 불여기이 췌이예지 불가장보

金玉滿堂, 莫之能守. 富貴而驕, 自遺其咎. 功遂身退, 天之道.
금옥만당 막지능수 부귀이교 자유기구 공수신퇴 천지도

『 번역 』

넘치도록 갖고 있는 것은 이를 그만두는 것만 못하다. 날카롭게 간 칼은 오래 보존할 수 없다. 금과 옥이 가득하면 능히 지킬 수 없다. 부귀하여 교만하면 스스로 그 재앙을 남긴다. 공(功)이 이루어져 몸이 물러남은 하늘의 도(道)이다.

넘치도록 가득 채우는 것보다 적당할 때 멈추는 것이 좋다. 너무 날카롭게 벼리고 갈면 쉬 무디어진다. 금과 옥이 집에 가득하면 이를 지킬 수가 없다. 재산과 명예로 자고해짐은 재앙을 자초함이다. 일이 이루어졌으면 물러나는 것, 하늘의 길이다.

제10장 猜謂玄德(시위현덕)

載營魄抱一, 能無離乎. 專氣致柔, 能嬰兒乎.
재영백포일 능무리호 전기치유 능영아호

滌除玄覽, 能無疵乎 愛民治國, 能無知乎.
척제현람 능무자호 애민치국 능무지호

天門開闔, 能爲雌乎. 明白四達, 能無爲乎.
천문개합 능위자호 명백사달 능무위호

生之畜之, 生而不有, 爲而不恃, 長而不宰, **猜謂玄德**
생지축지 생이불유 위이불시 장이부재 **시위현덕**

〖 번역 〗

동물적 습성을 다스려 정신을 가다듬고 이로써 외계(外界)에 현혹되지 않을 수 있느뇨? 기를 축적하여 몸을 부드럽게 하여 어린아이처럼 할 수 있느뇨? 마음을 깨끗이 닦아 현묘한 거울처럼 흠이 없게 할 수 있느뇨? 백성을 사랑하고 나라를 다스림에 무위로써 할 수 있느뇨? 천계를 넘나듦에 어머니와 같은 자애(慈愛)를 유지할 수 있느뇨? 사통팔달하게 되어서도 능히 모르는 듯할 수 있느뇨? 자연이 만물을 낳아 기르되 소유함이 없고, 운행함에 치우침이 없으며, 성장함에 지배함이 없나니, 이를 일러 현묘한 덕이라 하느니라.

혼백을 하나로 감싸 안고 떨어져 나가지 않도록 할 수 있는가?

기(氣)에 전심하여 더없이 부드러워지므로 갓난아이 같은 상태를 유지할 수 있겠는가?

마음의 거울을 깨끗이 닦아 티가 없게 할 수 있겠는가?

백성을 사랑하고 나라를 다스림에 '무위'를 실천할 수 있겠는가?

하늘 문을 열고 닫음에 여인과 같을 수 있겠는가?

밝은 깨달음 사방으로 비춰 나가 무지(無知)의 경지를 이룰 수 있겠는가?

낳고 기르시오. 낳았으되 가지려 하지 마시오. 모든 것 이루나 거기 기대려 하지 마시오. 지도자가 되어도 지배하려 하지 마시오. 이를 일컬어 그윽한 덕이라 한다.

제11장 無之以爲用(무지이위용)

三十輻共一轂, 堂其無, 有車之用. 埏埴以爲器, 當其無, 有器之用.
삼십폭공일곡　당기무　유거지용　선식이위기　당기무　유기지용

鑿戶牖以爲室, 當其無, 有室之用. 故有之以爲利, **無之以爲用.**
착호유이위실　당기무　유실지용　고유지이위리　**무지이위용**

〖 번역 〗

서른 개의 바퀴살이 한 바퀴통을 만드니, 그 비어 있음으로 말미암아 수레를 쓸 수 있다. 찰흙을 이겨 그릇을 만드니, 그 비어 있음으로 말미암아 담을 수 있다. 문과 창을 뚫어 방을 만드니, 그 비어 있음으로 말미암아 방을 쓸 수 있다. 그러므로 있는 것이 이로운 것은 없는 것이 쓰이기 때문이다.

〖 해석 〗

삼십 개의 바퀴살이 한 바퀴통에 연결되어 수레가 굴러가지만 마땅히 그 가운데를 비게 하여야 수레의 구실을 하게 되며, 찰흙을 이겨 그릇을 만

들지만, 마땅히 그 가운데를 비게 하여야 그릇으로서의 효용이 있는 것이지. 문과 창을 내어 방을 만듦에도 마땅히 그 가운데를 비게 하여야 방으로서의 쓸모가 있는 것이다. 그러므로 형체 있는 것들을 이롭게 하기 위해서는 반드시 무형의 호응을 얻어야 하는 것이니라.

제13장 寵辱若驚(총욕약경)

寵辱若驚, 貴大患若身. 何謂寵辱若驚.
총욕약경　귀대환약신　하위총욕약경

寵爲下, 得之若驚, 失之若驚, 是爲寵辱若驚.
총위하　득지약경　실지약경　시위총욕약경

何謂貴大患若身. 吾所以有大患者, 爲吾有身, 及吾無身, 吾有何患.
하위귀대환약신　오소이유대환자　위오유신　급오무신　오유하환

故貴以身爲天下, 若可寄天下, 愛以身爲天下, 若可託天下.
고귀이신위천하　약가기천하　애이신위천하　약가탁천하

[번역]

　총애와 치욕은 모두 놀람같이 하고, 큰 재앙을 몸같이 여긴다. 총욕(寵辱)을 놀람같이 한다는 말은 무슨 뜻인가? 사랑받는 것을 최상으로 여기고 굴욕을 최하로 여겨, 얻어도 잃어도 놀란 것처럼 하는 것을 말한다. 큰 재앙을 몸같이 여긴다고 하는 말은 무슨 뜻인가? 내가 큰 재앙을 당했다고 여기는 것은 내 몸이 있기 때문이며, 내 몸이 없다면 그것이 무슨 걱정이 되겠는가? 그러므로 몸을 귀히 여겨 천하를 다스리면 곧 천하를 맡길 수 있고, 몸을 사랑하여 천하를 다스리면 곧 천하를 맡길 수 있다.

[해석]

　수모를 신기한 것처럼 좋아하고, 고난을 내 몸처럼 귀하게 여기시오.
　수모를 신기한 것처럼 좋아한다 함은 무엇을 두고 하는 말인가? 낮아짐

을 좋아한다는 뜻이다. 수모를 당해도 신기한 것, 수모를 당하지 않아도 신기한 것, 이것을 일러 수모를 신기한 것처럼 좋아함이라 한다.

고난을 내 몸처럼 귀하게 여긴다 함은 무엇을 두고 하는 말인가? 고난을 당하는 까닭은 내 몸이 있기 때문, 내 몸 없어진다면 무슨 고난이 있는가?

내 몸 바쳐 세상을 귀히 여기는 사람, 가히 세상을 맡을 수 있고, 내 몸 바쳐 세상을 사랑하는 사람, 가히 세상을 떠맡을 수 있을 것이다.

제14장 視之不見(시지불견)

視之不見, 名曰夷, 聽之不聞, 名曰希, 搏之不得, 名曰微.
시지불견 명왈이 청지불문 명왈희 박지부득 명왈미

此三者, 不可致詰, 故混而爲一. 其上不曒, 其下不昧.
차삼자 불가치힐 고혼이위일 기상불교 기하불매

繩繩不可名, 復歸於無物. 是謂無狀之狀, 無物之象.
승승불가명 복귀어무물 시위무상지상 무물지상

是謂惚恍. 迎之不見其首, 隨之不見其後.
시위홀황 영지불견기수 수지불견기후

執古之道, 以御今之有. 能知古始, 是謂道紀.
집고지도 이어금지유 능지고시 시위도기

〖 번역 〗

도(道)는 보아도 보이지 않는 무색(無色)이고, 귀를 기울여도 들리지 않는 무성(無聲)이며, 잡으려고 해도 잡히지 않는 무형(無形)이다. 이 세 가지로는 도(道)를 추구할 수 없다. 그러므로 도(道)란 이 세 가지가 혼연일체(渾然一體)가 된 것이다. 도(道)는 그 위라고 하여 밝지 않고, 그 아래라고 하여 어둡지 않으며, 끊임없이 계속되고 이름을 붙일 수 없어 결국 아무것도 없는 무(無)로 되돌아간다. 그것을 형체 없는 형체, 형상 없는 형상이라고 하며 황홀(恍惚)이라고 한다. 도(道)는 마주 보아도 그 머리가 보이지 않고, 뒤를 보아도 그 끝이 없다. 영원 전부터 존재하는 도(道)를 지니며 현재의 모든

사물을 장악하기 때문에 태초의 시조(始祖)임을 알 수 있으며, 이를 곧 도
(道)의 근본이라고 한다.

〖 해석 〗

　보아도 보이지 않는 것, 이름 하여 이(夷)라 하여 본다. 들어도 들리지 않
는 것, 이름 하여 희(希)라 하여 본다. 잡아도 잡히지 않는 것, 이름 하여 미
(微)라 하여 본다. 이 세 가지로도 밝혀낼 수 없는 것, 세 가지가 하나로 혼
연일체를 이룬 상태. 그 위라서 더 밝은 것도 아니고, 그 아래라서 더 어두
운 것도 아니다. 끝없이 이어지니 무어라 이름 붙일 수도 없다. 결국 '없음'
의 세계로 돌아간다. 이를 일러 '모양 없는 모양', '아무것도 없음의 형상'
이라 한다. 가히 '황홀'이라 하겠다.
　앞에서 맞아도 그 머리를 볼 수 없고, 뒤에 쫓아도 그 뒤를 볼 수 없다.
태고의 도를 가지고 오늘의 일(有)을 처리하시오. 태고의 시원을 알 수 있을
것이다. 이를 일컬어 '도의 실마리'라 한다.

제15장 古之善爲士者(고지선위사자)

古之善爲士者, 微妙玄通, 深不可識.
고지선위사자 미묘현통 심불가식

夫唯不可識, 故强爲之容. 豫焉, 若冬涉川, 猶兮, 若畏四鄰.
부유불가식 고강위지용 예언 약동섭천 유혜 약외사린

儼兮, 其若容. 渙兮, 若氷之將釋. 敦兮, 其若樸. 曠兮, 其若谷.
엄혜 기약용 환혜 약빙지장석 돈혜 기약박 광혜 기약곡

混兮, 其若濁, 孰能濁以靜之徐淸? 孰能安以久, 動之徐生?
혼혜 기약탁 숙능탁이정지서청 숙능안이구 동지서생

保此道者不欲盈. 夫有不盈, 故能蔽不新成.
보차도자불욕영 부유불영 고능폐불신성

예로부터 도(道)를 깨달은 자는 미묘하게 통달하여 깊이를 알 수 없다. 알 수 없기 때문에 억지로 표현해 보고자 한다. 신중하기가 겨울에 시내를 건너는 것 같고, 조심하기가 사방의 적을 두려워하는 것 같고, 의젓하기는 손님처럼 처신한다. 풀어지기는 얼음이 녹는 것 같고, 돈독하기는 나무토막 같고, 넓기는 골짜기 같고, 흐리기는 흙탕물 같다. 누가 능히 흐린 것을 고요히 하여 서서히 맑아지게 하며, 누가 능히 편안한 것을 움직여 서서히 살아나게 하겠는가? 도(道)를 지닌 자는 채우는 것을 바라지 않고, 채우지 않기 때문에 언제나 해어지지 않아 굳이 새것을 만들지 않는다.

〖 해석 〗

예로부터 도(道)를 깨달은 사람은 미묘하고 통달하여 보통 사람이 이해할 수 있는 범위를 초월한다. 보통 사람으로서는 이해할 수 없기 때문에 굳이 그것을 표현한다면, 그 신중함이 마치 겨울 강을 건너는 것처럼 함부로 물속에 들어가지 않고, 근신하고 경계하는 것이 사방의 적이 엿보는 것과 같다. 그의 사람됨과 처사는 정중하고 근신하여 마치 손님 같고, 도를 닦고 덕을 쌓으며 정욕을 제거하는 것이 마치 봄날 눈 녹듯 한다. 그의 본질은 순박하고 성실하여 다듬지 않은 재와 같고, 마음은 넓고 태도는 겸손하여 스스로를 낮추어, 마치 깊은 골짜기 같다. 그의 표현은 우둔하고 어리석어 보이며, 날카로움을 감추어 마치 흐린 물 같다.

누가 혼돈 속에서 안정을 찾아 천천히 맑아질 수 있는가? 누가 안정 속에서 변화를 일으켜 천천히 나아갈 수 있는가? 이 같은 도리를 간직할 수 있는 사람은 자만하지 않는다. 자만하지 않기 때문에 옛것을 벗어 버리고 새것으로 갈아입을 수 있으며, 정신을 영원히 맑고 활달하게 지켜 갈 수 있다.

도(道)를 깨달은 사람은 섬세하고 깊이가 있고 통달한 사람이다. 신중하면서도 순박하고 겸손하다. 어떤 일이든 원만함을 구하지 않으므로 실패하지 않는다.

제17장 太上(태상)

太上, 下智有之, 其次, 親而譽之, 其次, 畏之, 其次, 侮之.
태상 하지유지 기차 친이예지 기차 외지 기차 모지

信不足焉, 有不信焉. 悠兮其貴言. 功成事遂, 百姓皆謂我自然.
신부족언 유불신언 유혜기귀언 공성사수 백성개위아자연

〖 번역 〗

가장 훌륭한 군왕은 백성들이 그의 존재를 느끼지 않는 것이고, 다음은 덕(德)으로 백성을 감화시켜 명예를 얻는 것이다. 세 번째는 강권(强權)으로 다스려 두렵게 하는 것이고, 네 번째는 권모술수(權謀術數)로 백성을 우롱하고 속이는 것이다. 군왕에 대한 믿음이 부족하면 백성들이 입을 모아 저절로 그렇게 된 것이라고 말한다.

〖 해석 〗

가장 훌륭한 지도자는 사람들에게 그 존재 정도만 알려진 지도자, 그다음은 사람들이 가까이하고 칭찬하는 지도자, 그다음은 사람들이 두려워하는 지도자, 가장 좋지 못한 것은 사람들의 업신여김을 받는 지도자.
신의가 모자라면 불신이 따르게 마련이다. [훌륭한 지도자는] 말을 삼가고 아낀다. [지도자가] 할 일을 다하여 모든 일이 잘 이루어지면 사람들은 말할 것이다. "이 모두가 우리에게 저절로 된 것이다"라고.

제18장 大道廢 有仁義(대도폐 유인의)

大道廢, 有仁義. 慧智出, 有大僞. 六親不和, 有孝慈. 國家昏亂, 有忠臣.
대도폐 유인의 혜지출 유대위 육친불화 유효자 국가혼란 유충신

대도(大道)가 없어지면 인의(仁義)가 생기고, 지혜가 나타나면 큰 거짓이 생긴다. 육친(六親)이 화목하지 못하면 효도와 사랑이 강조되고, 국가가 혼란하면 충신이 생겨난다.

『 해석 』

고기는 물의 고마움을 모르고, 사람은 공기(空氣)의 중요성을 모른다. 대도(大道)가 번성하여 인의(仁義)가 그 가운데 스며들어 있을 때는 그런 것을 강조할 필요조차 없다. 그러나 인의(仁義)를 외쳐대는 시대에 접어들면서부터 사회가 각박해졌다. 덕행(德行)을 표창하는 것도 사회의 결함(缺陷)이 많기 때문이다. 선행(善行)을 표창하는 것도 그런 일이 매우 드물기 때문이다.

제20장 絶學無憂(절학무우)

絶學無憂. 唯之與阿, 相去幾何. 善之與惡, 相去若何.
절학무우 유지여아 상거기하 선지여오 상거약하

人之所畏, 不可不畏. 荒兮, 其未央哉! 衆人熙熙, 如享太牢, 如春登臺.
인지소외 불가불외 황혜 기미앙재 중인희희 여향태뢰 여춘등대

我獨泊兮, 其未兆, 如嬰兒之未孩. 儽儽兮, 而我獨若遺.
아독박혜 기미조 여영아지미해 루루혜 이아독약유

我愚人之心也哉! 沌沌兮. 俗人昭昭, 我獨昏昏.
아우인지심야재 돈돈혜 속인소소 아독혼혼

俗人察察, 我獨悶悶. 澹兮其若海, 飂兮若無止.
속인찰찰 아독민민 담혜기약해 료혜약무지

衆人皆有以, 而我獨頑似鄙. 我獨異於人而貴食母.
중인개유이 이아독완사비 아독이어인이귀식모

『 번역 』

배움을 끊으면 근심이 없다. '예'와 '응'의 차이는 얼마이며, 선악(善惡)의

차이는 또 얼마인가? 사람의 두려워하는 바를 두려워하지 않을 수 없으니, 거칠고 무성하여 그것을 다 깨달을 수 없도다! 사람들은 모두 기뻐하며 잔칫상을 받는 것 같고, 봄철에 소풍을 나온 것 같은데, 나만 홀로 고요하여 움직일 것 같지 않고, 웃을 줄 모르는 어린애 같고, 머뭇머뭇 돌아갈 곳이 없는 사람 같다. 모두들 여유가 있는데, 나만 모자라는 것 같다. 나는 어리석은 사람 같도다! 속세의 사람들은 밝은데 나 홀로 어둠 같고, 속세 사람들은 총명한데, 나 홀로 답답한 듯하다. 사람들은 모두 쓸모가 있는데, 나 홀로 완고하여 천박한 것 같다. 나 홀로 보통 사람과 달라 어머니에게 길러지는 것을 귀하게 여긴다.

[해석]

학문과 지식은 번뇌의 근원이며, 모든 학문을 끊으면 번뇌와 근심이 사라진다. 사람들은 굴욕을 피하고, 영화(榮華)만을 추구하며, 선(善)을 택하고, 악(惡)을 버린다. 그러나 그 차이가 얼마나 되는가? 하지만 나 역시 홀로 우뚝 서서 행하며 모든 것을 드러낼 수는 없다. 남들이 두려워하는 것은 나 역시 두려워하기 마련이다. 그러나 대도(大道)는 너무나 광대하고 무궁무진하여 세속과는 큰 차이가 있다. 사람들은 기쁜 것 같고, 푸짐한 잔칫상을 받은 것 같고, 봄날 누각에 올라 경치를 즐기는 것 같은데, 유독 나만 마음이 움직이지 않아 웃을 줄 모르는 갓난아기 같다. 피곤하고 돌아갈 곳도 없는 모습이로다! 사람들은 여유가 있는데, 나만 홀로 부족한 것 같다. 정말 어리석은 자의 마음으로 멍청한 꼴을 하고 있도다. 사람들은 모두 눈부신 빛을 내뿜고 있는데, 나만 홀로 흐리멍덩한 모양이로다. 사람들은 모두 영리한데, 나만 홀로 아무것도 구별하지 못하는구나.

사람들은 모두 무엇을 이룬 것 같은데, 나만 홀로 우둔하고 멍청하구나. 하지만 나와 그들의 다른 점은 도(道)의 생활을 중시하는 데 있다.

제22장 曲則全(곡즉전)

曲則全, 枉則直, 窪則盈, 敝則新, 少則得, 多則惑.
곡즉전　왕즉직　와즉영　폐즉신　소즉득　다즉혹

是以聖人抱一, 爲天下式.
시이성인포일　위천하식

不自見故明, 不自是故彰, 不自伐故有功, 不自矜故長.
부자현고명　부자시고창　부자벌고유공　부자긍고장

夫唯不爭, 故天下莫能與之爭.
부유부쟁　고천하막능여지쟁

古之所謂曲則全者, 豈虛言哉! 誠全而歸之.
고지소위곡즉전자　기허언재　성전이귀지

〔 번역 〕

　굽은 나무는 수명을 다 누리고, 자벌레는 몸을 굽혔다가 편다. 물은 땅이
파인 곳에 차고, 옷은 해져야 새것을 입는다. 욕심이 적으면 만족을 얻고,
아는 것이 많으면 어지럽다. 이로써 성인(聖人)은 한결같이 도(道)를 지녀 천
하의 모범이 된다. 스스로 나타내지 않기 때문에 밝고, 스스로 옳다고 우기
지 않기 때문에 드러나며, 스스로 뽐내지 않기 때문에 공(功)이 있고, 스스
로 자랑하지 않기 때문에 오래간다. 오직 다투지 않기 때문에 천하가 능히
더불어 다툼이 없다. 옛말에, 소위 굽은즉 온전하다는 것이 어찌 실없는 말
이리오! 진실로 온전하게 하여 도(道)에 되돌려야 한다.

〔 해석 〕

　휘면 온전할 수 있고, 굽으면 곧아질 수 있고, 움푹 파이면 채워지게 되
고, 헐리면 새로워지고, 적으면 얻게 되고, 많으면 미혹을 당하게 된다. 그
러므로 성인은 '하나'를 품고 세상의 본보기가 된다. 스스로를 드러내려 하
지 않기에 밝게 빛나고, 스스로 옳다 하지 않기에 돋보이고, 스스로 자랑하
지 않기에 그 공로를 인정받게 되고, 스스로 뽐내지 않기에 오래간다. 겨루

지 않기에 세상이 그와 더불어 겨루지 못한다. 옛말에 이르기를 휘면 온전할 수 있다고 한 것이 어찌 빈말이 되겠는가? 진실로 온전함을 보존하여 돌아가시오.

제23장 希言自然(희언자연)

希言自然. 故飄風不終朝, 驟雨不終日.
희언자연   고표풍부종조   취우부종일

孰爲此者? 天地! 天地尚不能久, 而況於人乎!
숙위차자   천지   천지상불능구   이황어인호

故從事於道者. 道者同於道, 德者同於德, 失者同於失.
고종사어도자   도자동어도   덕자동어덕   실자동어실

同於道者, 道亦樂得之, 同於德者, 德亦樂得之,
동어도자   도역락득지   동어덕자   덕역락득지

同於失者, 失亦樂得之. 信不足焉, 有不信焉.
동어실자   실역락득지   신부족언   유불신언

〖 번역 〗

말이 없음은 자연스러움이다. 사나운 바람은 아침도 마치지 못하고, 사나운 비는 하루도 마치지 못한다. 누가 이를 만드는가? 바로 천지(天地)이다.

천지도 오히려 능히 오래가지 못하거늘, 하물며 사람에 있어서랴! 때문에 도(道)를 섬겨 좇는 자는, 도(道)를 지닌 사람에게는 도(道)로써 어울리고 덕(德)이 있는 사람과는 덕(德)으로써 어울리며 도(道)와 덕(德)을 잃은 사람에게는 그것을 잃은 것으로써 어울린다. 도(道)를 지닌 사람과 어울리면 도(道)가 그것을 얻어 즐거워하고, 덕(德)을 지닌 사람과 어울리면 덕(德)이 그것을 얻어 즐거워하며, 도(道)와 덕(德)을 잃은 사람과 어울리면 도(道)와 덕(德)을 잃은 것이 또한 그것을 얻어 즐거워한다. 믿음이 부족하면 불신(不信)이 있다.

말을 별로 하지 않는 것이 자연이다. 회오리바람도 아침 내내 불 수 없고, 소낙비도 하루 종일 내릴 수 없다. 누가 하는 일인가? 하늘과 땅이 하는 일이다. 하늘과 땅도 이처럼 이런 일을 오래 할 수 없거늘 하물며 사람이 어찌 그럴 수 있겠는가?

그러므로 도를 따르는 사람은 도와 하나가 되고, 덕을 따르는 사람은 덕과 하나가 되고, 잃음을 따르는 사람은 잃음과 하나가 된다. 도와 하나 된 사람[도] 역시 그를 얻었음을 기뻐하고, 덕과 하나 된 사람[덕] 역시 그를 얻었음을 기뻐하고, 잃음과 하나 된 사람[잃음] 역시 그를 얻었음을 기뻐할 것이다.

신의가 모자라면 불신이 따르게 마련이다.

제25장 道法自然(도법자연)

有物混成, 先天地生. 寂兮蓼兮, 獨立不改.
유물혼성 선천지생 적혜료혜 독립불개

周行而不殆, 可以爲天夏母. 吾不知其名, 字之曰道, 强爲之名曰大.
주행이불태 가이위천하모 오부지기명 자지왈도 강위지명왈대

大曰逝, 逝曰遠, 遠曰反.
대왈서 서왈원 원왈반

故道大, 天大, 地大, 王亦大. 域中有西大, 而王居其一焉.
고도대 천대 지대 왕역대 역중유서대 이왕거기일언

人法地, 地法天, 天法道, **道法自然**.
인법지 지법천 천법도 **도법자연**

〖 번역 〗

혼돈(混沌)의 상태로 된 하나의 사물이 있는데, 천지보다 먼저 생겼다. 고요하고 쓸쓸하여 소리도 형체도 없고, 우뚝 선 채로 변함없이 쉬지 않고 운행하니, 이것을 천하의 어머니라 할 수 있다. 그러나 나는 그 이름을 알지 못해 도(道)라 이르며, 굳이 이름을 붙인다면 '크다'고 한다. '크다'는 '간다'

고, '간다'는 '멀다'고 하고, '멀다'는 '돌아온다'고 말한다. 그러므로 도(道)는 크다. 하늘도 크고, 땅도 크고, 사람 역시 크다. 그 범위 안에 있는 사대(四大) 중에 사람도 속한다. 사람은 땅을 본받고, 땅은 하늘을 본받고, 하늘은 도(道)를 본받고, 도(道)는 자연을 본받는다.

『 해석 』

혼연일체의 사물 하나가 있는데, 그것은 천지가 형성되기 전에 이미 존재하고 있었다. 소리도 없고, 형체도 없으며, 영원히 외부적인 힘에 의존하지 않고, 쉬지 않고 순환(循環)하며 운행한다.

그것은 천하 만물의 근본으로, 나는 그 이름을 알지 못해 도(道)라고 부른다. 억지로 그 형상을 묘사해 보면 끝이 없이 광대하고 끊임없이 순환 운행하므로, 제아무리 먼 곳이라도 닿는다. 그렇게 되면 곧 원점으로 돌아와 다시 허무함과 적막함으로 돌아간다. 그래서 도(道)는 크고, 하늘도 크고, 땅도 크고, 사람도 크다는 것이다. 우주에는 사대(四大)가 있는데, 그중 한 가지가 사람이다. 사람은 땅을, 땅은 하늘을, 하늘은 도(道)를 그리고 도(道)는 자연을 법칙으로 삼는다.

도(道)에서 만물이 나고, 만물은 쉴 새 없이 변하지만 도(道)만은 영원불변하며, 작용도 멈추지 않는다. 도(道)가 만물을 창조하고 생성시키는 것은 다른 의도가 있는 것이 아니라, 단지 자연에 순응하여 만물이 스스로 이어져 가기를 바랄 뿐이다. 바로 이것 때문에 도(道)는 천지를 포용하고 고금(古今)을 관통하며 만물의 추대(推戴)를 받는 것이다.

제27장 善行無轍迹(선행무철적)

善行無轍迹, 善言無瑕謫, 善數不用籌策, 善閉無繩約而不可解.
선행무철적 선언무하적 선수불용주책 선폐무승약이불가해

是以聖人常善救人, 故無棄人. 常善救物, 故無棄物. 是謂襲明.
시이성인상선구인 고무기인 상선구물 고무기물 시위습명

故善人者, 不善人之師, 不善人者, 善人之資.
고선인자 불선인지사 불선인자 선인지자

不貴其師, 不愛其資, 雖智大迷. 是謂要妙.
불귀기사 불애기자 수지대미 시위요묘

『 번역 』

잘 다니는 자는 발자국이 없고, 말 잘하는 자는 티끌만큼의 허물이 없고, 셈을 잘하는 자는 주판이 필요 없다. 잘 닫는 자는 열쇠로 열 수 없고, 잘 묶는 자는 밧줄을 쓰지 않고도 다른 사람이 풀 수 없다. 그래서 성인(聖人)은 늘 사람을 잘 구해 버리는 일이 없으니, 이를 일러 밝음을 지녔다고 한다. 때문에 선인(善人)은 악인(惡人)의 스승이요, 악인은 선인의 도움이 된다. 그 스승을 귀하게 여기지 않고, 그 도움을 사랑하지 않으면, 비록 지혜로워도 크게 헤맨다. 이를 일러 중요한 묘법(妙法)이라고 한다.

『 해석 』

정말로 달리기를 잘하는 사람은 달린 자국을 남기지 않는다. 정말로 잘하는 말에는 흠이나 티가 없다. 정말로 계산을 잘하는 사람에겐 계산기가 필요 없다. 정말로 잘 닫힌 문은 빗장이 없어도 열리지 않는다. 정말로 잘 맺어진 매듭은 졸라매지 않아도 풀리지 않는다.

그러므로 성인은 언제나 사람을 잘 도와주고, 아무도 버리지 않는다. 물건을 잘 아끼고, 아무것도 버리지 않는다. 이를 일러 밝음을 터득함이라 한다.

그러므로 선한 사람은 선하지 못한 사람의 스승이요, 선하지 못한 사람은 선한 사람의 감(資)이다. 스승을 귀히 여기지 못하는 사람이나, 감을 사랑하지 못하는 사람은, 비록 지혜롭다 자처하더라도 크게 미혹된 상태이다.

그것이 바로 기막힌 신비이다.

제28장 知其雄 守其雌(지기웅 수기자)

知其雄, 守其雌, 爲天下谿. 爲天下谿, 常德不離, 復歸於嬰兒.
지기웅 수기자 위천하계 위천하계 상덕불리 복귀어영아

知其白, 守其黑, 爲天下式. 爲天下式, 常德不忒.
지기백 수기흑 위천하식 위천하식 상덕불특

復歸於無極. 知其榮, 守其辱, 爲天下谷. 爲天下谷, 常德乃足, 復歸於樸.
복귀어무극 지기영 수기욕 위천하곡 위천하곡 상덕내족 복귀어박

樸散則爲器, 聖人用之, 則爲官長. 故大制不割.
박산즉위기 성인용지 즉위관장 고대제불할

[번역]

그 수컷을 알아 암컷을 지키면 천하의 시내가 된다. 천하의 시내가 되면 항상 덕(德)이 떠나지 않아 갓난아이로 되돌아간다. 그 흰 것을 알아 그 검은 것을 지키면 천하의 법이 된다. 천하의 법이 되면 항상 덕(德)에 어긋나지 않아 끝없는 도(道)로 돌아간다. 그 영화(榮華)를 알아 그 욕됨을 지키면 천하의 골짜기가 된다. 천하의 골짜기가 되면 항상 덕(德)이 족하여 통나무처럼 순박해진다. 순박함이 흩어지면 천하의 그릇이 된다. 성인(聖人)이 이를 쓰면 군주가 될 수 있다. 그러므로 큰 재목은 쪼개지지 않는다.

[해석]

남성다움을 알면서 여성다움을 유지하시오. 세상의 협곡이 될 것이다. 세상의 협곡이 되면, 영원한 덕에서 떠나지 않고, 갓난아기의 상태로 돌아가게 될 것이다.

흰 것을 알면서 검은 것을 유지하시오. 세상의 본보기가 될 것이다. 세상의 본보기가 되면, 영원한 덕에서 어긋나지 않고, 무극(無極)의 상태로 돌아가게 될 것이다.

영광을 알면서 오욕을 유지하시오. 세상의 골짜기가 될 것이다. 세상의 골짜기가 되면, 영원한 덕이 풍족하게 되고, 다듬지 않은 통나무 상태로 돌

아가게 될 것이다.

다듬지 않은 통나무를 쪼개면 그릇이 된다. 성인은 이를 사용하여 지도자가 된다. 정말로 훌륭한 지도자는 자르는 일을 하지 않는다.

제33장 自知者明(자지자명)

知人者智, **自知者明**. 勝人者有力, 自勝者强.
지인자지 **자지자명** 승인자유력 자승자강

知足者富, 强行者有志. 不失其所者久, 死而不亡者壽.
지족자부 강행자유지 불실기소자구 사이불망자수

『 번역 』

남을 아는 자는 지혜롭고, 자기를 아는 자는 밝다. 사람을 이기는 자는 힘이 있고, 자기를 이기는 자는 강하다. 만족함을 아는 자는 넉넉하고, 힘써 행하는 자는 뜻이 있다. 그것을 잃지 않는 자는 오래 지속되고, 죽어서도 잊히지 않는 것을 장수(長壽)라 한다.

『 해석 』

남의 장단점을 아는 것은 지혜에 불과하며, 자신의 마음과 본성을 아는 자가 현명한 자이다. 남을 이기는 것은 힘이 있는 것이고, 스스로를 극복한 것이 강한 것이다. 만족할 줄 알고 재물을 가볍게 여기면 부유하다고 할 수 있다. 도(道)를 깨닫고 쉬지 않고 힘쓰는 사람만이 뜻과 포부가 있다. 도(道)를 근본으로 삼고 지키며 잃지 않아야만 오랫동안 지속할 수 있다. 몸은 죽어도 정신이 살아남으면, 장수(長壽)라고 할 수 있다.

모든 사람들은 사리사욕(私利私慾)에 사로잡혀 있다. 개인이 욕심을 없애려면 반드시 스스로를 돌아본 뒤, 맑고 깨끗한 상태로 비워야 한다. 만약 자신을 알고 자신을 이기며 스스로 만족하고 성실히 행한다면, 도(道)를 얻었다고 할 수 있다.

제36장 將欲歙之(장욕흡지)

將欲歙之, 必固張之. 將欲弱之, 必固强之.
장욕흡지 필고장지 장욕약지 필고강지

將欲廢之, 必固興之. 將欲奪之, 必固與之.
장욕폐지 필고흥지 장욕탈지 필고여지

是謂微明. 柔弱勝剛强. 魚不可脫於淵, 國之利器不可以示人.
시위미명 유약승강강 어불가탈어연 국지리기불가이시인

〖 번역 〗

장차 거두고자 하면 반드시 그것을 잠시 벌여놓고, 약하게 하려면 먼저 강하게 하고, 망하게 하려면 먼저 흥하게 하고, 빼앗으려 하면 먼저 준다. 이것을 일러 미명(微明)이라고 한다. 유약(柔弱)한 것은 굳세고 강한 것을 이긴다. 물고기는 못을 벗어나지 못하고, 국가의 이로운 그릇은 남에게 보일 수 없다.

〖 해석 〗

그것을 수축시키려면 반드시 먼저 확장시키고, 약화시키려면 먼저 굳세게 해야 한다. 없애려면 먼저 상대방을 추어올리고, 그에게서 받고자 하면 먼저 주어야 한다. 이것은 너무나 명백한 이치이다. 유약(柔弱)한 것이 강한 것을 이긴다. 고기는 물을 떠날 수 없다. 물을 떠나면 반드시 죽기 때문이다. 유약(柔弱)은 치국(治國)의 근본이다. 그렇지 않으면 반드시 망한다. 권모(權謀)·형벌 등은 모두 흉악한 것으로 백성에게 쓸 수 없다.

사물이 극(極)에 달하면 반드시 반대가 된다. 세력이 강하면 반드시 약해진다는 것은 만고(萬古)의 이치이다. 군왕이 그 이치를 깨닫고 응용하면, 유약함으로 굳세고 강한 것을 이긴다.

제38장 上德不德 是以有德(상덕부덕 시이유덕)

上德不德, 是以有德. 下德不失德, 是以無德.
상덕부덕 시이유덕 하덕불실덕 시이무덕

上德無爲而無以爲, 下德無爲而有以爲. 上仁爲之而無以爲, 上義爲之而有以爲.
상덕무위이무이위 하덕무위이유이위 상인위지이무이위 상의위지이유이위

上禮爲之而莫之應, 則攘臂而扔之.
상례위지이막지응 즉양비이잉지

故失道而後德 失德而後仁, 失仁而後義, 失義而後禮.
고실도이후덕 실덕이후인 실인이후의 실의이후례

夫禮者, 忠信之薄, 而亂之首.
부례자 충신지박 이란지수

前識者, 道之華, 而愚之始.
전식자 도지화 이우지시

是以大丈夫處其厚, 不居其薄, 處其實, 不居其華, 故居彼取此.
시이대장부처기후 불거기박 처기실 불거기화 고거피취차

〖 번역 〗

상덕(上德)은 덕(德)이라 하지 않기 때문에 덕이 있다. 하덕(下德)은 덕(德)을 잃지 않으려고 하기 때문에 덕이 없다. 상덕은 행함에 있어 인위적이지 않고, 하덕은 행함에 있어 인위적이다. 상인(上人)은 행함에 있어 인위적이지 않고, 상의(上議)는 행함에 있어 인위적이며, 상례(上禮)는 행함에 있어 상대가 응하지 않으면 곧 팔을 걷어붙이고 덤빈다. 그런고로 道를 잃은 뒤에 덕(德)이 있고, 덕을 잃은 뒤에 인(仁)이 있고, 인을 잃은 뒤에 의(義)가 있고, 의를 잃은 뒤에 예(禮)가 있다. 예를 강조하는 것은 충신이 없어져 어지러움이 시작되었다는 것이며, 먼저 깨달았다는 것은 도의 아름다움이긴 하지만 어리석음의 시작이다. 이로써 대장부는 그 후(厚)한 곳에 처하고 박(薄)한 곳에 처하지 않으며, 그 실(實)한 데 거하고 아름다움에 거하지 않는다. 그러므로 예와 지(知)를 버리고 도(道)와 충신(忠信)을 취한다.

훌륭한 덕의 사람은 자기의 덕을 의식하지 않는다. 그러기에 정말로 덕이 있는 사람이다. 훌륭하지 못한 덕의 사람은 자기의 덕을 의식한다. 그러기에 정말로 덕이 없는 사람이다.

훌륭한 덕의 사람은 억지로 일을 하지 않는다. 억지로 일을 할 까닭이 없다. 훌륭하지 못한 덕의 사람은 억지로 일을 한다. 억지로 일을 할 까닭이 많다. 훌륭한 인(仁)의 사람은 억지로 일을 한다. 그러나 억지로 일을 할 까닭은 없다. 훌륭한 의(義)의 사람은 억지로 일을 한다. 억지로 일을 할 까닭이 많다. 훌륭한 예(禮)의 사람은 억지로 일을 한다. 그러나 아무도 응하지 않기에, 소매를 걷고 남에게 강요한다.

도가 없어지면 덕이 나타나고, 덕이 없어지면 인이 나타나고, 인이 없어지면 의가 나타나고, 의가 없어지면 예가 나타난다. 예는 충성과 신의가 얄팍한 껍질, 혼란의 시작이다. 앞을 내다보는 것은 도의 꽃, 어리석음의 시작이다.

그러므로 성숙한 사람은 두꺼운 데 머무르고, 얄팍한 데 거하지 않는다. 열매에 머무르고, 꽃에 거하지 않는다. 후자는 버리고 전자를 택한다.

제40장 反者道之動(반자도지동)

反者道之動, 弱者道之用. 天下萬物生於有, 有生於無.
반자도지동   약자도지용   천하만물생어유   유생어무

〖 번역 〗

반(反)은 도(道)의 움직임이요, 약(弱)은 도(道)의 쓰임이다. 천하 만물은 유(有)에서 나고, 유(有)는 무(無)에서 난다.

〖 해석 〗

되돌아감이 도의 움직임이다. 약함이 도의 쓰임새이다. 온 세상 모든 것 '있음(有)'에서 생겨나고, 있음은 '없음(無)'에서 생겨났다.

제43장 天下之至柔(천하지지유)

天下之至柔. 馳騁天下之至堅. 無有入無間, 吾是以知無爲之有益.
천하지지유 치빙천하지지견 무유입무간 오시이지무위지유익

不信之敎, 無爲之益, 天下希及之. 人之所敎, 我亦敎之, 吾將以爲敎父
불신지교 무위지익 천하희급지 인지소교 아역교지 오장이위교부

〖 번역 〗

　천하에서 가장 부드러운 것이 가장 단단한 것을 부릴 수 있다. 무형(無形)의 힘은 틈이 없는 물체를 뚫고 들어간다. 바로 이것으로써 무위(無爲)의 유익함을 안다. 무언(無言)의 가르침과 무위(無爲)의 장점은 천하에서 매우 드문 존재이다. 남이 가르치는 것은 나도 가르칠 수 있기에 내가 곧 스승이 된다.

〖 해석 〗

　가장 유연한 것이 가장 단단한 것을 부릴 수가 있다. 무형(無形)의 힘은 빈틈이 없는 물체를 뚫을 수가 있다. 이로 인하여 나는 무위의 좋은 점을 알게 되었다. 말없는 가르침과 무위(無爲)의 장점은, 세상에서 비교할 만한 것이 지극히 드물다.
　물은 가장 부드럽지만, 산을 뚫고 땅속으로 스며든다. 유(柔)가 강(剛)을 제압한다는 것은 분명한 이치이다.

제47장 不出戶(불출호)

不出戶, 知天下, 不闚牖, 見天道.
불출호 지천하 불규유 견천도

其出彌遠, 其知彌少. 是以聖人不行而知, 不見而明, 不爲而成.
기출미원 기지미소 시이성인불행이지 불견이명 불위이성

문을 나가지 않고도 천하를 알며, 창문으로 엿보지 않고도 천도(天道)를 본다. 그 나감이 멀면 그 아는 것은 더욱 적다. 이로써 성인(聖人)은 가지 않고도 알고, 보지 않고도 밝게 살피며, 하지 않고도 이룬다.

『 해석 』

모든 사물의 원리는 멀리 있는 것이 아니고, 바로 우리의 마음속에 있다. 나를 반성하며 사리사욕을 없애면 문밖에 나가지 않아도 천하의 사리(事理)를 알며, 창밖을 내다보지 않아도 자연의 법칙을 알게 된다. 때문에 멀리 가면 갈수록 아는 것이 적어진다. 그러므로 성인은 멀리 나가지 않아도 세상의 사리를 환하게 알고, 손을 쓰지 않아도 만물 스스로 생성하는 것이다.

마음속 깊은 곳을 거울같이 투명하게 하여, 마음을 가리고 있는 옳지 못한 것들을 말끔히 제거하여 바깥 사물을 이해해야만 한다.

제49장 聖人無常心(성인무상심)

聖人無常心, 以百姓心爲心. 善者吾善之, 不善者吾亦善之, 德善.
성인무상심 이백성심위심 선자오선지 불선자오역선지 덕선

信者吾信之, 不信者吾亦信之, 德信.
신자오신지 불신자오역신지 덕신

聖人在天下, 歙歙焉, 爲天下渾其心, 百姓皆注其目, 聖人皆孩之.
성인재천하 흡흡언 위천하혼기심 백성개주기목 성인개해지

『 번역 』

성인에겐 고정된 마음이 없다. 백성의 마음을 자기 마음으로 삼는다.

선한 사람에게 나도 선으로 대하지만 선하지 않은 사람에게도 선으로 대한다. 그리하여 선이 이루어진다. 신의 있는 사람에게 나도 신의로 대하지만 신의 없는 사람에게도 신의로 대한다. 그리하여 신의가 이루어진다.

성인은 세상에 임할 때 모든 것을 포용하고, 그의 마음에는 일체의 분별심이 없다. [사람은 모두 이목을 집중하여 분별심을 일으키는데] 성인은 그들을 모두 아이처럼 되게 한다.

『 해석 』

성인은 선입관이 없어 백성의 의견을 자기의 견해로 삼는다. 착한 사람도 착하게 대하고, 착하지 못한 사람도 그렇게 대해야만 모든 사람이 선해진다. 진실한 사람도 착하게 대하고, 그렇지 못한 사람도 똑같이 대해야만 모든 사람이 신의를 지킨다.

성인이 군왕으로 있을 때 스스로의 의지를 삼가고 인심을 순박하게 회복시키면, 백성들이 정신을 잃고 주시한다. 그러면 성인은 그들을 아기처럼 아끼고 사랑해 주면 되는 것이다.

제56장 知者不言(지자불언)

知者不言, 言者不知. 挫其銳, 解其紛, 和其光, 同其塵, 是爲玄同.
지자불언   언자부지 좌기예 해기분 화기광 동기진 시위현동

故不可得而親, 不可得而疎. 不可得而利, 不可得而害.
고불가득이친   불가득이소 불가득이리 불가득이해

不可得而貴, 不可得而賤. 故爲天下貴.
불가득이귀   불가득이천   고위천하귀

『 번역 』

아는 자는 말하지 않고, 말하는 자는 알지 못한다. 그 날카로움을 꺾고, 그 얽힌 것을 풀고, 그 지혜의 빛을 거두어들이고, 속세에 동화(同和)하는 것, 이를 일러 현동(玄同)이라고 한다. 그러므로 가히 친함도 멀어짐도 얻을 수 없고, 이로움도 해됨도 얻을 수 없고, 귀함도, 천함도 얻을 수 없다. 그러므로 천하에서 가장 귀한 것이 된다.

아는 사람은 말하지 않고, 말하는 사람은 알지 못한다. 입을 다물고, 문을 꽉 닫다. 날카로운 것을 무디게 하고, 얽힌 것을 풀어 주고, 빛을 부드럽게 하고, 티끌과 하나가 된다. 이것이 '신비스런 하나 됨(玄同)'이다.

그러므로 [도를 터득한 사람은] 가까이할 수도 없고, 멀리할 수도 없다. 이롭게 할 수도 없고, 해롭게 할 수도 없다. 귀하게 할 수도 없고, 천하게 할 수도 없다. 그러기에 세상이 이를 귀히 여긴다.

제59장 治人事天(치인사천)

治人事天, 莫若嗇.
치인사천 막약색

夫有嗇, 是謂早服, 早服謂之重積德, 重積德則無不克, 無不克則莫知其極,
부유색 시위조복 조복위지중적덕 중적덕즉무불극 무불극즉막지기극

莫知其極, 可以有國, 有國之母, 可以長久.
막지기극 가이유국 유국지모 가이장구

是謂深根固柢, 長生久視之道.
시위심근고저 장생구시지도

〖 번역 〗

사람을 다스리고 하늘을 섬기는 데에는 아낌만 한 것이 없다. 무릇 아끼는 것을 일러 빨리 복종한다고 하며, 빨리 복종하는 것을 일러 거듭 덕(德)을 쌓는다고 하며, 거듭 덕을 쌓으면 이기지 못하는 것이 없다. 이기지 못하는 것이 없으며 그 다함을 알 수 없고, 그 다함을 알 수 없으면 가히 나라를 지닐 수 없다. 나라를 다스리는 근본인 덕을 끊임없이 쌓는 것을, 뿌리가 깊고 굳건하여 오래 사는 것이라고 한다.

사람을 지도하고 하늘을 섬기는 일에 검약하는 일보다 좋은 것은 없다. 검약하는 일은 일찍감치 [도를] 따르는 일이다.

일찍감치 도를 따른다는 것은 덕을 많이 쌓는 일이다. 덕을 많이 쌓으면 이겨 내지 못할 것이 없다. 이겨 내지 못할 것이 없으면 그 능력의 끝을 알 수 없다. 그 능력의 끝을 알 수 없을 정도가 되면 나라를 맡을 만하다.

나라의 어머니를 모시면, 영원할 것이다. 이것이 바로 깊은 뿌리(深根), 튼튼한 바탕으로서 영원한 삶, 오래 봄(久視)의 길이다.

제63장 爲無爲(위무위)

爲無爲, 事無事, 味無味. 道難於其易, 爲大於其細.
위무위 사무사 미무미 도난어기이 위대어기세

天下難事, 必作於易, 天下大事, 必作於細. 是以聖人終不爲大, 故能成其大.
천하난사 필작어이 천하대사 필작어세 시이성인종불위대 고능성기대

夫輕諾必寡信, 多易必多難. 是以聖人猶難之, 故終無難矣.
부경낙필과신 다이필다난 시이성인유난지 고종무난의

〖 번역 〗

무위무사(無爲無事)하고, 무미(無味)를 맛으로 한다. 작은 것을 크게 하고, 적은 것을 많게 하고 원한을 덕으로 갚는다. 어려운 것은 쉬울 때 도모하고, 큰일은 작을 때부터 해결한다. 천하의 어려운 일은 반드시 쉬운 데서 일어나고, 천하의 큰일은 반드시 작은 데서 일어난다. 이로써 성인은 마침내 큰일을 하지 않음으로써 큰일을 이룬다. 무릇 가볍게 승낙하는 것은 믿음이 적고, 쉬운 일이 많으면 반드시 어려움이 따르게 마련이다. 그러므로 성인은 오히려 이를 어려워함으로써 마침내 어려움이 없다.

함이 없는 함(無爲)을 실천하고, 일함이 없는 일(無事)을 실행하고, 맛없는 맛(無味)을 맛보시오 많은 것을 적은 것으로 생각하시오 원한을 덕으로 갚으시오

어려운 일을 하려면 그것이 쉬울 때 해야 하고, 큰일을 하려면 그것이 작을 때 해야 한다. 세상에서 제일 어려운 일도 반드시 쉬운 일에서 시작되고, 세상에서 제일 큰일도 반드시 작은 일에서 시작되기 때문이다.

그러므로 성인은 끝에 가서 큰일을 하지 않는다. 그래서 큰일을 이루는 것이다.

제71장 知不知 上(지부지 상)

知不知. 上. 不知知. 病. 夫有病病. 是以不病. 聖人不病. 以其病病. 是以不病.
지부지 상 불지지 병 부유병병 시이불병 성인불병 이기병병 시이불병

『 번역 』

알면서 모르는 체하는 것은 훌륭한 것이요, 알지 못하면서 안다고 하는 것은 병(病)이다. 병을 병이라고 하는 것은 병이 아니다. 성인은 병들지 않으니, 그 병을 병이라 여기기에 병들지 않는 것이다.

『 해석 』

알지 못하는 것을 아는 것이 가장 훌륭하다. 알지 못하면서도 안다고 하는 것은 병이다. 병을 병으로 알 때만 병이 되지 않는다.

성인은 병이 없다. 병을 병으로 알기 때문에 병이 없다.

제77장 天地道 其猶張弓與(천지도 기유장궁여)

天地道, 其猶張弓與? 高者抑之, 下者擧之, 有餘者損之, 不足者補之.
천지도 기유장궁여 고자억지 하자거지 유여자손지 부족자보지

天地道, 損有餘而補不足, 人之道, 則不然, 損不足以奉有餘.
천지도 손유여이보부족 인지도 즉불연 손부족이봉유여

孰能有餘以奉天下? 唯有道者!
숙능유여이봉천하 유유도자

〖 번역 〗

하늘의 도는 활에 활시위를 매는 것과 같다. 높은 것은 누르고 낮은 것은
올린다. 낮은 것은 올리고 남음이 있는 것은 덜어 부족한 것에 보탠다. 하
늘의 도는 남음이 있는 것을 덜어 부족한 것에 보태지만, 사람의 도는 그렇
지 않다. 부족한 것에서 덜어냄으로써 남음이 있는 것에 바친다. 누가 능히
남음이 있음으로써 천하를 받드는가? 오직 하늘의 도가 있는 자이다. 이로
써 성인는 하고도 믿지 않으며, 공(功)을 이루고도 머물지 않으며, 그 어진
것을 나타내려 하지 않는다.

〖 해석 〗

하늘의 도는 활을 당기는 것과 같다. 높은 쪽은 누르고, 낮은 쪽은 올린
다. 남으면 덜어 주고, 모자라면 보태 준다.

하늘의 도는 남는 데서 덜어내어 모자라는 데에 보태지만, 사람의 도는
그렇지 않아 모자라는 데서 덜어내어 남는 데에 바친다. 남도록 가진 사람
으로 세상을 위해 봉사할 수 있는 사람이 누구겠는가? 오로지 도 있는 사람
만이 그렇게 할 수 있다.

그러므로 성인은 할 것 다 이루나 거기에 기대려 하지 않고, 공을 쌓으나
그 공을 주장하지 않는다. 자기의 현명함을 드러내지 않으려 하기 때문 아
니겠는가?

제81장 信言不美(신언불미)

信言不美. 美言不信. 善者不辯, 辯者不善.
신언불미   미언불신 선자불변 변자불선

知者不博, 博者不知. 聖人不積, 旣以爲人己愈有.
지자불박 박자부지 성인부적 기이위인기유유

旣以與人己愈多. 天地道, 利而不害, 聖人之道, 爲而不爭.
기이여인기유다 천지도 이이불해 성인지도 위이부쟁

〔 번역 〕

진실한 말은 아름답지 않고, 아름다운 말은 진실하지 않다. 선한 자는 말을 잘 못하고, 말을 잘하는 자는 선하지 않다. 아는 사람은 박식하지 않고, 박식한 사람은 알지 못한다. 성인은 쌓지 않는다. 남을 위함으로써 내가 더욱 있게 하고, 남에게 줌으로써 내가 더욱 많아진다. 하늘의 도는 이로울 뿐 해치지 않으며, 성인의 도는 위할 뿐 다투지 않는다.

〔 해석 〕

진실한 말은 화려하게 꾸밈이 없고, 화려하게 꾸미는 말은 못한 법이지. 그래서 도(道)를 따르는 자는 말을 꼬아 뜻을 전달하려 하지 않아. 말을 꼬아 장식하려 함은 도(道)가 아닌 것이야. 진실로 아는 자는 넓은 지식을 자랑하지 않지. 넓게만 알고 깊게 모르는 자는 진실로 아는 것이 아니야. 도(道)를 따르는 자는 재물을 축적하려 하지 않으며, 애초부터 남을 위해 쓰니 마음은 더욱 여유로워지지. 가진 것을 남에게 나누어 줄수록 더욱 많게 되는 것이야. 하늘의 도(道)는 이롭게 할 뿐이지 해로운 바가 없어. 그렇기에 성인의 도(道)는 행함에 다투는 바가 없느니라.

제2부

동양사상의 교육적 탐구

『논어』의 교육학적 이해

1. 서론

우리는 많은 것을 얻는 반면 더 소중한 것을 잃어버리고 살아가고 있다. 그중 하나가 도덕성의 쇠퇴와 가치관의 혼돈, 정신적 퇴폐풍조의 만연과 더불어 정신적 위기감을 겪고 있는 것이다. 학문은 극단적으로 분화(分化)하여 어떤 사물의 부분에 대해서는 고도의 분석적 지식(分析的 知識)과 기술(技術)을 갖고 있지만 전인적 인간과 세계 전체를 통일적으로 통찰(洞察)할 수 있는 높은 지혜와 덕을 겸비하고 있지 않다.[20] 다시 말하면 공부가 전혀 기쁨을 못 느끼며 도구화되고 자기 인간 자체를 수단화해 버리는 배움이 교육현실에 만연되어 있다는 것이다.

사회가 건전하게 유지되는 데에는 구성원 개개인의 올바른 가치관이 중요한 조건이 될 것이며 이는 바로 교육에 있어서 가장 중요한 본질적 과제의 하나라 할 수 있다. 그러므로 오늘날 교육의 과제는 인간성 회복을 위한 인성교육에 중점을 두어야 한다는 것은 자명한

---

20) 金鎔貞, 第三의 哲學, 서울: 思想社會研究所, 1986, p.2, 再引用.

것이라 할 수 있다.

그러면 이러한 교육의 근간들은 어디에서 찾을 수 있을까? 그것은 바로 고전이다.

동양고전(東洋古典) 가운데 전 세계적으로 알려진 서적을 꼽으려면 단연 ≪논어≫일 것이다. 2,500여 년이 지난 지금에 이르러서도 ≪논어≫가 대중들에게 읽히고 있고, 많은 이들로부터 호응을 잃지 않음은 무엇 때문일까? 아마도 ≪논어≫ 속에는 '참다운 인간'이 되기 위한 약속의 '언명(言命)'이 내재되어 있으며, 그것은 곧 고금(古今) 이래 우리 인간에게 주어지는 나침반으로 작용했기 때문일 것이다. 그리고 현대는 특수성을 자랑하고 있지만 사실 그 본질은 여전히 많은 부분 과거의 그것과 동질적인 것이다. 예를 들면 참다운 공동체가 성립되기 위한 원칙들이나 개인과 집단에 적용되는 변화의 메커니즘은 과거나 지금이나 큰 차이가 있는 것이 아니기 때문이다. 파도가 끊임없이 모양을 바꾼다고 해서 물의 속성이 바뀌는 것은 아니다.

다니엘 가드너(스미스 대학 동아시아학과) 교수의 말을 들어 보면, "인간은 무엇을 배워야 하는가? 최소한 논어의 전통에서는 인간이 과학이나 기술이 아니라 인간다움이 무엇인지, 어떻게 하면 보다 나은 인간이 될 수 있는지를 배워야 한다고 했다."

지금 우리가 공부한다는 것은 학교에서도 마찬가지로 일종의 정보 지식을 통해서 보다 나은 사회적 지위, 재산, 명예를 취득해 나가는 과정, 자기 생존을 안정화시켜 나가는 축으로 되어 있다. 이러한 현실은 인간의 근본 됨에 어느 하나가 빠진 비정상적인 상태에서 살아가는 것이다. 현대는 생명공학을 비롯한 첨단과학의 시대이다. 인간은 인위적으로 생명을 조작하고 일순간에 생태계를 교란시킬 막강한 힘을 갖게 되었다. 그 힘이 정신적 수양으로 제어되지 않는다면 그것은 단번에 인류에게 엄청난 위험으로 돌변할 것이다.

우리가 무술을 배울 때 재주가 어느 정도에 올랐을 때는 반드시 인의(仁義)를 이해해야 포악해지지 않는다. 내공이 매우 높을 때 포악해지면 나쁜 일을 저지르게 된다. 예의와 도덕을 중시하고 지식과 문화 그리고 신의를 강조해야 아름다운 인생을 살아갈 수 있고 학교에서 학생들에게 요구하는 지·덕·체의 전면적인 발전을 이룰 수도 있다. 우리는 어떻게 하면 첨단과학을 효과적으로 선용하며 지식정보화 사회를 즐겁게 살아갈 수 있을까? 그것은 고전을 통해서 교육, 문화와 예술을 향유하는 능력을 기름으로써 가능할 것이며 그 가능성을 배가할 수 있는 곳에 논어가 방향타 역할을 할 것이다.

≪논어≫는 윤리 도덕의 문제를 기본으로 하여 인간이 사회적 존재로서 필요 불가결한 생활의 교훈(敎訓)과 이상(理想)을 평역(平易)하면서도 광범위하게 집약하고 있다.

본고는 논어를 통하여 공자의 교육방법을 중점적으로 살펴보고 나름대로 논어에 관한 전반적인 쟁점과 문제점을 진단해 본다. 마지막으로 현대인들이 가져야 할 논어에 대한 생각과 논어를 접하는 자세들에 대해 언급할 것이다.

2. 공자의 교육방법

공자는 논어에서 어떻게 교육하는것이 가장 좋은 방법이라는 것을 구체적으로 제시하지는 않았으나 논어에 나타난 내용을 보면 사람들의 개성과 자질에 따라 그에 합당한 교육을 실시한 것을 알 수 있다.

1) 일반적 교육이론

공자는 모든 사람에게 균등한 교육의 기회를 제공하였다.

공자는 최소한 예를 갖추어 배움을 청하는 사람에게는 누구를 막론하고 성의껏 가르쳤으며, 이 점에 대하여 <술이>편에서는 다음과 같이 설명되고 있다.

> 공자께서 말씀하셨다. 변변치 않은 예물이라도 가지고 와서 가르침을 청하는 사람에게는 내 일찍이 가르치지 않은 사람이 없노라.21)

이 같은 말은 스승을 섬기는 인간적인 도의(道義)와 예의를 갖추기만 하면 상하의 계급이나 지위고하(地位高下)를 막론하고 가르쳐 주겠다는 것이 공자의 평등교육의 의미이다.

논어 중 평등교육의 대표적인 내용은 <위령공>편에 잘 나타나 있다.

> 공자께서 말씀하셨다. 가르침에는 부류(部類)가 없느니라.22)

공자는 사람은 교육에 의하여 선하게도 악하게도 된다고 보았으며 처음부터 선함과 악함, 현명함과 어리석음의 구별이 있는 것이 아니라 교육에 따라 악한 사람도 선하게 되고, 어리석은 사람도 현명해지는 것이라고 하였다.

또한 공자는 인(仁)으로써 교육을 하여야 한다고 주장하였다. 공자는 이 점에 대하여 <안연>편에서

---

21) 論語, 述而篇 7, 子曰 "自行束脩以上, 吾未嘗無誨焉."
22) 論語, 衛靈公篇 38, 子曰 "有敎無類."

번지가 인에 대하여 물으니, 공자께서 "사람을 사랑하는 것이니라"
고 말씀하셨다. 다시 지(知)에 대하여 물으니 공자께서 "사람을 알
아보는 것이다"고 말씀하셨다.[23)]

사람이 어질지 못하면 예와 음악도 필요 없다고 보았고, 어진 사람
만이 사람을 사랑하기도 하고 미워하기도 한다고 생각하였다. 인에
뜻을 두면 악이 없어지고, 인이란 것을 스스로 이루려 하면 남도 이
를 이룩하게 된다고 보았다.

또한 공자는 스스로 몸을 닦고 경건한 덕을 쌓으면 그의 제자들은
그렇게 된다는 점을 <헌문>편에서 다음과 같이 설명하였다.

자로가 군자에 대하여 물으니, 공자께서 "자기를 수양하여 성실하
게 하는 것이니라" 하고 말씀하셨다. 자로가 "그렇게만 하면 됩니
까?" 하니 공자께서 "자기를 수양하여 사람을 편안히 하는 것이니
라" 하고 말씀하셨다. 자로가 "그렇게만 하면 됩니까?" 하니, 공자
께서 "자기를 수양하여 백성을 편안케 하는 것이니, 그렇게 하기란
요순(堯舜)도 고심하였느니라" 하고 말씀하셨다.[24)]

공자가 일반적인 교육이론으로 제시한 것은 모든 사람에게 교육하
여야 하고, 인(仁)이 무엇보다도 먼저 이루어져야 하며, 몸으로 본보
기를 보여야 한다는 것이었다.

2) 학습 이론

공자는 사람이 가장 잘 배우게 되는 여건을 몇 가지로 제시하였다.

---

23) 論語, 顏淵篇 22, 樊遲問仁, 子曰 "愛人", 問知, 子曰 "知人."

24) 論語, 憲問篇 44, 子路問君子. 子曰 "修己以敬", 曰 "如斯而已乎?", 曰 "修己以安人." 曰 "如斯而已
乎?" 曰 "修己以安百姓, 修己以安百姓, 堯舜其猶病諸?"

첫째, 좋아하고 즐거워서 흥미가 있고, 이 흥미와 더불어 공부하려고 노력할 때 잘 배우게 되고, 학문하는 사람의 기쁨과 보람은 배운 것을 익히는 데 있다고 하였다. 공자는 배우기를 매우 좋아하는 사람이었으며 살기에 어려워도 학문을 좋아해야 배울 수 있다고 보았다. <옹야>편에서 다음과 같이 말하고 있다.

> 공자께서 말씀하셨다. 아는 것은 좋아하는 것만 못하고, 좋아하는
> 것은 즐거워하는 것만 못하니라.[25]

이는 공자가 학문은 스스로 함으로써 즐거움을 찾을 수 있다는 자발적인 학습을 강조한 것으로 생각된다.

또한 학문에 흥취(興趣)를 가진 후에도 이와 더불어 노력을 하여야만 학습이 잘 이루어진다고 보았으며, 이 점에 대하여 공자는 염구에게 다음과 같이 알려 주었다.

> 염구가 "선생님의 도(道)를 기뻐하지 않는 것은 아니오나 힘이 모자
> 랍니다" 하고 여쭙자, 공자께서 말씀하셨다. "힘이 모자라는 사람은
> 도중에서 그만두는 법이다. 이제 너는 스스로 금을 긋고 있구나."[26]

이 말은 아마도 공부하기를 결심하는 일의 중요성을 말하는 내용일 것이다.

둘째, 공자는 널리 학문을 닦아 사리를 규명하고 정도(正道)에서 벗어나지 않도록 공부하게 하였다. 학문과 지식에 대하여 넓게 공부하고 그것을 현실성에 맞도록 관련시켜야 한다고 보았으며, 널리 배우

---

25) 論語, 雍也篇 18, 子曰 "知之者不如好之者. 好之者不如樂之者."
26) 論語, 雍也篇 10, 冉求曰 "非不說子之道. 力不足也", 子曰 "力不足者. 中道而廢. 今女畫"

기 위하여 아랫사람에게 물어서까지 배우라고 하였다. 그리고 다른 것을 빠르고 정확하게 꿰뚫어 볼 수 있어야 한다고 하였다.[27) 이러한 학습 방법에 대하여 <옹야>편에서는 다음과 같이 제시하고 있다.

> 공자께서 말씀하셨다. 군자가 널리 배우고, 예(禮)로써 단속하면 또한 도(道)에서 어그러지지 않게 될 것이니라.[28)

> 증자가 말했다. 능력이 있는 사람으로서 능력이 없는 사람에게 가르침을 청하고 지식이 풍부한 사람으로서 지식이 많지 않는 사람에게 가르침을 청하며, 있어도 없는 듯이 하고 충실하면서도 공허한 것같이 하며, 침범을 당하여도 따지지 않기를 예전에 나의 친구가 그렇게 하였다.[29)

셋째, 학문의 실천적인 측면과 사색을 강조하고 있다.

> 공자께서 말씀하셨다. 내 일찍이 온종일 먹지 않고, 밤새도록 자지 않고 사색하였으나 아무 유익함이 없었고 배우는 것만 못하였느니라.[30)

이 말은 사색만 하고 배우지 않는 사람을 위해서 한 말이다. 결코 사색을 배척한 말은 아니다. 다만 학문에 근거하지 않은 사색이란 쓸데없는 집념에 불과하다는 점을 강조하고 학문에 정진할 것을 말하고 있는 것이다.

또한 많은 것을 배우고 이러한 지식에 대하여 통찰하여 자기의 지식으로 만들고 새로운 의미를 부여하여야 진정한 학습이 이루어진다고 보았다.

---

27) 論語, 子罕篇 6과 衛靈公篇 2 참조
28) 論語, 雍也篇 25, 子曰 "君子博學於文, 約之以禮, 亦可以弗畔矣夫!"
29) 論語, 泰伯篇 5, 曾子曰 "以能問於不能, 以多問於寡: 有若無,實若虛, 犯而不校, 昔者吾友, 嘗從事於斯矣"
30) 論語, 衛靈公篇 30, 子曰 "吾嘗終日不食, 終夜不寢, 以思, 無益, 不如學也."

> 공자께서 말씀하셨다. 배우기만 하고 생각하지 아니하면 어둡고,
> 생각만 하고 배우지 아니하면 위태로우니라.[31]

이 말은 넓게 배우기만 하고 자신을 돌아보아 연구하고 사색하지 않으면 배운 것이 흐려져 그 이치를 파악할 수가 없고, 이에 반해서 지식의 범위 안에서 생각만 되풀이하고 널리 남의 말이나 옛사람의 가르침을 배우지 않으면 소견이 좁아 위태로운 사상에 빠지기가 쉽다는 뜻이다.

넷째, 알면서 행동하도록 배워야 한다고 하였다. <학이>편에서는 모르고도 습관이 되도록 가르치라 하였고 <위정>편에서는 행동하고 난 후에 아는 것을 예시하였으며 <자장>편에서는 알고 난 후에 행동하라는 학습의 세 단계가 나타나고 있다.[32] 또한 공자는 배워 알고도 행하지 못하는 학습은 불필요하다고 하였다.

> 공자께서 말씀하셨다. 시 삼백 편을 외웠으되 정치를 맡겨도 통달
> 하지 못하고, 사방에 사신으로 파견되어도 혼자서 응대하지 못한다
> 면, 많이 외운들 무슨 소용이 있겠는가?[33]

다섯째, 과거의 경험에 근거하여 새로운 것을 학습하도록 하였다. 새롭게 배우는 지식에 대한 경험이 없으면 학습이 이루어지지 않는다고 보았으며 새로운 학습은 반드시 오래된 학습내용과 관련이 있어야 한다고 본 것이다.

---

31) 論語, 爲政篇 15, 子曰 "學而不思則罔, 思而不學則殆."
32) 論語, 學而篇 6, 爲政篇 17, 子張篇 3 참조.
33) 論語, 子路篇 5, 子曰 "誦詩三百, 授之以政, 不達; 使於四方, 不能專對; 雖多, 亦奚以爲?"

공자께서 말씀하셨다. 배우고 때론 익히면 또한 기쁘지 아니하랴!34)

이는 배우고 새롭게 익힌다는 것도 결국은 과거의 것에 근거하여 새로운 것을 배운다는 것이다. 학습을 하자면 이미 배운 것을 충분히 익히고 이러한 경험에 근거하여 새로운 앎의 방법을 탐구할 수 있다고 하였다.

여섯째, 공자는 공동체 학습을 중요하게 보았다. 학습하는 사람이 많이 모여야 잘 배워진다고 하였으며 친구들과 어울려 학습할 필요가 있으며 현명한 벗을 존중하고 벗을 많이 두면 학습에 도움이 된다고 하였다.

> 공자께서 말씀하셨다. 세 사람이 같이 길을 가면 그중에 반드시 내 스승이 될 만한 사람이 있다. 그 좋은 점을 골라서 따르고 좋지 못 한 점은 거울삼아 고칠 것이니라.35)

3) 교수 이론

교수이론이란 공자가 어떻게 하면 배우는 여건을 잘 형성할 수 있는지를 제시한 것이다. 또한 어떻게 하면 학습자가 바람직한 행동을 하도록 도와줄 수 있다고 보았는지에 관한 것이다.

(1) 개성적 교육방법

공자는 사람들의 개성과 자질에 따라 그에 합당한 교육을 실시하

---

34) 論語, 學而篇 1, 子曰 "學而時習之, 不亦說乎?"
35) 論語, 述而篇 21, 子曰 "三人行, 必有我師焉, 擇其善者而從之, 其不善者而改之."

였다. 논어를 살펴보면, 문인(問仁)·문효(問孝)·문군자(問君子)·문정(問政) 등에 대한 답이 제자(弟子)마다 다르게 제시되어 있음을 볼 수 있다. 같은 사람의 같은 질문에 대해서도 학문의 성숙에 따라 다른 답이 주어졌다. 이와 같이 논어에 개인의 차이를 충분히 고려하여 교육한 곳이 여러 군데 보인다. 그런 장을 살펴보면 다음과 같다.

> 시(柴)는 우직하고, 삼(參)은 둔하고, 사(師)는 편벽되고, 유(由)는 거치니라.36)

> 공자께서 말씀하셨다. 안회는 도(道)에 가까웠다. 그러나 흔히 쌀궤가 비었느니라. 자공은 천명을 그대로 받지 않고 재물을 모았으나, 생각은 흔히 도리에 맞았느니라.37)

> "자로가 들으면 곧 행해야 합니까?" 하고 물어, 공자께서 "부형이 계시니 어찌 듣고 바로 행하겠느냐?" 하고 대답하시고, 염유가 "들으면 곧 행해야 합니까?" 하고 물으니, "들으면 곧 행해야 한다"고 대답하셨다.
> 공서화가 옆에서 듣다가 유가, "들으면 곧 행해야 합니까?" 하고 물었을 때에는 부형이 있느니라 하시고, 구가 "들으면 곧 행해야 합니까?" 하고 물었을 때는 듣고 곧 행할 것이라고 하시니, 적이 의심스러워 묻는다고 하니, 공자께서 이렇게 대답하셨다. "구는 퇴영적이므로 나아가게 한 것이고, 유는 겸인의 용기가 있으므로 조금 뒤로 물러서게 한 것이니라."38)

위 글은 공자가 제자들을 교육함에 있어 개성을 많이 참작하였음을 엿볼 수 있는 글귀이다.

---

36) 論語, 先進篇 17. 柴也愚, 參也魯, 師也辟, 由也喭.

37) 論語, 先進篇 18. 子曰 "回也其庶乎. 屢空. 賜不受命, 而貨殖焉, 億則屢中."

38) 論語, 先進篇 21. 子路問 "聞斯行諸?", 子曰 "有父兄在, 如之何其聞斯行之?", 冉有問 "聞斯行諸?" 子曰 "聞斯行之." 公西華曰 "由也問聞斯行諸, 子曰 '有父兄在'; 求也問聞斯行諸, 子曰, '聞斯行之' 赤也惑, 敢問", 子曰 "求也退, 故進之; 由也兼人, 故退之."

이와 같이 공자는 인재시교(因材施敎)의 원리는 인간에게 여러 가지 측면에서 개인차가 있으며 그 개인차는 교육과정에서 반드시 존중되어야 한다는 것이다. 현대 교육 심리학에서도 개인차가 매우 중요시되고 있으며 일제학습(一齊學習)이 지양되고 있는 현대 교육사조(潮)에 비추어 공자의 그러한 교육적 태도야말로 높이 평가되어야 할 것이며 공자의 개별교육방법의 정신과 자세도 갖추어야 될 것이다.

(2) 계발적 교육방법

공자는 사람이 스스로 배우고자 하는 자발적인 열의가 없으면, 학문도 교육도 성과를 기대할 수 없음을 강조하였다. 공자의 교육이념은 인간은 의지로써 자율적으로 현실의 악을 물리치고 도덕적 이상사회를 실현할 수 있는 가능성을 가르쳤다. 그 교육방법은 자기의 본성을 드러내는 계발교육이다.[39] 참된 교육은 지식을 주입하는 것이 아니라 자발적인 의욕을 유도하여 학문의 길을 계발하여 주는 것이라 생각했다.

논어에 있어서 공자의 계발적 교육방법은 문답법(問答法), 비유법(比喩法), 자각법(自覺法)으로 나누어진다.

첫 번째 문답법은 학습자의 지식과 선입견(先入見)의 정도를 파악하여 문답과정에 의하여 지도하는 방법으로 다음 장에 잘 나타나 있다.

> 자장이 "선비가 어떻게 되어야 통달했다고 말할 수 있습니까?" 하고 묻자, 공자께서는 "그대가 말하는 통달이라는 것은 무엇을 말함인가?" 하고 반문하셨다. 자장이 "국가에서 벼슬해도 이름이 나고, 집에 들어앉아 있어도 이름이 나는 것을 말합니다"라고 대답하자,

---

39) 金益洙; 前揚書, P.126.

공자께서 말씀하셨다. "그것은 명성이지 통달은 아니다. 통달이라는 것은 질박 정직하고, 의를 좋아하며, 남의 말이나 표정을 살펴 이해하며, 깊이 생각하여 남에게 겸손하게 대하는 것이니, 이렇게 하면 벼슬자리에 있거나 집에 있거나 다 통달할 수 있는 것이니라. 대체로 명성을 바라는 사람은 겉으로는 인을 행하는 척하고 실제 행동은 어긋나면서도 조금도 의심하지 않느니라. 이렇게 하는 사람은 벼슬자리에 있으나 집에 있으나 겉으로만 명성이 드러나는 것일 뿐이니라."40)

안연이 인을 물으니, 공자께서 "나를 누르고 예를 행하는 것이 인이니, 단 하루라도 나를 누르고 예를 행하면 천하가 인으로 돌아갈 것이다. 인을 이루는 데는 나로부터 비롯되는 것이니, 어찌 남으로부터 비롯될 것인가?" 하셨다. 안연이 다시 "그 세목을 여쭈어 보겠습니다" 하니, 공자께서 "예가 아니면 보지 말며, 예가 아니면 듣지 말며, 예가 아니면 말하지 말며, 예가 아니면 행하지 말 것이니라" 하셨다. 안연이 말하였다. "제가 비록 불민하오나, 이 말씀을 실천해 보겠습니다."41)

이렇듯 공자는 제자로부터 발문토록 자극하고, 동기를 유발시켜 학습자로 하여금 자발적으로 사고하도록 하고, 그에 상응하는 바에 따라 교육하는 형식을 취했다.

두 번째로 비유법(比喩法)을 살펴보면 다음 장에 잘 나타나 있다.

공자께서 냇가에서 말씀하셨다. 지나가는 것은 이와 같은 것이라, 밤낮없이 멎지 않는구나.42)

---

40) 論語, 顔淵篇 20, 子張問 "士何如斯可謂之達矣?" 子曰 "何哉, 爾所謂達者?", 子張對曰 "在邦必聞, 在家必聞", 子曰 "是聞也, 非達也. 夫達也者, 質直而好義, 察言而觀色, 慮以下人, 在邦必達, 在家必達. 夫聞也者, 色取仁而行違, 居之不疑, 在邦必聞, 在家必聞."

41) 論語, 顔淵篇 1, 顔淵問仁. 子曰 "克己復禮爲仁, 一日克己復禮, 天下歸仁焉, 爲仁由己, 而由人乎哉?", 顔淵曰 "請問其目." 子曰 "非禮勿視, 非禮勿聽, 非禮勿言, 非禮勿動", 顔淵曰 "回雖不敏, 請事斯語矣."

42) 論語, 子罕篇 16, 子在川上. 曰 "逝者如斯夫! 不舍晝夜."

공자께서 말씀하셨다. 날씨가 추워진 후에야 소나무와 잣나무가 더디 시든다는 것을 알 것이니라.[43]

공자께서 말씀하셨다. 거친 밥을 먹으며 물을 마시고 팔을 구부려 베개 하여도 낙이 또한 그 가운데 있으니, 의롭지 않은 부귀는 내게 있어서 뜬구름 같으니라.[44]

위의 내용들은 자연과 인생에 학습을 비유하여 설명하고 있다. 이러한 비유법은 학습자로 하여금 스스로 사고하도록 하고 의미의 전달을 더욱 명료하게 해 준다.

세 번째로 자각법(自覺法)을 살펴보면 다음 장에 잘 나타나 있다.

유비가 공자를 뵈려 하였으나 공자께서 병이 났다고 하여 거절하였다. 말을 전해 온 사람이 문을 나서자, 거문고를 타면서 노래를 부르시어, 그로 하여금 노랫소리를 듣게 하셨다.[45]

이는 공자가 직접 가르쳐 주지는 않지만 학습자가 스스로 깨우치게끔 만드는 독특한 교육법으로 맹자는 이러한 공자의 가르침을 불설지교론(不屑之敎論)이라 부르고 있다.

계발적 방법은 학습자 스스로 깨우치고 자득(自得)하게 하는 것이고, 학습자가 능동적으로 교사로부터 이끌어 내는 데에 있는 것이다. 교육자는 어디까지나 학습자의 내면을 향하여 자각을 촉구함으로써 비로소 교육이 성립됨을 말해 주는 것이다.

43) 論語, 子罕篇 27, 子曰 "歲寒, 然後知松栢之後彫也."
44) 論語, 述而篇 15, 子曰 "飯疏食飲水, 曲肱而枕之, 樂亦在其中矣, 不義而富且貴, 於我如浮雲."
45) 論語, 陽貨篇 20, 孺悲欲見孔子, 孔子辭以疾, 將命者出戶, 取瑟而歌, 使之聞之.

(3) 원칙적 교육방법

공자는 제자들에게 여러 가지 독특한 교육을 실시하면서도 항상 원칙적 태도를 견지하였다.

공자가 원칙적 교육방법을 채택한 가장 큰 이유는 교육효과의 극대화이다.

> 공자께서 말씀하셨다. 분발하지 않으면 계발해 주지 않고, 표현하지 못해 더듬거리지 않으면 밝혀 주지 않으며, 한 모퉁이를 가르쳤는데도 나머지 세 모퉁이를 증명하지 못하는 사람이면 되풀이되지 않는 것이니라.[46)]

공자의 이 말은 참된 학문이란 훌륭한 스승의 가르침보다는 학생 스스로 자발적으로 알려고 분발하는 것이 더욱 중요하며, 한 가지를 배우면 이와 상반되는 여러 가지 이치를 함께 터득하여 배움의 효과를 배로 해야 올바른 학문의 자세라는 뜻이다.

> 공자께서 말씀하셨다. 학문을 함에 있어서는 배워서 미치지 못하는 것같이 하고 배워 안 것은 잃어버릴까 두려워하는 것같이 해야 하느니라.[47)]

이 말은 학문은 한번 배웠다고 해서 정지해 버리면 물을 거슬러 배를 모는 것처럼 나아가지 않으면 물러나게 되므로 지속적으로 부지런히 익혀야 하는 것이라는 것을 강조하는 내용이다.

> 공자께서 말씀하셨다. 바른말을 따르지 않을 수 있으랴마는 그 말

---

46) 論語, 述而篇 8, 子曰 "不憤不啓, 不悱不發, 擧一隅不以三隅反, 則不復也.."
47) 論語, 泰伯篇 17, 子曰 "學如不及, 猶恐失之."

에 따라 그릇된 것을 고침이 중요하다. 부드럽게 타이르는 말을 기뻐하지 않을 수 있으랴마는, 그 말의 참뜻을 찾아냄이 중요하다. 기뻐하면서도 참뜻을 찾아내지 않고 따르면서도 그릇된 것을 고치지 않는다면, 나로서도 그러한 사람을 어찌할 수가 없구나.[48]

이 말은 자신이 스스로 배워서 분석하지 않고 잘못을 고치려고 해야만 깨우칠 수 있다는 뜻으로 학습하는 자세를 강조하는 내용이다.

공자께서 말씀하셨다. 사랑한다면 힘써 권하고 격려하여 힘쓰게 하지 않을 수 있겠는가? 진실하다면 깨우쳐 주지 않을 수 있겠는가?[49]

이 말은 사람이 진실로 그 아들을 사랑한다면, 훌륭한 인물이 되게 하기 위하여 여러 가지 일을 시켜서 수고롭게 하지 않으면 안 된다. 진정으로 그 임금에게 충성을 다하려면, 그 임금을 현명하게 만들기 위하여 충성으로 간하고 지성으로 가르쳐 주지 않으면 안 된다는 뜻이다.

공자께서 말씀하셨다. '이를 어떻게 할까? 이를 어떻게 할까?' 하고 말하지 않은 사람은 나도 정말 어떻게 할 수가 없는 존재이다.[50]

이 말은 무슨 일이든 심사숙고한 뒤에야 행동할 것을 강조한 말이다.

이상에서와 같이 공자의 원칙적 교육방법의 가장 큰 특색은 바로 학생 스스로가 배우려고 하는 의지와 지속적으로 부지런히 해야 하며 학문저변의 깊은 의미를 파악하고 잘못은 고치려고 하면서 모든

---

48) 論語, 子罕篇 23, 子曰 "法語之言, 能無從乎? 改之爲貴. 巽與之言, 能無說乎? 繹之爲貴. 說而不繹, 從而不改, 吾末如之何也已矣."
49) 論語, 憲問篇 8, 子曰 "愛之, 能勿勞乎? 忠焉, 能勿誨乎?"
50) 論語, 衛靈公篇 15, 子曰 "不曰, '如之何, 如之何'者, 吾末如之何也已矣."

일에는 심사숙고해야 한다는 학생의 원칙적인 학습태도에 관한 강조
사항이다.

4) 쟁점 및 논의

2500년 전의 인물인 공자와 논어가 현대에서 재조명되고 동아시아
각국의 학자들에 의해 재해석되고 있다. 그러나 학자들마다의 해석과
강조하는 관점이 상이함으로 발생되는 문제점, 즉 논어의 신뢰도, 이
해의 혼란성들이 고전을 무작정 배척하고 싫어하게 되는 원인이 되
기도 한다. ≪논어≫의 <술이>편 8장을 예로 들면,

> 공자께서 말씀하셨다. 분발하지 않으면 계발해 주지 않고, 표현하
> 지 못해 더듬거리지 않으면 밝혀 주지 않으며, 한 모퉁이를 가르쳤
> 는데도 나머지 세 모퉁이를 증명하지 못하는 사람이면 되풀이하지
> 않을 것이니라(김석원, 2008).

> 공자가 말했다. 자극하지 않으면 계발할 수 없고, 의심하지 않으면
> 발견할 수 없다. 탁자의 한 모서리를 지적하여 다른 세 모서리를
> 알지 못한다면 나 또한 다시 말하지 않는다(리쩌허우, 2006).

두 저자의 해석은 큰 맥락에서는 이해가 되는 것 같은 느낌이지만
다른 두 사람 이상의 독자들이 동일하게 그 뜻을 이해할 수 있다고
단언할 수 있을지는 의문이다. 특히 첫 번째 예문 중 "표현하지 못해
더듬거리지 않으면"으로 기술된 부분은 우리나라 언어학적 견해로는
원전의 의미를 이해하기가 어려울 수 있는 것은 사실이다.
이와 같이 고전을 해석한다는 것은 매우 힘들 뿐만 아니라 오히려
2500년 전의 공자와 그 제자들보다 더욱더 많은 이해가 필요할 수도

있다. 그러므로 우리는 논어의 해석적인 문제점이 좀 더 한국의 현(現)시대에 걸맞으면서도 그 의미와 깊이가 녹아 스며들 수 있도록 해석학적 측면으로 문제가 제기되어야 하지 않을까 생각한다.

또한 우리는 '과연 ≪논어≫를 어떻게 받아들이고 때로는 교육하고 있을까?'라는 의문을 가져 볼 수 있을 것 같다. ≪논어≫는 각 편과 장들이 구분되어 특별한 연관성 없이 일상생활 중에서의 공자의 말씀을 정리해 놓은 것으로 곡해하여 흔히들 문구와 의미를 단편적으로 활용하고 이해하는 경향성이 종종 나타나고 있으며 삶의 지혜로서의 이론 습득 위주의 논점을 중시하고 실천적인 노력 및 적용은 다소 미흡함을 감안한다면 논어 적용의 관점을 전환하여 인간 삶의 올바른 방향타 역할과 자성의 기준점이 될 수 있도록 해야 할 것으로 보인다.

3. 결론

지금 우리는 왜 ≪논어≫에 주목하는가? 그것은 ≪논어≫가 주는 특별한 교훈 때문이 아니라 우리가 현(現) 세상을 살아가면서 논어의 지혜가 필요하기 때문이다. 정치 · 경제 · 사회 · 교육 · 가정 등 모든 분야에서 우리는 부족함을 느끼고 허전함을 채워야만 살아갈 수 있는 시대가 돌아온 것이다. 우리가 살펴본 ≪논어≫를 중심으로 한 교육방법은 전체의 일부분밖에 되지 않지만 분명 전체 속에 있다는 것을 생각하면 매우 중요하지 않을 수 없다. 특히 평등주의, 학문을 하는 자세, 스스로 학습, 실천적 생활적용, 사색 및 신중성 등 이러한 이론은 서양의 교육이론과도 일치하고 우리나라의 교육이론에도 적용되고 있다.

보편적으로 우리는 유교와 ≪논어≫의 관계가 일체성을 갖는 것으로 설명하고 인식하고 있는 사람들이 많은 것 같다. 그러나 결코 유교와 ≪논어≫를 일체성으로 연관 지어서는 안 될 것으로 생각한다. 현대가 강력한 힘으로 전파되던 서구 문명의 영향이 더 이상 확대되지 않는다고 해서 유교적인 정치, 사회의 형성이 다시 돌아올 것이라는 생각 속에 유교의 대표적인 저서처럼 생각하는 사람들이 가지는 ≪논어≫의 가치는 몹시 잘못된 생각일 것이다. 논어는 결코 낡은 관습이나 권위주의나 사이비 덕성이나 인간을 억압하는 문화적 기제 따위를 거느리는 상징적 기치가 될 수는 없는 것이다. ≪논어≫는 다만 진정한 자기 책임성과 성숙, 인간에 대한 관심과 탁월한 균형감각, 그리고 삶의 속악함을 스스로의 존재로 수렴하는 성실성과 그것을 넘어서기 위해 스스로와 싸울 수 있는 용기이다. 현대는 아직도 현재적인 잠에서 깨어나지 못하고 있다. 현대는 많은 문제들을 제시하고 모두들 해결해 나가고 있는 것처럼 생각하지만 실질적으로 인간이 살아가는 삶의 진정한 즐거움을 추구 하는 것은 올바름이 무엇인지를 모르고 질문만 무성할 뿐이다.

우리는 ≪논어≫ 속에서 공부하는 방법만을 배우지 말고 생활 속에서 자연스럽게 ≪논어≫와 같이 즐겁게 놀아야 하며 실천적 교육의 산실에 중심적인 역할자가 될 수 있도록 노력해야 할 것이다.

≪논어≫에 대한 우리의 잘못된 태도, 즉 우리가 ≪논어≫로 가려는 의지보다 ≪논어≫는 우리가 팔짱을 끼고 있더라도 스스로 우리에게 오는 그 무엇이어야 한다는 안이한 요구가 더 강하다는 것이다.

"우리가 ≪논어≫로 가는 것이지 ≪논어≫가 우리에게로 오는 것이 아니다."

참고문헌

김동구(1997). 『교육의 특수성과 보편성의 문제』. 서원대학교 교육학과 학생회
(편). 청사교육.

김동구(1988). 『교육철학』. 서울: 문음사.

김동구(2001). 『논어에 대한 교육적 분석』. 서원대 교육연구소.

김석원(2008). 『논어』. 혜원출판사.

김선희(2004) "논어에 나타난 仁과 공자의 교육사상" 경원대학교 교육대학원
중국어 교육전공 석사학위 논문.

金鎔貞(1986). 『第三의 哲學』. 서울: 사상사회연구소.

김익수(1982). 『유가사상과 교육철학』. 서울: 형설출판사.

김인지(2009). 『내 인생의 지침 논어』. 파라북스.

김종호(2006). 『명구로 새기는 22가지 테마 논어 테마 에세이』. 한티미디어.

남회근(2002). 『남회근 선생의 알기 쉬운 논어 강의(상·하)』. 서울: 씨앗을 뿌
리는 사랑.

류종목(2000). 『논어의 문법적 이해』. 서울: 문학과 지성사.

박선주(1992). "공자의 이상적 인간상에 대한 연구" 고려대학교 대학원 석사학
위논문.

박종혁·장창호(2001). 『사서삼경의 이해』. 국민대학교 출판부.

박헌순(2008). 『논어집주(1, 2)』. 한길사.

배병삼(2005). 『논어 사람의 길을 열다』. 사계절.

유달(1987). 『선비정신과 사도문화』. 청주사범대학 교육연구소(편).

이기석·한백우(2007). 『논어』. 홍신문화사.

李紀子(1990). "논어를 통해본 공자의 교육사상연구" 단국대학교 교육대학원.
석사학위 논문.

이수태(2009). 『논어의 발견』. 생각의 나무.

이재호(2006). 『논어 정의』. 솔출판사.

林佳熹(2005). "논어 속에 나타난 공자의 교육관" 수원대학교 교육대학원 석사
학위 논문.

진현종(2008). 『논어 - 사람 속에서 찾은 사람의 길』. 풀빛.

리쩌허우(2006). 『논어금독』. 북로드.

『맹자』의 교육사상

1. 서론

현대 산업사회가 발전할수록 서구사회의 사상이 지배한다. 세계를 하나의 준거점으로 삼을 때, 공리주의, 사회계약사상, 자유주의를 원칙으로 한다. 동양의 찬란한 사상은 배경 속으로 밀려난다. 분명한 것은 동양의 사유 사상이 서구사상에 비해 결코 뒤지지 않는데도, 동양 국가에서는 오히려 서구사상의 한수 아래로 본다. 특히 교육학에 들어와서도 마찬가지다. 동양사고보다 서구의 사고 아래서 교육학을 논의하고 있다. 단지 동양교육을 논의할 때 공·맹사상 정도 논한다. 이런 현상은 학자들의 영향이 있다고 보며, 더 나아가 우리 문화권을 경시하는 국민의 의식도 문제인 것이다. 그러나 안타깝게도 동양사상은 현대과학문명에 밀려서 학문의 발전을 보여 주지 못했다. 사회는 새로운 패러다임 흐름 속으로 들어갔는데, 동양의 사상은 그 흐름의 물음에 답을 하지 못했다. 더욱 아픈 현실은 사회와 학문의 세계를 구분하여 사고를 했다.

그러나 시대가 갈수록 서구사회의 교육학의 한계가 드러났으며,

새롭게 동양사상이 재해석되었다. 현대는 기계주의에 지쳤다. 새로운 시대를 이끌수 있는 사상을 요구한다. 인간을 분석하거나 실험의 대상으로 삼는 서양의 분석주의 사상보다 인간의 내재적인 성찰을 하는 인의사상을 요구한다. 이 대목은 맹자가 가장 중시한 대목이다. 인의 사상은 맹자의 교육사상 핵심이라 할 수 있다. 인간의 본성을 깨우칠 수 있는 교육은 미래사회가 추구할 교육학이다. 물론 서구의 사상에서 실존의 물음에 대해서 논했다. 그러나 인간의 성품과 함께하는 교육학적 고찰이 필요하다. 이 글의 목적은 맹자 교육사상을 고찰함으로써, 현대 교육문제 해결의 실마리를 찾는 데 둔다. 필자가 중점으로 다루는 것은 맹자의 교육사상이다. 특히 이 글은 서구교육학과 맹자의 교육학을 비교해본다. 이것을 가지고 교육의 문제를 풀어 가는 데 의의를 둔다. 이 글은 맹자의 원전을 그대로 살리면서, 맹자의 교육사상을 논의한다.

2. 배경

맹자는 재능이 뛰어난 언사였고, 이성과 감성을 가지고 사상을 전개하는 인물이다. 냉정적인 감정을 가진 학자였으므로. 교육이상 실현에 있어서 타협의 여지가 없었다. 특히 제자를 가르침에 있어서 엄하게 훈계하는 학자였다.

그 시대의 정치가들은 전제적인 성격이 강했다. 그러나 맹자는 학자의 양심을 지키기 위해 그들과 타협을 하지 않았다.

맹자는 인의도덕의 구현에 전력을 다 하였다. 모든 사상은 선천적으로 타고난 양심을 계발하면, 누구나 요순과 같은 인격자가 될 수 있다고 본다.

그러나 약탈을 일삼던 혼탁한 사회적 배경 아래서는 맹자의 교육사상이 받아들이지 못했다. 그의 교육핵심은 인간다운 인간, 도덕적 인간을 만드는 데 있기 때문이다. 그의 교육사상은 일관하게 도덕주의로 풀어 나간다.

왜 춘추전국시대에 제자백가들이 등장하여 그들의 사상을 사회에 구현시키려 했을까? 하층 계급인 농민이나 시민의 지위가 전국시대에는 크게 부각되었고, 농민과 시민을 확보하지 않고서는 국가의 발전을 기대할 수 없었다. 상업이 발달함에 따라 성시(成市)가 점점 불어나 도시의 구실을 하게 되었다. 이로 인하여 도시 거리는 아주 발달했고, 시민들은 노래와 오락을 즐겼으며 집집마다 물질적 풍요를 만끽하면서 생활을 영위하고 있었다. 이로 인해 사람들의 의기가 충천했고, 시민은 권력자에게 단순히 맹종만 하는 존재가 아니었다. 농촌 인구는 끊임없이 도시로 모여들었고, 농민들은 조세의 부담자일 뿐만 아니라 병역이나 노동의 주역이기 했으며, 특히 계속적으로 되풀이되는 대규모의 격심한 전쟁은 경제적 거점인 대도시를 확보함과 동시에 농민과 경작지를 손안에 넣었다.

그러나 농민을 장기간 계속되는 전쟁에 몰아넣는 것은 농업생산에서 이탈시키려는 계략의 하나였다. 농민들은 고통스러운 세금을 덜기 위해 자유를 찾아 떠돌아다니는 유목민화가 되었다. 춘추시대에는 별로 알려지지 않았던 민중에 대한 통제의 문제가 전국시대에 와서는 새로운 문제로 대두된다. 이런 시대에 뚜렷한 직업 없이 소신껏 자기의 주장을 내세워 지식을 팔아먹는 사람들이 있었는데, 그들이 바로 제자백가들이며, 그중에 맹자가 있었다. 맹자는 공자의 인(仁) 사상을 계승하여 인의(仁義)사상으로 발전시켰다.

맹자는 노나라에 들어가 증자학파의 학통을 이어받았다. 그는 왕도론을 설파하기 위해 각국을 순방했지만, 그의 이상은 받아들여지지 못했다. 결국 자기의 고향으로 돌아가 제자들에 대한 교육에 전념하면서 마지막 여생을 보냈다.

맹자의 주요사상은 인의사상, 왕도정치, 성선설로 집약된다. 『맹자』는 대체적으로 7편으로 구성된다. 양혜왕, 공손추, 등문공, 이루, 만장, 고자, 진심으로 나누어져 있는데. 이것들은 각자 상하로 나누어져 있기 때문에 14편이라 해도 무방하다. 제자인 만장과 공손추가 『맹자』를 저술했다고 하는 것이 통설이다. 그러나 문자의 기술하는 방법에서 본다면 7편 상호 간에는 꽤 많은 이질적인 요소가 발견됨을 볼 수 있다.

맹자는 끊임없이 모든 사회문제를 통찰하여 학문적으로 적용하여, 실천하려 했음을 볼 수 있다(정태윤, 1988).

3. 교육사상

1) 양성평등교육

양성평등교육사상을 전개하는 데 있어, 맹자와 루소를 비교해 본다. 맹자사상을 해석하는 데 있어 가장 오해한 부분이 성 교육이다. 이제까지 전통적으로 맹자를 이해하는 대부분의 학자들은 차별적인 입장에서 해석했다. 즉 서구적인 사상에서 맹자를 바라본 것이다. 그것은 합리적인 입장에서 맹자를 바라보았기 때문에 그런 오류, 오해의 소지가 있었던 것이다. 가부장적인 입장이 공·맹사상에서만 나오는 것으로 가르쳐 왔다. 그러나 우리는 다시 이것을 해체할 필요성이 있다. 해체해서 재구성할 여지가 있는 것이다. 즉 선입견적 입장에서 출발하여 맹자를 해석하기 때문이다. 맹자가 말하는 의도는 전통적으로 한국에서 가르쳐 온 남·여 차별적 입장과 다르다. 서구에서도 남·여 차별을 언급한다.

서구사상가 루소와 동양사상가 맹자의 차이점은 다음과 같다. 물론 루소가 서구사회에서조차도 논란이 되었다. 그러나 확연하게 남·여 차이를 교육학적으로 설명하는 학자가 많지 않으므로, 루소를 맹자와 비교한다.

> 성의 영향이 미치는 것은 남자와 여자가 전혀 다르다. 남성은 어떤 경우에 한해서만 남성인 데 반해 여성은 언제나 여성이다. 여성의 모든 기능은 수행하는 데 특별한 노력이 필요하다. 여성은 마성이 만든 법칙의 불평등에 불평하는 것은 좋지 않은데, 이 불평등은 남자가 만든 것이 아니고 편견에서 온 결과도 아니며 자연에 따른다는 것이다. 성실하지 않은 아내는 나쁘다. 그런 여성은 가정을 파괴하고 자연의 모든 결합을 끊어 버린다. 아내는 정숙하고 헌신적 내조를 해야 하며, 그녀의 훌륭한 야심과 좋은 평판에 대해 증인 있어야 한다. 그러므로 여성은 순결해야 함은 물론이고 좋은 평판과 명성을 가져야만 한다. 남녀가 평등하다 의무가 같다 하는 막연한 단언은 공허한 언어일 뿐이다. 따라서 남자와 여자는 체질과 기질에 있어서 같지 않다는 것이 판명되면 그들의 교육도 달라져야 한다. 여자만을 위한 학교는 없다. 얼마나 다행한 일이냐(JJ루소, 한용운 옮김, 1989: 178-179, 재인용).

루소는 자연의 표준대상으로 남성을 선택했으며, 여성은 남성의 도구와 수단의 역할을 수행하는 존재로 보았다. 루소는 여성의 고유한 경험을 무시하는 태도를 가진다. 이것은 서구 사회 속에 숨어 있는 여성에 대한 형태다. 끊임없이 이 논리에 의해 여성의 권리는 무시되어 왔다. 결국 서구사회는 남녀를 성차별화하고 있음을 볼 수 있다.

그러나 이에 비해 맹자는 양성동반자적 관계를 가진다.

丈夫之冠也에 父命之하니라 女子之嫁에 母命之하나니, 往送之門하
야 戒之曰, 往之女家하면 必敬必戒하며 無違夫子라 하나니 以順爲
正子는 妾婦之道也니라. 居天下之廣居하고 立天下之正하며 行天下
之大道하야 得志에는 與民由之하고 不得志에는 獨行其道라. 富貴
不能淫하고 貧賤不能移하며 威武不能屈이라야 此之謂大丈夫니라
(滕文公章句下 2).

남자가 관례를 행할 때는 아버지가 아들에게 도리를 가르쳤다. 여자가 시집갈 때는 어머니가 딸에게 도리를 가르쳐, 대문 밖까지 전송하여 딸에게 훈계하기를 "시댁에 도착하면 반드시 시부모를 공경하고 반드시 자신을 경계하며 남편의 말을 어기지 말아야 한다"고 하였으니, 이와 같이 순종을 최고의 준칙으로 여기는 것은 부녀자의 도이다. 남자에게 있어서는 마땅히 세상에서 가장 넓은 저택인 인에 살고 세상에서 가장 올바른 위치인 예에 서며 세상에서 가장 큰 길인 의로 가서 뜻을 얻었을 때는 천하의 백성들과 함께 큰 길을 따라 나아가고 뜻을 얻지 못했을 때는 홀로 자신의 도를 행하는 것이다. 부귀도 나의 마음을 어지럽힐 수 없고 빈천도 나의 의지를 바꿀 수 없으며 권위와 무력도 나의 절개를 굽힐 수 없어야 이러한 사람을 대장부라 할 수 있다.

지나가는 의미로 보면, 루소처럼 맹자도 남·여 차별을 하고 있음을 볼 수 있다. 그러나 맹자는 차별이 아닌 차이로 남·여를 바라본다. 여성의 역할은 가정을 잘 다스리며 남편이 대장부가 될 수 있도록 도와주는 동반자의 역할을 강조한다. 즉 맹자는 남·여의 역할을 禮(예)의 원천으로 본다. 예를 실천하게 되면 올바른 삶과 질서가 유

지된다. 예는 사람이 딛고 서야 할 가장 올바른 역할이다(이기동, 1993). 그러므로, 맹자는 남·여를 차별했던 것이 아니고, 차이의 역할을 강조했던 것이다. 남자는 대장부로서, 여자는 가정을 지키는 여장부로서 역할해 주기를 바랐던 것이다. 성교육을 할 때 성역할 차이를 강조하는 것이 맹자의 교육이다.

2) 내재적 목적론

내재적 목적론을 전개하는데 있어, 맹자와 마르크스를 비교해 본다. 맹자는 인간을 성선적인 존재로 본다. 인간의 내면속의 가능성이 있는 존재로 본다. 남을 배려할 줄 아는 마음과 선을 행할 수 있는 마음이 숨겨져 있다고 본다. 인간에게 항상 가능태가 내재되어 있다라고 본다. 그래서 그것을 교사가 깨우쳐 준다면, 도덕적인 인간이 될 수 있는 가능성이 있다. 맹자는 내면적인 동기가 인간내면에 숨겨져 있음을 시사한다. 누가 시켜서 사건을 실행하려는 것이 아니라 인간내면에 이미 숨겨져 있기에 그것을 실천에 옮기는 것이다.

> 所以謂人皆有不忍人之心者는 今人乍見孺子將入於井하면 皆有怵惕
> 惻隱之心이니라. 非所以內納交於孺子之父母也며, 非所以要譽於鄉
> 黨朋友也며, 非惡其聲而然也니라. 由是觀之건대 無惻隱之心이면,
> 非人也며, 無羞惡之心이면 非人也니라. 無辭讓之心이면, 非人也며,
> 是非之心이면, 非人也니라. 惻隱之心은 仁之端也요, 羞惡之心은 義
> 之端也요, 辭讓之心은 禮之端也요, 是非之心은 知智之端也니라(公
> 孫丑章句上. 6).
> 내가 사람들은 모두 다른 사람을 불쌍히 여기는 마음을 가지고 있
> 다고 말하는 까닭은 지금 어떤 사람이 갑자기 한 아이가 우물 속에
> 빠지려는 것을 본다면 누구나 놀라고 측은해하는 마음을 가질 것이
> 다. 이것은 이 아이의 부모와 교분을 맺으려 해서도 아니고 마을

사람이나 친구들에게 널리 명예를 얻고자 해서도 아니며 또한 이 어린아이의 울음소리를 싫어해서 그러한 것도 아니다. 이로부터 보건대 측은지심이 없으면 사람이 아니고 수오지심이 없으면 사람이 아니며 사양지심이 없으면 사람이 아니고 시비지심이 없으면 사람이 아니다. 측은지심은 인의 단서요 수오지심은 의의 단서요 사양지심은 예의 단서요 시비지심은 지의 단서다.

設爲庠序學校以敎之니이다. 庠者는 養也요, 者는 敎也요, 序者는 射也라. 夏曰校하고 殷曰序하며, 周曰庠이나,學則三代共之하니, 皆所以明人倫也라(滕文公章句上 3).
백성들의 생활은 방향이 있어야 하는데 상·서·학·교 등의 교육기관을 세워 백성들을 가르쳐야 한다. '상'이란 가르쳐 기른다는 뜻이요, '교'란 가르쳐 기른다는 뜻이며, '서'란 진열한다는(실물을 진열하여 실물교육을 실시한다는) 뜻이다. (지방학교인 향교를) 하나라 때에는 '교'라 하였고, 은나라 때에는 '상'이라 하였으나, (국립기관 학은) 하·은·주 삼대가 모두 '학'이라 하였으니, 그것의 목적은 (백성들을 깨우치고 교도하여) 사람으로서 마땅히 걸어가야 할 인륜도덕을 밝히기 위한 것이다.

즉 어떤 사람이 갑자기 한 아이가 우물 속에 빠지려는 것은 본다면 누구나 놀라고 측은해하는 마음은 가진다. 아이의 부모와 교분을 맺으려 해서도 아니고 또한 이 어린아이의 울음소릴 싫어해서 그러한 것도 아니다. 인간에게는 무한한 교육의 가능성이 숨어 있으며, 그것은 도구적 목적이 아닌 내재적 목적이 있기에 가능하다. 그러나 서구사상은 본체의 상실로 보는 경우가 있다. 마르크스 예로 든다면,

노동자는 자신의 노동의 산물을 소외된 대상으로 대면하게 된다. 그가 생산하는 것은 그에게 속하지 않으며, 그를 지배하고 결국에는 그의 빈곤을 증대시키는 데 봉사한다. 소외는 노동의 산물에서뿐만 아니라 생산활동 자체에서도 나타난다. 타인의 필요를 충족시키기 위한 수단에 불과한 그의 노동에서 노동자는 편안함을 느낄 수가 없다. 그것은 그에게 적대적인 활동이며 그와는 독립적인 것으로 그에게 속해 있지 않다. 소외된 노동은 유적 존재(Species being)로부터 소외된 인간을 생산한다. 유적 존재의 삶, 생산적 삶, 삶을 창조해 내는 삶이 단순히 노동자 개인의 생계를 유지시키는 수단으로 전락하고 인간은 그의 동료들로부터 소외된다. 결국 자연 자체는 인간으로부터 소외되고 인간은 그 자신의 비유기체적인 본체(Body)를 상실하게 된다(Karl Marx, 마단사럼, 1987: 137, 재인용).

맹자는 성선설을 토대로 교육의 목적을 내재적 동기에 두었지만, 마르크스는 유물론적 사관에 입각하여 수단적, 도구적으로 교육을 바라보았다. 한국 사회는 전자보다 후자 쪽이 강하다. 유용성 토대 위에서 교육에 임하기 때문이다. 학습자들이 학문에 대해 내재적 동기보다 수단적 성향이 강하다. 그러므로 한국교육은 마르크스의 유물론에 가깝다. 그러므로 한 걸음 나아가 학문 자체를 즐기는 것이 아니라 학문을 통한 계급상승이나 투쟁에 있다.

마르크스는 단순히 한 사물이 다른 무엇을 위해 사용됨을 뜻하는 것이 아니라 노동자의 그 활동, 하나의 상품에 대한 인간의 욕구를 충족시켜 주는 힘을 갖기 때문에 사용가치가 있다고 보았다(마단사럼, 이혜영 옮김, 1987). 오늘날 한국의 교육 모습이 마르크스사상을 잘 대변해 주고 있는 셈이다. 한국의 교육현실은 볼노오가 지적한 기계적인 교육이다(이지헌 외 8인, 1993). '나와 그것'의 관계를 갖는 학습적인 현상이 바로 서구에 나타난 마르크스사상의 흐름이다. 그러나 맹자는 '나와 너'의 관계를 형성하는 기르는 교육, 유기적인 교육이다. '나와 그것'의 관계는 경험과 인식과 이용의 대상이 되는 세계인 반면에 '나와 너'의 관계는 인격적인 만남으로 자기를 주체성으로 인식하는 것이다(박의수 외 3인, 2005). 맹자가 학습자에게 원했던 것은 내재적인 동기를 가지고 사람으로 반드시 걸어야 할 길이 있음을 가르쳐 주었다.

3) 인륜도덕

인륜도덕을 비교하는 데 있어, 맹자와 소크라테스를 비교해 본다. 맹자는 나라와 가정 체제를 유지하고 질서를 지키기 위해 해야 할 일이 있음을 가르친다. 아버지와 아들, 남편과 아내, 임금과 신하, 어른과 아이 사이에는 반드시 질서가 있다. 산업사회 후 정보화 사회를 거치는 과정에서 이런 질서가 무너져 버렸다. 모두가 열린교육이라 해서 담을 허물고 있는 것이 현실이다. 경계가 없어야 된다는 의식이 팽배해져 있다. 아직도 필자의 생각이 농경 사회적 생각에 있는 것은 아니다. 좀 더 열린사회와 자유로운 사회의 학습 분위기가 되기 위해서는 질서가 있어야 된다. 충ㆍ효사상이 현대사회를 이끌어 갈 수 있는 새로운 대안이 되지 않을까 싶다.

> 人之有道也하니에 飽食煖衣逸居而無敎하면 則近於禽獸니이다. 聖人有憂之하야 使契爲司徒하야 敎以人倫하시니, 父子有親하고, 君臣有義하고, 夫婦有別하고, 長幼有序하고, 朋友有信이니라(滕文公章句上 4).
> 백성들에게 기본적인 도리가 있으니 배불리 먹고 따뜻하게 입고 편안히 살면서도 만약 가르치지 않는다면 짐승과 별 차이가 없다. 성인은 또 이들을 위해 걱정하시어 설을 사도로 삼아 백성들에게 인륜도덕을 가르쳤으니 그것은 아버지와 아들 사이에는 친애하는 감정이 있게 하고 임금과 신하 사이에는 예의가 있게 하고 남편과 아내 사이에는 내외의 분별이 있게 하고 어른과 어린이 사이에는 상하의 순서가 있게 하고 친구 사이에는 믿음이 있게 하는 것이다.

맹자는 교육을 농사에 비유했다. 그는 정치가나 교육학자들이 행해야 할 일은 사람들에게 참다운 삶을 직접 제시하여 주입시키는 것이 아니라, 백성들 스스로가 부족한 부분을 터득하도록 보조해 주는 역할이 되어야 한다고 주장한다(이기동, 1993). 물론 서구에서 나타난 소크라테스 사상에서 남·여와 어른·아이가 가야 할 탁월의 길을 가르친다. 소크라테스가 언급한 내용 속으로 들어가서 살펴보기로 한다.

소크라테스: 한데, 메논이며! 훌륭함(덕)과 관련해서만 자네에게, 즉 남자의 경우와 여자의 경우 그리고 그 밖의 다른 경우들에 그게 각기 다른 것으로 생각되는가? 또는 건강이나 트기 그리고 힘과 관련해서도 마찬가지인 것으로 생각되는가? 또는 그것이 건강인 한, 남자에 있어서인가 또는 다른 누구에게 있어서건, 그것은 어디에서나 똑같은 특성을 지니는 것인가?
메논: 건강이야 남자의 것도 여자의 것도 똑같은 것이라 제게는 생각되는군요.
소크라테스: 그러니까 크기도 힘도 그렇지 않겠는가? 가령 어떤 여자가 힘셀 경우, 똑같은 특성에 의해서 그리고 똑같은 힘에 의해서 힘세겠지? 내가 똑같음으로 의미하는 것은 이런 것이기 때문일세. 힘은 남자에게 있어서건 여자에게 있어서건, 힘이라는 점과 관련해서 아무런 차이가 없다는 걸세. 혹시 어떤 점에서고 다른 것으로 자네에게는 생각되는가?
메논: 제게는 없는 것으로 생각됩니다.
소크라테스: 한데, (사람의) 훌륭함(덕)은 훌륭함(덕)이라는 점과 관련해서 어떤 점에서 차이가 있는가? 그게 아이에게 있거나 또는 어른에게 있거나, 아니면 여자에게 있거나 또는 남자에게 있거나 따라서 말일세.
메논: 소크라테스 님! 제가 보기에 이 경우는 아무래도 다른 경우들과 이제 더는 같지가 않은 것으로 여겨지는군요.
소크라테스: 무슨 소린가? 자네는 남자의 훌륭함은 나라를 잘 경영하는 것이지만, 여자의 훌륭함은 가정을 잘(훌륭하게) 경영할 수 있겠는가? ……그렇다면 나라나 가정 또는 그 밖의 어떤 것이든, 절제 있게, 올바르게 경영할 경우에, 올바름(정의)과 절제로써 경영할 수 있겠는가? 그러고 보면 여자도 남자도 훌륭한 사람들이고자 한다면, 양쪽 다에 똑같은 것들, 즉 올바름(정의)과 절제가 필요하이……. 아이도 어른도…… 무절제하고 올바르지 못하고서야 결코 훌륭하게 되지 못하지 않겠는가? …… 그러므로 모든 사람은 똑같은 방식으로 해서 훌륭하이. 같은 것들을 지니게 됨으로써 훌륭해

지기 때문이지. …… 만약에 그들의 것이 똑같은 훌륭함(덕)이 아니었다면, 그들이 똑같은 방식으로 훌륭하지는 못했을 게 분명하이 (플라톤, 박종현편저, 1987, 재인용).

메논과의 대화에서 소크라테스는 이상의 탁월성을 갖추기 위한 조건으로 절제나 준거를 내놓는다. 여기서 탁월함이라 함은 뛰어남을 의미한다(플라톤, 이상인, 2009). 그러나 맹자처럼 구체적인 양식을 갖추지 못하고 있다. 맹자는 예로써 정확하게 구분 지어 질서를 부여하지만 소크라테스는 절제의 정의에 한계를 정하지 못했다. 학습자에게 예를 가르칠 때, 방법적 지식과 명제적 지식이 필요한데, 소크라테스는 명제적 지식을 높이 평가를 했지만 방법적 지식을 소홀히 했다. 그러나 맹자는 양 지식을 두루 갖추면서 실천적으로 교육에 접근한다.

4) 해석

학문을 해석하는 데 있어, 맹자와 딜타이를 비교해 본다. 맹자는 반드시 학습자가 문헌을 해석하는데 있어, 상황을 볼 것을 언급한다. 옛사람의 시나 글을 읽는 것은 그 사람을 알기 위한 것이며, 시나 글은 그 시대적 상황을 반영하고 있는 것이므로, 그 문헌을 정확히 이해하고 할 때는 그 시대적 상황을 제대로 파악해야 됨에 있다(김기동, 1993). 맹자는 단계적으로 이해할 것을 가르친다. 자기보다 이해의 폭이 넓은 사람에게서 배우고 나서 원전으로 돌아가서 이해하라는 것이다.

孟子謂萬章曰一鄕之善士하고 一國之善士斯友一鄕之善士하며 天下

之善士斯友天下之善士하야 以友天下之善士爲未足하야 又尙論古之
人頌其詩하며 讀其書하되 不知其人이면 可乎아? 是以論其世也니라
是尙友也니라(萬章章句下 8).

맹자께서 만장에게 말씀하셨다. 한 고을의 뛰어난 인물이어야 한
고을의 뛰어난 인물과 벗할 수 있고, 한 나라의 뛰어난 인물이라야
한 나라의 뛰어난 인물과 벗할 수 있으며, 천하의 뛰어난 인물이라
야 천하의 뛰어나 인물과 벗할 수 있다. 천하의 뛰어난 인물과 벗
하는 것도 만족스럽지 못하다고 생각하여 또 위로 거슬러 올라가
옛사람을 논하는 것이다. 그들의 시를 외우며 그들의 책을 연구하
면서도 그 사람을 알지 못한다면 되겠는가? 이 때문에 그들의 시대
를 논하는 것이다. 이것이 바로 역사를 거슬러 올라가 옛사람과 벗
하는 것이다.

맹자와 비슷하게 딜타이도 해석학적인 관점에서 논의한다.

시간은 현재적인 것이 계속해서 과거가 되고 미래적인 것이 현재
가 되는, 현재가 쉼 없이 앞으로 나아감으로 경험된다. 현재란 하
나의 시간 계기를 실재성으로 충족시키는 것이며 또 현재는 과거
에 대한 회상이나 소망, 기대, 희망, 두려움, 의욕 등에서 생겨나는
미래적인 것에 대한 표상들과 대립되는 실제성이다(빌헬름딜타이,
이한우 옮김, 2002, 재인용).

물론 딜타이는 체험·표현·이해의 맥락에서 해석을 시도한다. 해
석에서 딜타이는 분석적이고 과학적 방법으로 이끌었다. 역시 딜타이
처럼 맹자는 생활 속에서 찾는 열린 지식의 이해맥락으로 원전을 이
해한다. 그러나 맹자는 딜타이와 달리 외부에서 점차적으로 내부로
옮겨지는 해석을 주장한다.

4. 결론

오늘날 한국 사회는 다양한 교육문제가 대두되었다. 기러기 아빠, 나면서부터 외국어를 배워야 하는 고통, 보이지 않는 성적 계급이 나타난다. 어디서부터 분명히 잘못되어 있는데 그것을 진단하기는 매우 어렵다. 모든 교육문제가 사회·문화적 맥락으로 연결되어 있기 때문이다.

새로운 대안책이 없는지 교육계는 항상 고민에 빠진다. 이러한 시기에 맹자의 교육사상을 재해석하면 대안의 하나가 되지 않을까 싶다.

첫째, 한국교육은 학습자를 투쟁적이고 도구적인 존재로 만드는데 있다. 말은 마르크스를 배척한다지만, 한국교육계의 현실은 마르크스적 교육이다. 학습에 뒤처진 학습자들을 문제아로 취급한다. 교육은 사회를 가기 위한 수단의 도구가 되었다. 학력위조가 왜 나왔는가? 한국교육 현실은 수단과 목적을 가리지 않고, 그저 학교에만 다니면 된다는 의식이나 양심까지 팔아 가면서 출세지향주의가 팽배하다. 자기주도적인 학습을 배경으로 밀려난 지 오래다. 서구 사상의 기계주의에 흡수된 교육은 회복의 기미가 보이지 않는다. 맹자는 학습자의 목적은 내재적 동기에 있음을 가르친다. 더 이상 획일적 교육은 안된다.

둘째, 맹자가 주장한 충·효사상이다. 사회가 핵가족이 되어 가고, 과학이 발달함에 따라 인간의 본문을 잃어버리고 살고 있다. 비인도적인 방식으로 살아간다. 이기적이고 배려할 줄 모르는 사회는 야수적 사회다. 교사가 바른말을 하지 못하는 사회, 질서가 파괴된 교육계를 보며는 더 이상 한국 교육의 미래는 보장은 어둡게 느껴진다. 그것은 우리의 미덕으로 알고 배워 온 가장 기초적인 교육의 질서 충·효를 저버렸기 때문이다. 된장국보다 스파게티를 좋아하게 만든 교육계도 책임이 있다. '세계화 시장에서 웬 말이냐?' 의문을 가진 사람도 많을 것이다. 그러나 근본적으로 갖고 있는 그 나라의 학습태도를 버릴 때 교육의 사회의 문제는 끊임없이 일어날 것이다. 그러므로 맹자가 주장한 인륜지도를 다시 재조명해야 할 시점이다.

셋째, 양성평등적인 교육이다. 각자가 맡은 역할이 있다는 것을 가르쳐야 할 시점이다. 남·여가 평등적으로 갈 수 있도록 학습할 필요가 있다. 차별이 아닌 차이로서 양성평등적 입장에 서서 교육을 해야 할 것이다. 현재는 너무 차별만 강조하고 있다. 각자의 성 역할에서 벗어나 있는 것을 볼 수 있다. 단체로 하는 모든 스포츠는 팀워크가 필요하다. 맹자가 주장한 대로 자기의 역할이 무엇인가 검토할 시기라 본다.

현대 산업사회에 살고 있는 한국은 무분별하게 서구화를 주장해 왔다. 모두가 기계적이고 획일적인 인간으로 돌변하는 데 시간이 별로 걸리지 않았다. 차이를 두면서 그것을 받아들였어야 했는데 무조건적으로 동양의 전통은 악한 것, 더 나아가 가치가 없는 것으로 받아들여졌다.

오늘날 다시 맹자사상이 재조명해야 되는 이유는 무엇일까? 산업사회가 획일적으로 모든 학습자를 기계적으로 만들어 인재양성을 했지만, 인류에게 가져다주는 것은 행복보다는 아픔이 더 많았다. 학습자는 자아실현과 무관하게, 경쟁사회에 도태되지 않게 기술을 익혀야만 했다.

인륜지도보다는 기계적 기술을 더 선호하게 되었다. 모든 학습자들은 학문을 사랑하는 것보다 유용성이 어디에 있는가를 보고 학습한다. 학문을 즐긴다는 것은 바보짓이 되어 버렸다.

그러나 인류를 이끌 수 있는 힘은 남이 가지 않는 학문의 길로 들어설 때, 언젠간 인류에게 커다란 희망을 안겨 줄 것이다. 맹자는 학문을 즐겼다. 교육은 더 이상 학습자를 분석하여 평가하는 그 기능에서 벗어나야 한다. 인간은 더 이상 물질이 아니다. 인간은 인간이다.

현대교육이 제 기능을 다하기 위해서라도 맹자의 사상을 재조명할 필요성을 가진다.

참고문헌

딜타이, 이한우 역(2002). 『체험 · 표현 · 이해』. 서울: 책세상.
마단사럽(1987). 『마르크스주의와 교육이론』. 서울: 한길사.
맹자, 우재호 옮김(2007). 『맹자』. 서울: 을유문화사.
박의수 외 3인(1993). 『교육의 역사와 철학』. 서울: 동문사.
손승남(2004). 『학습자 중심의 대안적 교수법』. 인천: 내일을 여는 책.
이기동(1993). 『맹자강설』. 서울: 성균관대학교.
이지헌 외 8인(2005). 『교육학 이해』. 서울: 학지사.
정태윤(1998). 『맹자의 사상』. 대전: 문정출판사.
플라톤, 박종현 편역(2006). 『개정 · 증보 플라톤』. 서울: 서울대학교출판부.
_____, 이상인 옮김(2009). 『메논』. 서울: 이제이북스.

『중용』의 교육사상 탐구

1. 서론

동양사상에서 유교는 전통교육을 대변한다고 해도 과언이 아니다. 조선조 지식인 사회의 경우 유교는 교육의 이념과 목표, 내용과 방법에 이르기까지 유기적 체계를 갖추고 실천되었던 삶의 학문이었다. 유학을 통치이념으로 한 조선조 역사의 명맥이 일제치하를 거쳐 광복이 된 이래 급격한 서양문물의 유입으로 유학사상을 비롯한 동양사상이 전근대적 유물관으로 전락하여 명맥을 유지하기에도 급급한 실정이 되었다. 유학은 낡은 봉건주의 사상이며, 권위적이고 시대착오적이라는 평가를 받기도 하였다. 그로 인하여 삶의 전반에 서구사상의 영향이 짙게 드리워져 있기는 하지만 지금도 우리의 삶 속 저 깊은 곳 심원한 곳에는 유학 사상이 깊게 녹아 흐르고 있다고 할 수 있다. 의례를 행하거나 일상생활 속에서 기본적인 예의범절을 중시하는 면들에서 유학의 흔적을 발견할 수 있다.

근래 들어 과학문명의 급격한 발달로 인한 물질문명의 위기를 예단하고 고유한 인간 존엄성의 위기를 인식하면서 그것을 극복할 길이 동양사상, 동양문화에 있다는 인식으로 동양사상과 문화에 대한 재평가를 위한 노력이 점차 확대되고 있는 추세이다. 그중 유교경전인 사서오경에 대한 연구 또한 중요한 과제로 대두되고 있다. 타자를 부정하고 경쟁과 투쟁을 통한 개체적 자아의 발전을 추구하는 근대 서구의 세계관은 끊임없이 자연과의 관계에서나 사회적 관계에서 갈등을 증폭시키고 있다. 점증하는 근현대 문명의 병리는 지속 가능한 개발을 불가능하게 하고 급기야 우리에게 근본적 성찰을 요구하게 된 것이다.

유가철학은 도학이며 인생철학이다. 따라서 유학은 주관적이거나 관념적이 아니라 실천 행위의 구체적 방법을 제시하는 이론이다. 사서 중 논어·맹자는 인간사회의 사실을 주로 하고 있고, 대학·중용은 인간사회의 근원으로서의 심성의 세계를 해명한 것이다. 대학과 중용을 비교하면 전자가 유가사상의 정치적인 면과 인식론적 면에 중점을 두었다면 후자는 유가사상에 있어서의 인성론과 실천론을 체계적으로 전개했다(심우섭, 2004: 13)고 할 수 있다.

중용은 유학의 형이상학을 담고 있는 핵심적인 사상으로 인간의 삶과 자기실현에 대한 유교의 근본정신과 기본 사고를 담고 있는 유학 교육의 근본이라고 할 수 있다. 중용사상은 기본적으로 인간으로 하여금 상황에 알맞은 행동을 통하여 주관과 대상, 인간과 우주, 개인과 사회의 화해와 일체성을 도모하여 궁극적으로는 행동과 느낌 하나하나마다 우주적인 조화를 이루려는 것이다. 중용은 어느 한 방향으로 편향되지 않고 양극의 사이에서 역동적 균형을 중시하는 사유이다. 중용은 인간 본성과 그 본성에 따른 올바른 인간의 성실한 삶과 도덕적인 실천 자세를 밝히고 있어, 바람직한 인간 가치관, 전통적 정신문화의 정립에 도움을 줄 수 있다. 때문에 중용은 한 시기, 한 시대에 적용되기를 기대하지 않고, 모든 시간과 공간을 걸쳐서 적용되는 유일 불변의 원칙을 추구하였다고 할 수 있다.

이에 본고는 인간 삶의 보편적이며 숭고한 철학을 담고 있는 중용을 교육의 관점에서 탐구하고자 한다. 우선 중용 문자의 의미 분석을 필두로 하여 중용의 세계관, 중용의 학문구조를 통하여 중용의 특징에 대하여 살펴보고, 공자사상과 유학사상의 중용적 구조와 특성을 살펴 중용사상의 기원을 포괄적으로 이해한 다음 중용의 교육사상에 대하여 검토해 보고자 한다. 이는 오늘날의 현대인들에게도 인간의 근원적인 性을 올바르게 인식하고, 솔성하여 인도에 어긋나지 않도록 스스로의 노력과 의지로 수행공부에 정진하여 성인의 가르침을 행할 수 있는, 좋은 지침 마련의 계기가 될 수 있을 것으로 생각한다.

2. 중용의 의미와 특징

1) 중용의 문자적 의미와 특징

중이란 어느 한쪽으로 치우치거나 기울지 않고 지나치거나 모자람이 없는 상태를 말한다. 중은 정중이라고도 하여 바름을 뜻하기도 하고 최고의 이상 경지를 지시하기도 한다. 용의 의미에 대해서는 평상으로 보는 견해와 항상이라는 주장, 용이라는 설로 나누어진다. 주희에 따르면 용은 평상, 정약용은 항상, 즉 일관된 지속성을 의미하는 것으로 해석, 그래서 중용은 중을 지속적으로 실천해 가는 것을 뜻한다. 주희의 해석이 진리의 일상성 범용성을 강조한다면 정약용은 실천의 지속성을 중시한다고 볼 수 있다. 중용과 중화의 관계는 성정의 관점에서 보면 중화가 되고 덕행의 관점에서 말하면 중용이 된다. 넓게 중용 개념의 범주에 중화의 뜻도 내포된다고 보아야 할 것이다.

> 중용에서는 중 자 하나만으로 단칭되는 표현은 매우 적고 중 사상을 응용하는 방법에 의해 조성된 어휘로서 중용, 중화, 중절, 시중, 중립, 중도, 중정 등의 개념어를 찾아볼 수 있다. 중용이란 과불급 없이 한편에 쏠리거나 치우치지 않게 쓰는 것을 말하며, 중절은 인정의 절제를 알맞게 하는 것이요, 중화는 만물과 화육함이요, 시간적으로 상황에 맞아떨어지는 시중, 공간상에 중립하는 것, 사물에 대응함에서의 중도, 자신을 조율하는 중정을 말하고 있다. 이처럼 중용을 의미하는 여러 용어를 보아도 실천적 응용에 따라 적절한 안배를 하고 있음을 알 수 있다(서경요·김유곤, 2009: 13).

중용이란 양단을 집지하여 대대적으로 종합 통일하는 구조를 말한다. 어떤 사물이나 사상을 상대적으로 이해하여 그 동이(同異)를 분석해 내는 것이 아니라 포괄적으로 균형을 파악하는 방법이다. 따라서 중용의 도는 보편적이며 일상적으로 자득하고 자적하는 사상적 요체이다(서경요·김유곤, 2009: 13).

> 중용사상은 동양에서 지고의 진리로 인식되어 왔지만 서양에서도 아리스토텔레스의 윤리학을 비롯하여 칸트의 이성 개념 등에 중용사상의 특성이 내재되어 있다. 유가적 중용 개념과 아리스토텔레스의 메소테스 개념은 일정한 공통성을 가지고 있다. 통상 둘 다 지나침과 모자람이라는 양극단에 치우치지 않는 중간을 지향하는 윤리적 덕목으로 이해된다는 것과 일회적인 행위 지침이 아니라 평상적 태도 내지 습성을 의미한다는 것이다. 그러나 양 개념이 차이점을 가진다는 것도 부정할 수 없는데 우선 유가의 중용개념은 존재론적 위상을 갖는 데 비해 아리스토텔레스의 메소테스 개념은 그렇지 않다(장승구 외, 2004: 7).

이처럼 중용사상은 동서양의 공간, 시대를 막론하고 우주만물이 생하는 곳이면 어디든 존재하고 내재하는 것이다. 다시 말해서 인간 생활의 규범으로서 만인이 어느 일을 하는 잠깐 사이에도 떠나 있는 도가 아니다. 유기체로서의 인간이 자각적 주체와 문화적 환경에 상호 적응하는 도가 중용인 것이다. 인생살이 또한 변화의 연속으로 항상 자기와 환경이 만나는 문제해결을 위해서는 적절하고 타당한 방법을 통하여 상호 적응하여 형평을 이루는 중용의 도를 자득해야 하는 것이다. 천지자연이 오행의 유행이라 한다면, 인간사회는 오륜의 관계라고 할 수 있다. 따라서 자연의 천지지도는 저절로 이루어지는 것이요, 인륜의 중용지도는 규구준승의 법도에 따라 제대로 이루어져야 한다. 이러한 점에서 중용의 도는 일상에서의 중요한 도이다(서경요 · 김유곤, 2009: 23).

중용은 주관적인 사상이 아니라 실천적 행위의 구체적인 방법을 의미한다. 중정에서 중이란 가운데를 의미하는 것이 아니라 측이 바로 서는 것을 뜻하며, 정이란 그 반대말이 부정이 아니라 결핍이라는 뜻을 지님을 볼 때 모자라는 것을 채워 온전하게 하는 '다움'을 의미한다. 과한 것은 덜어내고 불급한 것은 보태어 그 대상이 대상답게 곧추설 수 있도록 하는 실천의식이며 방법론이다.

2) 중용의 세계관

중용에 따르면 인간을 포함하여 만물은 하늘로부터 일정한 본성, 즉 공통성, 통일성, 조화성을 타고났다. 만물의 타고난 본성이 온전하게 구현되면 자연은 전체적으로 조화로운 질서를 유지하게 된다. 자연은 생성 변화하는 가운데 일정한 질서를 유지하고 있다. 그리고 만물은 나란히 자라면서도 서로 해치지 않고 일정한 조화를 유지한다. 자연은 부단히 생성 변화하는 가운데 일정한 질서를 지키며 만물 사이에 역동적인 조화를 이루고 있다. 자연은 생성 변화 가운데 일정한 도를 구현하고 있다. 인간도 그러한 자연을 본받아 성실하려고 해야 하며 수양을 통해 그것이 가능하다. 궁극적으로는 性의 원리에 의해 인간과 자연이 합치되는 天人合一의 경지를 이상으로 한다. 인간이 하늘 및 땅과 병립하기 위해서는 자기완성과 사회완성, 나아가 만물의 본성구현을 도와주어야 한다. 자기의 본성을 극진히 발휘하게 되면 타인의 본성 실현도 도와주게 되고 나아가 다른 만물의 본성 실현에도 기여할 수 있다. 인간에 의한 도의 인식과 실현은 선천적이고 자연적일 수도 있지만 대부분의 인간에 있어서는 각고의 노력이 요구되기도 한다. 그래서 인간이 자기 본질을 깨닫고 잘 실천하기 위해서는 공부가 요구된다. 미발과 이발의 공부를 통해 미발 시에는 마음의 본체가 본래 상태를 잘 유지하도록, 이발의 상태에서는 마음의 작용이 대상과 적합한 조화를 달성할 수 있도록 해야 한다.

중용의 세계관에 따르면 내적 본질은 외적 현상으로 드러나지 않을 수 없고, 외적으로 현상화되면 그것은 주위의 타 존재에게 일정한 느낌과 변화와 영향을 주게 된다. 내면적인 것과 외면적인 것은 둘이 아니다. 세계의 본질을 진실성으로 파악하고 성은 본체론적 의미와 윤리학적 의미를 동시에 지닌다고 할 수 있다(장승구 외, 2004, 28).

(1) 음양 조화의 중시

하늘과 땅이 서로 다르나 그 영위하는 일은 같고 남자와 여자가 서로 다르나 그 뜻은 서로 통하고 만물이 제각기 서로 다르지만 그 작용은 유사하다고 말한다. 즉 대립자 간에 서로 어긋남이 있고 대립이 있지만 그것이 반드시 부정적인 현상만은 아니고 그 가운데도 공통의 이익과 조화를 추구할 수 있다는 것이다. 주역의 중용적 세계관에서는 음양 상호 간의 조화와 다른 가운데도 같음의 추구를 이상으로 한다.

(2) 균형과 화해 지향

자연계와 인간계를 불문하고 모든 존재세계의 근본 법칙이 가득 찬 것과 빈 것 사이에서 일정한 균형을 지향하는 것이다. 인간은 이러한 균형 지향의 법칙을 인식하고 늘 지나치게 가득 차는 것을 경계하고 겸허한 태도와 자세를 견지할 필요가 있다.

(3) 변화 속의 항상성 지향

우레와 바람은 움직임을 상징하는 것인데 이것이 모여서 항괘를 이룬다는 것은, 항상성이란 곧 변화 가운데 있는 것이지 결코 변화를 초월한 절대적 영역에 따로 존재하는 것이 아님을 뜻한다. 항상성이란 것이 곧 한결같이 어느 하나에만 집착하는 것이 아니라 도리어 변화하는 현실 가운데 합리적인 중을 잡는 것이 진정한 항상성이다. 상황에 따라 알맞은 의를 추구해야지 한 가지 원칙에 맹목적으로 집착해서는 안 됨을 보여 준다.

주역의 중용적 세계관은 음양의 조화와 상호교류를 이상시하고 있으며 사물의 변화 속에서 지나침을 경계하고 조화로운 균형과 화평을 추구하며 역동적 변화의 현실 속에서도 일정한 항상스러움을 지향하는 특성을 강하게 보여 주고 있다.

중용의 세계관은 이 세계를 독립적이고 불변적인 실체의 집합이 아니라 상호연관적 관계의 망으로 인식하고 있다. 개체는 관계적 망 속에서 한 매듭으로 존재한다. 따라서 타자와의 좋은 관계, 전체와의 조화로운 관계없이 독립된 개체의 행복은 생각할 수가 없다. 궁극적으로 주관과 객관의 내외적 통합 이상과 현실, 인간과 자연 본체와 현상, 마음과 행사, 자아실현과 타자실현의 조화로운 통일을 겨냥하고 있다. 이러한 이상적 목적의 달성을 위해서는 인간의 지극한 실천 공부가 필요하다(장승구 외, 2004: 32).

3) 중용의 학문 체계

중용은 역전과 함께 유교사상의 철학적인 해명을 꾀한 것으로써 후세 성리학을 열어 준 기틀이 된 책으로서 유교사상의 정수가 담긴 하나의 보전이라고 할 수 있다. 우주론적인 근거와 배경에 바탕을 두고 인간 문제를 규명해 나간 이 중용은 성선관에 기초한 천인합일을 주제로 삼고 있다. 그것은 천에서 시작하여 천으로 끝맺는다.

중용 첫 장에 천명지위성(天命之謂性) 솔성지위도(率性之謂道) 수도지위교(修道之謂敎)라고 하여 성(性)·도(道)·교(敎)의 이치를 나타내고 있다. "성(性)은 하늘이 명하여 사람에게 부여된 것이다. 사람이 하늘의 속성을 그대로 받아, 하늘과 일치될 수 있는 자질과 능력을 갖추었다는 말이다. 도(道)는 성(性)을 따르는 것이다. 한마디로 인간이 걸어야 할 길로 사람이 세상을 살아가면서 언제 어디서든 크고 작은 무슨 일을 하든지 반드시 따라야 할 도리와 이치가 곧 도다. 교(敎)는 도(道)를 마름질하는 것이다. 사람이 반드시 따라야 할 도리와 이치가

도(道)인데, 이를 하나하나의 교훈 · 예절 · 법칙 · 제도 등으로 구체화시켜 실천할 수 있게 한 것이 교다"라고 했다. 인간을 최고 가치의 실체인 천에 귀속시키고 있으며 맨 끝에 가서는 성을 종합적이고 완벽하게 체인하여 천명에 도달하는 것을 설명하고 있다. 아울러 그 성을 체인하는 길로서 내면의 성찰과 엄숙을 의미하는 신독이 역시 첫머리에 제시되고 끝에 가서 강조되고 있다. 인성 본연의 상태를 어느 한쪽에 치우치지 않고 기울어지지 않는 불편불의(不便不倚)의 중으로 보고 본연의 중과 그 중의 구현으로서 화(和)를 논하고 있으며, 至善의 도로서 중용의 지난함과 도의 내용을 진술하고 있다. 후반부에서는 "성(誠)은 하늘의 도요, 성(誠)해지려고 하는 것은 사람의 도이다"라고 하여 성(誠)을 중심으로 전반부의 내용을 포괄 발전시키고 있다. "성(誠)은 사물의 처음이요 끝이니 성(誠)이 있지 않으면 사물은 없다(誠者 物之終始 不誠無物)"고 하여 우주와 인간의 모든 것을 성(誠)에 귀결시키고 있다. 이는 다시 논하면 기뻐하고 성내고 슬퍼하고 즐거워하는 것이 아직 내 몸 밖으로 발현하지 않았을 때를 '中'이라 하고, 희로애락이 밖으로 발현되어 모두 절도에 맞게 하는 것을 '和'라고 한다, 이 中和 中庸을 지키는 것은 정성만큼 중요한 것이 없기 때문에 "지극한 정성은 신과 같다(至誠如神)"라고 했다. 그래서 안으로 정신을 집중하기 위하여 중용을 공부한다고 했다(김석진 외 2004: 18). 또 그 성(誠)은 덕의 최소 형태인 성(聖)에 직결시킨다. 중용의 내용은 천인론(天人論), 중용론(中庸論), 성론(誠論), 성론(聖論)으로 개괄된다고 할 수 있다(이동환, 2008: 11).

3. 공자사상과 유학사상의 중용적 구조와 특성

1) 공자사상의 중용적 구조

중용사상은 고대로부터 점차적으로 발전해 온 동아시아의 전통적 사상, 특히 유가를 학문적으로 정립한 공자에 의해서 크게 발전된 삶의 원리이자 사고의 기본 논리로서 사상적 틀이 확립되었다. 삶 또는 행동의 원리로서의 중용은 공자 자신의 행동원리이자 교육방법의 원리이기도 하였다. 그래서 그는 "군자는 천하를 살아감에 있어서 절대 긍정도 하지 않고 절대부정도 하지 않고 오직 올바른 의에 따라 행위한다"고 하였다. 그리고 스스로도 자신이 어느 한 목적에 대해 맹목적 의지를 갖는다거나, 반드시 어떤 결과를 인위적으로 기약한다거나, 어떤 한 가지 사안에 집착한다거나, 주관적 아집을 고수하려 하지 않았다. 또한 이상적 인간상은 행위 시에 지나치게 과격하거나 너무 소극적이지 않고 대립적 특성을 통일적으로 조화시켜야 한다고 보았다. 다른 인간과의 관계에서는 획일적 배타적 동일성을 고집하지 않고 차이를 인정하는 가운데 다양성 속에서의 조화를 추구하였다. 넓게 보면 논어에 나타난 공자사상의 전체적 구조와 논리가 중용의 정신에 의해 설명될 수 있다. 논어에서 공자는 사/학, 박/약, 문/질, 천/인, 수기/안인, 인/예, 성/습, 내/외 등과 같은 대항 가운데 어느 한쪽의 방법과 논리에 편중되지 않고 사태의 양극단을 입체적으로 고려하여 사유의 균형을 이룩하려고 노력하였다(장승구 외, 2004: 19).

2) 유학사상의 중용적 구조

유학사상은 그 사상 특성상 대립되는 양가 또는 양극을 중용적 논리에 의해 종합하고 있다. 유학은 초월적 천의 존재에 대해 긍정하면서도 사회적 인간의 삶에 초점을 부여함으로써 초월적 차원과 세속적 차원을 양면 긍정한다. 그래서 세속적 삶의 현실에서의 활동을 통해 초월적 존재에 접근한다. 가족과 국가는 세속적 공간임에도 불구하고 이러한 세속적 공간을 통해 사랑과 정의의 이념을 실현함으로써 초월적 존재의 의지를 구현하고자 한다.

또한 내면세계와 외부세계로 나누어 볼 때 유학은 내면의 세계에만 침잠하는 것도 아니고 외부세계를 전부로 인식하지도 않는다. 개인의 독립적 자유의지나 내면세계의 고유함에 대해 존중한다. 그러면서도 역사세계와 정치공동체에 대한 참여를 통한 권리와 의무의 수행에 대해서도 대단히 강조한다. 그래서 자기 수양을 소중히 하되 그것은 사회참여를 지향하는 수양이라 할 수 있고 사회참여가 권장되나 그럼에도 불구하고 현실참여에만 함닉되어 자신의 고유한 의지와 덕성을 상실하거나 망각해서는 안 된다. 이상주의와 현실주의에 대한 태도에 있어서도 유학은 양면적 입장을 취한다. 가족과 국가라는 구체적 공동체를 기반으로 하는 이상주의를 전개한다.

인간 본성에 대한 태도에 있어서도 양면적이다. 이기적 탐욕적 본성을 인정하고 우려하지만 그것이 결코 본성의 전부라고 보지 않는다. 이기적 본성 너머에는 이타적인 순선한 본성이 있다고 전제한다. 본성 자체를 선하다고 보고 그러한 본성의 가식 없는 자연적 발출을 귀히 여긴다(청계 17 – 21).

유학은 인간사의 모든 것을 신중히 대한다는 점에서 일종의 종교적 성격을 지닌다. 상례, 제례의 중시로 가치 합리성을 추구하고, 정치경제학 성격은 목적합리성 중시의 면을 나타낸다. 여러 가지 해석 차이가 존재하듯이 유학의 사상구조와 가치체계는 대단히 양가적이고 다차원적이다.

유교 경전에 나타나는 중용 용법에는 다음과 같은 의미가 함축된 것으로 파악된다고 한다.

> 변화에의 역동적 적용(隨時以處中)/변화 가운데 불변적 법칙성(不易之謂庸)/사물의 대립적 양면성의 변증법적 지양과 통일 그리고 조화 /구체적 상황 내에서의 최적의 선택/이상적 가치 또는 최적의 가치의 지속적 실천/주관과 객관 또는 의식과 대상 간의 조화와 합일/우주의 객관질서 내지 자연법칙 또는 사회 규범과의 합법칙적 일치/일상의 범상한 생활 가운데서의 이상적 진리 추구/선입견이나 이해관계가 배제된 합리적 인식과 선택 및 실천(장승구 외, 2004: 16)

맹자는 공자사상의 핵심을 '시중'으로 파악하고 자신도 그러한 공자의 철학과 행동양식을 본받으려 하였다. 그리고 공자에 대하여 고귀한 가치들을 시간적 변화 속에서 자유롭게 창조적이고 종합적으로 구현하는 중용의 화신으로 인식하였다. 그리고 유가에서 추구하는 중용의 중이 양극 사이에 위치하는 고정된 점으로서의 정태적인 것이 아니라 사회적 역사적 변화에 따른 동적인 중이라는 것을 강조한다. 외부의 대상세계에 대해 마음의 주관적 세계를 더욱 중시하여 마음에 내재한 선천적 도덕성과 그것의 보존 및 발현을 강조하는 심학적 유학을 발전시켰다. 외부세계에 대한 다스림과 외형적 객관적 기준을 중시하는 순자의 사상은 공자의 중용사상을 향외적 방향으로 발전시켰다고 볼 수 있다. 상서, 주역, 논어, 맹자, 순자 등을 통해 발전되어 온 중용사상은 중용에서 체계화되었으며 중용은 주희를 비롯한 성리

학자들에 의해서 공문수심법으로까지 인식되어 유교의 최고 진리로 받들어진다(장승구 외, 2004: 26).

유가철학은 인도의 실천학이며, 중용의 도를 실현하는 인생철학이다. 인간성에 관한 진지한 탐구 역시 궁극적 목적으로는 인간의 몸의 바른 행실에 있는 것이다. 따라서 인간 존재에 대한 이해 역시 인간의 인간다움이 무엇인가에 국한하는 것이 아니라 인간다움의 실천이 중요한 문제인 것이다. 이러한 인간성의 실현은 인도의 구현에 있으며, 그 도는 다름 아닌 인간 성현의 도이며, 구체적으로는 인간 환경인 인륜과 인간 생활 속의 일용에서 실현되는 도라고 할 것이다.

3) 한국 유학 전통 관점에서의 중용의 의미와 특징

중용은 한대에 예기 1편으로 받아들여진 후로 송대에는 주자 성리학의 왕좌에 앉게 되었다. 우리나라의 경우 고려 말엽 안균에 의해 도입된 이후 오랫동안 널리 사람들의 도의의 신념을 길러 왔다(박완식, 2005: 29).

> 한국에서의 중용사상의 전개는 중국 이학의 수용 과정에서 송학에 대한 墨守的인 전승이 아니라 발단은 송학에 두고 있지만 시각과 견해에 있어서는 인성론적으로 전개되어 인도가 성현의 도이며. 그것이 고원한 것이 아니라 하학을 통해 이룩된다는 실천성에 역점을 두는 성학으로서, 한국 성리학은 독자적인 발전을 가져왔다고 보아야 할 것이다. 다시 말해서 천명이란 명제는 『중용』에서의 주제이지만 이를 性命으로 고쳐 생각한다. 또한 천인관계론에 있어서도 천인감응성이나 천인합일설보다 진전이 있는 天人無間설로 정착을 하고 性外無物이라는 명제와 같이 心性情意에 대한 관심이 높아져 인성수양론이 발전하기도 한 것이다. 유학에 대한 이해가 인간학과

실천학에 관심을 집중하고 있다는 것이다. 고려 후기 사대부 사회가 형성되는 시기에 전래된 程朱學의 핵심을 정일집중의 중용사상으로 파악한 것 역시 도학의 도통을 계승하는 중용지도를 소위 공문심법으로 보는 관점이다. 조선조의 도학 사상의 전통적 맥락은 중용을 주요 전적으로 삼는 것. 집중의 중 관념은 시대를 달리하면서 그 개념의 표현이 달라진 것이며, 중이란 유가의 도로서 인간답게 살아가는 방법론을 말한다. 따라서 중용 해석을 중심으로 형성된 한국유학의 보편적 특징은 천명에 대한 자각과 실현을 위한 인성론 중심의 체계를 수립하고 이를 통해 파악되는 인간의 주체적 도덕성을 인륜일용의 일상에서 실행해야 하는 실천적 성격을 가진다고 할 것이다. 유학을 실학이라 하는 것도 그 의미가 하학상달하는 독실한 체험학이라는 해석이다(서경요·김유곤, 2009: 333).

중국은 인간의 윤리 문제를 원리적으로 추구하여 탐구하는 데 역점이 있다면, 한국의 특성은 인간의 윤리 문제를 구체적으로 체계화하여 실천하는 데 있다고 할 것이다.

4. 중용의 교육관

1) 중용-중화-시중의 교육관

중용 하면 항상 통하거나 이치에 맞는 뜻을 지닌다. 우주론에서 보면 '고요하게 움직이지 않는' 경지이고, 인성론에서 보면 '사람이 태어나면서 지니는 고요한 상태'다. 인간은 하나의 개체로서 한계 속에 떨어져 서로 대립하는 환경에서 자라다 보면 점차 本性에서 멀어지며 여러 가지 후천적인 훈습으로 오염되게 마련이다. 그러므로 인간은 누구나 본래의 아름다운 덕성을 되찾기 위한 수행이 필요하다. 이때

수행의 목표가 바로 자아를 中庸의 위치와 상태에 놓이게 하는 것이다. 또 중용中庸을 '적중하다'에서의 中으로 볼 때 이는 正자와 통한다. 정正은 과불급이 없는 中과 같은 것이다. 그것을 찾아 자기의 위치로 삼아야 한다. 이것이 논어에서 말하는 本立이다. 유가의 논리는 무엇보다도 이 근본을 모든 행위의 기초 내지는 기점으로 삼는다. 修道를 거쳐 얻어지는 중용은 최고의 논리가 되는 셈이다. 치우치거나 기대지 않고 지나치거나 못 미치지도 않는 中心의 中을 지키기 위하여 '자기수양', '자기조절'의 수행이 필요하다는 것이다.

최고의 논리인 중용에 도달한 뒤에 거기서부터 발해 나가면 바로 최적의 논리가 이루어진다. 희로애락의 未發을 '中'이라 하고 그중 '中'이 밖으로 발하여 내외가 알맞게 들어맞아 화합을 이루는 中和를 최적의 논리라고 할 수 있다. 인간인 이상 인간세계에 살지 않을 수 없고, 인간세계에 살자면 정감은 심하게 움직이고 변하게 하는 것이나 유혹에서 떠나 늘 고요할 수만은 없다. 중화란 항상 변동 속에서 가장 안정된 경지를 찾아 늘 움직인다. 중화는 곧 형평의 원리이다. 자연의 운행은 그 스스로 늘 균형을 유지하고 있다. 그러므로 자연의 현상, 생태계의 움직임이 바로 형평이요, 조화라고 말할 수 있다. 움직임과 고요함은 꼭 전체의 균형을 유지하는 양면이 서로 교체해서 일어나게 마련이다.

時中은 시간변화 속에서의 中和를 말하고 調和는 공간안배상의 형평을 말한다. 중화는 중절과 화합, 즉 자아에서 발하여 외재상황과 알맞게 된 것이 주위 모든 것과 영합한 관계를 말하며 안에서부터 밖으로 또 밖으로부터 안으로 이른바 안과 밖이 서로 뒤집히는 것을 가리킨다. 시중은 이와는 달리 때에 따라 중에 처함으로써 자기를 상황 속에 맞추어 넣는 주관적 판단이나 자기 나름의 처신을 의미한다. 형평과 조화의 경우에도 형평은 일균(一均)의 상태에 놓여야 하고, 조화는 다양성을 바탕으로 각자의 직분과 능력을 확인하고, 하나의 구조 속에서 이루어지는 상호교섭을 말한다. 다양성, 개별성을 바탕으로 전체적으로 어울려 모종의 아름다움을 풍기는 것을 조화라 한다는 것이다. 철저하게 나와 남이 구별되는, 즉 각자의 개성이 그대로 발휘되면서 그 개성들이 여러 면에서 어우러져서 하나의 전체 구조를 형성하는 것이 조화라는 것이다. 이 세상의 모든 것은 그 나름대로 모두가 절대가치를 지닌다. 심지어 하나의 티끌도 이 세상을 있게 하는 절대적 존재며 그것이 없다면 곧 세상의 균형이 깨어지는, 모든 개체는 바로 전체와 동등한 가치를 갖는다는 것이다. 이 절대적 역할자인 개체들이 각자 가장 적합한 위치에 놓여서 특유의 능력을 발휘할 때, 전체는 조화를 이루었다고 할 수 있다. 우주의 가장 건전한 운행은 형평이고, 가장 충실한 최선의 생성은 조화라고 할 수 있다.

中庸, 中和, 時中은 그대로 인간의 자기 수양, 대인접물(待人接物), 처사응변(處事應變)의 슬기와 능력이 된다고 할 수 있다. 그 순서 역시 인간성취의 과정과 부합된다. 즉 먼저 자기 수양에 의해 인격이 완성되어야 비로소 사람을 대하고 사물을 접할 때 마땅히 화합할 수 있을 것이고, 그리하여 마음속에 모든 이치가 갖추어져 어떠한 사태변화가 일어나더라도 능히 그 변화에 대응할 수 있다는 것이다. 중용(中庸)의 중(中)은 최고경지, 최고의 윤리로 모든 것의 근본(根本), 정도(正道), 정리(正理)다. 이것을 얻었을 때는 사통팔달 어느 면으로나 변화에 적응해 갈 수 있다. 중화(中和)의 중(中)은 항상 자아의 표현이 모든 것과 잘 맞도록 노력하는 태도 또는 상태로 본체의 형평으로 볼 수 있고, 시중(時中)의 중(中)은 나와 내가 아닌 것이 조화(調和)하는 모습을 말하며 전체와 개체의 조화(調和)를 말한다(김충렬, 2007: 105).

2) 성-도-교의 교육관

天命之謂性 率性之謂道 修道之謂教

천명지위성(天命之謂性)의 천명(天命)은 天下萬物의 생명근원으로부터 生을 命받은 것으로 볼 수 있다. 이것이 '人乃天' 사상이다. 이제 인간은 스스로 생존해 갈 수 있는 자율의지와 도덕을 자각하고, 자신의 지능과 삶의 지혜를 가지고 능동적으로 대응하며 살아가겠다는, 또는 살아갈 수 있다는 의지를 천명한 것이라고 볼 수 있다. 따라서 性은 모든 이치를 이미 갖추고 있는 고정불변의 理 자체가 아니라, 교육적으로 볼 때 가르침과 거듭 익히는 것에 따라 변화할 수 있는 성(性), 즉 변화 가능성을 가지고 있는 성(性)으로 볼 수 있다. 여기에서 인간은 모든 것을 다 갖추고 이미 완성된 생명으로 나온 것이 아니라, 태어나서 죽을 때까지 끊임없이 커 가고 수행하며 무엇인가 이루어 가는 과정에 놓여 있다는 것이다. 모든 존재는 과정에서의 존재일 뿐 이미 대성한 존재는 아니다. 공자가 교육을 중시한 것도 바로 인간을 교육적으로 대성시킬 수 있는 존재로 보았기 때문이다. 절제도 필요하고 교화를 통해 하늘이 준 선단을 계발해야 하는 교육적 과정과 자기 수행으로서의 존양성찰 공부가 절대적으로 필요하게 된다. 따라서 이어서 나오는 率性之謂道의 솔(率)은 인위의 몫이며, 正道에서 이탈되지 않도록 이끄는 의미로 볼 수 있다. 솔(率)은 계발과 절제, 그리고 성인이 제정해 놓은 교육과정에 따라 학습하고 공부, 수행하는 의미가 있는 것이다. 이를 담당하고 교화하는 이가 성인이고, 道는 天道에 따라 성인이 개척하고 밝힌 人道가 된다. 성인이 닦아 놓았다고 그냥 따라가는 평탄한 길이 아니라 "선비에서 시작하여 성인에서 마친다"는 말처럼 여러 단계로 하학상달해야 하므로 과정의 길, 교육수행의 길로 볼 수 있다. 도는 바로 유가에서 인간교육의 궁극 목표이다. 스스로의 힘으로 목표를 지향하고, 그 힘은 하늘이 준 善端의 性을 성취시켜야 나올 수 있다. 修道之謂敎의 수(修)는 내재적 개발로, 교(敎)는 인물이 마땅히 행해야 할 도리에 따라서 品節하는 법으로 볼 수 있다. 계신공구와 같은 공부나, 은미한 것일수록 더욱 밝게 드러난다는 愼獨 등은 모두 자기 내적인 수행을 말한다고 볼 수 있다. 여기에서 군자가 계신하고 홀로 삼간다는 것은 성인이 만든 人道에서 이탈하지 않기 위한 수행공부의 요체로, 홀로 삼가는 공부는 후천적 수행이자 외부에 의존하지 않는 내재적 계발이라고 할 수 있다. 다시 말하면 교(敎)는 사람들에게 없는 것을 새로이 넣어 주고 강요하는 것이 아니라, 인간 안에 본래부터 있어 온 것들을 가장 바르고 마땅하게 실현되도록 깨우쳐 주고, 계발해 주며, 바로잡아 주는 계기이다. 기품의 방해를 최대한 해소하고 道를 마땅하게 실천하게 함으로써 스스로 도(道)를 적절하게 실천할 수 있도록 북돋워 주고 도와주는 일련의 체계라고 할 수 있다.

이것이 유가의 수기공부(修己工夫)다. 유가는 인간세계와 인간 본위의 천지경영이라는 이상을 버리지 않는다. 따라서 人道는 天道로 가는 길이 아니라, 천도가 이미 인도 안에 들어와 있으므로 그것을 인간세계나 일용사물 혹은 인간과 인간의 관계, 인간과 사물의 관계에 시행해서 이미 완성된 천지를 도덕왕국으로 大成시키는 것이 유가의 궁극 목표요, 이상인 것이다. 이것을 실천하는 주체는 인간이다. 주체인 중심을 확보하는 데는 무엇보다도 인간과 인간관계의 화목이 중요하다. 중용에서는 인도를 성실히 행하는 공부에 대해 집중적으로 논의하고 있다. 천지경영의 과정에서 제일 먼저는 인간 자신의 도덕인격을 확립해야 한다. 그다음 인간과 인간 사이의 원만한 소통이며, 다음으로 천지만물과 함께 참여하는 것이다. 이는 다시 中庸－中和－時中의 원리와 연결된다. 결국 率性修道는 밖으로 발하여 외재사물이나 인간과의 관계에서 중화(中和)를 이루기 위해서다. 그러므로 수도(修道)가 자기 수행에서 그치면 그것은 죽은 도덕이다. 반드시 밖으로 발해 나가서 調和를 이루고 모든 가능성에서 서로 어우러져야 한다.

유가의 수행공부 과정은 나로부터 시작해서 점차 밖으로 발해서 천지만물에 이르는 점진확충 과정을 기본으로 하고 있다. 하늘이 명해서 자기 안에 주어졌다는 性(天命之謂性)을 확인하고 세워서, 그것을 기점으로 점차 지능을 키우고 넓혀 나가 마침내 天下之大本과 天下之達道를 터득하고 人道가 나온 天道의 근원과 만나는 것이다. 여기에서 천하는 천지만물의 준말로 일용사물의 도나 마땅히 행해야 하는 도가 보편적으로 흐르는 세계로 본다. 주희는 대본(大本)을 하늘이 명한 성으로서 천하의 이치가 나오는 곳으로 보고 體라 규정하고, 달도達道를 성을 따라 천하가 공유하는 것으로 보고 用이라고 규정했다. 따라서 中은 체(體)요, 和는 용(用)이 된다. 여기에서의 체(體)는 어느 하나의 궁극적인 체가 아니라 만물 각자의 체로 볼 수 있고, 달도는 천지만물이 화목하게 함께 교류하는 광장의 소통기능이라고 볼 수 있다. 다시 말하면 中和는 천지만물이 하염없이 운행하고 생성하고 성취하는 우주 존재의 지극한 이치다. 천지만물은 이 중화를 위해 자기를 지키고 발동해야 커다란 화목의 광장이 존재하는 법칙에 힘입어 자기 영위도 가능한 것이다. 이 세상에는 자기만이 홀로 생존할 수 있는 폐쇄된 공간은 없다. 자신이 화목의 광장을 조성하는 데 기여해야 거기서부터 자기 존재를 보장받고 자기 생명을 성취시켜 나갈 수 있는 도움을 받을 수 있다.

3) 誠과 誠之의 교육사상

誠者 天之道也 誠之者 人之道也 誠者 不勉以中 不思以得 從容中道
聖人也 誠之者 擇善以固執之者也

성 자체는 하늘의 길이며, 성 되어 가는 과정은 사람의 길이다. 성
(誠)하면 힘쓰지 않아도 맞으며(중) 생각지 않아도 얻어진다. 조용한
가운데 아무런 노력 없이도 도에 맞는 삶을 사는 이는 성인(聖人)이다.
성지(誠之) 하는 자는 아직 성(誠)에 이르지 못했으므로 성(誠)으로 가
는 가장 좋은 길을 선택하여 끝까지 그것을 밀고 가는 자다.

> 天道의 성은 천도의 理와 德을 모두 포괄하고 천지를 운행하고 만
> 물을 생성하는 동력이지만, 人道에서 말하는 성誠, 즉 성인聖人의
> 성誠은 천지를 운행하고 만물을 생성하는 성誠이 아니라 천명지성
> 을 率性하고 盡性해서 천지만물 가운데 천지만물을 경영하는 인간
> 이 성취한 성誠이다. 천도의 성誠은 이미 성誠된 자체의 성誠이지
> 만, 인도의 성誠은 늘 성誠하고자 誠之 하는 과정을 거쳐야 목표에
> 도달할 수 있는 未完의 성誠이다. 이 성誠을 配天, 達天德 할 수 있는
> 경지까지 성취해 간 사람을 성인이라고 본다(김충렬, 2007: 215).

천도의 성은 힘쓰지 않아도 맞고, 생각하지 않아도 얻으며, 조용하
게 도에 맞는 것으로 성인만이 이를 감득해서 성지 할 수 있는 길, 즉
솔성지위도의 도를 설정할 수 있다. 성인이 설정한 도를 따라서 성하
고자 하는 것이 인도요, 수도지위교다. 성은 힘쓰지도 않고 생각하지
도 않으며 조용해도 도에 맞지만 성지는 성인이 설정한 교에 따라 널
리 배우고 자세히 물으며 깊이 생각하고 밝게 분별하며 독실하게 실
천하는 수도의 과정을 거쳐야 어리석은 것이 밝아지고 유약한 것이
강건해진다.

自誠明 謂之性 自明誠 謂之敎 誠則明矣 明則誠矣

성실함으로 말미암아 밝아지는 것을 본성이라 하고, 밝아짐으로 말미암아 성실하게 되는 것을 가르침이라고 하니, 성실하면 밝아지고 밝으면 성실해진다. 천명지위성에서 성을 실현되게 하는 것이 솔성이라면 솔의 내용은 성이라고 할 수 있다. 그러면 성은 성이 자기실현을 하는 데의 핵심이라고 할 수 있다. 여기에서의 성은 성지자, 즉 성하고자 하는 것이 된다.

誠者 自成也 而道 自道也 誠者 物之終始 不誠 無物 是故君子誠之 爲貴 誠者 非自成己而已也 所以成物也

성실함은 스스로 이루는 것이요, 도리는 스스로 행하는 것이다. 성실함은 만물의 끝과 시작이니 성실함이 아니면 만물도 없는 것이다. 때문에 군자는 성실함을 귀하게 여긴다. 성실함은 스스로 자기를 이루는 것뿐만 아니라 그것으로써 다른 사물을 이루게 하는 원인이 되는 것이다. 바로 성실함은 천명지위성을 의미하며 도리는 솔성지위도를 의미한다.

인간의 최초 스승은 천지자연이다. 옛 성인이 체득한 천지자연의 원동력은 성誠이다. 그래서 성誠은 하늘의 도라고 할 수 있다. 천지 자연은 그 자체로 이미 성誠하기 때문에 그 운행 생성에는 질서가 있고 화해롭다. 그에 비하면 인간 세상은 아직 미완성의 성誠이기 때문에 혼란스럽다. 그러므로 인간 세상을 조화롭게 만드는 길은 하늘의 성을 배우고 실천하는 것이다. 이것이 사람의 길인 誠之다. 중용에서 말하는 至誠은 인간이 추구하는 성지誠之의 성이 천지도인 성誠과 일치했다는 것이고, 至聖은 인간이 하늘에서 받은 德性

을 盡性하여 군자, 현인, 성인에 이르렀다는 것으로 인간으로서의 대성을 의미한다고 볼 수 있다. 결국 至聖과 至誠은 하나의 인격으로 귀결되어 內聖外王과 동일성을 갖게 된다(김충렬, 2007: 243).

5. 결론

중용의 문자의 의미 해석으로부터 시작하여 중용의 세계관, 학문 구조를 통하여 중용의 의의를 파악하고, 중용사상의 근원과 시발이 되는 공자사상과 유가사상의 중용적 구조와 한국 유학 전통 관점에서의 중용의 의미와 특징을 살펴봄으로써 고대로부터의 중용사상의 흐름을 파악할 수 있었다. 그런 연후에 중용의 교육사상 중에서 중용−중화−시중의 교육관, 성−도−교의 교육관, 성−성지의 교육관을 차례로 살펴보았다.

중용 서두의 천명지위성의 성, 솔성지위도의 도, 수도지위교의 교는 천명의 성을 솔성해서 至聖의 경지까지 다다른 인간은 그가 갖춘 도덕적 인격과 총명예지한 지혜 그리고 학문을 통해 터득한 천하사물의 이치, 자신이 온축한 덕성을 자연계에서 인간세계(문명세계)로 지향해 가는 길을 열어 가는 원동력으로 삼는다. 이것이 이른바 至誠이다. 이 지성을 誠之 또는 思誠하게 하는 인간으로 성취시키는 것이 '수도지위교'의 교화라고 할 수 있다.

하늘이 만물을 생생할 때는 생존할 수 있는 기본 능력으로 성을 부여한다. 그 부여된 성은 다시 생을 가진 자에 의해 자기 계발로 이어져야 한다. 생은 생하면서 완성된 것이 아니다. 성취할 수 있는 기본을 하늘로부터 받았으므로 그 능력(본능)을 계발하여 성취하는 것은 하늘로부터 생을 받은 자의 몫이다. 중용에서 우주생명 가운데 가장 빼어나 천지의 역동을 감지하고 그 생성의 이치를 터득한 총명예지한 사람, 인간 속에서 오랜 생존시행을 겪으면서 온축된 인문정신이 발현된 성인으로 귀결되는 공자가 자기 개인의 인간 성취 과정을 '十有五而志于學, 三十而立, 四十而不惑, 五十而知天命, 六十而耳順, 七十而從心所慾不踰矩'라고 하였다. 여기서 인생의 길인 인도로 들어가는 최초의 과정의 학이다. 학과 습으로 부여받은 성덕의 모든 가능성을 최대한 계발해야 함을 말한다. 학과 습의 교로써 이루어지는 솔성, 즉 진성공부가 절대적으로 필요한 것이다. 인간만이 가능한 학으로써 하늘로부터 받은 성에 성지의 공덕을 더하여 문화창조, 천지의 미완성을 완성으로 이끌 수 있는 존재로 우뚝 설 수 있어야 한다. 이것이 '천명지위성'에 이어서 '솔성지위도'로 인도를 설정한 근본적인 이유일 것이다.

중용의 원리는 언제 어디서나 그 무엇에도 적용되지 않는 것이 없을 만큼 보편타당하다. 공자가 "중용의 덕은 지극하다"고 한 것은 이를 두고 한 말일 것이다.

점차 문명화된 사회일수록 그 변화를 예측하기 어렵고 무질서, 돌출, 인위라는 변수는 중화, 시중을 더욱 어렵게 하니 중용에서는 중용 외에도 중화, 시중을 시대의 문제로 삼은 것으로 보인다.

여기서 말하는 천은 모든 만물을 그 자신의 이치대로 낳아서 기르는 자연 현상, 또는 음양의 조화를 뜻한다. 이 자연 현상이 사람과 사물에 부여한 것이 바로 본성이다. 모든 만물은 어떠한 모습을 지니고 있든지 그 나름의 이치를 가치고 있다. 마치 명령이 내려진 것처럼. 이것이 바로 본성이다. 그리고 주어진 본성대로 살아가는 것이 도리이다. 사람과 만물의 생성 과정이 자연의 이치에 따라서 평소의 생활모습으로 나타나는데 그 모습 그대로 행동하고 처신하는 각각의 길이 바로 도라는 것이다. 모든 존재는 제각기 갈 길이 있다. 그 길대로 가야만 대자연의 원리대로 살아갈 수 있다. 그러나 이런 이치를 제대로 깨닫지 못하는 경우가 많기 때문에 가르침이 필요하다. 사회가 더욱 복잡하게 되면서 사람으로서의 도리를 올바르게 지키고 살아가는 것의 중요성이 강하게 되었다. 주관을 굳건하게 가지고 주변의 움직임에도 보편적이고, 도에 어긋나지 않는 중심을 유지하는 것이 결코 쉽지 않다. 그러므로 올바른 이치를 배우고 그 이치에 맞게 생각하고 행동할 수 있어야 한다.

광대한 원리를 속속들이 빠짐없이 깊이 있게 다루지는 못했지만, 만물의 영장인 인간을 중심으로 하여 천지간 만물에 천명으로 부여된 선단을 인식하고 성인의 도를 닦아 성지의 수행공부를 통하여 중용−중화−시중의 원리로 끊임없이 자아를 계발하여 천지경영에 참여할 수 있겠다는 동기를 부여받은 듯하여 가슴이 벅차다. 현세의 교육현실을 중심으로 일상의 모든 곳에 중용의 논리가 적용될 수 있기를 기대해 본다.

심오하고 원대한 중용의 원리를 지속적으로 부단히 탐구하여 실천적 방안들을 모색해 보는 것이 과제로 남는다.

참고문헌

김석진(2004). 『대산 중용강의』. 경기: 한길사.

김충렬(2007). 『김충렬 교수의 중용대학강의』. 서울: 예문서원.

마현준(2006). 『대학. 중용』. 서울: 풀빛.

박완식(2005). 『중용』. 서울: 여강.

서경요 · 김유곤(2009). 『조선조 유학자의 중용읽기』. 서울: 문사철.

신창호(2002). "『중용』의 교육사상 고찰". 『교육철학』 28, 127 – 146.

신창호(2008). "중용 수장의 교육학적 해석 – 성 · 도 · 교의 인간학적 관점". 『교
    육철학』 34, 191 – 211.

심우섭(2004). 『중용사상의 철학적 이해』. 서울: 성신여자대학교.

오병훈(2003). "아리스토텔레스의 중용과 교육" 석사학위논문. 경성대학교.

이아무개(2000). 『대학 중용 읽기』. 서울: 다산글방.

이동환(2008). 『중용』. 서울: 현암사.

이은선(2001). "대학과 중용사상의 현대 교육철학적 해석과 그 의의". 『교육학
    연구』 39(4), 19 – 44.

장승구 외(2004). 『중용의 덕과 합리성』. 서울: 한국정신문화연구원.

조영태(2002). "교육내용의 성격: <중용의 관점>". 『교육과정연구』 20(4), 22 – 50.

조현미(2002). "중용사상의 현대 교육적 조명" 석사학위논문. 공주대학교.

하창돈(2008). "유학과 중용정신을 중심으로 본 초등학교 인성교육 방안" 석사
    학위논문. 진주교육대학교.

︵︶﹃대학﹄: 진정한 지식으로 안내하는 주자의 격물치지(格物致知)

1. 서론

    수신(修身) 제가(齊家) 치국(治國) 평천하(平天下)!

    유학을 거론하며 우리가 일상생활에서 흔히 쓰는 구절이다. 그러니 유학의 실제는 외면으로 보이는 욕망에 인간의 근본적인 것이 존재하는 것이 아니다. 그보다 더 근본적인 문제들이 있다. 즉 격물(格物)-치지(治知)-성의(誠意)-정심(正心)과 같이 인간의 자기 성찰과 자기 다짐, 자기 이해의 과정이 전제되어야 한다.

    인생을 살아간다는 것이 우리 존재에 대해 알아 가는 과정이요, 다른 사람(존재)과의 관계를 맺어가는 과정이며, 결국 시간과 함께 진행되어 나가는 과정이다. 사회적 존재인 인간이 자기 자신의 존재의 소중함과 다른 존재(인간)의 소중함을 동시에 배려하는 인생의 공부, 즉 교육의 핵심을 돌이켜 보아야 하는데, 이는 우리가 생각하는 교육은 늘 자기의 완성과 사회(공동체)의 완성이라는 책무성을 안고 있기 때문이다(신창호, 2001).

    신창호(2001)가 주장하듯 교육에서 가장 중요한 문제가 개인의 인격 도야와 사회적인 책임감, 즉 개인주의와 공동체주의의 조화인데, 지금 우리나라의 교육적 현상들을 보면 사회적 책임을 강조하는 공동체 교육은 매우 약화된 모습이며, 개인에 대한 교육도 책임과 의무를 수반한 자유주의 교육이라기보다는 개인의 권리와 주장만이 난무하는 기준과 질서가 무너진 이기적인 교육의 행태를 보여 주고 있다고 해도 과언이 아니다.

사실 개인의 완성은 개인의 사회적 책임이 전제돼야 하며, 사회의 완성은 사회의 개인의 인격도야에 대한 보장을 전제로 해야 하는데, 유학은 개인의 완성에서 사회의 완성으로 확장을 꾀하려는 생활 속 교육 실천운동이다(신창호, 2000).

이런 맥락에서 ≪대학≫ 원전을 통해 접했던 내용들 중 지금 이 시대에 접목시킬 수 있는 교육과의 연결고리를 찾아 보는 일이 중요하다.

≪대학≫의 3강령인 명명덕(明明德), 신민(新民), 지어지선(至於止善)은 교육 및 공부와 깊은 연만이 있으며, 이 3강령은 교육적 차원에서 교육의 기본 이념과 목적을 나타낸다.

물론 기독교·불교·유교·무속 등 다양한 기치와 생각들이 널려 있는 우리나라의 현실 속에서 절대적인 기준이 될 수는 없겠지만, 8조목의 내용은 체계적인 공부의 패턴을 보여 주고 있다고 볼 수 있다. 즉 덕을 쌓거나 인간의 기본적인 윤리를 익히거나 자연을 객관적으로 파악하는 등 외적인 표출에 앞서 실천해야 할 중요한 문제들이 많다는 것이다. 그것이 바로 주희가 얘기하는 격물(格物)·치지(治知)·성의(誠意)·정심(正心)이다.

이것은 마치 크리슈나무르티의 ≪자기로부터의 혁명≫이라는 유명한 책 제목처럼 주자는 자기로부터의 수양을 핵심적인 문제로 다루고 있고, 그것의 가장 기초적인 작업을 격물치지로 보고 있다. 본

소고에서는 주희가 주장한 격물치지에 대한 내용을 살펴보고, 지금의 교육과 연결고리를 찾아 이 격물치지가 이 시대에도 진리 탐구와 수양으로 안내할 수 있는 가능성을 살펴보고자 한다.

2. 격물치지를 보완한 주자의 의도

격물치지(格物致知)는 주자의 철학 가운데 가장 중요한 것으로 여겨지고 있는데, 주자는 죽기 사흘 전까지도 ≪대학≫의 '격물'장을 새롭게 써 놓고 보완했을 정도로 중요하게 다뤘다고 한다. 주자의 학문 실천은 격물에서 시작하여 평천하에 이르기까지의 이론적 완성을 위한 부단한 노력이었다(전목, 1989).

주자는 ≪대학≫에 격물치지의 장을 보완하면서 이렇게 말했다고 한다.

"이른바 치지가 격물이 있다고 함은, 내가 지식을 넓히고자 한다면 사물을 바로 대하여 그 이치를 궁구해야 한다는 말이다. 사람의 마음은 대체로 영명하므로 지식을 소유하고 있으며 천하의 만물에는 이(理)가 담기지 않은 것이 없다. 단지 이에 대하여 연구가 부족하기 때문에 그 지식도 모두 소유하지 못한 상태에 있게 된다. 그러므로 ≪대학≫의 가르침은 이것이라고 생각하면 옳다. 즉 배우는 사람으로 하여금 반드시 천하의 사물을 대하여 이미 알고 있는 바의 이(理)에 따라서 더욱 연구하며 끝까지 철저히 이해토록 한다는 것이다. 연구를 많이 하여 어느 날 하루아침에 활연관통(豁然貫通)하게 되면 모든 사물의 표면과 이면, 정교한 부분과 조아한 부분 그 어디든지 미치지 못할 데가 없고, 내 마음의 전반적인 체(體)와 커다란 용(用)이 밝아지지 않을 수가 없다.

주자는 격물을 통해 물(物) – 세상의 모든 존재와 현상 행위 – 에 대한 이해, 우주에 대한 이해가 교육의 가장 기본적인 방법임을 깨달았기에, 주자의 공부론, 교육 방법론의 체계화 과정에서 격물치지에 대한 보완은 당연한 결과일 수 있다. 세상의 이치는 인간 내부에 있는 이치인 동시에 인간 외부에 있는 천지자연의 이치이기도 하다. 이는 인간과 자연의 이치가 하나의 연속선상에 있음을 보여 준다. 그래서 학문하는 사람은 천지의 기상을 닮을 필요가 있고, 인간이 되기 위해서는 내부적으로 성찰하고 외부적으로 모든 사물에 이르러 이를 따지고 캐물어 들어갈 필요가 있는 것이다. 다시 말해 안에 있는 이치의 합일을 구하는 것이라는 것이다(시마다 겐지, 1986).

이처럼 격물치지는 바로 인간의 존재의 근거가 되는 동시에 세계와 우주의 존재 근거가 된다고 보겠다. 우리는 모든 문제를 나의 존재로부터 출발해야 할 것으로 본다. 나로부터 내가 직접적으로 소속한 사회, 한국의 현실로부터 어떤 삶과 교육이 중요한지 기준을 정해 나가야 할 것이다. 나의 몸 자체가 정당히 존재하지 않으면 모든 사물 세계는 의미 없는 허상이라고 볼 수 있다.

사물의 이치를 탐구하고 '앎'에 이르는 데 있어서 이 세상에 존재하는 모든 사물과 그것을 대하는 인간, 세계와 관계하는 인간의 행위 구성을 위한 실존적 고민은 바로 사물을 이해하여 아는 것이 일차적이기에 주자의 격물치지의 보완은 이유 있는 보충으로 볼 수 있겠다(조현규, 2003).

3. 격물치지의 내용

앞에서 제공한 원전을 참고하여 이 부분을 좀 더 사유해 보고자 한다. 격물에 관한 해석은 예로부터 72가지나 있다고 한다(신창호, 2001).

주자에 의하면 물(物)은 물건인 동시에 '일삼음(事, 행위)'과도 같다. 이는 인식주관인 인간이 대상인 사물에 다가간다는 말이다. 그렇다고 단순히 다가가는 것을 이야기하는 것이 아니라 사물의 이치를 끝까지 캐물어 모든 의문을 없애는 것으로 이해했다(정인재, 1994). 그것은 사물에 대해 70~80%가 아니라 100%를 다 알았을 때 '앎'이 완성되는 것이라고 하는데, 격물이란 '사물의 이치에 궁극까지 이르는 것', 각각의 사물에 따라 그 사물의 이치(理)를 궁구하고 그런 이치의 극치에 도달하여 지식의 완성으로 안내할 수 있는 전제가 된다는 것이다.

여기서 우리는 격물의 대상은 사물이요, 치지의 대상은 마음이라는 점을 인식해야 할 것이다(양승무, 1987). 즉 격물이 사물 하나하나의 구체적이고 자세한 이해라면 치지는 마음 가운데서 전체적으로 이해하는 문제라는 것이다. 마치 귀납법에서 개개 사물을 하나하나 과학적으로 연구하고 분석하여 전체적으로 이해하는 방법과도 비슷하다. 형식상 치지는 격물 이후에 있는 듯하지만 실제로 격물과 치지를 시간상 선후로 구분하는 것에는 무리가 있다. 격물과 치지는 동시에 연관되어 있는 인간의 앎의 과정의 문제로서, 사물의 이치를 인식하는 것은 동시에 앎의 진행으로 배움(學)과 사고(思)가 동시에 연관되어 변증법적인 활동을 하는 것으로 볼 수 있다(신창호, 2001).

주자는 사물 자체를 인간 인식과 이해의 준거로 삼아 객관적인 현상과 대상의 경험, 인간 행위를 비롯한 모든 행위의 관찰과 실천, 즉 하나의 존재와 현상에 다가갈 때 직접적으로 나아가 연구하는 경험적인 측면을 강조하였다. 그러면서 앎에 대한 인식은 단순한 대상을 넘어 마음의 행위로 나아가는 것으로 "앎은 마음의 신명함이며 모든 이치에 오묘하여 만물을 주재하는 것이어서 누구 하나 그것을 지니지 않은 자가 없다"고 이야기하고 있다.

격물치지, 즉 사물을 캐물어 들어가고 앎에 이르는 것은 겉과 속의 일치, 겉에서 속, 속에서 속으로 파고들어, 마치 양파 껍질을 벗기듯이 사물 자체의 이치를 캐물어 들어가는 진지함이 있어야 하며 실천이 동반되어야 한다는 것으로 정리해서 이야기할 수 있겠다(양승무, 1987).

주자는 공부와 관련하여 겉과 속에 대해 다음과 같이 이야기하고 있다.

"겉(表)이라는 것은 사람이나 물건이나 다 함께 보고 알 수 있는 것이고, 속(裏)은 나 혼자만 아는 것이다. 단지 겉만을 공부하고 내면의 이치는 전혀 아는 것이 없으며 내면만을 향해 공부를 많이 해서 실제 사물은 전혀 알지 못한다면, 이는 곧 허황된 것만을 이야기하는 병으로 모두 한쪽에 치우친 것이다. 만약 사물의 이치가 다 캐물어져서 앎이 지극해짐에 이르게 되면, 곧 겉과 속 그리고 세밀한 곳과 거친 곳을 다 알게 될 것이다."

교육은 이상적인 인간을 길러 내는 일이다. 유가에서 말하는 성인군자(聖人君子)가 바로 표리가 일체된 인간상이라고 할 수 있다. 그렇다고 인간의 이중성을 무시할 수는 없을 듯하다. 어쩌면 이중성 그 자체가 인간의 부인할 수 없는 속성일진대, 그러한 이중적 구조를 하나의 질서로 체계화하는 일, 그것이 주희가 원하는 바가 아니었을까?

바로 격물치지가 표리일체를 이루는 기초 작업이라고 생각이 된다. 이러한 격물치지의 방법으로 주자는 『주자어류(朱子語類)』에서 독서를 통하여 도리와 의리를 밝히는 일, 역사상의 인물과 사건을 논의하여 그 옳고 그름의 이치를 판단하는 것, 사람 관계와 일상 행위에 있어서 마땅함과 잘못됨을 분변하는 일, 하늘은 높고 땅은 낮은 이유를 비롯한 자연계의 이치를 탐구하는 일, 사물의 존재 방식에 대한 원인을 규명하는 일 등으로 제시하고 있다.

주희가 제시한 구체적인 방법들에 대한 전목(1989)의 정리는 다음과 같다.

첫째, 사물에 이르는 공부는 일종의 마음공부이며, 그것은 이미 아는 이치로부터 아직 알지 못하는 영역에로 앎을 점차 확대해 가는 것이다.

둘째, 이미 아는 이치, 가령 부모와 자식 간의 사랑이나 푸줏간으로 끌려가는 소를 보고 불쌍히 여기는 마음을 넓혀 가면 나라를 다스리는 도리로부터 우주의 조화나 온갖 물리적 현상까지도 포함된다.

셋째, 이치는 반드시 사물 가운데 깃들어 있으나 모두 내 마음으로 밝힐 수 있고 알 수 있다.

넷째, 사람의 마음이 자연히 아는 앎, 예컨대 부모와 자식 간의 사랑은 이치를 캐물어 들어간 후의 앎이 아니다. 반드시 이치를 캐물어 들어간 후에 앎이라야 속속들이 꿰뚫어 보는 진정한 앎이 된다.

다섯째, 사물에 이르는 것은 겉과 속, 세밀하고 거친 것을 다 아는 자세하게 하는 공부이며 앎을 극진히 하는 총체에 이르는 공부이다.

전목(1989)의 정리된 내용을 근거로 해서 생각해 볼 때 이러한 격물의 정신은 윤리적인 측면뿐 아니라 자연과학적인 측면을 포괄하는 구체적 실천 가치이다. 그렇다면 격물치지로부터 안내받을 수 있는 격물치지의 현대 우리나라 교육에서의 의미는 무엇일까?

4. '격물치지'가 '우리나라 교육'에게 묻다

현대 우리나라 교육에서 격물치지는 어떤 의미를 주며, 어디에서 어떻게 이루어질 수 있을까?

과연 21세기 우리나라 교육에서는 무엇을 캐물어 끝까지 알아 가야 할 것인가?

신창호(2001)가 이야기한 개인의 인격 완성과 사회의 유지와 혁신이라는 개인적 – 공동체적 목적을 우리나라의 교육의 목적으로 두고 생각할 때, 첫째, 교육의 격물치지는 교육의 이치, 교육의 목표와 목적, 이념을 캐물어 들어가는 작업부터 해 나가야 할 것 같다.

한국의 교육이념은 홍익인간이다. 널리 인간을 이롭게 한다는 뜻인 홍익인간은 단군의 건국이념이며, 고조선 개국 이래 대한민국 교육의 최고 이념이었다.

정보와 지식 위주의 사회에서 우리는 홍익인간이라는 가치의 구체적 실천은 없고 껍질만 붙잡고 있는 것은 아닌가 한다. 지식기반사회에서 교육의 목표와 목적의 혼란과 상실이 무수한 대안학교들을 양산하게 했다는 생각이 든다. '인간 교육', '전인 교육'을 염두에 두고 문을 연 이들 학교들은 개인의 완성과 사회적 책무성이라는 두 가지를 다 고려한 듯하다. 그러나 무엇보다도 교육의 목적은 크게는 인간의 개인적 · 사회적 완성의 추구이고, 작게는 각자가 자기 활동 범위에서의 지위와 역할을 충실히 하는 인간양성이라고 생각하기에 가치에 대한 구체적 교육 방법으로의 격물치지를 생각해 본다.

둘째, '인간의 마음은 신령하다. 그리고 모든 사물에는 이치가 있다. 이 이치를 캐들어 가야 한다'는 격물치지의 내용을 적용하는 문제이다. 칸트(Kant)는 인간을 신령한 영성을 가진 존재로 유일하게 교육을 받을 수 있는 동물로 봤는데, 이는 신령한 마음을 선(善)하게 펼쳐 지속하려는 속성이 있는 것이라고 봤다(신창호, 2001). 그런데 우리나라 교육은 다양화라는 이름으로 그 선의 영성을 점차 잃어 가고 있다.

오늘날 우리 교육이 회복해야 할 것은 바로 신성한 인간의 마음이요, 그 마음에 따라 시대의 가치를 추구하는 것으로 생각한다. 가치와 방향이 없는 교육은 지속 가능하지 않을 뿐만 아니라 끊임없는 비교육적 상황들을 만들어 낸다. 특히나 현대 우리 교육은 인간의 절대적 가치나 인간의 신성을 고려하지 않는 것 같아 안타까운 순간과 상황들을 보게 된다.

셋째, 이러한 격물치지의 공부가 오랫동안 지속되어야 앎에 이르고 인간 전체적인 이해와 기능을 밝힐 수 있기에 지속성과 연속성에 대한 문제를 고려해 봐야 한다는 것이다.

교육은 지속적인 특성과 연속성을 전제 조건으로 한다. 지속 가능한 교육 속에 사물은 관찰되고 이치가 발견될 수 있을 것이다. 그리고 진정한 앎에 이르러야 정돈된 인간의 행위 양상이 이루어질 수 있다고 본다. 만약 그렇지 않다면 인간과 동물의 차이점이 있겠는가? 단순한 행위의 반복으로 삶을 살아간다면 동물과 같은 삶이며, 이런 상태의 인간의 자기 존엄과 지위, 역할 문제가 더 이상 가치를 부여받지 못할 것이다.

이상에서 주자의 격물치지의 내용과 우리나라 교육과의 연계성을 정리해 봄으로써 현대적 가치로의 재발견을 시도하여 '온고이지신(溫故而知新)'의 의미를 다시 한 번 되새겨 보았다.

참고문헌

신창호(2001).『대학의 교육론 산책』. 인천: 내일을 여는 책.
신창호(2000). "유학의 현대학습에 관한 고찰".『안암교육학연구』6(2).
사마다 겐지(1986).『주자학과 양명학』. 김석근·이근우 역. 서울: 까치.
양승무(1987). "주자의 <격물치지설>에 대한 연구".『유교사상』2(1).
전목(1989).『주자학제강(주자학의 세계)』. 이완재·백도근 역. 대구: 이문출판사.
정인재(1994).『유학의 실재관』. 성남: 정신문화원.
조현규(2003).『동양윤리사상의 이해』. 서울: 새문사.

『학기』를 통해 교육을 묻다

1. 서론

　지나친 입시 위주 사회에서 좀 더 좋은 대학에 입학하여 좋은 직업을 갖기 위한 방법으로, 교육이 이루어지는 것이 지금의 현실이다. 그러다 보니 학생의 흥미, 능력, 이해 등은 고려하지 않고, 일방적인 교과중심의 지식만을 학생에게 주입시키는 교육방법이 이루어지고 있다. 학교교육은 지식을 전달하는 역할만을 수행하고 있으며, 교사 또한 자신의 전문성과 자율성에 의해 학생들을 가르치기보다는 교과서 속의 지식을 학생들에게 주입시키는 역할을 하고 있다. 우리나라의 경우, 초등학교·중학교·고등학교 등 대부분이 상급학교 입학 준비를 교육의 목표로 삼고 있어서 개개인의 창의성을 고려하지 않고, 지식 전달에만 치중한 채 학생들에게 더 나은 사고의 확장을 촉진시키지 못하고 있다. 실질적으로 교육의 한 부분을 담당한 우리부터도 단기간에 가장 효율적인 학습효과를 낼 수 있는 방법인 주입식 교육을 선호하는 입장이다. 보다 좋은 상급학교 진학을 목적으로 하는 교육 여건에서 주입식 교육은 교사가 전달하는 내용만을 이해하고 암기하면 되기 때문에 보다 빠르고 쉬운 학습방법인 것이다. 전적으로 주입식 교육이 나쁘다는 것은 아니다. 그러나 학생 개개인이 자발적으로 세계에 대해 의미를 부여하는 존재이고 사회적 상호작용을 통해 그 의미를 변화시킬 수 있는 능력이 있는 존재라고 본다면, 교육 자체에 변화의 필요성은 있다고 본다. 예로부터 전해 내려오는 《예기》의 <학기>편을 통해 오늘날의 교육의 문제점을 이토록 어떻게 미리 알고 교육에 관한 이론적 설명들을 제시해 두었는지 감탄을 금치 못한다.

《예기》는 사서오경(四書五經)의 하나로서 유학의 교육전통에서 오랜 세월 동안 예교의 표준 교과서로 활용되었다. 《예기》의 내용은 일상생활의 구체적인 행동지침에서부터 자연과 우주의 원리에 해당하는 지극히 추상적인 것에 이르기까지 방대한 스펙트럼을 포괄하고 있다. 《예기》의 내용은 크게 곡례(曲禮)와 경례(敬禮)로 구분된다. 곡례는 구체적인 행위지침을 가리키며, 경례는 곡례를 준수하고 살아가는 인간의 삶 전체를 기술하고 설명하고 이해하도록 하는 지식을 가리킨다. 이 중에서 대학, 중용, 학기, 악기는 비교적 경례에 가까운 내용으로 이루어져 있다. 정자(程子)는 "《예기》에서 대학과 중용을 제외하고는 오직 <학기>와 <악기>만이 도(道)에 가깝다"고 말한다 (권오돈, 1990: 343).

<학기>편은 그 제목이 시사하는 바와 같이, 가르치고 배우는 일에 관한 기록이다. <학기>편의 내용은 가르치고 배우는 일의 의미와 가치, 교사에게 필요한 자질과 능력, 대학의 교육과정, 대학 교육의 원리와 방법, 존사(尊師)의 전통, 학문하는 자세와 태도, 입지(立志)의 중요성, 공부 방법, 그리고 고대 학교의 학제와 학례 등으로 이루어져 있다. 이러한 내용은 교육이란 어떤 성격의 활동이며, 그것을 잘 수행하기 위해서는 어떻게 해야 하는가 하는 문제에 대한 대답이라고 볼

수 있다(권윤정, 2007: 180).

<학기>의 저자를 포함하여 <학기>가 쓰일 당시의 사람들이 알고 있는 교육, 그들이 받아 왔고, 또 그들이 하고 있던 그 교육을 이해한 결과로 그 의미를 충분히 살려내기 위해서는 어떤 점에 유의해야 할 것인가를 제안한 것으로 이해되어야 한다(이홍우, 2000: 2). 학기편의 내용 중에서 상당 부분이 교육에 관한 이론적 설명에 합당되어 있다는 점이다. 대부분의 내용이 인간의 구체적이고 다양한 삶의 사태와 관련된 예(禮)로 이루어진 《예기》에서, <학기>편은 교육에 관한 이론적 설명을 그 핵심으로 삼고 있다는 점에서 주목의 대상이 된다.

그러므로 <학기>편을 교육활동의 성격을 규명하는 교육이론으로 해석하고자 할 때 <학기>편에 나타난 교육활동의 성격은 크게 두 가지로 요약된다. 하나는 정치와 교육이 동일한 성격의 활동이라는 점이며, 다른 하나는 가르치는 일과 배우는 일이 동일한 성격의 활동이라는 점이다. 전자는 <학기>편에서 처음부터 끝까지 일관되게 펼치고 있는 주장, 즉 정교일치(政敎一致)의 의미를 통해서 드러나는 교육활동의 성격을 가리키며, 후자는 학기편의 핵심적인 내용을 압축으로 담고 있는 용어, 즉 교학상장(敎學相長)의 의미를 통해서 드러나는 교육활동의 성격을 가리킨다. 본고를 통해서는 앞에서 제기한 일방적 전달교수법인 주입식 교육의 문제점을 해결하기 위한 방안으로 교학상장의 의미를 이해하고 그것을 기초로 교사와 학생과의 관계를 보고자 한다.

2. 교학상장(教學相長)의 의미

<학기>편이 다루고 있는 교육활동의 성격에 관한 이론적 설명은 교수학습 상황과 관련된다. 통념에 의하면, 교수는 교사가 교육내용을 전달하는 일이고, 학습은 교사로부터 전달된 교육내용을 학생이 받아들이는 일로 간주된다. 이러한 경우 전달해야 할 교육내용은 교사에게 있어 이미 알고 있는 내용으로 여겨진다. 즉, 교육내용은 교사에게 호기심과 기대를 불러일으키는 이해와 탐구의 대상이 아닌 것이다. 그것은 과거에 이미 배운 것으로서 현재는 교사 자신의 소유물이 된 것이기에 더 이상 새로울 것도, 더 이상 기대할 만한 것도 없는 내용으로 간주된다. 상황이 이러하다면 교육내용을 학생에게 전달해야 하는 교사의 입장에서 가장 중요하게 고려되는 사항은 무엇이겠는가? 그것은 바로 학생들에게 교육내용을 효과적으로 전달하기 위한 방법과 절차일 것이다. 교사는 자신이 이미 알고 있다고 생각하는 그 내용을 머릿속에 떠올려 보면서 그것을 학생들에게 효율적으로 전달하기 위한 다양한 방안을 구체적으로 강구한다. 그런 다음 정해진 수업 시간에 맞추어 그 방안들을 적절히 구성함으로써 수업의 계획을 마무리한다.

이러한 사고방식에서 교수와 학습은 교사와 학생이라는 상이한 개체에 의하여 수행되는 별개의 활동이다. 특히 나이가 어린 학생을 대상으로 하는 교육의 단계일수록 이와 같은 사고방식이 보다 두드러지게 나타난다고 말할 수 있다. 사실상, 학생의 나이가 어릴수록 그들이 배워야 할 교과의 내용은 쉽고 단순하다고 여겨지며 그렇기 때문에 교사의 입장에서 그 내용은 특별한 관심과 주목의 대상이 되지 못

한다. 수업의 대부분이 놀이와 활동중심으로 이루어진다는 점을 감안할 때, 교사에게 있어서 교과의 내용은 재조직하거나 재배열해야 할 대상 이외의 아무것도 아니다. 이와 같은 상황에서 교사의 교수활동은 학생의 학습활동과는 그 관심과 성격이 다른 별개의 활동으로 간주된다. 교수활동과 학습활동이 별개의 관심을 가지는 별개의 활동이라는 사고방식이 불러일으키는 가장 심각한 문제는 교사의 교수활동이 교사 자신의 심성함양과는 무관하다고 간주된다는 데에 있다.

<학기>편의 교학사상은 교사의 교수활동이 교사의 심성함양과 무관하다는 통념을 부정하며, 오히려 그것은 교사 자신의 심성함양을 위한 활동임을 강조한다. 교학상장에 의하면, 교사의 교수활동은 오로지 그의 심성함양을 목적으로 이루어지는 활동이며, 그것은 교육내용을 이해하려고 노력하는 과정으로서의 학습활동 이외의 다른 것이 아니다. 뿐만 아니라, 교사에게 있어서 교과내용은 통념과는 달리, 자신이 이미 소유하고 획득한 내용이 아니라, 끊임없이 이해하고 탐구해야 할 대상이 된다.

> 옥은 쪼지 않으면 그릇이 되지 못하고, 사람은 배우지 않으면 도를 모른다. 이런 까닭으로 옛날에 왕 된 자는 나라를 세우고 백성들에게 임금 노릇을 함에 가르치는 것과 배운 것을 우선을 삼았다. 비록 좋은 안주가 있더라도 먹지 않으면 그 맛을 알지 못하고, 비록 지극한 도가 있더라도 배우지 않으면 그 좋음을 모른다. 이런 까닭으로 배운 연후에 부족함을 알고 가르친 연후에야 막힘을 알게 된다. 부족함을 안 연후에 스스로 반성할 수 있고, 막힘을 안 연후에 스스로 힘쓸 수 있으니, 그러므로 말하기를, "가르치고 배우면서 서로 성장한다"[51]고 한다.

---

51) 禮記, 學記篇 2, 玉不琢, 不成器; 人不學, 不知道. 是故古之王者, 建國君民, 敎學爲先. 悅命曰: "念終始典于學" 基此之謂乎. 雖有嘉肴 弗食不知期旨也. 雖有至道, 弗學不知期善也. 是故學然後知不足, 敎然後知困. 知不足 然後能自反也. 知困, 然後能自强也. 故曰敎學相長也. 悅命曰: "學學半, 期此之謂乎."

가르치는 것과 배우는 것은 다르지 않은 것 같다(교학불이, 教學不二). 가르치면서 배우고 배우면서 가르친다. 공부하는 데는 수동적인 면과 능동적인 면이 있는 것 같다. 수동적으로 배우기만 해서는 효과가 없고 스스로 뭔가를 능동적으로 해 보고 나서야 확실히 배우게 된다. 배우는 방법 중의 하나가 남에게 가르쳐 보는 것이라고 생각한다. 가르치려면 수업준비를 해야 하는데 그러다 보면 모자라는 부분이 있음을 알게 되어 더 공부하게 된다. 여기에서 "교연 후 지곤(教然後知困)"이라고 한 것은 이를 두고 한 말이다. 꼭 수업준비가 아니더라도 옆의 친구에게 설명을 해 주다 보면 생각도 정리되고 막히는 부분도 알게 된다. 막힌 부분을 그냥 넘길 것이 아니라 토론을 통해 또는 책을 찾아서 보충해 두어야 확실한 지식이 된다. 그래서 친구들끼리 배운 것에 대해 토론해 보는 것도 일종의 교학상장으로 볼 수 있다.

그러므로 일반적으로 교학상장은 교사와 학생이 함께 성장한다는 뜻으로 쓰인다. 흔히 교육을 통해서 성장하는 편은 학생이라고 생각하기 쉬운데 이 구절은 교사도 학생과 마찬가지로 성장한다는 점을 지적하고 있다. 교사의 성장은 어떻게 이루어지는가? 위의 인용문에 의하면 교사가 학생을 가르치면서 모종의 어려움을 느끼게 되고(교연 후 지곤, 教然後 知困) 그 어려움을 해결하기 위해 스스로 분발함으로써(지곤연후능자강야, 知困然後能自強也) 이루어진다는 것이다.

특히 <학기>편 6장에서는 교사의 교수활동이 교사의 심성함양에 하등의 영향을 주지 않는 상황에서 교과교육이 이루어지는 사태를 '점필(佔畢)'이라는 용어를 사용하여 비판하고 있다. 점필이란 '책의 글자를 읊조릴 뿐 내용에 대한 깊은 이해에는 이르지 못한 상태'를 가리키는 말이다(이홍우, 2000: 54). <학기>편에 의하면, 당시 교육의 문제점은 주어진 글귀만 외우게 하고 그 결과를 질문하여 책하며 횡

설수설하며 진도 나가는 데에만 급급하여 배움의 즐거움을 느낄 여유를 주지 못한다[52]는 데에 있다. 이 구절은 점필이라는 용어로 지적되는 사태, 즉 교과의 내용이 그것을 가르치는 교사의 마음이나 그것을 배우는 학생의 마음에 이르지 못하고 언설로 떠돌아다니는 사태가 교과교육이 이루어지는 상황에서는 늘 발생할 수 있다는 점을 지적하고 있다. 교사가 학생을 점필의 상태에 머물게 하는 이유는 다름 아닌 교사 스스로 점필의 상태에 있기 때문이라고 보아야 한다. 학기의 저자가 교학상장을 통하여 교사의 심성함양을 특별히 대두시킨 이유는 교사의 심성함양 없이 학생의 심성함양은 결코 이루어질 수 없다는 점을 의식한 것이라고 보아야 한다. 결국 학생의 심성함양은 반드시 교사의 심성함양을 전제로 이루어지는 것이다. 교사 자신이 학생에게 하도록 하는 바로 그 일, 즉 교육내용의 의미를 이해하기 위해 끊임없이 노력하지 않으면 교육을 통하여 학생의 사람됨이 변화되기를 기대하는 것은 안 된다는 훌륭한 교육적 지혜를 포함하고 있다.

<학기>편 9장에서는 가르치는 사람의 태도와 마음가짐에 대해 언급하고 있다. 군자는 교육이 흥기하는 원인과 교육이 쇠락하는 원인을 알게 된 후에야 다른 사람의 스승이 될 수 있기 때문에 군자의 가르침은 바른길로 이끌어 주되 억지로 끌지 않으며 엄격하게 다루되 억제하지 않으며 깨닫는 길을 열어 주되 억지로 통달시키지 않는다는 것이다. 또한 이끌어 주되 억지로 끌지 않으면 화합하고, 엄격하게 다루되 억제하지 않으면 편안하고, 깨닫는 길을 열어 주되 억지로 통달시키지 않으면 스스로 생각하게 된다고 했다. 화합하고 편안하고 스스로 생각하게 만들어야 비로소 훌륭한 스승이라 할 수 있다.[53]

---

52) 禮記, 學記篇 6, "今之敎者, 呻其佔畢, 多其訊, 言及干數, 進而不顧其安"

53) 禮記, 學記篇 9, "君子旣知敎之所由興, 又知敎之所由廢, 然後可以爲人師也, 故君子之敎諭也, 道而弗牽, 强以弗抑, 開而弗達. 道而弗牽則和, 强而弗抑則易, 開而弗達則思. 和易以思, 可謂善諭矣."

군자는 교육이 흥하게 되는 이유와 교육이 폐하게 되는 이유, 즉 교육의 성패득실을 다 파악한 연후에 비로소 스승이 될 수 있는 것이라고 했다. 그러므로 위대한 스승의 가르침이란 학생이 가야 할 대강의 큰 길을 보여 주지만 억지로 잡아끌지는 아니하며 카리스마를 과시하면서도 학생을 억압하지 아니하며 문제의 서두를 열어 주되 금방 그 문제를 풀게 만드는 것이 아니라 시간이 걸려도 스스로 깨닫기를 기다려야 한다. 억지로 잡아끌지 아니하기 때문에 학생을 평화롭게 해 줄 수 있고, 강권하지만 억압하지 아니하기 때문에 학생은 오히려 쉽게 학업을 풀어 나가며 문제를 스스로 풀게 만들 수 있게 해 주고 학생으로 사색할 줄 아는 인간이 되게 해 준다. 그러므로 교사도 군자 같은 자세를 가진 교사가 되어 학생으로 하여금 평화로움과 쉬움과 사색, 이 세 가지가 갖추어지도록 만드는 스승의 역할을 해야 한다.

또 <학기>편 제13장에서는 "학문에 정진하는 방법에 대해서 언급하면서 교학상장의 원리를 제시하고 있는데 가르치는 교사는 배우는 자와 관계에서 호흡, 힘, 안배가 중요하다고 한다."[54]

대답을 잘하는 사람은 종을 치는 사람과 같다. 작은 당목으로 타종하면 작게 울리고 큰 당목으로 타종하면 크게 울린다. 자유자재로 응수하는 것이다. 그 종을 치는 자가 침착해지기를 기다려 충분히 힘을 모아 큰 당목으로 멋있게 치면 좋은 종은 가장 아름다운 소리를 내게 되는 것이다. 질문에 대답하는 것을 잘못하는 자들은 꼭 이와 반대이다. 이런 것들이 모두 학문을 나아가게 만드는 좋은 방법이다. 이처럼, 학문을 관계론적으로 풀어 가면서 결국 위대한 학생은 위대한 스승이 만들어 감을 나타내고 있다.

---

54) 禮記, 學記篇 13, "善答問者, 如撞鐘, 叩之以小者則小鳴, 叩之以大者則大鳴, 待其從容, 然後盡其聲. 不善答問者反此. 此皆進學之道也."

3. 교육이론으로서의 학기

1) 교육의 목적

<학기>는 제1장과 제2장에서 교육의 종지(宗旨)를 밝히고 있다. 교육의 목적을 명확하게 제시한 것이 '화민성욕(化民性慾)'55)과 '건국 군민(建國君民)'56)이다. 가장 급선무로 삼은 것은 왕이 국가를 잘 다스리려면 통치기반을 튼튼히 다져야 하고, 그러하려면 반드시 백성의 풍속·습관에 왕의 의지(意志)가 부합되어서 백성의 환영을 받아야 한다. 이것은 단지 '발려헌 구선량 취현체원(發慮憲 求善良 就賢體遠)'57)을 가지고는 실현할 수 없으며 오로지 교육에 의해서 이룩할 수 있다고 하였으니 '군자여욕화민성속 기필유학호(君子如欲化民成俗 基必由 學乎)'58)라 한 것이다.

<학기>에서는 이와 같이 교육의 목적이 어떠한 것인지를 임금과 연관시켜 강조하고 있는데, 이는 위정자(爲政者)들이 정권의 장악이나 유지를 위해 백성의 교화(敎化) 및 인재양성(人材養成)을 하였다고 볼 수 있다. 여기에서 교육은 왜 해야 하며, 어떤 작용(作用)을 하고, 어떤 사회에서 어떤 사람들에게 베풀어질 때 발생하는 문제는 어떤 것이 있는가에 대한 문제점이 대두된다. <학기>에서는 이 점에 대하여 교육과 정치가 밀접한 관계가 있는 점을 충분히 인식하고서 설명하고

---

55) 백성을 교화시키고 좋은 풍속을 이룬다.

56) 나라를 세우고 백성의 임금이 된다.

57) 배우지 않고서도 생각이 드러나 도리에 맞고, 훌륭한 인재를 구하는 것. 어진 이를 따르고 폭넓은 재능을 가진 이를 본받는 것(제1장).

58) 군자가 만약 백성을 교화시키고 좋은 풍속을 이루려면 그것은 반드시 가르침에서 시작해야 한다(제1장).

있다. 이렇게 볼 때 <학기>의 편자 혹은 저자는 교육의 본질을 숙지(熟知)하고 있었다고 사려(思慮)된다.

2) 교사와 학생과의 관계

학교는 교사와 학생이 주된 구성원이다. 이렇게 말할 수 있는 것은 양자 중에서 어느 한쪽만으로는 학교의 기능을 다할 수 없기 때문이다. 교사와 학생은 학교에서 가르치고 배우는 교육활동을 하고 있고, 교육의 목적도 그러한 교학(敎學)의 관계에서 실현되는 것이다. 그러므로 <학기>편에서는 교육의 목적을 밝힌 뒤에 바로 이어서 교학(敎學)의 관계를 언급하고 있는 것이다.

첫째, 교학(敎學)의 관계를 실천관계로 본다. 맛있는 안주도 직접 먹어 보지 아니하면 그 맛을 모르는 것처럼, 가르치고 배우는 교육의 실천적인 활동이 없다면 지식의 중요한 가치를 이해할 수 없다. 그러므로 교육은 교사와 학생의 관계에서 직접·간접 경험을 통한 포괄적인 실천관계 속에 이루어져야 한다.

둘째, 가르치고 배우는 것을 실행하는 과정은 교사와 학생의 상호관계에 의한 활동에 의해서 이뤄지는 것이다. 교학관계에서의 실행은 주로 지식(智識)의 전달을 의미하는 것이며, 교사가 지식을 학생에게 가르쳐 주는 과정이다. 그러므로 교사와 학생의 상호 교육활동을 떠나서 교학(敎學)관계는 존재할 수 없다.

셋째, 교사와 학생의 상호 교육활동은 각자의 주관적(主觀的)인 능력과 능동적(能動的)인 자세에 의해 이루어진다. 학생은 배움의 과정을 거치면서 자신이 부족함을 알고서 뒤에 능히 스스로 반성하게 되고, 반대로 교사는 가르치는 과정을 거치면서 자신의 능력이 곤고(困苦)함을 알고서야 뒤에 능히 스스로 힘쓰게 되는 것이다.

넷째, 교사와 학생은 각자의 주관적인 능력과 능동적인 자세를 가지고 그들의 추구하는 공동의 목적을 이룩할 수 있다. 학생은 자신의 능력이 부족함을 알고서 스스로 반성하고 학습하는 데 노력한다면 나중에 반드시 교사에게 익히 배운 것보다 새롭고 수준 높은 지식을 알게 된다. 그리고 교사도 스스로 힘써 부단히 정진(精進)하고 연수(研修)한다면 교학의 관계는 향상될 것이다.

4. 결론

교육은 인간이 성장함에 있어서 매우 중요한 영역이다. '학생이 어떻게 배우면서 성장하는가? 교사가 어떻게 가르치는가?'라는 문제와 결코 분리할 수 없다. 따라서 교육을 생각할 때 교사와 학생의 관계는 불가분 속에서 생각해야 한다. 지금까지 대부분의 교육들이 짧은 시간에 눈에 보이는 성적 향상의 초점을 두다 보니 개개인의 창의적 사고능력을 고려하지 않고 단기간에 효율적인 방법으로 일방적 전달인 주입식 교육을 추구해 온 것이 현실이다. 과학기술이 발달하면서 창의적인 생각을 요구하는 상황에서 주입식 교육은 결국 우리나라가 OECD에서 실시한 국제 학력평가순위에서 예상 밖으로 밀려나는 결과를 가져왔다고 본다. 물론, 어떤 특정한 교육의 방법이 완벽하다고는 할 수 없을 것이다. 하지만 결과적인 지식만을 전달하는 것은 수동적인 참여로 비판적인 사고를 형성할 수가 없다. 비판적인 사고가 형성되지 않는다면 폭넓은 사고가 형성될 수가 없다. 교사는 교육내용에 비추어 자신이 어떤 존재인지, 자신이 어디를 향해 나가고 있는지, 항상 깨달아 가면서 정당하다고 생각하는 사실에 대해서 학생들이 의심을 하고 다른 생각을 펼쳐 나갈 수 있도록 이끌어 가야 할 것이다. 그 길이 교학상장(敎學相長)이라고 본다.

참고문헌

김연수(2006). 『예기』. 서울: 명문당.

김용옥(2009). 『대학·학기한글 역주』. 서울: 통나무.

이홍우(2000). 『성리학의 교육이론』. 서울: 성경제.

주춘자이(2009). 김윤진역. 『예기』. 서울: 서해문집.

고강옥(1989). "禮記의 「道」思想 研究 Ⅰ; 學記篇의 大道를 中心으로" 진주산업대
        학교논문집 42, 57‒77.

문 경(1993). "學記篇의 教育觀" 연구중앙논단 25, 208‒217.

양희룡(1990). "예기에 교육사상에 관한 연구" 한국한문고전학회(구.성신한문
        학회) 2, 34‒115.

권오돈(1990). 『예기』. 서울: 홍신문화사.

권윤정(2007). "禮記에 나타난 교육활동의 성격" 한국도덕학회 19, 179‒198.

『도덕경』에 나타난 생명교육

1. 서론

노자가 생존했던 격변의 혼란시기와 21세기를 살아가고 있는 우리의 시대를 비교하여 보면 인간이 추구하는 삶에 대한 궁극적인 목표는 동일하다고 본다. 인위적인 유가사상을 비판하는 관점과 기계문명이 초래한 인간성 상실과 인류의 불확실한 미래에 대한 불안감을 해소시킬 수 있다고 가정한다면, 인류의 지속 가능한 생명으로의 회귀라는 보편성을 노자를 통하여 구현할 수 있을 것이다.

노자의 말은 '자연(自然)'으로 귀결될 수 있다. '자연'이라 함은 자연과학의 대상이나 존재론적 실체가 아니라 '스스로 그러함'을 뜻한다. 이는 흔히 '순리(順理)'라는 말로 대체하기도 하며, 인위적[59]이거나 조작적이라는 말과는 대비되는 말이기도 한다.

교육에서 자연의 교육이란 인간 본성에 의해 발현되는 교육을 일컬으며, 이것은 생명의 순리에 따른 교육이라고 할 수 있다. 교육을

---

59) 인위(人爲)는 자연(自然)과 대조적으로 국한되어 있는 인식 능력을 지닌 심(心)에 입각한 인간의 행위(行爲)를 말한다(이강수, 1991: 701). 이성미(2004), 장자사상을 통해 본 생명교육. 연세대학교 대학원 석사학위논문 재인용.

생명력을 키우는 것을 목적으로 삼을 때, 생명이 지닌 본래의 삶의 의지를 인위적으로 끄집어내는 것이 아니라 자신의 내적 자발성에 의해 이끌어 내는 것이 교육의 본질이다.

이러한 관점에서 노자의 ≪도덕경≫에 나타난 '무위자연(無爲自然)'은 적극적인 인간 삶의 태도로 간주될 수 있다. 무위자연의 본성을 이해하고 생명의 현묘(玄妙)를 드러낼 수 있다면 이것이 생명교육[60]의 시발점이 될 수 있다는 것이다.

이 연구는 노자의 ≪도덕경≫에 나타난 생명교육의 관점을 짚어 보려고 한다. 노자가 도(道)의 작용을 '고요함(靜)', '부드러움(柔)', '빔(虛)', '작음(小)', '어두움(玄, 溟)' 등을 통해 드러내고 있다면 이것이 생명의 속이요, 생명 순화의 원리로 해석할 실마리를 얻을 수 있다.

2. 『도덕경』과 생명교육

1) 도(道)의 생명성

≪도덕경≫의 핵심은 천지만물의 본체인 도(道)라고 할 수 있다. 도(道)라는 것은 모든 것의 창조자이며 만물의 생육화생(生育化生)을 주재하고 있으며, 그러함으로써 생명과 물질도 도(道)에서 비롯되며 사람 또한 마찬가지로 보았다. 천지만물의 작용을 유약(柔弱)에 근원을 둘 수 있다고 가정하면 인간이란 존재는 부드럽고, 어리석고, 무위(無

---

60) 도가적 교육은 생명 자체를 대상으로 하는 생명교육이며 생명을 통하여 이루어지는 자연주의 교육이라 할 수 있다(이성미, 2004: 6).

爲)·무아(無我)·무욕(無慾)·겸손(謙遜)·청허(淸虛)·자연(自然)스러움을 강조할 수 있다. 견강(堅强)하다는 것은 곧 부러지기 쉬운 것을 말하며 부드러워야 온전하다. 거목(巨木)은 세상이 다하도록 버티고 있을 것처럼 보이지만 태풍이 불면 순식간에 뿌리째 뽑힐 수도 있다. 하지만 하잖게 보이는 작은 풀포기는 거센 비바람에 흔들리기는 하지만 자신의 자리를 보전할 수 있는 힘이 있다. 비슷한 의미로 물의 형태를 생각해 보라. 물은 자유자재로 모양이 변하지만 산과 골짜기를 침식시킬 수 있는 힘을 가지고 있다. 즉, 강한 게 반드시 강한 것이 아니고 약한 것이 진정한 강함을 드러낼 수 있다는 것이다. 이러한 자연의 이치와 더불어 인간도 유약(柔弱)함을 지녀야만 다툼이 없고, 어리석음을 가져 부귀영화의 꿈을 버리게 되며 이 모든 것이 자연에 순응하는 것이다.

> 도(道)를 말할 수 있다면 그것은 진정한 도(道)가 아니다. 이름을 말로 설명할 수 있다면, 그것 또한 이름이 아니다. 무(無)는 천지의 시작이요, 유(有)는 만물의 어머니이다. 그러므로 항상 무(無)로 그 오묘함을, 유(有)로 그것의 끝을 보고자 한다.
> 이 두 가지는 함께 나왔지만 이름이 다르고, 모두 현묘(玄妙)하다고 불린다. 현묘하고 현묘하니 모든 현묘의 문(門)이다(『도덕경』 제1장).
> 道可道, 非常道. 名可名, 非常名. 無名天之始, 有名萬物之母. 故常無, 欲以觀其妙, 常有, 欲以觀 其徼. 此兩者, 同出而異名, 同謂之玄. 玄之又玄, 衆妙之門.

도(道)에는 만물의 이치가 포함되어 있어서, 형상도 소리도 없고, 영원히 변치 않는 것을 의미한다. 이러함에 도라는 것은 언어나 문자로 설명할 수 없고, 이름을 부를 수 없는 것이다. 도(道)라는 것을 마음으로 깨달아야 하는데 조금의 실수라도 있는 날에는 미궁에 빠져들 수 있으며, 천지가 시작될 때 아무것도 없는 것을 무(無)라 하고,

이 무(無)는 곧 도(道)의 본체이며 우주의 근원이라는 것이다. 도의 작용으로 인하여 유(有)가 되며, 그러므로 세상의 시작은 무(無)에서 비롯되며 이를 이해하면 만물의 근원이 유(有)라는 것에 이는 이름만 다를 뿐 같은 것이다. 이러해서 다 같이 현묘하다 현묘하다고 하면서 우주만물의 창조와 생성의 근원을 도(道)라고 하는 것이다.[61]

도(道)는 존재이며, 존재성이다. 한스 요나스(Hans Jonas, 2007: 153)에 의하면 존재는 생명이요, 생명은 그것의 목적성으로 인해 그 자체로 존재할 권리를 갖는 '좋은 것'이다. 도(道)는 그 자체로써 도를 생성하며 도를 무엇으로 규명하려는 한 진정한 도가 아닌 것[62]이 된다.

> 도(道)는 비어서 쓰니 혹 차지 않은 듯하고, 깊숙함이 만물의 근원인 것 같다.
> 날카로움을 꺾고 엉킴을 풀고, 번쩍거림을 부드럽게 하고, 더러움과 같이하니, 맑고 그윽함이 혹 있는 듯하다. 나는 도가 누구의 아들인지 알지 못하니 상제(上帝)보다 앞서 있는 듯하다(『도덕경』 제4장).
> 道沖, 而用之或不盈. 淵兮, 似萬物之宗, 湛兮, 似或存. 吾不知誰之子, 象帝之先.

도(道)의 본체는 비어 있지만, 그 작용은 무궁무진하다. 이 같은 심연(深淵)이 만물을 생성시키는 근원이다. 그것이 비록 감추어져 형태가 없는 듯하지만 실체이다. 나는 그것이 어디에서 나온 것인지 모르지만, 하느님이 있기 전부터 있는 듯하다.[63] 없는 것 같은 텅 빈 도(道)의 본체가 우주만물의 근원이라는 것이다. 여기서 도(道)의 무(無)와 유(有)의 생성의 비밀이 숨겨져 있는 것이다.

---

61) 채지충(1999). 老子 Ⅰ. 대현출판사. 24쪽.

62) 빈미정(2009). 《도덕경》에 나타난 生態學的 生命性 고찰. 중국어문논역학회. 國語文論譯叢刊. Vol.24, 48쪽.

63) 채지충(1996). 老子 Ⅰ. 대현출판사. 33쪽.

이러한 도(道)는 생명의 생성과정과 통할 수 있다. 만물의 생명 본성의 온전한 실현의 목적이 도(道)라고 한다면 이것이 자연스러움을 표명하는 '그러함'의 실체라고 할 수 있다.

> 도는 만물을 낳고, 덕은 만물을 기르고, 음양은 만물을 형성하며, 환경은 만물을 성장시킨다. 그러므로 만물은 도와 덕을 존귀하게 여기지 않음이 없다. 도가 높고, 덕이 귀한 것은, 시키지 않아도 저절로 그러한 것, 그러므로 도는 만물을 낳고, 덕은 만물을 길러, 키우고 돌보며, 자라게 하고 익혀 주며, 감싸고 어루만져 준다. 낳고도 소유하지 않고, 만들고도 자랑하지 않으며, 키우고도 지배하지 않는다. 이것을 현덕이라고 한다(『도덕경』 제51장).
>
> 道生之, 德畜之, 物形之, 勢成之. 是以萬物莫不尊道而貴德. 道之尊, 德之貴, 夫莫之命而常自然. 故道生之, 德畜之, 長之育之, 亭之毒之, 養之覆之. 生而不有, 爲而不恃, 長而不宰. 是謂玄德.

도(道)와 덕(德)이 만물을 창조하는 것은 그 근원이 생명에 있기 때문이다. 이것은 간섭하지 않고 자연에 순응하며 성장하게 하는데, 이처럼 아무런 욕심이 없는 것이 도(道)와 덕(德)의 존귀함이며, 그러므로 생명은 높고 귀하게 여겨지는 것이다. 이는 자연(생명)의 의미를 본체로서 도(道)와 작용으로서의 덕(德)이 모두 어떤 존재의 사역 대상이 아니라 스스로 존귀한 항상성을 지니고 있는 의미로 파악하고 있음을 볼 수 있다.[64] 도(道)의 창조성과 생명의 자발성을 설명할 수 있으며, 도(道)가 품고 있는 생명사상의 발로이기도 하다.

---

64) 빈미정(2009). 道德經에 나타난 生態學的 生命性 고찰. 53쪽.

2) 무위자연(無爲自然)으로 발현되는 생명교육

생명교육이란 말 그대로 생명을 중시하는 교육이며 생명을 살리는 교육이다. 생명의 생성과 그 질서에 대한 통찰과 관계 형성에 대한 조화의 의미까지도 깨닫고 실천할 수 있는 교육[65]이어야 하며, 개개인으로 하여금 전체를 위한 기능으로서가 아닌 자기 고유의 존재의 의를 확인하게 하며 그로부터 삶의 의지를 온전히 살려내게 하는 교육이다(이성미, 2004).

≪도덕경≫에 나타난 생명교육이라 함은 무위자연(無爲自然)의 교육이다. 무위자연의 교육은 있는 그대로를 긍정하고 신뢰하며, 학생의 본래의 품성과 기질을 존중하며 행하는 순자연(順自然)의 교육을 말하며 이것이 곧 무위자연(無爲自然)의 교육이다.

(1) 자연의 교육

무(無)가 유(有)를 창조하고, 유(有)가 무(無)를 생성해 내는 도(道)의 순환을 이해하면 '그러함'의 순리를 따르는 긍정적인 측면을 살펴볼 필요가 있겠다.

> 말이 없는 것이 자연이다. 그러므로 폭풍은 아침을 넘기지 못하고, 소나기는 하루를 넘기지 못한다. 누가 그렇게 만들었는가? 하늘과 땅이다. 하늘과 땅조차 오래 못 하거늘, 하물며 사람에서랴! 그래서 도를 지닌 사람은 도와 같게 되고, 덕이 있는 사람은 덕과 같게 되고, 도와 덕을 잃은 사람은 잃어버림과 같게 된다. 도와 함께하면 잃어버림 역시 그것을 얻는 데 즐거워한다. 신뢰가 부족하면 믿기지 않게 된다(『도덕경』 제23장).

---

65) 정현미(2009). 東學의 생명존중 사상과 교육적 함의. 57쪽.

希言自然. 故飄風不終朝, 驟雨不終日. 孰爲此者? 天地. 天地尙不能
久, 而況於人乎? 故從事於道者, 同於道. 德者, 同於德, 失者, 同於失.
同於道者, 道亦樂得之, 同於德者, 德亦樂得之, 同於失者, 失亦樂得
之. 信不足焉, 有不信焉.

여기서 희언(希言)의 본래의 뜻은 '말을 삼가는 것'을 의미하는데, 인위적으로 규제하거나 조작하지 않는 것으로 해석할 수도 있다. 자연이란 확실히 '본래가 이와 같음'의 의미를 지닌다. 도(道)가 변화하여 나타내는 천지만물의 발생원리를 '자연'이라 한 것이며, 그래서 도는 '자연을 따라 스스로 그렇게 된 것'이라고 했다(빈미정, 2009: 53). 자연이란 실체(substance)가 아니고 '스스로 그러하다'는 기술(description)이다.66) 도(道)의 자생원리에 의해 천지만물을 생성하게 하는 자연은 인위적인 조작을 하지는 않지만 모든 생명을 창조하는 아무것도 없는 텅 비어 있는 무(無)가 아니라, 텅 비어 있으면서도 천지만물을 생성케 하는 것이다. 이는 김용옥(2000: 226 - 228)의 말을 빌려 표현하면 자연이란 명사적 실체가 아니라 어떤 상태를 나타내는 형용사라고 하겠다. 그런 의미에서 노자가 말하는 푸른 숲은 결코 존재하는 것이 아니라 그것은 쉼 없이 변하는 집합체인 것이다. 즉, 만물의 존재방식을 기술하는 상태어인 것이다. 어떤 존재이든지 그 존재방식이 "스스로 그러하면", 그것이 자연이 되는 것이다.

이렇게 되면 자연의 상태가 도(道)의 표명이고, 도의 상태가 결국은 무위의 상태를 나타낼 수 있다. 여기서 무위(無爲)는 아무것도 하지 않는 비활동성을 의미하는 것이 아니라 인위(人爲)가 제거된 자연의 상태를 말하며, 궁극적 자연의 상태를 이르도록 만물이 자생자화(自生自化)할 수 있는 것을 뜻한다고 볼 수 있다.

---

66) 김용옥(2000). 노자와 21세기 3. 통나무. 64쪽.

혼돈의 상태로 된 하나의 사물이 있는데, 천지보다 먼저 생겼다. 고요하고 쓸쓸하여 소리도 형체도 없고, 우뚝 선 채 변함없이 쉬지 않고 운행하니, 이것을 천하의 어머니라 할 수 있다. 그러나 나는 그 이름을 알지 못해 도(道)라 이르며, 굳이 이름을 붙인다면 '크다' 고 한다. '크다'는 '간다'고 하고, '간다'는 '멀다'고 하고, '멀다'는 '돌아온다'고 말한다. 그러므로 도(道)는 크다. 하늘도 크고, 땅도 크고, 사람 역시 크다. 그 범위 안에 있는 사대(四大) 중에 사람도 속한다. 사람은 땅을 본받고, 땅은 하늘을 본받고, 하늘은 도(道)를 본받고, 도(道)는 자연을 본받는다(『도덕경』 제25장).
有物混成, 先天地生. 寂兮蓼兮, 獨立而不改, 周行而不殆, 可以爲天 下母. 吾不知其名, 强字之曰道. 强爲之名, 曰大. 大曰逝, 逝曰遠, 遠 曰反. 故道大, 天大, 地大, 人亦大, 域中有四大, 而人居其一焉. 人法 地, 地法天, 天法道, 道法自然.

도(道)에서 만물이 나고, 만물은 쉴 새 없이 변하지만 도(道)만은 영원불변하며, 작용도 멈추지 않는다. 도(道)가 만물을 창조하고 생성시키는 것은 다른 의도가 있어서가 아니라, 단지 자연에 순응하여 만물이 스스로 이어져 가기를 바랄 뿐이다. 바로 이것 때문에 도(道)는 천지를 포용하고 고금(古今)을 관통하며 만물의 추대(推戴)를 받는 것이다(채지충, 1996: 34). 사람은 땅을 본받고, 땅은 하늘을 본받으니, 하늘은 도(道)를, 도(道)는 자연(自然)을 본받는다고 하니, 결국은 사람이 자연을 본받는다는 것을 뜻한다. 사람의 자연스러움이란 만물이 저절로 그러함(自然)을 따르듯 순천리(順天利)에 순응할 수 있어야 한다.

도(道)는 없는 듯하나 존재하면서 천지만물의 운행에 순리를 따르게 하는 것을 보면, 인간의 존재가 무조건적으로 순리에 따르는 순종적인 의미가 아니라 도(道)의 이치를 알고, 그것의 작용을 깨달아 그 이치에 맞게 자신의 자발성을 깨우치라는 것이다.

사람이 태어날 때는 부드럽고 약하지만 그가 죽을 때는 단단하고 강해진다. 풀과 나무도 태어날 때는 부드럽고 여리지만, 그것이 죽어 갈 때에는 말라비틀어진다. 그러므로 단단하고 강한 것은 죽음의 무리이고, 부드럽고 약한 것은 삶의 무리이다. 이로써 군사가 강하면 곧 이기지 못하고, 나무가 강하면 곧 부러진다. 무릇 강하면 낮은 곳에 서고, 유약하면 도리어 위에 서게 된다(『도덕경』제76장). 人之生也柔弱, 其死也堅强. 萬物草木之生也柔脆, 其死也枯槁. 故堅强者死之徒, 柔弱者生之徒. 是以兵强則滅, 木强則折. 强大處下, 柔弱處上.

강하고 단단한 것은 죽음의 부류이고, 부드럽고 약한 것은 삶의 부류라고 하는데, 이는 강한 것은 이미 생기를 잃은 것이고, 유약한 것은 생기가 충분해 있다는 것을 포함하고 있다. 이것은 생명의 내재성의 성질을 말하는 것이며, 내적 발전의 의미를 표출한 것으로 볼 수 있다. 외형상의 가식적인 형상을 추구하는 삶은 참삶의 태도가 아니다. 진정한 생명을 담는 삶의 태도는 내적 풍만함을 갖추는 것이다.

무위의 교육으로, 즉 자연의 교육으로서의 생명성을 견지하는 교육이 자칫 방임의 교육으로 비추어질 수 있을지 모르지만, 이것은 형식에 치우쳐 틀에 가두려는 생산적인 인간을, 사회에 필요한 존재로 인식함의 오류라고 본다. 생명의 교육은 길러지는 교육이 아닌 자연의 교육으로 올곧은 자신의 생명성을 인지하게 하는 교육이어야 한다. "덕을 머금은 자는 어린아이에 비유할 수 있다"[67]는 말은 어린아이는 아무것도 모르는 유약하고 온화한 천리(天理)이기에 덕을 두텁게 머금고 있는 존재이다. 인간의 전 생애에서 가장 많은 역동적인 생명력을 품고 있는 시기이며, 노자의 표현에 의하면 어린아이들의 마음은 아직 뭔가가 이루어지지 않은 상태이기 때문이다. 어린아이의 마음은 비어 있어, 자유롭고, 그렇기에 변화무쌍하다는 것이다. 그러기에 어

---

67) 含德之厚, 比於赤子(『도덕경』제55장).

린아이들의 생명력은 도(道)의 생명력과 가장 비슷하게 닮아 있다.

이는 생명이란 관점에서 볼 때 그러한 상태(自然)를 품고 있는 어린아이는 모든 어른들의 스승이 될 만하다. 그러기에 생명의 교육은 틀에 얽매이지 않는, 상대적 가치에 가두는 교육이 아니라 생명의 본성을 두드릴 수 있어야 한다.

교육이 이루어지는 곳에서 생기는 어른의 자기 관념에서 비롯되는 의도와 욕구를 버리고, 도(道)의 관점에서 어린아이의 천연(天然)에 있는 그대로를 마음에 비추어 볼 수 있어야 한다. 사람이 자연에 따라 무위(無爲)한다는 것은 아무것도 하지 않고 가만히 있는 것을 말하는 것이 아니라 천지만물의 자연스러운 본성에 따르는 것을 의미한다. 도덕경에서 도의 성질을 목수, 석공, 도공, 성인에 빗대어 말을 한다. 이들은 원재료 고유의 성질을 훼손하지 않고서 적절한 도구를 만들어 내는 것이 매우 중요하다는 것을 강조한다. 성인이 백성을 법과 규제를 가하지 않고 자연스러운 성향에 따라 나라를 다스리면 더할 나위 없는 태평세대가 이루어진다고 하였다. 교육도 이와 마찬가지이다. 교육은 교육대상의 고유한 성품과 기질을 변형하지 않는 자연의 교육이며, 끊임없이 생성하는 생명의 순환을 가두지 않고 물 흐르듯 순리에 따라야 한다.

(2) 조화의 교육

인간 세상의 모든 개념과 가치는 모두 사람이 정한 것이며, 가치판단은 모두 비교함으로 생겨난다. 세상의 모든 상대적 관계는 항상 변하므로 가치판단도 매번 변하고 있다. 그런데도 교육을 함에 있어서 하나의 정해진 틀이 있다고 생각한다. 정답이 있는 것은 틀린 답이 있기 때문이라는 것을 알게 하는 것이 아니라 하나의 정답이 있다고 가르치고 있는 셈이다. ≪道德經≫에서는 이러한 상대적인 가치에 관하여 이렇게 설명하고 있다.

> 사람들은 모두가 아름다운 것을 아름답다고 여기고 있지만 사실은 악한(틀린) 것이다. 사람들은 모두가 착한 것을 좋은 것이라고 여기고 있지만 사실은 좋은 것이 아니다. 有와 無는 상대적으로 생겨난 것이고, 어려움과 쉬움은 상대적으로 생겨났으며, 길고 짧음도 서로 비교에서 나온 것이며, 높음과 낮음도 상대적인 (잣대의) 기울기이며, 소리와 울림은 상대적인 어울림이며 앞과 뒤는 상대적으로 따르는 순서인 것이다. 그러하니 사람은 무위(無爲)의 일을 함에 있어 무언(無言)의 가르침을 행한다. 만물이 작용해도 말하지 않고, 생겨도 소유하지 않고, 만들어도 뽐내지 않고 공(功)을 이루어도 머물지 않는다. 머물지 않기 때문에 떠나지도 않는다(『도덕경』 제2장).
> 天下皆知美之爲美, 斯惡已, 皆知善之爲善, 斯不善已. 故有無相生, 難易相成, 長短相形, 高下相傾, 音聲相和, 前後相隨. 是以聖人處無爲之事, 行不言之敎. 萬物作焉而不辭, 生而不有, 爲而不恃, 功成而佛居. 夫唯不居, 是以不去.

상대적 관념이란 비교와 대립의 질서를 말하는 것이며, 자연과 사회는 어떤 의미에서 그 자체로서 존재한다고 하고 있는 것이다(빈미정, 2009: 56). 상대적 가치판단은 인간이 만든 인식체계라는 것이다. 이것은 태초의 중립적 물질만으로 이후의 생명 출현을 해명할 수 없다. 그러므로 태초 물질의 창조에 의해 '생명에 대한 동경'이 부여되었다는 것이 인정되어야 한다.[68] 생명은 상대성에 의해 설명되는 것이 아니라 그 존재만으로도 존귀함을 얻을 수 있다는 것이다.

이는 곧 선(善)과 불선(不善), 유(有)와 무(無)는 단절된 상태가 아니라 상생의 질서로 생겨나며, 유(有)와 무(無)의 끊임없이 생성되는 일종의

---

68) 한스 요나스(2007). 물질·정신·창조 - 우주의 기원과 진화에 관한 철학적 성찰 - . 철학과 현실사. 21쪽.

조화라는 것이다. 미(美)와 추(醜), 선(善)과 악(惡), 유(有)와 무(無), 어려움(難)과 쉬움(易), 길고(長) 짧음(短)이라는 것은 사물의 본질을 파악하기 위한 보편적으로 존재하는 원리라는 것이다. 선과 악의 관계는 비교할 수 없으며, 다만 전후(前後)의 관계가 있을 뿐이라고 강조한다.

> 가장 훌륭한 것은 물과 같다. 물은 선하여 만물을 이롭게 하며 다투지 않고, 사람들이 꺼리는 곳에 머물기 때문에 도(道)에 가깝다. 거(居)함에는 땅이 좋고, 마음은 깊은 것이 좋고, 사귐에는 어진 것이 좋고, 말에는 신의가 있는 것이 좋고, 정치는 다스려지는 것이 좋고, 일은 잘하는 것이 좋고, 움직임은 때에 맞아야 좋다. 물은 오직 다투지 않기 때문에 허물이 없다(『도덕경』 제8장).
> 上善若水. 水善利萬物而不爭, 處衆人之所惡, 故幾於道. 居善地, 心善淵, 與善仁, 言善信, 正善治, 事善能, 動善時. 夫唯不爭, 故無尤.

물의 성질을 살펴보면, 만물에 영양을 공급하고, 본성이 유약하여 자연에 순응하며 다투지 않으며, 모든 사람이 싫어하는 천한 곳으로 흘러간다. 물은 성질이 유약하여 날카로운 부분이 닿으면 모가 날 수도 있고, 둥글게 변형될 수도 있다. 조화라는 것은 이렇듯 물의 작용처럼 이롭게 된다는 의미이다. 물의 조화처럼 사람도 이것을 본받으면 다툼이 없어지고, 만물을 이롭게 하면서 스스로 겸손해지는 효과가 생겨나 생명의 조화가 이루질 수 있다.

교육도 이와 같아져야 함이다. 세상의 모든 생명과 다투지 않고, 본성의 유약함을 간직한 채로 자연에 순응하는 태도를 가지며, 모든 사람이 싫어하는 천한 것을 어루만져 줄 수 있는 낮은 곳에 모여드는 도(道)와 덕(德)을 갖춘 겸손한 교육이어야 한다. 교육은 물이 만물에게 베풀듯, 제각각의 생명에게 고유의 품성을 유지한 채로 생명들 간의 조화가 이루어질 수 있도록 해야 한다.

3. 결론

노자(老子)에게 생명(生命)은 도(道)로부터 천지만물에게 주어진 나름의 몫을 의미한다고 볼 수 있다. 이는 전체에서 작용하는 일부분의 기능과 역할을 의미한다고 하기보다는 저마다에게 주어진 개별적이고 소중한, 고유한 몫을 의미한다. 개개의 생명적 존재는 자기 안에 자기의 목적을 품고 있으며, 그 목적 안에는 스스로 생장할 수 있는 변화 능력의 힘을 숨기고 있다. 한 올의 민들레 씨가 작은 토양과 햇빛만 있으면 뿌리를 내려 꽃을 피워 내듯이 모든 생명에도 그러한 자생력이 있으니, 그것을 삶의 의지, 생의(生意)[69]라 부른다.

생명의 교육은 무위자연의 교육이다. 생명 본연의 품성을 그대로 긍정하고 신뢰하며, 그 고유의 자체로 존중해야 하는 순자연(順自然)의 교육으로 말할 수 있다. 도(道)의 생명력을 품고 있는 어린아이에게 본연의 생명성을 두드리며, 얽매이지 않는 자연의 교육으로서 각각의 생명성을 손상시키지 않고, 끊임없이 생성하는 생명의 순환을 지켜 나갈 수 있는 교육이어야 한다.

---

69) 이성미(2004). 장자사상을 통해 본 생명교육. 연세대학교 대학원 석사학위논문. 114쪽.

참고문헌

김용옥(2000). 『노자와 21세기』. 통나무.

빈미정(2009). "道德經에 나타난 生態學的 生命性 고찰". 중국어문논역학회. 中國
　　語文論譯叢刊. Vol.24, 47−67.

이성미(2004). "장자사상을 통해 본 생명교육". 연세대학교 대학원 석사학위논문.

정현미(2009). "東學의 생명존중 사상과 교육적 함의". 순천대학교 대학원 석사
　　학위논문.

채지충(1999). 『老子 Ⅰ, Ⅱ』. 대현출판사.

Hans Jonas(2007). 김종국, 소병철 옮김. 『물질·정신·창조−우주의 기원과 진
　　화에 관한 철학적 성찰−』. 철학과 현실사.

손승남 —————————————————————————

순천대학교 교직과 교수

「지속가능한 미래, 삶의 질 그리고 생태교육」(2010)
「배움의 근본문제에 관한 해석학적 고찰」(2008)
「뉴미디어 시대의 판단력 '도야'에 관한 고찰」(2005)
『고대 그리스와 로마의 교육』(2009, 역서)
『딜타이 교육학 선집』(2008, 역서)
『해석학의 탄생』(2008, 역서)
『학습자 중심의 대안적 교수법』(2004)
『교육해석학』(2001)

강요한, 김연숙, 남기호, 장덕자, 장선미, 정현미 —————————————————————————

순천대학교 대학원 교육학과 박사과정

동양고전에서
교육을 묻다

초 판 인 쇄 | 2010년 11월 25일
초 판 발 행 | 2010년 11월 25일

지 은 이 | 손승남 · 강요한 · 김연숙 · 남기호 · 장덕자 · 장선미 · 정현미
펴 낸 이 | 채종준
펴 낸 곳 | 한국학술정보㈜
주   소 | 경기도 파주시 교하읍 문발리 파주출판문화정보산업단지 513-5
전   화 | 031) 908-3181(대표)
팩   스 | 031) 908-3189
홈 페 이 지 | http://ebook.kstudy.com
E-mail | 출판사업부 publish@kstudy.com
등   록 | 제일산-115호(2000. 6. 19)

ISBN   978-89-268-1636-3 93150 (Paper Book)
           978-89-268-1637-0 98150 (e-Book)

내일을여는지식 은 시대와 시대의 지식을 이어 갑니다.